손태진
수능만점구문

손태진

저는 서강대 대학원을 졸업했고, 학교 다닐 때에는 영어에 미쳐서 살았습니다.

영어를 너무 잘하고 싶어, 몇 개월간 한국말을 한 번도 하지 않은 적도 있습니다.

대학생활의 거의 대부분을 TIME와 CNN 그리고 영어 Debating을 하면서 말 그대로 영어의 바다에 빠져서 재미있게 보냈습니다. 그런 결과 대학교 2학년 때 토익과 토플이 만점이 나왔으며, 그 이후로 죽 25년간을 시험 영어만 연구하고, 강의하고 있습니다. 많은 책과 모의고사를 집필해서 누구보다 정확한 출제자의 시선을 가지고 있습니다. 지문의 어디에서 빈칸이 있을 것이며, 어디에서 어떤 문제를 출제할지를 정확히 볼 수 있습니다. 현재는 공단기(ST Unitas)에서 영어과 대표교수로 강의하고 있으며, 현강 인강 통틀어 부산 지역에서 가장 많은 학생들이 수강하고 있습니다. 평생을 영어를 연구하고 강의하는 데 시간을 쏟았으며, "영어 강의에서만은 대한민국 최고다"라는 자신감도 가지고 있습니다.

3년 전 딸이 중3이던 때부터 영어를 직접 가르치면서, 중, 고등부 학원에 관심을 가지게 되었습니다. 한 살이라도 어릴 때부터, 제대로, 체계적으로 강의를 하면, 엄청난 효과를 볼 수 있다는 것을 느꼈고, 전에 없던 보람을 찾게 되었습니다.

그래서, 손태진 영어학원을 개원하게 되었고, 더 좋은 학습 자료로 가르치고자 하는 소망에서 수능 관련 교재를 집필하게 되었습니다.

대표이력

현) 공단기 영어과 대표교수

전) 영단기 토익 대표강사

전) 파고다어학원 토익 대표강사

그 외 다수의 기업체 영어강의

수상경력

- 파고다 어학원 2004년 BEST TEACHER상

- 파고다 어학원 수강생이 뽑은 2015년 전국 최우수 강사상

저서

- 손태진 수능만점어휘(2026, 좋은땅)

- 손태진 문법 원리(2026, 좋은땅)

- 손태진 독해 원리(2026, 좋은땅)

- 손태진 수능만점구문(2026, 좋은땅)

- 손태진 수능만점독해(2026, 좋은땅)

- 뿌리 깊은 어원 영단어(2021, 혜지원)

- 손태진 공무원 영어 뽀개기: 문법(2021, 혜지원)

- 손태진 공무원 영어 뽀개기: 구문(2021, 혜지원)

- 손태진 공무원 영어 뽀개기: 독해(2021, 혜지원)

- 손태진 공무원 영어 실전동형 모의고사 1(2021, 하움)

손태진 지음

문장을 읽는 힘이
실전 점수가 되는 순간

손태진 수능만점 구문

SENTENCE STRUCTURE

좋은땅

Chapter 1

주어 자리

1. 품사

1) 품사란?

품사란 단어를 문장에서 사용되는 뜻과 역할에 따라 나눈 것이다. 명사, 대명사, 동사, 형용사, 부사, 전치사, 접속사, 감탄사와 같이 8가지 품사가 있다.

2) 품사의 종류

(1) 명사

의미: 사람, 동물, 사물의 이름을 나타내는 품사이다(Seoul, Tom, Korea, book, cat, water 등).

기능: 문장에서 주어, 목적어, 보어로 사용된다.

- The **teacher** likes **novels**. 그 선생님은 소설을 좋아한다.

(2) 대명사

의미: 명사를 대신하는 품사이다(I, you, he, she, they, it, this 등).

기능: 문장에서 주어, 목적어, 보어로 사용된다.

- I met some of my friends, and **they** told me the truth. 나는 몇몇의 친구를 만났고, 그들은 사실을 말했다.

(3) 동사

의미: 사람, 동물, 사물의 동작이나 상태를 나타내는 품사이다(eat, study, read, run, like, have 등).

기능: 주어의 동작이나 상태를 설명해 준다.

- Jim **plays** soccer on weekends. Jim은 주말에 축구를 한다.
- Laura **is** kind. Laura는 친절하다.

(4) 형용사

의미: 명사를 수식하거나 명사의 상태나 성질을 설명해 주는 품사이다(beautiful, good, new, happy, sad 등).

기능: 명사를 수식하거나 보어로 사용된다.

- Laura is **beautiful** girl. Laura는 아름다운 소녀이다.
- She is **kind**. 그녀는 친절하다.

(5) 부사

의미: 동사, 형용사, 다른 부사, 또는 문장 전체를 수식하는 품사이다(very, slowly, always, easily, hard 등).

기능: 수식어로 쓰인다.

- Steve works **hard**. Steve는 열심히 일한다.
- Laura is **very** kind. Laura는 매우 친절하다.
- **Fortunately**, I found the solution. 다행히, 나는 해결책을 찾았다.

(6) 전치사

의미: 명사 또는 대명사 앞에 놓여서 시간, 장소, 방향, 목적 등을 나타내는 품사이다(at, in, on, by, until 등).

기능: 연결어로 쓰인다. 뒤에 나오는 명사나 명사상당어구(명사구, 대명사, 동명사, 명사절)를 연결하는 기능을 한다.

- I get up **at** 7:00 A. M. 나는 7시에 일어난다.
- I live **in** Busan. 나는 부산에 산다.

(7) 접속사

의미: 단어와 단어, 구와 구, 절과 절을 연결해 주는 품사이다(and, but, or, when, because, although 등).

기능: 연결어로 쓰인다. 뒤에 나오는 '주어 + 동사' 형태인 절을 연결하는 기능을 한다.

- Please call me **before** you leave. 떠나기 전에 전화 주세요.

(8) 감탄사

의미: 기쁨, 놀람, 슬픔 등의 여러 가지 감정을 나타내는 품사이다(Oh, Oops, Bravo 등).

- Oops! I almost spilled the coffee. 이크, 하마터면 커피를 쏟을 뻔했네.

2. 구와 절

1) 구란?

2개 이상의 단어가 모여 문장의 일부로 사용되지만, '주어 + 동사'를 포함하지 않는 것이다. 한 마디로 여러 개의 단어가 모인 덩어리 표현이라고 보면 된다. 구의 종류에는 명사구, 형용사구, 부사구가 있다.

① 명사구
- **To get up early in the morning** 아침에 일찍 일어나는 것

② 형용사구
- the book **on the desk** 책상 위에 있는 책

③ 부사구
- Steve sleeps **on the bed** Steve는 침대에서 잔다.

2) 절이란?

2개 이상의 단어가 모여 문장의 일부로 사용되며 '주어 + 동사'를 포함하는 것이다. 구와의 차이는 둘 다 두 단어 이상으로 구성되지만, 절은 '주어 + 동사'라는 문장 형식을 갖춘다는 점이다. 절의 종류에는 명사절, 형용사절, 부사절이 있다.

① 명사절
- **What you said** is not true. 당신이 말한 것은 사실이 아니다.
  명사절 접속사 + 주어 + 동사

② 형용사절
- I like the girl **who lives next door.** 나는 옆집에 사는 소녀를 좋아한다.
  관계대명사 + 동사 + 부사

③ 부사절
- I will lend you some money **if you pay me back tomorrow.** 만약 내일까지 갚아 주시면, 약간의 돈을 빌려 드릴게요.
  부사절 접속사 + 주어 + 동사 + 목적어 + 부사

3. 문장의 구성

1) 문장의 4요소

영어 문장은 4가지 주요소(뼈대)로 구성된다. 나머지는 이러한 주요소를 수식하는 수식어(형용사와 부사)와 연결어(전치사와 접속사)이다. 문장의 형식을 따지고 구조를 분석할 때는 이러한 주요소만을 고려하여 한다.

① 주어(Subject): 동작이나 상태의 주체가 되는 요소이다.
② 동사(Verb): 주어의 동작이나 상태를 설명해 주는 요소이다.
③ 목적어(Object): 주어가 어떤 동작을 할 때, 그 동작의 대상이 되는 요소이다.
④ 보어(Complement): 동사가 불완전할 때 주어나 목적어의 보충 설명(형용사/명사)을 해 주는 요소이다.

영어 문장은 동사의 종류에 따라서 5가지 형식으로 나누어진다. 이때 5형식 문장의 구조를 결정하는 것은 동사이고, 동사에 의해서 그 뒤가 결정된다.

1) 문장의 5가지 형태

(1) 1형식(완전 자동사)

주어와 동사만으로 구성되는 문장이다.

- Tom **arrived**(early). Tom은 일찍 도착했다.

(2) 2형식(불완전 자동사)

동사가 불완전하여 그 자체만으로는 의미를 완전히 전달할 수 없어서 주격 보어가 필요한 문장이다.

- Tom **became** + 주격 보어
    + depressed(형용사 보어 '~하게') Tom은 우울하게 되었다.
    + a teacher(명사 보어 '~가') Tom은 선생님이 되었다.

(3) 3형식(완전 타동사)

뒤에 반드시 목적어가 수반되어야 한다.
- Tom **bought** + 목적어
    + a book. Tom은 책 1권을 구매했다.

(4) 4형식(수여 동사)

수여 동사는 목적어를 2개 데리고 다니는 동사이다. '~에게'라는 뜻의 간접 목적어와 '~을/를'이라는 뜻의 직접 목적어를 수반한다.
- Tom **gave** + 간접 목적어(~에게) + 직접 목적어(~을)
    + the man   + a book. Tom은 그 남자에게 책을 주었다.

(5) 5형식(불완전 타동사)

5형식동사는 불완전 타동사이다. 뒤에 목적어가 있어야 하며 동사가 불완전하므로 목적어를 보충설명해 주는 목적격 보어까지 나와야 한다. 공무원 시험에서 많이 나오는 문제 중 하나이다.
- Tome **made** + 목적어 + 목적격 보어
        + the house + beautiful. Tome는 그 집을 아름답게 만들었다.

1) 문장의 기본 구성: S(주어)+V(동사)

명령문을 제외한 모든 문장은 무조건 '주어 + 동사'라는 기본 구성을 갖추어야 한다.

2) 문장의 확장

동사의 종류에 따라서 자동사는 단독으로 사용되고, 타동사는 뒤에 목적어를 수반한다. 그리고 완전동사는 뒤에 보어가 필요 없고, 불완전 동사는 뒤에 보어가 있어야 한다. 이를 종류별로 나누면 모든 문장은 5가지 형식으로 구분된다.

① 1형식: S(주어) + V(동사)
② 2형식: S(주어) + V(동사) + C(주격 보어)
③ 3형식: S(주어) + V(동사) + O(목적어)
④ 4형식: S(주어) + V(동사) + IO(간접 목적어) + DO(직접 목적어)
⑤ 5형식: S(주어) + V(동사) + O(목적어) + C(목적격 보어)

3) 수식어 확장

주어, 동사, 목적어, 보어가 문장의 주 요소, 즉 뼈대를 구성한다. 여기에 이들을 꾸며 주는 수식어에 의해서 문장의 의미가 더 구체적으로 될 수 있다. 수식어에는 형용사와 부사가 있다.

기본 문장: The man gave the girl a book. 그 남자는 그 소녀에게 책 한 권을 주었다.
수식어 확장: The nice man living next door kindly gave the girl wearing a blue jacket a book released the day before yesterday. 옆집에 사는 그 친절한 남자는 파란 재킷을 입고 있는 그 소녀에게 엊그제 출시된 책 한 권을 친절하게 주었다.

① 형용사: 형용사 + 명사 + 형용사구(절)
형용사는 명사 앞, 뒤에서 명사를 수식하거나 불완전 동사 뒤에서 보어로 사용된다.

② 부사: 동사, 형용사(분사), 부사, 문장 수식
명사를 제외한 모든 성분은 부사가 수식을 한다.

4) 연결어 확장

영어 문장에는 연결 기능을 가진 품사로 크게 2가지가 있다. 단어와 단어를 연결해 주는 것이 전치사이고, 문장과 문장을 연결해 주는 것이 접속사이다. 문장은 이러한 연결어에 의해서 더 길어질 수 있다.

① **전치사** + 명사
② **접속사** + 주어 + 동사

6. 끊어 읽기 방법

영어 공부를 본격적으로 시작하기 전에 문장을 끊어 읽는 방법을 알고 시작하면, 앞으로의 학습에 도움이 된다. 끊어 읽기는 절대적인 원칙이 아니므로 한눈에 문장이 파악되면 굳이 끊어 읽지 않아도 된다.

1) 주어/동사/목적어/보어를 끊는다

기본적으로 문장의 주요소(주어, 동사, 목적어, 보어) 앞에서 끊어 읽는다고 보면 된다. 그러나 지나치게 간단한 문장이면 굳이 끊어 읽지 않아도 된다.

2) 동사는 의미가 미치는 곳까지 끊는다

불완전 자동사이면 보어까지, 타동사이면 목적어까지, 그리고 불완전 타동사이면 목적어와 보어까지 1번에 묶어서 끊어 읽는다.

① 1형식
- The workers / worked diligently / throughout the day. 그 직원들은 / 근면하게 일했다 / 하루 종일

② 2형식
- New products / are becoming to profitable / in many countries. 새로운 제품들이 / 수익성이 나고 있다 / 많은 나라에서

③ 3형식
- Prime Electronics / has developed a system / in cooperation with Star Software. Prime Electronics는 / 시스템을 개발했다 / Star Software와 협력해서

④ 4형식
- The company / offers their clients various solutions / through subscriptions. 그 회사는 / 고객들에게 다양한 해결책을 제공한다 / 정기 구독을 통해서

⑤ 5형식

- Joe / finds it helpful / to ask her colleagues / for suggestions. Joe는 / 도움이 된다는 것을 알게 되었다 / 동료들에게 문의하는 것이 / 제안을 얻기 위해서

3) 준동사 앞에서 끊는다

영어에는 부정사, 동명사, 분사라는 준동사가 있는데, 이러한 준동사 앞에서는 끊는다. 그리고 준동사 역시 동사의 성격을 가지므로 준동사 뒤에서 끊을 때는 그 준동사의 의미가 미치는 곳까지 끊는다.

- Certain applications and software programs / require the user / to upgrade their operating system / to the latest version. 특정한 앱과 소프트웨어 프로그램들은 / 사용자들에게 요구한다 / 그들의 운영 시스템을 업그레이드할 것을 / 최신 버전으로

4) 수식어는 괄호로 묶는다

형용사, 부사, 전명구(전치사 + 명사), 부사절(접속사 + 주어 + 동사) 등은 수식해 주는 기능을 하는 것이므로 괄호로 묶어서 처리한다.

- The company's headquarters / is (conveniently) located / near the (famous) convention center. 그 회사의 본사는/ (편리한 곳에) 위치하고 있다/ (유명한) 컨벤션 센터 근처에

5) 연결어(접속사/전치사/관계대명사) 앞에서 끊는다

접속사, 전치사, 관계대명사는 모두 연결하는 기능을 하는 것이므로 그 앞에서 끊어 읽는다.

- It is important / that you understand / what the job entails. 중요하다 / 너가 이해하는 것이 / 그 일이 무엇을 필요로 하는지를

6) 1번에 읽을 수 있는 것은 굳이 끊지 않는다

처음에는 위에서 언급한 끊어 읽기 원칙을 지키면서 문장을 독해한다. 이후에 실력이 붙어서 한 눈에 보이는 단어의 수가 늘어나면, 굳이 끊어 읽지 않아도 된다.

1) 주어 자리에 올 수 있는 것

주어 자리에는 명사(구) 명사를 대신하는 대명사, 동사에서 명사 성격이 부여된 부정사, 동명사 그리고 문장(절)인데 명사 성격을 가지는 명사절이 올 수 있다.

① 명사(구)

- The top executive agreed to negotiate with the union. 그 최고경영자는 노조와 협상하는 데 동의했다.

② 대명사

- They are having a team meeting later today. 그들은 오늘 나중에 팀 미팅을 가질 것이다.

③ to 부정사

- To meet the deadline proved to be impossible. 마감을 준수하는 게 불가능하다는 게 입증되었다.

④ 동명사

- Operating the copy machine seems to be difficult. 복사기를 작동하는 것은 어려워 보인다.

⑤ 명사절

- What Steve wants to point out is unclear to us. Steve가 강조하고자 하는 것은 우리에게 명료하지 않다.

(1) 명사구(문장 구조를 분석해 보세요!)

> **문장 분석! 구조 파악 연습(명사구)**

다음 문장의 구조를 분석해 보시오.

♦ 명사는 보통 앞, 뒤로 수식어를 수반해서 명사구인 하나의 덩어리로 사용이 되는데, 명사 앞에는 형용사, 한정사(관사/소유격) 등이 올 수 있고, 명사 뒤로는 전명구나 관계절 또는 분사가 올 수 있다. 이때 최종적으로 수식을 받는 명사와 동사의 수를 일치시켜야 한다.

1. The assembly of Mobile-T was divided into eighty-four distinct steps, with each step assigned to a single worker.

2. The feasibility study which was postponed few months ago is expected to resume in time for New Project Committee's evaluation.

3. It isn't uncommon among us economists to focus on one or two casual factors, and exclude everything else, hoping that this will enable us to understand how just those aspects of reality work and interact.

> **정답과 해설**

1. The assembly (of Mobile-T) was divided (into eighty-four distinct steps), (with each
    S   (전명구)   V   (전명구)   (전명구)

step assigned to a single worker).

Mobile-T의 조립은 84개의 각각의 단계로 나누어지는데, 각 단계는 한 명의 직원에게 할당된다.

2. The feasibility study (which was postponed few months ago) is expected to resume (in
      S   (관계절)   V   (전명구)

time for New Project Committee's evaluation.)

몇 달 전에 연기되었던 타당성 조사는 New Project Committee의 평가를 위해 시간을 맞추어 재개될 것으로 기대된다.

3. It isn't uncommon (among us economists) to focus on one or two casual factors,
  가S V   SC   (전명구)   진S,

and exclude everything else, hoping that this will enable us to understand how just those
                  분사구문

aspects of reality work and interact.

우리 경제학자들 사이에서는 현실의 그런 측면들이 어떻게 작용하고 상호작용하는지 이해할 수 있게 해 주기를 바라면서, 한두 가지 인과적 요인에 초점을 맞추고 다른 모든 것을 배제하는 것은 드문 일은 아니다.

다음 문장의 구조를 분석해 보시오.
◆ 명사를 대신하는 대명사는 주어 자리에 사용될 수 있는데, 인칭대명사는 주어 자리에는 반드시 주격이 사용되어야 한다.

1. Those who are responsible for the crime will be severely punished.
2. Those memories which we acquire in early childhood rarely lose their vividness.
3. More of them expect and demand flexibility - paid leave for a new baby, say, and generous vacation time, along with daily things, like the ability to work remotely, come in late or leave early, or make time for exercise or meditation.

1. Those (who are responsible for the crime) will be severely punished.
   S   (관계절)   V

그 범죄에 책임이 있는 사람들은 엄중한 벌을 받을 것이다.

2. Those memories (which we acquire in early childhood) rarely lose their vividness.
       S   (관계절)   V   O

우리는 어린시절 초기에 얻는 이러한 기억들은 좀처럼 생생함을 잃지 않는다.

3. <u>More of them</u> <u>expect and demand</u> <u>flexibility</u> - (paid leave for a new baby, say, and
      S   V   O   -   (예시~)

generous vacation time, along with daily things, like the ability to work remotely, come in late or leave early, or make time for exercise or meditation).

보다 많은 사람들은 유연함을 기대하고 요구한다 - 새로운 아기를 낳기 위한 유급휴가, 원격으로 근무하거나, 늦게 출근하고 빨리 퇴근하는 것 또는 운동이나 명상을 위해 시간을 내는 것과 같은 일상적인 일을 할 수 있는 충분한 휴가시간.

다음 문장의 구조를 분석해 보시오.

◆ To 부정사(to R)는 동사에서 명사 성격을 부여해서 '~하는 것'으로 해석을 한다. 'To R' 뒤에 나오는 성분은 To 뒤에 수반되는 동사에 따라 결정이 된다. 자동사이면 부사나 전명구가 오고, 타동사이면 뒤에 목적어를 수반한다. 그리고 To 부정사가 주어로 사용되는 경우 동사의 수는 항상 단수가 된다.

1. To customize this program is possible if it does not suit you.
2. To ensure the money is safe is important.
3. To hear what other people have to say, especially about concepts we regard as foundational, is like opening a window in our minds and in our hearts.

1. <u>To customize this program</u> is possible if it does not suit you.
           S   V   SC 접속사 S   V   O

만약 이것이 당신에게 맞지 않으면, 이 프로그램을   춤화하는 것은 가능하다.

2. <u>To ensure the money is safe</u> is important.
         S   V   SC

그 돈이 안전하다라는 것을 보장하는 것은 중요하다.

3. <u>To hear what other people have to say,</u> (especially about concepts) (we regard as
             S   (전명구)   (관계절)

foundational), is like opening a window in our minds and in our hearts.
        V 전치사   O(동명사)

특히 우리가 근본적이라고 여기는 사고에 대해 다른 사람들이 무엇이라고 말하는지를 듣는 것은 우리의 마음과 심장에 창문을 하나 여는 것과 같다.

다음 문장의 구조를 분석해 보시오.

♦ 동명사(R+ing)는 동사에서 명사 성격을 부여한 것으로 '~하는 것'으로 해석을 한다. To 부정사와 마찬가지로 뒤에 나오는 성분은 동사에 따라 결정이 된다. 그리고 동명사가 주어로 사용되는 경우 동사의 수는 항상 단수가 되어야 한다.

1. Providing a loan will allow the bank to collect interest.
2. Handing your business cards to individuals you meet will allow you to advertise your business in an inexpensive and effective way.
3. Listening to somebody else's ideas is the one way to know whether the story you believe about the world - as well as about yourself and your place in it - remains intact.

1. Providing a loan will allow the bank to collect interest.
      S   V   O   SC

대출을 해 주는 것은 은행이 이자를 받는 것을 가능하게 해 준다.

2. Handing your business cards (to individuals you meet) will allow you to advertise your
      S   (전명구)   V   O   SC

business (in an inexpensive and effective way).
      (전명구)

당신이 만나는 사람들에게 명함을 건네는 것은 당신의 사업을 저렴하면서 효과적으로 광고할 수 있도록 해 줄 것이다.

3. Listening to somebody else's ideas is the one way to know whether the story (you
      S   V   SC   명사절접속사 S (관계절)
believe about the world - as well as about yourself and your place in it) - remains intact.
             V   SC

다른 사람의 생각에 귀를 기울이는 것은 당신 자신과 당신이 속한 장소뿐만 아니라 세상에 대해 당신이 믿고 있는 것이 온전한지를 알기 위한 하나의 방법이다.

다음 문장의 구조를 분석해 보시오.

♦ 명사절이란 '접속사 + 주어 + 동사'의 절이 통째로 명사 성격을 가져서 문장이 주어 자리에 사용될 수 있는 것을 말하면 말한다. That 뒤에는 완전한 문장이 오고 What 뒤에는 불완전한 문장이 이어진다. 그리고 둘 다 '~하는 것'으로 해석이 된다. Whether은 뒤에 완전한 문장이 오고, '~인지, 아닌지'로 해석이 된다. 그리고 명사절이 주어 자리에 사용되는 경우 동사는 반드시 단수가 되어야 한다.

1. That he won the first prize is hardly surprising.

2. That the holiday is going to last three days is a disappointment to the entire staff.

3. Whether they do this consciously or not is open to debate and may differ from individual to individual, but like most processes that have to do with language, the change probably happens before we are aware of it and probably couldn't happen if we are.

1. That he won the first prize is hardly surprising.
                S   V   SC

그가 우등상을 탄 것은 좀처럼 놀랍지 않다.

2. That the holiday is going to last three days is a disappointment (to the entire staff).
                S   V   SC   (전명구)

휴일이 3일간 지속될 거라는 것은 전체 직원들에게 실망스러운 일이다.

3. Whether they do this consciously or not is open (to debate) and may differ (from
           S   V SC   (전명구) 등위접속사 V   (전명구)

individual to individual), but (like most processes that have to do with language), the change
         등위접속사   (전명구)   S

probably happens (before we are aware of it) and probably couldn't happen (if we are).
     V   (부사절)   등위접속사   V   (부사절)

그들이 이것을 의식적으로 하는지 혹은 안 하는지는 논쟁의 여지가 있고 사람마다 다룰 수 있지만, 언어와 관련이 있는 다른 대부분의 프로세스와 마찬가지로 아마도 변화가 우리가 이를 인식하기 전에 발생하고, 아마도 우리가 알고 있다면 발생하지 않을 수도 있다.

1. 어법상 적절한 것을 고르세요.

Spatial data [representing / represent] elevations, depths, temperatures, or populations can be stored in a digital database, accessed, and displayed on a map.

2. 다음 문장을 어법에 맞게 고치세요.

In addition, the necessary calculations that we make about the probability of some form of harm resulting from an action that we take is generally a given in our decision processes.

3. 어법상 옳지 않은 것을 고르시오.

The immune system in our bodies ① fights the bacteria and viruses which cause diseases. Therefore, whether or not we are likely to get various diseases ② depend on how well our immune system works. Biologists used to ③ think that the immune system was a separate, independent part of our body, but recently they ④ have found that our brain can affect our immune system. This discovery indicates that there may be a connection between emotional factors and illness.

4. 밑줄 친 다음 부분 중 어법상 옳지 않은 것은?

At the time of writing, it remains unclear ① what this administration's plans are in regard to immigration policing more generally. All names are fictitious names ② to protect the identities of our undocumented research collaborators. The facts run contrary to the common belief that the undocumented ③ does not pay taxes on their wages. On the contrary, undocumented workers pay billions of dollars annually in income taxes using false documents. Many undocumented workers also have a legitimate Individual Taxpayer Identification Number ④ with which they pay income taxes.

5. 밑줄 친 부분 중 어법상 가장 옳지 않은 것은?

UN scientists call the ① emptying of the Aral Sea the greatest environmental disaster of the 20th century. But I only understood the scale of what ② had happened when I looked at a couple of satellite images that ③ appears in this book. They show a whole sea reduced to a toxic-sump by human action. It is an ④ unprecedented man-made change to the shape of the world.

6. 밑줄 친 부분 중 어법상 옳지 않은 것은?

It's time for Major League Baseball to go to an expanded roster, one ① that makes sense for the way the game has evolved. Make it a 25-man game roster, but expand the overall roster to 28. Major League Baseball spokesman Pat Courtney said there ② has been discussions on the topic but nothing has been advanced.
Yet the dialogue continues, and ③ as the game evolves into one in which players keep getting hurt, it would behoove MLB ④ to create a roster that fits the times.

7. 밑줄 친 부분 중 어법상 옳지 않은 것은?

A mutual aid group is a place ① where an individual brings a problem and asks for assistance. As the group members offer ② help to the individuals with the problem, they are also helping ③ themselves. Each group member can make associations to a similar concern. This is one of the important ways in which ④ give help in a mutual aid group is a form of self-help.

8. 다음 글의 밑줄 친 부분 중 문맥상 낱말의 쓰임이 가장 적절하지 않은 것은?

Even if lying doesn't have any harmful effects in a particular case, it is still morally wrong because, if discovered, lying weakens the general practice of truth telling on which human communication relies. For instance, if I were to lie about my age on grounds of vanity, and my lying were discovered, even though no serious harm would have been done, I would have ① undermined your trust generally. In that case you would be far less likely to believe anything I might say in the future. Thus, all lying, when discovered, has indirect ② harmful effects. However, very occasionally, these harmful effects might possibly be outweighed by the ③ benefits which arise from a lie. For example, if someone is seriously ill, lying to them about their life expectancy might probably give them a chance of living longer. On the other hand, telling them the truth could possibly ④ prevent a depression that would accelerate their physical decline.

9. 다음 글의 밑줄 친 부분 중 어법상 틀린 것은?

Recent research reveals that some individuals are genetically ① predisposed to shyness. In other words, some people are born shy. Researchers say that between 15 and 20 percent of newborn babies show signs of shyness: they are quieter and more vigilant. Researchers have identified physiological differences between sociable and shy babies ② that show up as early as two months. In one study, two-month-olds who were later identified as shy children ③ reacting with signs of stress to stimuli such as moving mobiles and tape recordings of human voices: increased heart rates, jerky movements of arms and legs, and excessive crying. Further evidence of the genetic basis of shyness is the fact that parents and grandparents of shy children more often say that they were shy as children ④ than parents and grandparents of non-shy children

10. 밑줄 친 부분 중 어법상 옳지 않은 것은?

Focus means ① getting stuff done. A lot of people have great ideas but don't act on them. For me, the definition of an entrepreneur, for instance, is someone who can combine innovation and ingenuity with the ability to execute that new idea. Some people think that the central dichotomy in life is whether you're positive or negative about the issues ② that interest or concern you. There's a lot of attention ③ paying to this question of whether it's better to have an optimistic or pessimistic lens. I think the better question to ask is whether you are going to do something about it or just ④ let life pass you by.

1. (A), (B), (C)의 각 네모 안에서 어법에 맞는 표현으로 가장 적절한 것은?

Over the years, the food pyramid with its six different food groups was often criticized for being (A) 「confusing /confused」 to consumers interested in understanding the basics of good nutrition. The people at the U.S. Department of Agriculture seem to have heard the complaints because the food pyramid has disappeared; in its place (B) [lies / lays] a brand-new four-color image of sound nutrition, called MyPlate. MyPlate is divided into four sections: fruits, vegetable, grains, and proteins. Fats, in contrast to the disgraced and dismissed food pyramid, are nowhere to (C) [see/be seen] on the current nutritional symbol. MyPlate's message is clear on sight. Fruits and vegetables should be major players in our daily diet.

2. (A), (B), (C)의 각 네모 안에서 어법에 맞는 표현으로 가장 적절한 것은?

One of the goals of UNICEF is giving children the best possible start in life. In fact, more than half of UNICEF's budget is used to help children in their first five years of life by providing them with better health care, nutrition, water, sanitation, and education. But the needs of young children around the world are (A) [overwhelming / overwhelmed]. According to UNICEF, "out of 100 children born in a year, 30 will most (B) [likely suffer / likely to suffer] from malnutrition in their first five years of life, 26 will not be immunized against the basic childhood diseases, 19 will lack access to safe drinking water and 40 to adequate sanitation, and 17 will never go to school" Each year, these problems cause the death of 11 million children under the age of 5. (C) [It means / They mean] each day 30,000 children die, and most of these deaths could be prevented.

	(A)	(B)	(C)
①	overwhelming	likely to suffer	They mean
②	overwhelming	likely to suffer	It means
③	overwhelming	likely suffer	It means
④	overwhelmed	likely suffer	They mean
⑤	overwhelmed	likely to suffer	It means

3. (A), (B), (C)의 각 네모 안에서 어법에 맞는 표현으로 가장 적절한 것은?

Some researchers divide the elements determining who will live longer into two categories: fixed factors and changeable factors. Gender, race and heredity are fixed factors — they can't be reversed, (A) [despite / although] certain long-term social changes can influence them. For example, women live longer than men — at birth, their life expectancy is about seven to eight years more. There is increasing evidence (B) [that / which] length of life is also influenced by a number of elements that are within your ability to control. The most obvious is physical lifestyle. Cutting calories may be the single most significant lifestyle change you can make. Experiments have shown that in laboratory animals, a 40 percent calorie reduction leads to a 50 percent extension in longevity. Eating less has a more profound and diversified effect on the aging process than (C) [does / has] any other lifestyle change.

	(A)	(B)	(C)
①	despite	that	has
②	despite	which	does
③	although	which	does
④	although	that	has
⑤	although	that	does

4. 다음 글의 밑줄 친 부분 중, 어법상 틀린 것은?

We don't know what ancient Greek music sounded like, because there are no examples of it in written or notated form, nor ① has it survived in oral tradition. Much of it was probably improvised anyway, within certain rules and conventions. So, we are forced largely to guess at its basis from the accounts of writers such as Plato and Aristotle, who were generally more concerned with writing about music as a philosophical and ethical exercise ② as with providing a technical primer on its practice. It seems Greek music was predominantly a vocal form, ③ consisting of sung verse accompanied by instruments such as the lyre or the plucked kithara (the root of 'guitar'). In fact, Plato considered music in which the lyre and flute played alone and not as the accompaniment of dance or song ④ to be 'exceedingly coarse and tasteless'. The melodies seem to have had a very limited pitch range, since the instruments ⑤ generally span only an octave, from one E (as we'd now define it) to the next.

* primer: 입문서

** lyre: 수금(竪琴)

*** coarse 조잡한

The formats and frequencies of traditional trade encompass a spectrum. At the simplest level ① are the occasional trips made by individual !Kung and Dani to visit their individual trading partners in other bands or villages. ② Suggestive of our open-air markets and flea markets were the occasional markets at which Sio villagers living on the coast of northeast New Guinea met New Guineans from inland villages. Up to a few dozen people from each side ③ sat down in rows facing each other. An inlander pushed forward a net bag containing between 10 and 35 pounds of taro and sweet potatoes, and the Sio villager sitting opposite responded by offering a number of pots and coconuts ④ judging equivalent in value to the bag of food. Trobriand Island canoe traders conducted similar markets on the islands ⑤ that they visited, exchanging utilitarian goods (food, pots, and bowls) by barter, at the same time as they and their individual trade partners gave each other reciprocated gifts of luxury items (shell necklaces and armbands).

* taro: (식물) 타로토란

** reciprocate: 답례하다

1. 정답: representing

해석

고도, 높이, 기온, 또는 인구수에 관한 공간 데이터는 디지털 데이터 베이스에 저장될 수 있고, 지도 위에 접근되고, 보일 수 있다.

해설

본동사가 can be stored로 뒤에 제시되고 있으므로 빈칸에는 동사가 아닌 분사가 와야 한다. 그리고 타동사에서 파생된 분사는 그 뒤에 명사를 목적어로 수반하는 경우, 현재분사의 형태가 되어야 한다.

2. 정답: is → are

해석

또한, 우리가 취하는 행동에서 비롯되는 어떤 형태의 위해의 확률에 대해 우리가 하는 필요한 계산은 일반적으로 우리의 의사결정 과정에서 당연한 일이다.

해설

주어와 동사의 수일치 문제의 핵심은 주어와 동사를 찾고 그 사이의 수식어구는 괄호로 묶는 일이다. 이 문장의 경우 주어가 the necessary calculations로 복수명사이므로 동사 역시 복수형인 are가 되어야 한다.

3. 정답: depend → depends

해석

우리 몸의 면역 체계는 질병을 유발하는 박테리아 및 바이러스와 싸운다. 따라서 우리가 다양한 질병에 걸릴 가능성이 있는지는 우리의 면역 체계가 얼마나 잘 작용하는지에 달려 있다. 생물학자들은 면역 체계가 우리 몸의 개별적이고 독립적인 부분이라고 생각하곤 했지만, 최근 그들은 우리의 뇌가 우리의 면역 체계에 영향을 미칠 수 있다는 것을 발견했다. 이러한 발견은 정서적인 요인들과 질병 간에 연관성이 있을지도 모른다는 것을 암시한다.

해설

② 주어 자리에 명사절이 사용되는 경우는 단수취급해야 한다. 주어가 명사와 대명사일 때만 복수가 가능하다. 주어가 부정사, 동명사, 명사절인 경우, 복수개념 차제가 있을 수 없으므로 동사는 항상 단수취급한다. 따라서 복수 동사 depend를 단수 동사 depends로 고쳐야 한다.

오답 분석

① 주어 자리에 단수 명사 The immune system이 왔으므로 단수 동사 fights가 올바르게 쓰였다.

③ '~하고 했다'라는 의미의 used to는 조동사이므로 뒤에는 동사원형이 이어져야 한다. 따라서, 동사원형 think가 올바르게 쓰였다.

④ 문맥상 '최근 그들은 우리의 뇌가 우리의 면역 체계에 영향을 미칠 수 있다는 것을 발견했다'라는 현재에 완료된 일을 표현하고 있으므로 현재완료 시제 have found가 올바르게 쓰였다.

어휘

immune system 면역 체계 biologist 생물학자 separate 개별적인 independent 독립적인 emotional 정서적인 factor 요인

4. 정답: ③ does → do

해석

이 글을 쓸 때에는, 이민 감시 활동에 관한 이 행정부의 계획이 보다 일반적으로 무엇인지 여전히 불분명한 상태이다. 우리의 밀입국한 연구협력자들의 신원을 보호하기 위해서, 모든 이름은 지어 낸 이름이다. 이러한 사실은 밀입국자들이 그들의 임금에 대한 세금을 내지 않는다는 일반적인 생각과는 반대이다. 오히려, 밀입국 노동자들은 위조된 서류를 사용하여 소득세로 매년 수십억 달러를 지불한다. 많은 밀입국 노동자들은 그들이 소득세를 지불하는 데 사용하는 합법적인 개인 납세자 식별번호 또한 가지고 있다.

(해설)

③ 주어로 제시된 the undocumented는 'the + 형용사'의 형태로 복수가산명사와 같은 의미이다. 즉, undocumented people(미등록자들)이다. 따라서 동사의 수 역시 복수가 되어야 하므로 단수 동사인 does를 do로 고쳐야 한다.

(오답 분석)

① unclear about what this administration's plans are에서 형용사 뒤에 명사절 접속사가 오는 경우 전치사 about이 생략될 수 있다. 따라서 목적어 자리에 사용되는 명사절이고, 간접의문문이므로 '의문사 + 주어 + 동사'의 순서가 맞게 사용되었다.
② '보호하기 위해서'라는 의미로 to 부정사의 부사적 용법이 바르게 쓰였다.
④ '전치사 + 관계대명사' 뒤에는 전치사의 목적어로 바로 뒤에 목적격 관계대명사가 사용되는 형태이므로 그 뒤로는 완전한 문장이 이어져야 한다. they가 주어, pay가 동사, income taxes가 목적어이므로 완전한 문장이 맞다. 그리고 '~을 가지고'의 의미로 전치사 with 역시 바르게 사용되었다.

5. 정답: ③ appears → appear

(해석)

UN 과학자들은 아랄해가 없어지는 것을 20세기의 가장 큰 환경 재해라고 부른다. 그러나 나는 일어났던 일의 규모를 이 책에 나오는 두어 개의 위성사진을 보고 나서야 이해했다. 그것들(위성사진)은 바다 전체가 인간의 행동에 의해 유독성 웅덩이로 축소된 것을 보여 준다. 그것은 세상의 형태에 대해 인간이 만들어 낸 전례 없는 변화이다.

(해설)

③ 관계절의 동사의 수는 선행사에 따라 결정해야 한다. 선행사가 복수 명사이므로 단수 동사 appears를 복수 동사 appear로 고쳐야 한다.

(오답 분석)

① 타동사 call의 목적어 자리에는 명사 역할을 하는 것이 와야 하므로 동명사 emptying이 올바르게 쓰였다.
② 문맥상 '일어났던 일의 규모를 위성사진을 보고서야 이해했다'라는 의미가 되어야 자연스러운데 '일어났던 일'은 과거시점(이해한 것)보다 명백히 이전에 일어난 일이므로 과거완료 시제 had happened가 올바르게 쓰였다.
④ 명사 man-made change를 앞에서 수식할 수 있는 것은 형용사이므로 형용사 unprecedented가 올바르게 쓰였다.

(어휘)

empty 없어지다, 비우다 disaster 재해 scale 규모 toxic 유독성의 sump 웅덩이 unprecedented 전례 없는

6. 정답: ②

(해석)

이제는 메이저리그 야구가 경기가 변화되어 온 방식에 맞는 확장된 선수 명단을 받아들일 때이다. 경기 참가 선수 명단은 25명으로 하되, 전체 선수 명단을 28명으로 확장하라. 메이저리그 야구 대변인인 Pat Courtney는 그 주제에 대한 논의가 있어왔지만 진척은 없었다고 말했다. 그러나 토의는 계속되고 있고, 이 경기가 선수들이 계속해서 부상을 당하는 것(경기)으로 변화하고 있기 때문에, MLB는 시대에 맞는 선수 명단을 만들 필요가 있을 것이다.

(해설)

② 유도부사 there 구문 'there + 동사 + 진짜 주어 (discussions)'에서 동사는 진짜 주어에 수일치시켜야 하는데, 진짜 주어 자리에 복수 명사 discussions가 왔으므로 단수 동사 has를 복수 동사 have로 고쳐야 한다.
① 선행사 one이 사물이고 관계절 내에서 동사 makes의 주어역할을 하므로, 사물을 가리키는 주격 관계대명사 that이 올바르게 쓰였다.
③ 절(the game - hurt)과 절(it would - times)은 접속사 없이 콤마(,)로 연결될 수 없고, 문맥상 '이 경기(야구)가 선수들이 계속해서 부상을 당하는 것(경기)으로 변화하고 있기 때문에'라는 의미가 되어야 자연스러우므로 이유를 나타내는 접속사 as(때문에)가 올바르게 쓰였다.
④ 동사 behoove(~할 필요가 있다)는 to 부정사를 목적격 보어로 취하는 5형식 동사이므로 to 부정사 to create가 올바르게 쓰였다.

어휘

roster 선수 명단 evolve 변화하다, 발전하다 spokesman 대변인 advance 진척시키다 behoove ~할 필요가 있다, 의무가 있다 fit 맞다, 적합하다

7. 정답: ④ give → giving

해석

상호원조집단은 개인이 문제를 가져오고 도움을 요청하는 곳이다. 집단 구성원이 문제를 가진 개인에게 도움을 제공하면서 그들 또한 자신 스스로를 돕는다. 각각의 집단 구성원은 비슷한 관심사에 연관되어 있을 수 있다. 이것은 하나의 상호원조집단내에서 도움을 주는 것이 자가 도움의 한 형태인 중요한 방식 중 하나이다.

해설

in which라는 '전치사 + 관계대명사' 뒤에는 완전한 문장이 수반되어야 한다. 뒤에 본동사 is가 제시되어 있으므로 give를 주어 역할을 할 수 있는 동명사인 giving으로 고쳐야 한다.

오답 분석

① 관계부사 where 뒤에 완전한 문장이 수반되므로 맞는 표현이다.
② 이 문장에서 help는 offer라는 타동사의 목적어로 바르게 사용되었다.
③ themselves는 재귀대명사의 재귀용법으로, 주어와 목적어가 동일하므로 바르게 사용되었다.

8. 정답: ④

해석

설사 거짓말이 특정 경우에 어떤 해로운 영향을 끼치지 않더라도, 만약 밝혀지면 거짓말은 인간의 의사소통이 따르고 있는, 진실을 말하는 일반적인 관행을 약화시키기 때문에 그것은 여전히 도덕적으로 잘못된 것이다. 예를 들어, 내가 허영심을 이유로 나의 나이에 대해서 거짓말을 하고 내 거짓말이 밝혀지면, 비록 아무런 심각한 피해가 없었더라도, 전반적으로 당신의 신뢰를 ① 약화시켰을 것이다. 그 경우에 당신은 앞으로 내가 말할지도 모르는 어떤 것이든 훨씬 덜 신뢰할 것이다. 그러므로 모든 거짓말은 밝혀지면 간접적인 ② 해로운 영향이 있다. 하지만, 아주 가끔, 거짓말로 인해 생기는 ③ 장점으로 아마 이러한 해로운 영향의 결점을 메우기에 충분할지도 모른다. 예를 들어, 만약 누군가가 심각하게 아프면, 그들의 기대 수명에 대해서 거짓말하는 것은 아마 그들에게 더 오래 살 기회를 줄지도 모른다. 반면에, 그들에게 진실을 말하는 것은 아마 그들의 육체적 쇠약을 가속화할 우울증을 ④ 예방할 수 있다.

해설

지문 마지막에서 심각하게 아픈 사람에게 기대 수명에 대해서 거짓말하는 것이 그들에게 더 오래 살 수 있는 기회를 줄지도 모른다고 했으므로, 그들에게 진실을 말하는 것은 육체적 쇠약을 가속화할 우울증을 예방할 (prevent) 수 있다고 하는 것은 문맥상 적절하지 않다. 따라서 ④ prevent가 정답이다. 참고로, 주어진 prevent를 대신할 수 있는 어휘로는 '야기하다'라는 의미의 cause, induce 등이 있다.

어휘

morally 도덕적으로 weaken 약화시키다 on grounds of ~을 이유로 vanity 허영심 undermine 약화시키다 indirect 간접적인 outweigh ~의 결점을 메우기에 충분하다 life expectancy 기대 수 accelerate 가속화하다 physical 육체적 decline 쇠약, 감소시키다

9. 정답: ③ reacting → reacted

해석

최근 연구는 어떤 사람들은 유전적으로 수줍어하는 성향을 갖게 된다고 밝힌다. 다시 말하면, 어떤 사람들은 내성적으로 태어난다. 연구원들은 15퍼센트에서 20퍼센트 사이의 신생아들이 수줍음의 징후를 보인다고 말하는데, 그들은 더 조용하고 더 경계한다. 연구원들은 생후 2개월 만에 나타나는 사교적인 아기와 내성적인 아기들 간의 생리학적인 차이점들을 확인했다. 한 연구에서, 이후 내성적인 아이들로 확인된 2개월 된 아기들은 움직이는 모빌과 사랑의 목소리 녹음 테이프와 같은 자극에 대해 스트레스 징후를 보이며 반응했는데, 스트레스 징후에는 증가된 심장 박동, 팔다리의 요동치는 움직임과 지나친 울음이 있었다. 수줍음과 관련된 유전적 근거에 대한 추가 증거는 내성적인 아이들의 부모나 조부모들은 그들이

어렸을 때 내성적이었다는 것을 내성적이지 않은 아이들의 부모나 조부모들보다 더 자주 말한다는 사실이다.

(해설)

③ 절에는 반드시 주어와 동사가 있어야 하는데, 동사자리에는 '동사'나 '조동사 + 동사원형'이 와야 하므로 '동사원형 + ing' 형태인 reacting을 과거 동사 reacted로 고쳐야 한다.

(오답 분석)

① 동사 predispose(~하는 성향을 갖게 하다) 뒤에 목적어가 없고, 주어 some individuals와 동사가 '어떤 사람들은 ~하는 성향을 갖게 된다'라는 의미의 수동 관계이므로 be 동사 are와 함께 수동태를 완성하는 과거분사 predisposed가 올바르게 쓰였다.
② 선행사 differences(차이점들)가 사물이고 관계절 내에서 동사(show up)의 주어 역할을 하므로 사물을 가리키는 주격 관계대명사 that이 올바르게 쓰였다.
④ 비교급 표현은 '형용사/부사의 비교급(more often) + than'의 형태로 나타낼 수 있으므로 than이 올바르게 쓰였다.

(어휘)

reveal 밝히다 individual 사람, 개인 genetically 유전적으로 predispose ~하는 성향을 갖게 하다 vigilant 경계하는 identify 확인하다 physiological 생리학적인

10. 정답: ③ paying to this question

(해석)

집중은 일을 완료하는 것을 의미한다. 많은 사람이 대단한 생각들을 가지고 있지만 그것들에 따라 행동하지는 않는다. 예를 들어, 나에게 기업가의 정의는 그 새로운 생각을 실행하는 능력으로 혁신과 창의력을 결합할 수 있는 사람이다. 어떤 사람들은 인생에서 가장 중요한 이분법은 당신을 흥미 있게 하거나 걱정시키는 문제들에 대해 당신이 긍정적인지 부정적인지라고 생각한다. 낙관적인 시각을 갖는 것이 나은지 비관적인 시각을 갖는 것이 나은지에 대한 이 질문에 많은 관심이 기울어져 있다. 나는 물어보기에 더 나은 질문은 당신이 무언가 행동을 취할 것인지 아니면 그저 인생이 당신을 스쳐 지나가게 할 것인지라고 생각한다.

(해설)

③ 분사 paying은 attention과의 관계가 수동관계로 관심이 기울어지는 것이므로 과거분사가 사용되어야 한다. 또한 분사는 동사의 성격이 있어서 타동사에서 만들어진 분사는 목적어를 수반하는데, paying 뒤에 목적어 없이 바로 전치사 to가 제시되어 있으므로 구조적으로도 과거분사가 정답이다.

(오답 분석)

① 동사 mean(means)은 목적어로 동명사를 취할 수 있으므로 getting이 바르게 쓰였다. 또한 동사 get(getting)은 목적어와 목적격 보어가 수동 관계일 때에는 목적격 보어로 과거분사를 취하는데, 목적어 stuff와 목적격 보어가 '일이 완료되다'라는 의미의 수동 관계이므로 과거분사 done이 올바르게 쓰였다.
② 선행사 the issues(문제들)가 사물이고 관계절 내에서 동사(interest, concern)의 주어 역할을 하므로 사물을 가리키는 주격관계대명사 that이 올바르게 쓰였고, 관계절의 동사는 선행사에 수 일치시켜야 하는데 선행사가 복수 명사이므로 복수 동사 interest, concern이 올바르게 쓰였다.
④ 사역동사 let은 동사원형을 목적격 보어로 취하는 사역동사이므로 동사원형 pass가 목적격 보어 자리에 올바르게 쓰였고 '동사+부사'의 동사구는 목적어가 대명사이면 '동사(pass)+목적어(you)+부사(by)'의 어순으로 쓰이므로 pass you by가 올바르게 쓰였다.

(어휘)

act on ~에 따라 행동하다 entrepreneur 기업가 ingenuity 창의력 execute 실행하다 dichotomy 이분법 optimistic 낙관적인 pessimistic 비관적인 pass by ~을 스쳐 지나가다

01. 정답: ②

(해석)

몇 년에 걸쳐 여섯 가지의 서로 다른 음식 그룹으로 구성된 먹이 피라미드가 바람직한 영양섭취의 기본 원리를 이해하는 데 관심을 가진 소비자들에게 혼란을 준다는 이유 때문에 종종 비판받아 왔다. 그 음식 피라미드가 사라진 것으로 보아, 미국 농무부 종사자들이 그 불평을 들었던 것 같다. 이제 그 자리 에는 MyPlate라 불리는 건강한 영양섭취를 나타내는 최신의 네 가지 색깔의 이미지가 위치하고 있다. MyPlate는 과일, 야채, 곡물 그리고 단백질의 네 가지 부분으로 나뉜다. 망신스럽게 쫓겨난 음식 피라미드와는 대조적으로, 지방은 현재의 영양을 나타내는 상징에서는 어디에서도 찾아볼 수 없다. MyPlate가 전하는 메시지는 한눈에도 명확하다. 과일과 야채가 우리의 하루 식단에서 주된 요소가 되어야 한다.

(해설)

(A) 문장의 주어 역할을 하는 the food pyramid가 동명사 being [confusing / confused] to consumers의 의미상의 주어로, 우리말로 옮기면 '먹이 피라미드가 소비자들에게 혼란을 준다'로 능동의 의미이기 때문에 현재분사인 confusing이 와야 한다. (B) 문두에 장소 부사구가 쓰여 〈V + S〉로 도치된 문장으로, 자동사인 lies가 와야 한다. (C) 네모 안에 쓰인 말이 주어인 Fats와 수동 관계에 있기 때문에 수동형 부정사인 to be seen이 쓰여야 하므로 be seen이 오는 것이 적절하다.

(어휘)

food pyramid 먹이 피라미드 criticize 비판하다 basics 기본 원리 nutrition 영양, 영양섭취 brand-new 최신의 sound 건강한, 튼튼한 disgraced 수치스런 dismiss 쫓겨나다 on sight 한눈에

2. 정답: ③

(해석)

UNICEF의 목표들 중의 하나는 아이들에게 인생에서 가능한 최고의 출발을 제공해 주는 것이다. 사실, UNICEF 예산의 절반 이상은 아이들의 처음 몇 년간의 생에 있어서 더 나은 의료, 영양, 물, 위생, 그리고 교육을 제공하기 위해 사용된다. 그러나 세계 도처에서 어린 아이들의 빈곤 상태는 놀랄 만하다. UNICEF에 따르면, "한 해에 태어나는 100명의 아이들 중에서 30명은 태어난 지 5년 내에 영양실조에 걸릴 가능성이 매우 높으며, 26명은 기본적인 아동 질병에 대한 예방접종을 받지 못하며, 19명은 안전한 식수를 마실 수 없으며, 40명은 적절한 위생 상태에 있지 못하며, 17명은 학교에 다니지 못하고 있다."고 한다. 매년 이러한 문제점들은 1100만 명의 5세 미만 아동을 사망에 이르게 한다. 이러한 사실은 매일 30,000명의 아이들이 죽어 가고 있으며, 이러한 사망의 대부분은 예방될 수도 있다는 것을 의미한다.

(해설)

(A) 분사가 보어 역할을 하는 문장으로, 주어 the needs와 능동 관계에 있기 때문에 현재분사인 overwhelming이 와야 한다. (B) be likely to + 동사원형(~하기 쉽다)으로 판단하여 likely to suffer를 정답으로 착각하기 쉽다. 그러나 이 문장은 likely 앞에 be 동사가 없고 조동사(will)가 있으므로 will suffer로 연결시켜야 하며 likely는 동사를 수식하는 부사로 '아마도'의 뜻으로 쓰였다. (C) 앞 문장 전체를 받기 때문에 단수 대명사 It이 와야 한다. 따라서 It means가 적절하다.

(어휘)

budget 예산 nutrition 영양, 영양 상태 sanitation 위생 overwhelming 짓누르는, 엄청난 suffer from ~에 걸리다 malnutrition 영양실조 immunize 예방 접종하다 access 접근, 이용 drinking water 식수 adequate 적절한

3. 정답: ⑤

(해석)

일부 연구자들은 누가 더 오래 살 것인지를 결정하는 요소들을 불변 요소와 가변 요소의 두 개 범주로 구분한다.

성별, 인종, 그리고 유전은 불변 요소들로 비록 어떤 장기적인 사회적 변화가 그것들에 영향을 줄 수는 있지만 바뀔 수는 없는 것들이다. 예를 들어, 여성들은 남성들보다 더 오래 사는데, 태어날 때 그들의 기대 수명은 7-8세 정도 더 많다. 수명은 당신의 통제 능력 범위 내에 있는 많은 요소들에 의해 또한 영향을 받는다는 증거가 늘고 있다. 가장 분명한 것이 신체적인 생활방식이다. 칼로리를 줄이는 것이 당신이 할 수 있는 유일한 가장 중요한 생활방식의 변화일 수도 있다. 실험실의 동물들을 통해 40%의 칼로리 감소가 수명을 50% 연장시킨다는 사실을 실험이 보여 준다. 적게 먹는 것이 다른 어떤 생활방식의 변화보다도 노화 과정에 훨씬 중대하고 다양한 영향을 미친다.

(해설)

(A) 뒤에 주어(certain long-term social changes)와 동사(can influence)를 갖춘 절이 왔기 때문에 접속사 although가 와야 한다. (B) 뒤에 완전한 문장의 형태가 왔으므로 앞에 쓰인 명사 evidence를 수식해 주는 동격의 that절이 와야 한다. (C) 비교 표현에서 접속사 than 뒤의 동사는 앞의 주절 동사에 따라 결정된다. 이 문장에서 주절 동사 have는 일반동사(가지다)이므로 does가 와야 한다.

(어휘)

gender 성(性) race 인종 heredity 유전적 세습 reverse 뒤집다, 역전시키다 life expectancy 기대 수명 evidence 증거 significant 중요한 extension 연장 longevity 수명 profound 심오한, 중대한 diversify 다양화시키다

4. 정답: ②

(해석)

우리는 고대 그리스 음악이 어떤 소리를 냈는지 알지 못하는데, 그 이유는 그것이 기록되거나 악보에 적힌 형로 되어 있는 사례가 없고, 구전으로도 살아남지 못했기 때문이다. 어쨌든 그것의 대부분은 아마도 특정 규칙과 관례 내에서 즉흥적으로 연주되었을 것이다. 그래서 우리는 주로 플라톤과 아리스토텔레스와 같은 작가들의 설명으로부터 그것의 토대를 추측할 수밖에 없는데, 그들은 실제에 대한 기술적인 입문서를 제공하는 것보다 철학적

이고 윤리적 실천으로 서의 음악에 대해 글을 쓰는 것에 대체로 더 관심이 있었다. 그리스 음악은 대개 성악 형식이었고, 수금이나 퉁기는 키타래(기타의 뿌리)와 같은 악기의 반주에 의해 노래되는 운문으로 구성되었던 것으로 보인다. 사실, 플라톤은 춤이나 노래의 반주로 서가 아닌 수금과 피리만 연주되는 음악을 '매우 조잡하고 무미건조하다'고 여겼다. 그 선율은 매우 제한된 음역을 가지고 있었던 것으로 보이는데, 왜냐하면 그 악기들은 일반적으로(우리가 그것을 현재 정의하는 대로) 한 E에서 다음 E까지 단지 한 옥타브에만 걸쳐 있기 때문이다.

(해설)

① 도치구문으로 부정의미를 지닌 접속사 nor 다음에는 주어와 동사가 도치되므로 올바르게 쓰였다.
② as는 앞의 '로서'의 의미를 지닌 자격을 나타내는, 전치사 as와 연결된 것이 아니라 그 앞의 more와 연결된 비교 구문이므로 as를 than으로 바꿔야 한다.
③ consisting of는 완전한 문장에 연결된 분사구문이고, consist는 자동사이므로 현재분사를 쓴 것은 올바른 용법이다.
④ consider는 '동사+목적어+부정사'의 구조를 갖는 5형식 동사이므로 'to be'는 consider의 목적보어로 쓰인 to 부정사로 올바르게 쓰였다.
⑤ generally는 동사 span을 수식하는 부사로 올바르게 쓰였다.

5. 정답: ④

(해석)

전통적인 거래의 형식과 빈도는 전 범위를 망라한다. 가장 단순한 단계에서 !Kung족과 Dani족 일원이 다른 무리나 마을에 있는 그들 각자의 거래 상대를 방문하기 위해 이따금 하는 왕래가 있다. 뉴기니 북동쪽 해안에 사는 Sio 마을 사람들이 내륙 마을에서 온 뉴기니 사람들을 만나는 이따금 서는 시장은 우리의 노천 시장과 벼룩시장을 연상시켰다. 각각의 편에서 온 수십 명에 이르는 사람들이 서로 마주 보고 줄지어 앉았다. 한 내륙인이 10에서 35파운드 사이의 타로토란과 고구마가 든 망태기를 앞으로 내밀면, 맞은편에 앉은 Sio 마을 사람은 그 망태기에 든 음식과 가치가 같다고 판단되는 몇 개의 단지와 코

코넛을 내놓아 응수했다. Trobriand 섬의 카누 상인들은 자신들이 방문하는 섬에서 비슷한 시장을 운영하며, 물물교환으로 실용품(음식, 단지, 그릇)을 교환했고, 동시에 그들과 그들의 개별 거래 상대들은 서로에게 사치품(조개목걸이와 팔찌)을 답례품으로 주었다.

(해설)

① 주어가 복수명사인 trips이므로 복수동사인 are를 쓴 것은 적절하다.

② be 동사의 보어인 형용사 suggestive가 도치된 문장으로 올바르게 사용되었다.

③ sat은 자동사 sit의 과거형으로 타동사 seat와 구별할 수 있어야 한다. 이 문장에서는 주어가 up to a few dozen people이고 목적어가 보이지 않으므로 자동사 sat을 사용한 것은 올바른 용법이다.

④ a number of pots and coconuts는 judge의 대상이므로, 현재분사 judged로 바꿔야 한다.

⑤ 선행사가 islands이고 타동사 visited의 목적어 역할을 하므로, 관계대명사 that은 올바르게 사용되었다.

Chapter 2

목적어 자리

주어 자리에 올 수 있는 성분들이 전부 목적어 자리에 올 수 있다. 구체적으로는, 명사(구), 대명사, 부정사, 동명사, 명사절이 있다.

① 명사구
- Jake has enough business sense to run his own company. Jake는 자신의 회사를 운영할 만큼 충분한 비즈니스 감각이 있다.

② 대명사
- If you experience any problem using the website, you may contact us at any of the following telephone numbers or send an email to websiteeop@nicom.net. 웹사이트를 사용할 때 문제를 경험하시면 아래의 전화번호나 websiteeop@nicom.net.로 이메일을 보내 주시면 됩니다.

③ 부정사구
- She wants to get a new job. 그녀는 취업을 하기를 원한다.

④ 동명사구
- Lauren hates working overtime. Lauren은 초과근무하는 것을 싫어한다.

⑤ 명사절
- I agree that we need new filing cabinet. 우리가 새로운 파일 캐비넷이 필요하다는 데 동의한다.

1) 명사구

명사는 주로 앞에 형용사나 한정사, 뒤에는 전명구나 관계절 또는 분사의 수식을 받아서 하나의 덩어리인 명사구의 형태로 사용된다.

문장 분석! 구조 파악 연습(명사구)
다음 문장의 구조를 분석해 보시오.

1. The chemical company gave local government officials a report detailing operation of its plant in Westbury.
2. Artists in the future will wrestle with the possibilities of the post-human and post-Anthropocene-artificial intelligence, human colonies in outer space and potential doom.

정답과 해설
1. The chemical company gave local government officials a report (detailing operation of its
          S   V   IO   DO   (분사)

plant in Westbury.)

그 화학회사는 지역 정부관리들에게 Westbury에 있는 공장의 운영에 대해 자세히 설명하는 보고서를 건넸다.

2. <u>Artists</u> (in the future) <u>will wrestle</u> <u>with</u> <u>the possibilities</u> (of the post-human and post
    S   (전명구)   V   전치사   O   (전명구)

Anthropocene-artificial intelligence, human colonies in outer space and potential doom).

미래의 예술가들은 포스트 휴먼과 포스트 인류세-인공지능, 우주의 인간 식민지 그리고 가능한 파멸에 대한 가능성을 다룰 것이다.

2) 대명사구

명사를 대신하는 대명사는 목적어 자리에 사용될 수 있는데, 인칭대명사의 경우 반드시 목적격이 와야 한다.

문장 분석! 구조 파악 연습(대명사)

다음 문장의 구조를 분석해 보시오.

1. Chad Rayes's total sales for this year topped everyone else's in the entire company, so the manager gave him the top employee award.

2. This is not a map by any traditional definition, but the tools and techniques of cartography are employed to produce it, and in some ways it resembles a map.

정답과 해설

1. <u>Chad Rayes's total sales</u> (for this year) <u>topped</u> <u>everyone else's</u> (in the entire company), <u>so</u>
         S   (전명구)   V   O   (전명구)   , 등위접속사

<u>the manager</u> <u>gave</u> <u>him</u> <u>the top employee award</u>.
    S   V   IO   DO

Chard Rayer의 올해 총매출액은 전체 회사에서 다른 모든 사람을 뛰어 넘었다 따라서 관리자는 그에게 최고 직원상을 수여했다.

2. <u>This</u> <u>is</u> <u>not a map</u> (by any traditional definition), <u>but</u> <u>the tools and techniques</u> (of
  S V   SC   (전명구)   , 등위접속사   S   (전명구)

cartography) <u>are employed</u> (to produce it), <u>and</u> (in some ways) <u>it</u> <u>resembles</u> <u>a map</u>.
        V   (부정사)   , 등위접속사 (전명구)   S   V   O

이것은 전통적인 정의로는 지도가 아니다, 그러나 이것을 만들기 위해서 지도제작을 위한 장비와 기술이 사용되었다 그리고 어떤 측면에서는 지도와 닮았다.

3) 부정사

특정 동사는 뒤에 목적어로 to 부정사를 수반하는데, 이 동사들은 굉장히 빈출되니 꼭 암기해야 한다. 주로 '~할 것을'과 같이 미래의미는 '미래, 소망동사'라고 보면 되는데, 아래와 같이 암기하면 된다.

to 부정사를 목적어로 취하는 동사: 소기계약동결(소고기 가격 계약 동결)

소망	hope, wish, want, desire
기대	expect, long
계획	plan, arrange
약속	promise, vow
동의	agree, assent, consent
결정	decide, determine, choose, refuse
기타	fail, afford, manage, hesitate, strive

문장 분석! 구조 파악 연습(대명사)

다음 문장의 구조를 분석해 보시오.

1. In reality, keeping a record helps them notice patterns they would otherwise fail to recognize, ultimately increasing the likelihood of long-term success
2. Studies suggest that those who choose to review their mistakes immediately after practice sessions improve much faster than those who ignore them.

정답과 해설

1. In reality, keeping a record helps them notice patterns they would otherwise fail to recognize,
   부사   S   V   O   OC (Which 생략) S   V   O

ultimately increasing the likelihood of long-term success.
          분사

실제로 기록을 유지하는 것은 그들이 평소에는 인지하지 못했을 패턴을 알아차릴 수 있게 해 주며, 궁극적으로 장기적인 성공 가능성을 높여 준다.

2. Studies suggest that those (who choose to review their mistakes immediately after practice
   S   V   O   S   (관계절)   전치사

sessions) improve much faster than those (who ignore them).
       V

연구에 따르면, 연습 직후 자신의 실수를 **복습하기로 선택한** 사람들은 그것을 무시하는 사람들보다 훨씬 더 빠르게 향상된다.

4) 동명사

동명사를 목적어로 취하는 동사 역시 굉장히 빈출되고 있는데, 주로 '~해 오던 것을' 또는 '~하는 것을'의 의미를 가진다. 보통 '~할 것을'이라고 해석이 되면 to 부정사를 목적어로 취하는 경우가 많은데, consider, suggest, recommend는 '~할 것을'이라고 해석이 되지만 뒤에 동명사를 목적어로 취하므로 특히 조심해야 한다.

동명사를 목적어로 취한 동사: MEGAPASSID

동사	뜻	동사	뜻
mind	꺼리다	appreciate	감사하다
enjoy	즐기다	suggest recommend consider	제안하다 추천하다 고려하다
give up	포기하다	stop quit finish discontinue	중단하다
avoid admit	피하다 인정하다	include	포함하다
postpone practice	연기하다 연습하다	deny	부인하다

문장 분석! 구조 파악 연습(대명사)

1. Psychologists suggest examining one's emotional reactions regularly, as this helps people recognize patterns that are not easily visible in daily routines.

2. By avoiding making rushed decisions, learners are more likely to develop strategies that enhance both confidence and performance over time.

정답과 해설

1. Psychologists suggest examining one's emotional reactions regularly, as this helps people
   S   V   O   adv 접속사 S   V   O

recognize patterns (that are not easily visible in daily routines.)
   OC   (관계절)

심리학자들은 사람들이 일상에서는 쉽게 보이지 않는 패턴을 알아차릴 수 있도록, 자신의 감정 반응을 정기적으로 검토하는 것을 제안한다.

2. By avoiding making rushed decisions, learners are more likely to develop strategies(that
   전 O(동명사)   동명사의 목적어   S   V   O   (관계절)

enhance both confidence and performance over time.)

성급한 결정을 '내리는 것(=making)'을 피함으로써, 학습자는 시간이 지남에 따라 자신감과 수행을 향상시키는 전략을 개발할 가능성이 더 높다.

5) 명사절접속사('~라는 것'[that / what])

'~라는 것'이란 의미로 사용되는 명사절 접속사는 that과 what이 있다. 접속사 뒤에 절이 완전한 문장이면 that이고,
주어나 목적어가 빠져 있는 불완전한 문장이면 what을 사용한다.

① that(접속사) + 완전한 문장
- **That** he was promoted to the position is true. 그가 승진했다는 것은 사실이다.

② what(관계대명사) + 불완전한 문장
- James suggests **that** he will write a new song. James는 그가 새로운 노래를 쓸 거라는 것을 제안했다.
- You decide **what** you need to do. 너가 할 필요가 있는 것을 결정해라.

> **문장 분석! 구조 파악 연습(대명사)**

1. Researchers found that regular exposure to nature reduces students' stress levels, even when the contact is brief.
2. Researchers point out that learners often focus on test scores rather than what helps them understand the underlying concepts.

> **정답과 해설**

1. Researchers found [that regular exposure to nature reduces students' stress levels], even
     S   V   O[명사절]

when the contact is brief.
 접   S   V   SC

연구자들은 비록 그 접촉이 짧더라도 **자연에 정기적으로 노출되는 것이 학생들의 스트레스 수준을 낮춘다는 것**을 발견했다.

2. Researchers point out [that learners often focus on test scores] rather than [what helps
     S   V   O[명사절]   S   V   O1   등위접속사   O2[명사절]

them understand the underlying concepts].

연구자들은 학습자들이 기본 개념을 이해하도록 돕는 것이 **무엇인지**보다는 시험 점수에 집중하는 경향이 있다고 지적한다.

1. 어법상 틀린 부분을 바르게 고치시오.

Many students assume ① that textbook writers restrict themselves to facts and avoid ② to present opinion. Although ③ that may be true for some science texts, it's not true ④ for textbooks in general, particularly in the areas of psychology, history, and government.

2. 어법상 틀린 부분을 바르게 고치시오.

① Knowing value of your time ② enable you ③ to make wise decisions about where and how you spend it so you ④ can make the most of this limited resource according to your circumstances, goals, and interests.

3. 어법상 틀린 부분을 바르게 고치시오.

The Aztecs believed that chocolate ① made people intelligent. Today, we do not believe this. But chocolate has a special chemical ② called phenylethylamine. This is the same chemical ③ the body makes when a person is in love. Which do you prefer ④ to eat chocolate or being in love?

4. 어법상 틀린 부분을 바르게 고치시오.

① However, in 1840, an English schoolteacher ② suggested ③ to introduce postage stamps, and a postal rate ④ based on weight.

5. 어법상 틀린 부분을 바르게 고치시오.

In countries where religion ① has been closely identified with ② a people' culture, as in Hinduism and Islam, religious education has been essential ③ to be maintained the society and ④ its traditions.

6. 다음 중 어법상 맞는 것을 고르시오.

It seems to me ① [that/what] I can ② [pick up hardly/hardly pick up] a magazine nowadays without ③ [encounter/encountering] someone's views on our colleges.

7. 밑줄 친 부분 중 어법상 옳지 않은 것은?

① Creating a culture that ② inspires out-of-the-box thinking is ultimately about ③ inspiring people to stretch and empowering them to drive change. As a leader, you need ④ providing support for those times when change is hard, and that support is about the example you set, the behaviors you encourage and the achievements you reward.

8. 밑줄 친 부분 중 어법상 옳지 않은 것은?

Examples of ① <u>severely</u> overfished animals ② <u>are</u> the blue whale of the Antarctic and the halibut of the North Atlantic. Fishing just the correct amount to maintain a maximum annual yield is both a science and an art. Research is constantly being done to help us better understand the fish population and how ③ <u>utilizing</u> it to the maximum without ④ <u>depleting</u> the population.

9. 다음 밑줄 친 (A), (B), (C)에서 문맥에 맞는 낱말로 가장 적절한 것은?

South Korea is one of the only countries in the world that has a dedicated goal to become the world's leading exporter of popular culture. It is a way for Korea to develop its "soft power."
It refers to the (A) [tangible / intangible] power a country wields through its image, rather than through military power or economic power. Hallyu first spread to China and Japan, later to Southeast Asia and several countries worldwide. In 2000, a 50-year ban on the exchange of popular culture between Korea and Japan was partly lifted, which improved the (B) [surge / decline] of Korean popular culture among the Japanese. South Korea's broadcast authorities have been sending delegates to promote their TV programs and cultural contents in several countries. Hallyu has been a blessing for Korea, its businesses, culture and country image. Since early 1999, Hallyu has become one of the biggest cultural phenomena across Asia. The Hallyu effect has been tremendous, contributing to 0.2% of Korea's GDP in 2004, amounting to approximately USD 1.87 billion. More recently in 2014, Hallyu had an estimated USD 11.6 billion (C) [boost / stagnation] on the Korean economy.

	(A)	(B)	(C)
①	tangible	… surge	… stagnation
②	intangible	… decline	… boost
③	intangible	… surge	… boost
④	tangible	… decline	… stagnation

Most of the fatal accidents happen because of over speeding. It is a natural subconscious mind of humans to excel. If given a chance, man is sure to achieve infinity in speed. But when we are sharing the road with other users, we will always remain behind some or other vehicle.
① Increase in speed multiplies the risk of accident and severity of injury during accident. Faster vehicles are more prone to accident than the slower one and the severity of accident will also be more in case of faster vehicles. ② The higher the speed, the greater the risk. At high speed the vehicle needs greater distance to stop—i.e., braking distance. A slower vehicle comes to halt immediately while faster one takes long way to stop and also skids a ③ short distance because of The First Law of Motion. A vehicle moving on high speed will have greater impact during the crash and hence will cause more injuries. The ability to judge the forthcoming events also gets ④ reduced while driving at faster speed which causes error in judgment and finally a crash.

* severity 심함

1. 다음 글의 밑줄 친 부분 중, 어법상 틀린 것은?

How is lightning formed? The gusts of wind that whip up when a storm is developing make water droplets and ice crystals in clouds ① to rub against each other. This causes a buildup of electric charges and lightning shoots out of the cloud. Lightning always takes the fastest way to the ground. Tall buildings are most vulnerable. The Empire State Building, in New York, has been a particular target. It ② is hit on average twenty-three times a year. This dispels the myth ③ that the safest place to be in a thunderstorm is under a tall tree. ④ Destructive as lightning can be, it also plays an important part in our survival. It releases nitrogen into the atmosphere which raindrops carry into the ground, ⑤ enriching it with an ingredient necessary for life.

* whip up: 갑자기 빠르게 움직이다

2. 다음 글의 밑줄 친 부분 중, 어법상 틀린 것은?

Many consumers are unaware of the chemicals in common products they use every day. Chemicals ① are present in a huge variety of products to give them certain properties. For example, chemicals are added to children's pajamas to make ② them fire-resistant. Chemicals help carry the scent of perfume. Plastics contain chemicals that make ③ themselves more flexible. These are commonly found in children\ toys and food containers. Many of these common chemicals are toxic to mammals and other animals. For example, one group of chemicals, called phthalates, ④ which are widely used in vinyl flooring, are toxic to the reproductive system. Not only ⑤ are these chemicals toxic, but they are not readily dissolved by bacteria.

One of the technical moves of most professional figure skaters ① <u>is</u> to spin in circles. The ability to execute these turns has earned them fame. It also ② <u>raises</u> questions as to how they manage to execute such turns in a fast manner without becoming dizzy or losing their balance. Through extensive research and testing, biologists have found that the answer to the question lies within the ears. Inside each of our ears ③ <u>is</u> tubes of liquid called the semicircular canals. As we move, the fluid touches a series of tiny hairs covering the inside of these tubes, which in turn send messages to the brain. Turning our bodies quickly causes the liquid in our ears ④ <u>to move</u> continuously even after our bodies have stopped moving, causing the dizziness. To counter this problem, skaters quickly jerk their heads in the direction opposite to that which they are turning. By ⑤ <u>doing</u> so, the brains believe the body isn't moving and skaters can continue to perform without falling.

* semicircular canal: (귀의) 반고리관

When children are young, much of the work is demonstrating to them that they ① <u>do</u> have control. One wise friend of ours who was a parent educator for twenty years ② <u>advises</u> giving calendars to preschool-age children and writing down all the important events in their life, in part because it helps children understand the passage of time better, and how their days will unfold. We can't overstate the importance of the calendar tool in helping kids feel in control of their day. Have them ③ <u>cross</u> off days of the week as you come to them. Spend time going over the schedule for the day, giving them choice in that schedule wherever ④ <u>possible</u>. This communication expresses respect —-they see that they are not just a tagalong to your day and your plans, and they understand what is going to happen, when, and why. As they get older, children will then start to write in important things for themselves, ⑤ <u>it</u> further helps them develop their sense of control.

The actual problems with monopolies are caused by statism, not capitalism. Under a statist social system, taxes, subsidies, tariffs, and regulations often serve to protect existing large players in the marketplace. Those players often use crony tactics to retain or expand the protections: a new tariff preventing foreign competition, a subsidy making it harder for new players ① to compete with them, or a regulatory measure that a large company has the resources to comply with. Under a capitalist social system, on the other hand, the government has no say in how ② dominantly a company may become in its industry or how companies take over and merge with one another. Furthermore, a capitalist society doesn't have rights-violating taxes, tariffs, subsidies, or regulations ③ favoring anybody nor does it have antitrust laws. Under capitalism, dominance can only be achieved by becoming really good at ④ what you're doing. And to maintain dominance, you have to continue to stay ahead of the competition, which sees your dominance and profits as a sign ⑤ that there is money to be made by others as well.

* statism: 국가 통제주의

** crony: 정실(사사로운 정에 이끌리는 일)

*** antitrust law: 독점 금지법

1. 정답: ② to present → presenting

(해석)

많은 학생들은 교과서 저자들이 자신들을 사실에 한정시키고 의견을 피력하는 것을 피한다고 가정한다. 비록 그것은 일부 과학교과서에는 맞는 말이지만, 전체적으로 특히 심리학, 역사, 정부 분야에서는 맞는 말이 아니다.

(해설)

② avoid는 목적어로 to 부정사가 아닌 동명사를 수반하는 동사이다.

(오답 분석)

① assume이라는 타동사의 목적어 자리이고, 뒤에 완전한 문장이 수반되고 있으므로 명사절 접속사 that이 제대로 사용되었다.

③ 이 문장에서 that은 앞 문장을 받아 주고 있는 지시대명사이다.

④ that may be true for some science texts, it's not true for textbooks 이 문장에서 for은 앞에 'for + 명사'가 병치되는 것으로 맞게 사용되었다.

2. 정답: ② enable → enables

(해석)

당신의 시간의 가치를 아는 것은 당신의 환경, 목표, 그리고 관심사에 따라 이것을 어디서 어떻게 써서 이 한정된 자원을 가장 잘 활용할 수 있도록 하는가에 대해 당신이 현명한 결정을 내리는 것을 가능하게 한다.

(해설)

② 동명사가 문장의 주어로 사용되는 경우, 단수 취급하므로 동사를 enables로 바꾸어야 한다.

(오답 분석)

① 동명사는 동사에 명사의 성격이 추가된 것으로 문장의 주어 자리에 사용될 수 있다.

③ enable은 목적격 보어 자리에 to 부정사를 사용하는 동사이다. 제대로 사용되었다.

④ 앞에 제시된 접속사 so는 so (that)에서 (that)이 생략된 접속사로, 목적을 나타낸다. that절 안의 동사는 '~할 수 있다'라는 의미가 내포된 can이나 may를 사용하므로 맞게 사용되었다.

3. 정답: ② enable → enables

(해석)

당신의 시간의 가치를 아는 것은 당신의 환경, 목표, 그리고 관심사에 따라 이것을 어디서 어떻게 써서 이 한정된 자원을 가장 잘 활용할 수 있도록 하는가에 대해 당신이 현명한 결정을 내리는 것을 가능하게 한다.

(해설)

② 동명사가 문장의 주어로 사용되는 경우, 단수 취급하므로 동사를 enables로 바꾸어야 한다.

(오답 분석)

① 동명사는 동사에 명사의 성격이 추가된 것으로 문장의 주어 자리에 사용될 수 있다.

③ enable은 목적격 보어 자리에 to 부정사를 사용하는 동사이다. 제대로 사용되었다.

④ 앞에 제시된 접속사 so는 so (that)에서 (that)이 생략된 접속사로, 목적을 나타낸다. that 절 안의 동사는 '~할 수 있다'라는 의미가 내포된 can이나 may를 사용하므로 맞게 사용되었다.

4. 정답: ③ to introduce → introducing

(해석)

그러나 1840년에 한 영국인 교사가 무게를 기반으로 한 우표와 우편 요금을 도입할 것을 제안했다.

(해설)

③ suggest는 뒤에 목적어로 to 부정사가 아닌 동명사를 취한다.

(오답 분석)

① However는 역접의 접속부사이다.

② 시간 부사가 in 1840으로 과거이므로 동사의 시제 역시 과거가 맞다.
④ based on은 '~을 근거로 한'이라는 표현으로 제대로 사용되었다.

5. 정답: ③ to be maintained → to maintain

(해석)

힌두교와 이슬람교와 같이, 종교가 민족의 문화와 밀접하게 연관된 국가에서 종교 교육은 그 사회와 그 사회의 전통을 유지하는 데 필수적이다.

(해설)

③ to 부정사도 동사의 성격이 있어서, 태가 존재한다. 뒤에 목적어가 제시되어 있으므로 능동태로 바꾸어야 한다.

(오답 분석)

① be identified with '~와 밀접하게 관계를 맺다'는 맞는 표현이고, 수와 시제 역시 맞다.
② 명사 앞에 소유격이 맞게 표현되었다.
④ its는 society를 받고 있으므로 단수형이 맞다.

6. 정답: ① that ② hardly pick up ③ encountering

(해석)

요즘 내가 잡지를 하나 집어 들기만 하면 우리 대학에 대한 누군가의 비평을 마주하게 되는 것 같다.

(해설)

① 주어 자리에 가주어 it이 제시되어 있으므로 진주어 자리에 that절이 사용되어야 한다.
② 부정부사의 위치는 '조동사 + 부정부사 + 일반동사'의 위치를 따르므로 조동사 can 뒤에 위치해야 한다.
③ never(hardly) ~ without -는 '~할 때마다 ~하다'라는 구문이다. 전치사 뒤에는 목적어 자리이므로 동사가 아닌 동명사가 와야 한다.

7. 정답: ④ providing → to provide

(해석)

틀에서 벗어나는 사고를 촉진시키는 문화를 만드는 것은 궁극적으로 사람들에게 뻗어 나가고, 변화를 주도하도록 하는 것과 같다. 지도자로서 변화가 힘들 때 지원을 할

필요가 있다. 그리고 그 지원은 당신이 설정하는 예에 관한 것이고, 당신이 고무하는 행동, 당신이 보상하는 업적에 관한 것이다.

(해설)

④ need는 뒤에 목적어로 to 부정사를 수반하는 동사이다. 따라서 providing을 to provide로 바꾸어야 한다.

(오답 분석)

① 동명사는 문장이 주어 자리에 사용되어서 '~하는 것'이라는 의미를 가진다.
② 주격관계대명사가 앞에 있는 선행사 a culture를 받는 것으로 단수이므로, 동사 역시 단수로 제대로 사용되었다.
③ 전치사의 목적어로 동명사가 제대로 사용되었다.

8. 정답: ③ utilizing → to utilize

(해석)

심각하게 남획된 동물의 예는 남극의 대왕고래와 북대서양의 큰 넙치이다. 매년 최대 어획량을 유지하기 위해 올바른 양의 어업 활동을 하는 것은 과학이자 기술이다. 우리가 어류 개체 수를 잘 이해하고 개체 수의 고갈 없이 최대한으로 어획량을 활용할 수 있는지에 대한 연구는 계속되고 있다.

(해설)

③ 명사절 접속사로 의문사가 사용되는 경우, 의문사 뒤에 주어 + 동사가 생략되고 to 부정사가 올 수 있다. 따라서 how utilizing이 아닌 how to utilize로 바꾸어야 한다.

(오답 분석)

① overfished라는 과거분사를 수식하는 것은 부사로 제대로 사용되었다.
② 문장의 주어가 examples라는 복수명사이므로 복수동사 are가 수가 일치하고 있다.
④ 전치사 without의 목적어로 동명사가 제대로 사용되고 있다. without +ing은 '~하지 않고'라는 의미를 가진다.

9. 정답: ③

(해석)

한국은 전 세계의 선두적인 대중문화의 수출국가가 되겠다는 헌신적인 목표를 가진 세계에서 유일한 국가들 중

하나이다. 이것은 한국이 그것의 '소프트 파워'를 발전시키는 방법이다. 이것은 국가가 군사적 힘 또는 경제적 힘을 통해서보다는 그것(국가)의 이미지를 통해 행사하는 (A) 무형의 힘을 가리킨다. 한류는 처음으로 중국과 일본에 퍼졌고, 이후 동남아시아와 전 세계의 여러 국가들에 퍼졌다. 2000년에, 한국과 일본 간의 대중문화의 교류에 대한 50년간의 금지가 부분적으로 해제되었고, 이것은 일본인들 사이에서 한국 대중문화의 (B) 상승을 향상시켰다. 한국의 방송 관계자들은 여러 나라에서 그들의 TV 프로그램과 문화 콘텐츠를 홍보하기 위해 대표단을 파견해 오고 있다. 한류는 한국, 그것(한국)의 기업들, 문화 그리고 국가 이미지에 축복이 되어 왔다. 1999년 초부터, 한류는 아시아 전역에 걸쳐 가장 큰 문화적 현상들 중 하나가 되어 왔다. 한류 효과는 엄청났는데, 2004년 한국의 GDP에 0.2퍼센트를 기여했으며, 이는 대략적으로 미화 18억 7천만 달러에 상당했다. 더 최근인 2014년에, 한류는 한국 경제에서 어림잡아 미화 116억 달러의 (C) 증가를 주었다.

해설

(A) 빈칸이 있는 문장에서 이것(소프트 파워)은 국가가 군사적 힘 또는 경제적 힘을 통해서보다는 국가의 이미지를 통해 행사하는 힘을 가리킨다고 했으므로, 빈칸에는 '무형의'(intangible)라는 내용이 들어가야 적절하다. (B) 빈칸이 있는 문장에서 2000년에, 한국과 일본 간의 대중문화의 교류에 대한 50년간의 금지가 부분적으로 해제되었고 이것은 일본인들 사이에서 한국 대중 문화의 무언가를 향상시켰다고 했으므로, 빈칸에는 '상승'(surge)이라는 내용이 들어가야 적절하다. (C) 빈칸 앞 문장에서 한류 효과는 엄청났는데, 2004년 한국의 GDP에 0.2퍼센트를 기여했고, 이는 미화 18억 7천만 달러에 상당했다고 했으므로, 빈칸에는 더 최근인 2014년에, 한류는 한국 경제에 어림잡아 미화 116억 달러의 '증가'(boost)를 주었다는 내용이 들어가야 적절하다. 따라서 ③ (A) intangible(무형의) - (B) surge(상승) - (C) boost(증가)가 정답이다.

어휘

dedicated 헌신적인 popular culture 대중문화 tangible 유형의 intangible 무형의 wield 행사하다 military 군

사적인 spread 퍼지다 ban 금지 lift (제재를) 해제하다 surge 상승 decline 하락 delegate 대표단 promote 홍보하다 tremendous 엄청난 amount ~에 상당하다 estimated 어림잡은 stagnation 침체, 불경기

10. 정답: ③

해석

치명적인 사고의 대부분은 과속 때문에 일어난다. (남을) 능가하려고 하는 것은 인간의 자연스러운 잠재의식이다. 만약 기회가 주어진다면 인간은 반드시 속도에서 무한대를 달성할 것이다. 그러나 우리가 다른 이용자들과 도로를 공유하고 있을 때 우리는 항상 어느 차량의 뒤에 남아있을 것이다. 속도의 ① 증가는 사고의 위험성과 사고 동안 부상의 심함을 크게 증가시킨다. 빠른 차량들은 느린 것보다 사고를 당하기 더 쉽고 빠른 차량의 경우에 사고의 심함 또한 더 클 것이다. 속도가 ② 더 높을수록, 위험은 더 크다. 고속에서 차량은 정지하기 위해 더 긴 거리 즉, 제동 거리가 필요하다. 빠른 것(차량)은 정지하기 위해 긴 거리가 있어야 하고, 또한 운동 제1 법칙 때문에 ③ 짧은 거리를 미끄러지는 반면 느린 차량은 즉시 정지한다. 고속으로 움직이는 차량은 충돌하는 동안 큰 충격을 갖게 될 것이고 따라서 더 많은 부상을 초래할 것이다. 판단의 오류와 결국 충돌을 일으키는 빠른 속도로 운전하는 동안 다가오는 사건들을 판단하는 능력은 또한 ④ 줄어들게 된다.

해설

지문 중간에서 고속에서 차량은 정지하기 위해 제동 거리가 필요하고, 빠른 차량은 정지하기 위해 긴 거리가 있어야 한다고 했으므로, 운동의 제1 법칙 때문에 짧은(short) 거리를 미끄러진다고 하는 것은 문맥상 적절하지 않다. 따라서 ③ short가 정답이다. 참고로, 주어진 short를 대신할 수 있는 어휘로는 '긴'이라는 의미의 long 등이 있다.

어휘

fatal 치명적인 over speeding 과속 natural 자연스러운, 당연한 subconscious 잠재의식의 excel (남을) 능가하다 achieve 달성하다 infinity 무한대 multiply 크게 증가시키다 braking distance 제동 거리 halt 정지하다 immediately 즉시 skid 미끄러지다 forthcoming 다가오는

1. 정답: ①

해석

번개는 어떻게 만들어질까? 폭풍이 발달할 때 갑자기 빠르게 움직이는 돌풍은 구름 속에 있는 물방울과 얼음 결정체들이 서로 마찰하게 한다. 이것은 전하를 형성하고 구름 밖으로 번개가 치도록 한다. 번개는 항상 지상으로 가는 가장 빠른 길을 택한다. 높은 빌딩들이 가장 공격받기 쉽다. 뉴욕에 있는 Empire State 빌딩은 특별한 목표물이 되어 왔다. 그 건물은 일 년에 평균 23번 번개를 맞는다. 이 사실은 뇌우 속에서 있기에 가장 안전한 장소가 키가 큰 나무 아래라는 상식을 깨뜨린다. 비록 번개가 파괴적이기는 하지만, 그것은 또한 우리의 생존에서 중요한 역할을 한다. 번개는 질소를 대기 중으로 방출하고 빗방울이 그것을 땅으로 가져옴으로써, 생명에 필요한 성분을 가지고 땅을 비옥하게 해 준다.

해설

사역동사 make는 목적격 보어로 동사원형을 취하므로 ①의 to rub을 rub으로 고쳐야 한다. ② It은 The Empire State Building을 가리키며, '빌딩이 번개를 맞는다'는 의미이므로 수동태가 맞게 쓰였다. ③ 앞의 명사 the myth를 수식하는 동격의 that절이다. ④ '형용사[부사] + as + 주어 + 동사'는 양보 구문으로 이긴 하지 만'이라는 뜻으로 쓰인다. ⑤ 현재분사구문의 구조로 '연속동작'을 나타내는 분사구문이다.

어휘

gust 돌풍 droplet 작은 방울 crystal 결정체 rub against 마찰하다 buildup 형성, 발전 electric charge 전하 vulnerable 취약한 dispel 내쫓다 myth 사회적 통념 nitrogen 질소 ingredient 성분, 요소

2. 정답: ③

해석

많은 소비자들은 그들이 매일 사용하는 흔한 제품 속에 들어 있는 화학제품에 대해 알지 못하고 있다. 화학물질은 특정한 속성을 주기 위해 매우 다양한 제품들 속에 존재한다. 예를 들어, 화학물질은 아동용 잠옷을 불에 견딜 수 있도록 만들기 위해 그것들에 첨가된다. 화학물질은 향수의 향기를 옮기는 데 도움을 준다. 플라스틱은 그것들을 더 유연하게 만들어 주는 화학물질을 포함하고 있다. 이것들은 아동용 장난감들과 음식 용기들에서도 흔하게 발견된다. 이러한 흔한 화학물질 중에 많은 것들이 포유류들과 다른 동물들에게 유해하다. 예를 들어, 비닐 바닥재에 널리 쓰이고 있는 프탈레이트라는 한 부류의 화학 물질은 생식기 계통에 유해하다. 이러한 화학물질은 유해할 뿐만 아니라 박테리아에 의해 쉽게 분해되지도 않는다.

해설

선행사 chemicals를 관계사절 뒤로 넘기면 주어가 되며, 목적어로 쓰인 재귀대명사 themselves는 문맥상 Plastics를 가리켜 주어와 일치하지 않기 때문에 them으로 고쳐야 한다.

① present는 형용사로 '있는, 존재하는'의 뜻이며, be 동사 뒤에서 보어로 쓰였다. ② them은 앞에 쓰인 주어 chemicals가 아니라 children's pajamas를 가리킨다. ④ 관계대명사의 계속적 용법으로 phthalates가 선행사이다. ⑤ 'Not only A but also B' 'A뿐만 아니라 B도'에서 부정어 Not only가 문두에 나와 주어 these chemicals와 동사(are)가 도치되었다.

어휘

a variety of 다양한, 수많은 property 속성, 특성 scent 향기 perfume 향수 flexible 유연한 container 그릇, 용기 toxic 유해(유독)한, 독성의 mammal 포유류 reproductive 생식의, 재생하는 dissolve 분해하다

3. 정답: ③

해석

대부분의 프로 피겨 스케이트 선수들이 행하는 기술적인 동작들 중의 하나는 원을 그리면서 회전하는 것이다.

이러한 회전을 실행하는 능력이 그들에게 명성을 얻게 해 주었다. 그것은 또한 그들이 어지럽게 되거나 균형을 잃지 않고 어떻게 그러한 회전을 빠르게 실행할 수 있는지에 대한 의문점을 제기한다. 광범위한 연구와 실험을 통해 생물학자들은 그 질문에 대한 해답이 귀 속에 있다는 것을 발견했다. 우리 양쪽 귀의 각각 안쪽에는 반고리관 (semicircular canals)이라고 불리는 액체 관이 있다. 우리가 움직일 때 그 액체는 이러한 관의 안쪽을 덮고 있는 여러 개의 미세한 털을 건드리고, 그다음에 뇌에 메시지를 보낸다. 우리가 몸을 빠르게 회전하면 심지어 우리 몸이 움직임을 멈춘 후에도 귀 속에 있는 이러한 액체가 계속해서 움직이게 되며, 그 결과 현기증을 일으킨다. 이러한 문제에 대처하기 위해서 스케이트 선수들은 회전하고 있는 방향의 반대 방향으로 머리를 빠르게 휙 돌리게 된다. 그렇게 함으로써, 뇌는 몸이 움직이지 않는다고 믿고 스케이트 선수들은 넘어지지 않고 계속 공연을 할 수 있다.

(해설)

문두에 장소를 나타내는 부사구인 Inside each of our ears가 있으므로 주어와 동사가 도치된 문장인데, 동사 is 뒤에 있는 tubes(복수 명사)가 주어이기 때문에 are로 고쳐야 한다.
① One of + 복수 명사에서는 One이 주어가 되므로 단수동사 is가 왔다. ② raise는 타동사이기 때문에 목적어를 취해야 하는데, 목적어로 questions가 있으므로 맞게 쓰였다. ④「주어 + 일반동사(causes) + 목적어 + to부정사」로 쓰이는 5형식 문장에서 목적격 보어 자리에 to move가 쓰였다. ⑤ 전치사 by 뒤에 목적어로 동명사 doing이 쓰였으므로 맞다.

(어휘)

spin 돌다, 회전하다 execute 실행하다 as to ~에 관한 dizzy 어지러운, 현기증 나는 extensive 광범위한 in turn 순서대로, 이어서 continuously 계속해서 encounter 반대하다, 맞서다 ejerk 휙 돌다 opposite 정반대의

4. 정답: ⑤

(해석)

아이들이 어릴 때, 일의 많은 부분은 아이들이 통제권을 정말로 가지고 있음을 그들에게 보여 주는 것이다. 20년 동안 부모 교육자로 일했던 우리의 현명한 친구 한 명은 취학 전 연령의 아이들에게 달력을 주고 그들의 생활에서 중요한 모든 일을 적어 보라고 조언하는데, 이는 부분적으로 아이들이 시간의 흐름을 더 잘 이해하도록, 그리고 자신들의 하루하루가 어떻게 펼쳐질지 이해하도록 도움을 주기 때문이다. 아이들이 자신의 하루를 통제하고 있다고 느끼도록 돕는 데 있어 달력이라는 도구의 중요성은 아무리 과장해도 지나치지 않다. 요일들에 다가가면서. 아이들이 그 요일들을 지워 가게 하라. 가능한 경우마다 그 일정에 대해 아이들에게 선택권을 주면서 그날의 일정을 검토하는 데 시간을 보내라. 이런 의사소통은 존중을 보여 주어, 아이들이 자신들이 그저 여러분의 하루와 여러분의 계획에 붙어서 따라다니는 사람이 아니라는 것을 알게 되고, 어떤 일이 언제 그리고 왜 일어나게 될지 이해하게 된다. 아이들은 나이가 더 들어 감에 따라, 그 다음에는 스스로 중요한 일들을 적기 시작할 것이며, 그것은 나아가 그들이 자신의 통제감을 발달시키는 데 도움이 된다.

(해설)

① 동사인 have를 강조하기 위해 강조의 do가 쓰였다. ② 문장의 주어는 One wise friend이므로 단수동사인 advises는 적절하게 쓰였다. of ours who was a parent educator for twenty years는 주어인 One wise friend를 수식하는 전치사구이다. ③ 사역동사 have는 목적격 보어로 동사 원형이 와야 하므로 cross는 적절하게 쓰였다. ④ 'wherever it is possible'에서 관계부사절의 주어와 동사인 it is가 생략된 형태이다 ⑤ 문맥상 두 개의 절을 연결해야 하므로 대명사 it은 적절하지 않다. 앞 문장을 선행사로 하는 관계대명사 which로 바꿔 써야 한다.

(어휘)

demonstrate 보여 주다 preschool-age 취학 전 연령 passage 흐름, 경과, 추이 unfold 펼쳐지다, 전개되다 overstate 과장하다, 허풍을 떨다 cross off ~을 지우다 go over ~을 검토하다 tagalong 붙어서 따라다니는 사람 sense of control 통제감

5. 정답: ⑤

(해석)

독점의 실제 문제들은 자본주의가 아니라 국가 통제주의에 의해 발생된다. 국가 통제주의 사회 체제하에서 세금, 보조금, 관세와 규제가 흔히 시장에서 기존의 대기업들을 보호하는 역할을 한다. 그런 기업들은 외국과의 경쟁을 막는 새로운 관세, 신규 기업들이 그들과 경쟁하는 것을 더 어렵게 만드는 보조금, 혹은 대기업이 자산을 가지고 있어 준수할 수 있는 규제 조치와 같은 보호책들을 유지하거나 확대하기 위해 정실 전략을 흔히 사용한다. 반면에 자본주의 사회 체제하에서는 정부가 기업이 그것의 산업에서 얼마나 우위를 점하게 될지, 혹은 어떻게 기업들이 서로 인수하고 합병하는지에 관해 발언권이 없다. 뿐만 아니라 자본주의 사회는 권리를 침해하는 세금, 관세, 보조금 또는 누군가에게 유리한 규제를 가지고 있지 않고 그것은 독점 금지법도 가지고 있지 않다. 자본주의하에서 우위는 여러분이 하고 있는 것에 정말 능숙해짐으로써 오직 얻어질 수 있다. 그리고 우위를 유지하기 위해서 여러분은 계속해서 경쟁자를 앞서 있어야 하고, 이는 여러분의 우위와 이익을 또한 다른 사람들이 벌 수 있는 돈이 있다는 신호로 여긴다.

(해설)

① 앞에 가목적어 it이 나왔으므로, 진목적어로 쓰인 to 부정사 to compete가 온 것은 적절하다. ② 의문사 how 다음에는 become의 보어 역할을 하는 형용사가 와야 dominant로 고쳐야 한다 ③ regulations를 수식하는 분사가 와야 하는데 '유리한'이라는 능동의 의미이므로, 현재분사 favoring이 온 것은 적절하다. ④ 뒤에 목적어가 빠진 불완전한 절이 왔고 앞에 선행사가 없으므로, 선행사를 포함한 관계대명사 what이 온 것은 적절하다. ⑤ 뒤에 모든 문장 성분을 갖춘 완전한 절이 왔고 앞의 명사 a sign과 동격인 명사절을 이끄는 접속사가 와야 하므로, that이 온 것은 적절하다.

(어휘)

capitalism 자본주의 subsidy 보조금, 장려금 tariff 관세 regulation 규제 tactic 전략, 전술 retain 유지하다 expand 확대되다 regulatory 규제력을 지닌 comply 따르다 dominantly 지배적으로, 우세하게 take over

Chapter 3

보어 자리와 수식어 자리

보어 자리에 올 수 있는 것은 명사 또는 형용사 역할을 하는 것들이다.

1) 명사 역할을 하는 것

① 명사구
- Previous experience will be an advantage for applicants. 이전 경험이 구직자들에게 장점이 될 것이다.

② 동명사구
- His hobby is listening to opera music at home. 그의 취미는 집에서 오페라 음악을 듣는 것이다.

③ to 부정사구
- The important thing is to include your phone number. 중요한 것은 당신의 전화번호를 포함하는 것이다.

④ 명사절
- The problem is that we do not have sufficient capital. 문제는 우리가 충분한 자본이 없다는 것이다.

2) 형용사 역할을 하는 것

① 형용사
- The new investments are profitable. 그 새로운 투자안은 수익성이 있다.

② 분사
- Daisy's younger brother always makes her worried. Daisy의 어린 동생은 항상 그녀를 걱정시킨다.

문장 분석! 구조 파악 연습

1. Educators increasingly recognize that the key to effective learning is that students become aware of how they process information, rather than simply memorizing facts.
2. When students reflect on their learning habits, they begin to see what makes their thinking more flexible, and this realization becomes essential for long-term improvement.

정답과 해설

1. Educators increasingly recognize that the key to effective learning is that students become
    S   V   O[명사절]   S   be SC

aware of how they process information, rather than simply memorizing facts.

교육자들은 효과적인 학습의 핵심이 단순히 사실을 암기하는 것이 아니라, 학생들이 자신이 정보를 처리하는 방식을 인식하게 된다는 것임을 점점 더 인식하고 있다.

2. (When students reflect on their learning habits,) they begin to see [what makes their thinking
            (부사절)   S   V   S   5V   O

more flexible, and this realization becomes essential for long-term improvement.
            OC   S   be   SC

학생들이 자신의 학습 습관을 되돌아볼 때, 그들은 **무엇이 자신의 사고를 더 유연하게 만드는지를** 보기 시작하며, 이러한 깨달음은 장기적 향상을 위해 필수적(essential)이 된다.

2. 주격 보어를 갖는 동사

2형식 문장에서 불완전자동사는 뒤에 주격 보어를 수반하는데, 주격 보어 자리에는 형용사를 사용하는 게 대부분이고, '주어 = 주격 보어' 관계가 성립하는 경우에는 명사보어를 사용한다.

1. **감각동사:** look, smell, taste, sound, feel + 형용사/like 명사(구)(절)

• She looks tired. 그녀는 피곤해 보인다.
• The heat made me feel faint. 그 열이 나를 어지럽게 만들었다.
• The cake was decorated to look like a car. 그 케이크는 자동차처럼 보이게 장식되어 있었다.

2. **상태지속 동사:** 뜻은 '(계속)~이다'. be, remain, stay, keep + 형용사

• The weather will stay cold tomorrow. 날씨는 내일 추울 것이다.
• The birds stay still on the bench. 그 새들이 벤치에 가만히 앉아 있다.

3. **상태변화 동사:** 뜻은 '~되다', become, get, grow, go, come fall, run + 형용사

• The project became successful. 그 프로젝트는 성공적으로 되었다.
• The flowers grow wild. 그 꽃들은 야생으로 자란다.
• Dreams come true. 꿈은 실현된다.
• The milk went bad. 우유가 상했다.

4. **판단, 입증동사:** 뜻은 '~인 것 같다, ~임이 판명되다'. seem, appear, prove, turn out + to V/(to be) 형용사

• She seems (to be) ill. 그녀는 아픈 것처럼 보였다.
• The man turned out to be an enemy. 그 남자는 적으로 판명되었다.

1. When learners simply repeat the same method, their progress often **remains slow**, even if they invest many hours.

2. Interestingly, motivation often stays high when learners set small but meaningful goals, making the overall learning experience more enjoyable.

1. (When learners simply repeat the same method,) their progress often remains slow, (even if
       (부사절)   S   V   SC   (부사절)

they invest many hours.)

학습자가 같은 방법을 반복하기만 하면, 많은 시간을 투자하더라도 그들의 향상은 종종 더딘 상태로 남는다.

2. (Interestingly,) motivation often stays high (when learners set small but meaningful goals,)
    (부사)   S   V   SC   (부사절)
making the overall learning experience more enjoyable.
분사구문   O   OC

흥미롭게도 학습자가 작지만 의미 있는 목표를 설정할 때 동기 수준은 종종 높게 유지되며(stays high), 이는 전반적인 학습 경험을 더 즐겁게 만든다.

3. 목적격 보어를 갖는 동사

5형식 문장에서 불완전 타동사 뒤에는 목적어와, 그 뒤로 목적격 보어가 수반된다. 목적격 보어 자리에는 다음과 같은 것들이 올 수 있다.

1) 형용사보어(상태, 성질)

make, keep, find, leave, consider + O + OC(형용사/분사)

- You make me crazy. 너가 나를 미치게 만든다.
- I found the book interesting. 그 책이 흥미롭다는 것을 알게 되었다.

1. Students often assume that solving more problems will automatically make their skills better, but recent studies suggest that this is not always the case.

1. Students often assume [that solving more problems will automatically make their skills
   S   V   S   V   O

better,] but recent studies suggest [that this is not always the case.]
   OC   S   C

학생들은 문제를 더 많이 풀면 자동으로 자신의 실력이 더 좋아진다고 생각하곤 하지만, 최근 연구는 항상 그런 것은 아니라고 제시한다.

2) 명사보어(직업, 신분)

call, elect, name + O + OC(명사)

- She calls me a baby. 그녀는 나를 아기라고 부른다.
- People elected him president. 사람들은 그를 대통령으로 선출했다.

1. Teachers also consider clear communication a priority, since students often struggle to express their ideas effectively.

1. Teachers also consider clear communication a priority, (since students often struggle to
   S   V   O   OC

express their ideas effectively.)

교사들은 또한 명확한 의사소통을 **우선순위로 간주한다.** 왜냐하면 많은 학생들이 자신의 생각을 효과적으로 표현하는 데 어려움을 겪기 때문이다.

3) to 부정사보어: 행위유발동사(~에게 ~하게 하다)

ask	부탁하다	
allow	허락하다	
enable	가능하게 하다	
encourage	격려하다	+ O + to R
persuade	설득하다	
require	요구하다	

1. However, effective independence also requires students to learn how to evaluate their own performance accurately.

1. However, <u>effective independence</u> also requires students to learn <u>how to evaluate their own</u>
                      S   V   O   OC

<u>performance accurately</u>.

그러나 효과적인 자기주도성은 학생들이 자신의 수행을 정확히 평가하는 방법을 **배우도록** 요구하기도 한다.

4) 전명구 보어

regard 간주하다 think of 생각하다 look upon 여기다 refer to 부르다	+ A + <u>as</u> B
take 여기다, 착각하다	+ A + <u>for</u> B

- They regard her <u>as</u> angel. 그들은 그녀를 천사로 여긴다.
- They regard the problem <u>as</u> serious. 그들은 그 문제를 심각하게 여긴다.
- People took her <u>for</u> her sister. 사람들은 그녀를 동생으로 여겼다.

take + 목적어 + **for granted**: ~을 당연시 여기다.

1. To prevent this, several schools place their resources at the center of the classroom, encouraging students to interact with them freely.

1. (To prevent this,) <u>several schools</u> place their resources at the center of the classroom,
                          S   V   O   OC

encouraging students to interact with them freely.

이를 방지하기 위해 몇몇 학교는 학생들이 자유롭게 활용할 수 있도록 학습 자료를 교실의 중심에 배치하며(place their resources at the center of the classroom), 상호작용을 촉진한다.

5) 원형부정사 보어

1. 사역동사: '~하도록 시키다'라는 의미의 동사로, 목적격 보어의 형태가 출제되는데, '~에게 ~하도록 시키다'이면 동사원형이 사용되고, '~가 ~되도록 만들다'라는 의미일 때에는 과거분사를 사용한다.

make	~하게 만들다	+ Sby + R
have	~하게 하다	+ Sth + p.p.
let	~하도록 허락하다	

- I made him <u>repair</u> the computer. 나는 그에게 컴퓨터를 수리하게 시켰다.
- I made the computer <u>repaired</u>. 나는 컴퓨터를 수리시켰다.

2. 준사역동사: get은 사역동사와 같은 의미를 지니지만, '~에게 ~하도록 시키다'일 때, 목적격 보어 자리에 to R를 사용해야 한다. 그리고 help는 '시키다'의 의미는 없지만 목적격 보어 자리에 동사원형을 사용한다.

help	돕다	+ 목적어 + (to) R
get	시키다	+ 목적어 + to R(능동) + 목적어+ P.P.(수동)

- He helped <u>install</u> the program. 그는 프로그램을 설치하는 것을 도왔다.
- He helped me <u>(to) install</u> the program. 그는 내가 프로그램 설치하는 것을 도왔다.
- I get him <u>to finish</u> the work. 나는 그에게 일을 마치게 했다.
- I got the work <u>done</u>. 나는 일을 끝냈다.

3. 지각동사: '보다, 듣다'와 같이 지각능력과 관련된 동사로 '목적어가 ~하는 것을 보다, 듣다'의 의미일 때에는 목적격 보어 자리에 동사원형이나 현재분사형을 사용하고, '목적어가 ~되는 것을 보다, 듣다'의 의미일 때에는 목적격 보어 자리에 과거분사를 사용한다.

see, watch observe, notice	보다	+ Sby + R/Ring
hear, listen to	듣다	+ Sth + p.p.
feel	느끼다	

- I saw him <u>cross/crossing</u> the road. 나는 그가 도로를 건너는 것을 보았다.
- We saw her <u>dance/dancing</u>. 우리는 그녀가 춤추는 것을 보았다.
- I saw him <u>arrested</u>. 나는 그가 체포당하는 것을 보았다.

(**문장 분석! 구조 파악 연습**)

1. Some educators let students explore a problem before giving any explanation, believing that early curiosity encourages active learning.

2. Recent studies also show that when students observe others solving problems, they frequently see patterns emerge, helping them connect ideas more effectively.

1. <u>Some educators</u> <u>let</u> <u>students</u> <u>explore a problem</u> (before giving any explanation,) (believing
     S   V   O   OC

that early curiosity encourages active learning.)

일부 교육자들은 초기의 호기심이 적극적인 학습을 촉진한다고 믿기 때문에, 어떤 설명도 주기 전에 학생들이 스스로 문제를 **탐구하게 한다**.

2. <u>Recent studies</u> also <u>show</u> that when <u>students</u> <u>observe</u> <u>others</u> <u>solving problems</u>, <u>they</u>
     S   V   S   V   O   OC   S

frequently see patterns emerge, (helping them connect ideas more effectively.)
         V   O   OC

최근 연구에 따르면 학생들이 다른 사람이 문제를 해결하는 과정을 관찰할 때, 종종 패턴이 드러나는 것을 본다(see patterns emerge)고 하며, 이는 아이디어들을 더 효과적으로 연결하는 데 도움을 준다.

4.　수식어 자리에 올 수 있는 것들

하나의 문장에서 문장의 주요소인 주어, 동사, 목적어, 보어를 제외하고는 이들을 수식하는 수식어구이다. 수식어구는 다음과 같이 괄호로 묶어서 처리하면 된다.

① 전치사구
- (At the school,) he found the book. 학교에서, 그는 책을 찾았다.

② to 부정사구
- The player turned away (to protect our eyes). 그 선수는 우리의 눈을 보호하기 위해서 돌아섰다.

③ 분사구(문)
- The food (delivered from the deli) was very expensive. 식당에서 배송된 음식은 매우 비쌌다.

④ 관계절
- I remember one professor (who was rather strict). 나는 다소 엄격했던 교수님 한 분을 기억하고 있다.

⑤ 부사절
- (Before I left for work,) I went out for a jog. 출근하기 전에, 나는 조깅하러 갔다.

수식어는 문장 앞, 문장 뒤, 또는 문장 중간에 위치할 수 있다.

① (수식어) + 주어 + 동사

• (Despite the bad weather,) the game was not cancelled.　악천후에도 불구하고, 그 게임은 취소되지 않았다.

② 주어 + (수식어) + 동사

• The curtains (lining the windows) should be cleaned yearly.　창을 따라 일렬로 있는 커튼은 일년에 한 번 청소되어야 한다.

③ 주어 + 동사+ (수식어)

• She bought a new coat (although it was expensive).　그녀는 비쌌음에도 불구하고, 그 코드를 구입했다.

(문장 분석! 구조 파악 연습)

1. Recent research in educational psychology suggests that students, who are often overwhelmed by the increasing amount of information available through digital platforms, tend to rely on study habits developed long before they understood how those habits affected their learning outcomes.

2. To address this issue, some schools have begun implementing programs designed to help students identify patterns in their thinking by engaging them in tasks that require comparing ideas from multiple perspectives, a process considered essential for fostering flexible and independent learning.

(정답과 해설)

1. Recent research in educational psychology suggests that students, (who are often
　　　　S　　　　　　　　　　　　　　　　　　V　　　　O　　　(수식어)

overwhelmed by the increasing amount of information available through digital platforms,)

tend to rely on study habits (developed long before they understood how those habits
　　V　　　　　O　　　　(수식어)

affected their learning outcomes.)

최근 교육 심리학 연구는 디지털 플랫폼을 통해 이용할 수 있는 방대한 정보량에 종종 압도되는 학생들이, 그 습관이 학습 결과에 어떤 영향을 미치는지 이해하기 훨씬 이전에 형성된 학습 습관에 의존하는 경향이 있다고 제시한다.

2. (To address this issue,) some schools have begun implementing programs (designed to help students
　　　　　　　　　　　　　　　S　　　　　V　　　　　　O　　　　　　　(수식어)

identify patterns in their thinking by engaging them in tasks (that require comparing ideas from multiple perspectives,) a process (considered essential for fostering flexible and independent learning.)
　　　　　,　　명사(동격)　　(수식어)

이 문제를 해결하기 위해, 일부 학교는 학생들이 여러 관점에서 아이디어를 비교해야 하는 과제에 참여하도록 하여 사고 속 패턴을 스스로 식별하도록 돕기 위해 설계된 프로그램을 도입하기 시작했다. 이 과정은 유연하고 독립적인 학습을 길러 주는 데 필수적인 것으로 간주된다.

1. 다음 중 어법상 맞는 것을 고르시오.

As artists, ① [how/what] drives us is the desire to make our lives ② [run/to run] more smoothly, with less angst, ③ [less/fewer] voids and a minimum of bother.

2. 다음 중 어법상 맞는 것을 고르시오.

Passive euthanasia means ① [let/letting] a patient ② [die/to die] for lack of treatment or ③ [suspending/to suspend] treatment that has begun.

3. 밑줄 친 부분 중 어법상 옳지 않은 것은?

He ① <u>has</u> won 12 awards ② <u>during</u> his career, ③ <u>he</u> will be presented with the Lifetime Achievement Award later this year in recognition of his ④ <u>significant</u> contribution to the film industry.

4. 다음 중 어법상 틀린 부분을 골라 바르게 고치시오.

He drew some criticism for his family's wealth, ① <u>which</u> enabled him ② <u>to assemble</u> a large staff and ③ <u>getting</u> around the country ④ <u>in</u> a private plane.

5. 다음 중 어법상 맞는 것을 고르시오.

Both diet and exercise can help you ① [maintain/maintaining] a healthy weight, keep you feeling energized, and ② [protect/to protect] you ③ [of/from] sickness.

6. 밑줄 친 부분 중 어법상 옳지 않은 것은?

① <u>Listening</u> to somebody's ideas is the one way to know whether the story you believe about the world—as well as about yourself and your place in it—remains ② <u>intact</u>. We all need ③ <u>to examine</u> our beliefs, air them out and let them ④ <u>to breathe</u>.

7. 밑줄 친 부분 중 어법상 옳지 않은 것은?

Art will become increasingly ① <u>diversely</u> and might not look ② <u>like</u> art as we expect. In the future, once we've become ③ <u>weary</u> of our lives being visible online for all to see and our privacy has been ④ <u>all but</u> lost, anonymity may be more desirable than fame.

8. (A), (B), (C)의 각 부분에서 어법에 맞는 표현으로 가장 적절한 것은?

Mel Blanc, considered by many industry experts to be the inventor of cartoon voice acting, began his career in 1927 as a voice actor for a local radio show. The producers did not have the funds to hire many actors, so Mel Blanc resorted to (A) [create / creating] different voices and personas for the show as needed. He became a regular on The Jack Benny Program, (B) [where / which] he provided voices for many characters - human, animal, and nonliving objects such as a car in need of a tune-up. The distinctive voice he created for Porky Pig fueled his breakout success at Warner Bros. Soon Blanc was closely associated with many of the studio's biggest cartoon stars as well as characters from Hanna-Barbera Studios. His longest running voice-over was for the character Daffy Duck—about 52 years. Blanc was extremely protective of his work—screen credits reading "Voice Characterization by Mel Blanc" (C) [was / were] always under the terms of his contracts.

* personas (극·소설 등의) 등장인물

	(A)		(B)		(C)
①	create	-	where	-	was
②	create	-	which	-	were
③	creating	-	where	-	were
④	creating	-	which	-	was

9. 다음 글의 밑줄 친 부분 중 문맥상 낱말의 쓰임이 적절하지 것은?

When asked, nearly everyone says the proper response to a compliment is "Thank you". But researchers found that when actually given a compliment, only a third of people accept it so ① simply. The difficulty lies in the fact that every compliment ("What a nice sweater!") has two levels: a gift component (accept or reject) and a content component (agree or disagree). The recipient is confronted with a ② dilemma - how to respond simultaneously to both: "I must agree with the speaker and thank him for the gift of a compliment while avoiding self-praise. Interestingly, women and men are both ③ less likely to accept a compliment coming from a man than from a woman. When a man says, "Nice scarf," a woman is more likely to respond ④ affirmatively: "Thanks. My sister knitted it for me." But when one woman tells another, "That's a beautiful sweater," the recipient is likely to disagree or deflect. "It was on sale, and they didn't even have the color I wanted."

As a youngster I shared a bedroom with my older sister. Although the age difference was slight, in intellect and maturity she viewed me from across the great divide. Her serious academical cultural pursuits contrasted sharply with my activities of closely monitoring the radio shows. Because of these ① dissimilar interests and the limited resource of one bedroom between us, we frequently had conflict over what constituted disturbing and inconsiderate behavior. For months, there were attempts to ② compromise by "splitting the difference" in our divergent viewpoints or practicing "share and share alike." Even with written schedules and agreements plus parental mediation, the controversy persisted. Ultimately the matter was ③ aggravated when we both came to recognize that considerable time and energy were being wasted as we maneuvered and positioned ourselves for the next mathematical compromise. With recognition of a ④ common interest in solving the problem for our mutual benefit, we were able to think beyond physical resources of space, hours, and materials. The satisfying solution that met both of our needs was the purchase of earphones for the radio.

1. (A), (B), (C)의 각 네모 안에서 어법에 맞는 표현으로 가장 적절한 것은?

Monet was one of a group of painters called the "Impressionists," who were active in France from 1860 to 1880. They received their name from one of Monet's early paintings of a sunrise, entitled Impression. The Impressionists did not believe the forms of nature were fixed and unchanging. They felt the color we see in the world actually (A) [consists of / consisting of] many fragments of color blended together. In a sense, they recreated on canvas the light (B) [reflected / was reflected] from objects they saw by using hundreds of tiny dabs of pure color. The pattern of brush strokes would give the general impression of the shade they wanted to produce. In addition, by emphasizing bright, separated colors and the resulting texture of the brush strokes, and (C) [showing / showed] that objects need not be painted in terms of their forms and outlines alone, they laid the foundation for much of early twentieth century modem painting.

	(A)	(B)	(C)
①	consists of	reflected	showing
②	consists of	reflected	showed
③	consists of	was reflected	showing
④	consisting of	was reflected	showing
⑤	consisting of	reflected	showed

2. (A), (B), (C)의 각 네모 안에서 어법에 맞는 표현으로 가장 적절한 것은?

Unlike Americans, who prize individualism, the Fijians care more about the good of the community than they do about themselves as individuals. For them, standing out in a crowd is never as important as (A) [showing / to show] a caring attitude toward friends. And what is the main vehicle for showing your friends you care? It's serving them food, of course. For the Fijians, offering food to friends and family (B) [indicates / indicate] you're concerned about their physical and emotional well-being. As dinner time, Fijians routinely open their windows and doors so that the aroma of the meal will float outside and attract passerby. (C) [It / That] is, in fact, a social disgrace not to have enough food for drop-in guests.

	(A)	(B)	(C)
①	showing	indicates	It
②	showing	indicated	That
③	showing	indicated	That
④	to show	indicates	It
⑤	to show	indicate	That

3. (A), (B), (C)의 각 네모 안에서 어법에 맞는 표현으로 가장 적절한 것은?

The origins of the hula dance are clouded in mystery. It is not clear how the hula came to be, although there are a few legends to explain (A) [it / them]. According to one legend, the Hawaiian goddess Laka gave birth to the dance on the island of Molokai. Another story talks of Hi'iaka, who danced to calm down her sister Pele, a volcano goddess. The old version of the hula is the hula kahiko. It is a very melodic and sensual dance, (B) [performing / performed] to bring pleasure to the senses. The dancers gently move their hips back and forth, while singing and telling a story with their fingers. But the most serious hulas were religious performances done inside a temple. Dancers were secluded inside the temple while learning the dance. They could not be seen (C) [dance / to dance] by anybody, and were not allowed to leave until they knew the dance by heart and could execute it without any mistakes.

	(A)	(B)	(C)
①	it	performing	dance
②	it	performed	to dance
③	them	performed	to dance
④	them	performing	dance
⑤	them	performed	dance

4. 다음 글의 밑줄 친 부분 중, 어법상 틀린 것은?

The world's first complex writing form, Sumerian cuneiform, followed an evolutionary path, moving around 3500 BCE from pictographic to ideographic representations, from the depiction of objects to ① that of abstract notions. Sumerian cuneiform was a linear writing system, its symbols usually ② set in columns, read from top to bottom and from left to right. This regimentation was a form of abstraction: the world is not a linear place, and objects do not organize ③ themselves horizontally or vertically in real life. Early rock paintings, thought to have been created for ritual purposes, were possibly shaped and organized ④ to follow the walls of the cave, or the desires of the painters, who may have organized them symbolically, or artistically, or even randomly. Yet after cuneiform, virtually every form of script that has emerged has been set out in rows with a clear beginning and endpoint. So ⑤ uniformly is this expectation, indeed, that the odd exception is noteworthy, and generally established for a specific purpose.

* cuneiform: 쐐기 문자

** regimentation: 조직화

5. 다음 글의 밑줄 친 부분 중, 어법상 틀린 것은?

Ecosystems differ in composition and extent. They can be defined as ranging from the communities and interactions of organisms in your mouth or ① <u>those</u> in the canopy of a rain forest to all those in Earth9s oceans. The processes ② <u>governing</u> them differ in complexity and speed. There are systems that turn over in minutes, and there are others ③ <u>which</u> rhythmic time extends to hundreds of years. Some ecosystems are extensive ('biomes', such as the African savanna); some cover regions (river basins); many involve clusters of villages (micro-watersheds); others are confined to the level of a single village (the village pond). In each example there is an element of indivisibility. Divide an ecosystem into parts by creating barriers, and the sum of the productivity of the parts will typically be found to be lower than the productivity of the whole, other things ④ <u>being</u> equal. The mobility of biological populations is a reason. Safe passages, for example, enable migratory species ⑤ <u>to survive</u>.

* canopy: 덮개

** basin: 유역

1. 정답: ① what ② run ③ fewer

해석

예술가로서, 우리를 움직이는 것은 우리의 삶을 좀 더 순조롭게, 덜 불안하게 덜 공허하게 하며 최소한으로 귀찮게 만들고자 하는 바람이다.

해설

① 주어 자리에 명사절 접속사가 사용되는데, 명사절에 주어가 빠진 불완전한 문장이므로 what이 정답이다.
② make라는 사역동사의 목적격 보어 자리에 빈칸이 있으므로 동사원형이 정답이다.
③ voids가 복수형 가산명사이므로 수식어구는 fewer가 되어야 한다.

어휘

angst 걱정, 고뇌 void 공허 bother 귀찮게 하다

2. 정답: ① letting ② die ③ suspending

해석

수동적인 안락사는 환자가 치료의 부족이나 시작했던 치료를 중단함으로 사망하도록 내버려 두는 것을 의미한다.

해설

① mean은 목적어로 동명사를 수반하는 타동사이다.
② 앞에 let이라는 사역동사가 있으므로 목적격 보어 자리에는 동사원형이 사용되어야 한다.
③ 등위접속사는 앞과 뒤가 같은 구조로 병치되는데, or 뒤에도 mean의 목적어 자리가 되므로 동명사가 사용되어야 한다.

어휘

euthanasia 안락사 treatment 대우 suspend 연기하다, 중단하다

3. 정답: ③ he → and he

해석

그는 활동기간 동안 12개의 상을 받았고, 올해 후반에 영화산업에 대한 지대한 공헌을 인정받아 그에게 공로상이 수여될 것이다.

해설

③ 완전한 문장 뒤에 접속사 없이 또 다른 완전한 문장이 올 수 없으므로 중간에 등위접속사 and를 넣어 주어야 한다.

오답 분석

① 주어가 he이므로 동사는 has로 수가 일치하고 있다.
② 특정 기간 앞에 전치사 during이 바르게 사용되었다.
④ significant는 뒤에 나오는 명사 contribution를 제대로 수식하고 있다.

4. 정답: ③ getting → (to) get

해석

그는 그로 하여금 많은 직원들을 모으고, 개인비행기로 전국을 돌아다니는 것을 가능하게 한 그의 가족의 재산에 대해 비난을 받았다.

해설

등위접속사 and는 앞과 뒤가 동일구조로 병치되어야 한다. enable은 목적격 보어 자리에 to 부정사를 수반하므로 ②의 to assemble은 맞는 표현이다. 그리고 앞에 to assemble이 제시되어 있으므로 뒤에도 (to) get의 형태가 되어야 한다.

어휘

criticism 비난 enable 가능하게 하다 assemble 모으다 get around 돌아다니다

5. 정답: ① maintain ② protect ③ from

(해석)

식단과 운동 모두 당신이 건강한 몸무게를 유지하고, 계속해서 활기차게 느끼도록 하고 질병으로부터 보호하는 것을 도울 수 있다.

(해설)

① 준사역동사 help는 목적격 보어 자리에 동사원형을 사용한다.
② 앞에 나온 조동사 can에 걸리는 동사원형이 help, keep, protect이다.
③ protect A from B 'B로부터 A를 보호하다'이다.

6. 정답: ④ to breathe → breathe

(해석)

다른 누군가의 생각을 듣는다는 것은 당신 자신과 그 안에 있는 당신의 위치뿐만 아니라, 당신이 세상에 대해 믿는 이야기가 온전하게 남아 있는지 알 수 있는 유일한 방법이다. 우리 모두는 우리의 신념을 조사하고, 그것들을 밖으로 내보내고, 숨 쉬게 할 필요가 있다.

(해설)

④ 앞에 동사가 let으로 사역동사이므로 목적격 보어 자리에는 to 부정사가 아닌 원형부정사가 사용되어야 한다.
오답 분석
① 동명사가 주어 자리에 바르게 사용되었다.
② remain은 불완전 자동사이므로 뒤에 형용사 intact이 오는 것은 바른 표현이다.
③ need는 목적어로 to 부정사를 수반하는 동사이다.

7. 정답: ① diversely → diverse

(해석)

예술은 더욱 다양해질 것이고, 우리가 기대하는 모습처럼 '예술'처럼 보이지 않을 수 있다. 미래에, 우리 모두가 온라인에서의 가시적인 우리의 삶에 지치게 되고 우리의 사생활이 거의 없어지면, 익명성이 명성보다 더 바람직해질 수도 있다.

(해설)

① become이라는 불완전 자동사의 목적격 보어 자리에는 부사가 올 수 없다. 따라서 diversely를 형용사형인 diverse로 고쳐야 한다.

(오답 분석)

② look like '~처럼 보이다'가 제대로 사용되었다.
③ become 뒤에 보어 자리에 형용사 형인 weary가 바르게 사용되었다.
④ all but은 '거의'라는 의미로 바르게 사용되었다.

(어휘)

weary 지친, 피곤한 all but 거의 anonymity 익명성 desirable 바람직한 fame 명성

8. 정답: ③

(해석)

많은 업계의 전문가들에 의해 만화 목소리 연기의 창시자로 여겨지는 Mel Blanc은 1927년에 지역 라디오 쇼의 목소리 배우로서 그의 경력을 시작했다. 제작자들은 많은 배우들을 고용할 수 있는 자금을 가지고 있지 않아서 Mel Blanc은 필요에 따라 쇼를 위해 여러 가지 목소리와 등장인물들을 만들어 내는 것에 의지했다. 그는 The Jack Benny Program의 고정 출연자가 되었는데, 이 프로그램에서 그는 인간, 동물, 그리고 엔진 조정이 필요한 자동차와 같은 생명이 없는 물체들 등의 많은 등장인물들에 대한 목소리를 제공했다. Porky Pig를 위해 그가 만들어 낸 독특한 목소리는 Warner Bros에서의 그의 큰 성공에 연료를 공급했다. 머지 않아 Blanc는 Hanna-Barbera Studios의 등장인물뿐만 아니라 많은 스튜디오의 초대형 만화 스타들과 밀접한 관계를 맺게 되었다. 그의 가장 오래 진행한 목소리 연기는 약 52년간 Daffy Duck이라는 등장인물을 위해 한 것이었다. Blanc는 그의 작업을 매우 보호하려고 했으며 'Mel Blanc의 목소리 연기'라고 쓰인 스크린 크레딧이 항상 그의 계약 조건의 항목에 있었다.

(해설)

(A) 'resort to'(~에 의지하다)에서 to는 전치사이고, 전치사 뒤에는 명사 역할을 하는 것이 와야 하므로 동사 원형 create가 아닌 동명사 creating을 써야 한다.
(B) 관계사 뒤에 완전한 절(he ~ characters)이 왔으므로 관계대명사 which가 아닌 관계부사 where를 써야 한다.

(C) 주어 자리에 복수 명사 screen credits가 왔으므로 단수 동사 was가 아닌 복수 동사 were를 써야 한다. 주어와 동사 사이의 수식어 거품(reading ~ Mel Blanc)은 동사의 수 결정에 영향을 주지 않는다. 따라서 ③ (A) creating - (B) where - (C) were가 정답이다.

expert 전문가 inventor 창시자 resort to ~에 의지하다 regular 고정 출연자 nonliving 생명이 없는 tune-up 엔진 조정 distinctive 독특한 breakout success 큰 성공 protective 보호하는 term 조건

9. 정답: ③

질문을 받았을 때, 거의 모든 사람은 칭찬에 대한 적절한 반응이 '감사합니다'라고 말한다. 하지만 연구원들은 실제로 칭찬을 받았을 때, 사람들의 3 분의 1만이 그것을 정말로 ① 단순하게 받아들인다는 것을 알아냈다. 어려움은 모든 칭찬이("스웨터가 참 멋지구나!") 선물 요소(수락하거나 거절하거나) 그리고 내용 요소(동의하거나 반대하거나)의 두 가지 관점을 가지고 있다는 사실에 있다. (칭찬을) 받는 사람은 어떻게 그 두 가지에 동시에 대답할지에 대한 ② 딜레마에 직면한다. 즉, "나는 말하는 사람에게 동의해야 하고, 자화자찬을 피하면서 그에게 칭찬이라는 선물에 대한 감사를 표해야 한다." 흥미롭게도, 여성들과 남성들은 양쪽 다 여성보다 남성으로부터의 칭찬을 ③ 덜 받아들이는 경향이 있다. 남자가 "멋진 스카프네요"라고 말할 때, 여자는 "고맙습니다. 여동생이 저를 위해 떠 줬어요."와 같이 더 ④ 긍정적으로 대답하는 경향이 있다. 그러나 여자가 다른 여자에게 "참 아름다운 스웨터네요"라고 말할 때, (칭찬을) 받는 사람은 "할인 중이었고, 심지어 제가 원했던 색깔도 없었어요"와 같이 동의하지 않거나 회피하기 쉽다.

지문 뒷부분에 칭찬을 받는 사람은 남자가 칭찬할 때는 긍정적으로 대답하고, 여자가 칭찬할 때는 동의하지 않거나 회피하기 쉽다는 내용이 있으므로, 흥미롭게도 여성들과 남성들은 양쪽 다 여성보다 남성으로부터의 칭찬을 '덜'(less) 받아들이는 경향이 있다는 것은 문맥상 적절

하지 않다. 따라서 ③ less가 정답이다. 문맥상 less가 아니라 more로 바꿔야 자연스럽다.

compliment 칭찬 level 관점, 수준 reject 거절하다 confront 직면하다 dilemma 딜레마 simultaneously 동시에 self-praise 자화자찬 affirmatively 긍정적으로 deflect 회피하다, 모면하다

10. 정답: ③

아이였을 때 나는 언니와 침실을 같이 썼다. 비록 나이 차는 적었지만, 지적 능력과 성숙함에 있어서 그녀는 거대한 분수령 너머에서 나를 바라보았다(아주 멀고 높은 곳에서 멀리를 보듯 바라보았다). 그녀의 진지한 학문적이고 문화적인 추구는 라디오 쇼를 열심히 모니터링하는 내 행동과 뚜렷하게 대조를 이루었다. 이러한 ① 다른 관심사와 우리 사이에 하나의 침실이라는 제한된 자원 때문에, 우리는 무엇이 방해가 되고 사려 깊지 못한 행동이 되는지에 관해 자주 갈등을 겪었다. 몇 달 동안, 우리의 다른 관점에 있어서 '절반씩 절충해서 합의를 봄'으로써 혹은 '모두 똑같이 공평하게 분배하는 것'을 실천함으로써 ② 타협하려는 시도들이 있었다. 심지어 부모 님의 중재뿐만 아니라 서면으로 된 일정과 협정이 있었지만, 언쟁은 계속되었다. 우리가 다음 번의 수학적 타협을 위해 책략을 짜고 스스로의 위치를 정하며 상당한 시간과 에너지가 낭비되고 있다는 것을 우리 둘 모두가 깨닫게 되었을 때, 결국 그 문제는 ③ 악화되었다. 우리의 상호이익을 위해 문제를 해결하는 것에 대한 ④ 공통의 관심사를 인식하면서, 우리는 공간, 시간, 그리고 물질의 물리적인 자원을 넘어서 생각할 수 있었다. 우리의 요구를 모두 충족시키는 만족스러운 해결책은 라디오용 이어폰의 구입이었다.

지문 마지막에 상호이익을 위해 문제를 해결하는 것에 대한 공통의 관심사를 인식하면서 화자와 언니는 물리적인 자원을 넘어서 생각할 수 있다고 했으므로, 결국 그 문제가 '악화되었다'(aggravated)는 것은 문맥상 적절하

지 않다. 따라서 ③ aggravated가 정답이다. 참고로, 주어진 aggravated를 대신할 수 있는 어휘로는 '해결되었다'라는 의미의 settled가 있다.

intellect 지적 능력 maturity 성숙함 pursuit 추구 contrast 대조를 이루다 sharply 뚜렷하게 dissimilar 다른 constitute ~가 되다 disturbing 방해가 되는 inconsiderate 사려 깊지 못한 compromise 타협하다 split the difference 절반씩 절충해서 합의를 보다 divergent 다른 share and share alike 모두 똑같이 공평하게 분배하다 mediation 중재, 조정 controversy 언쟁, 싸움 persist 계속되다 ultimately 결국 aggravate 악화시키다 considerable 상당한 maneuver 책략을 짜다 position 위치를 정하다 mathematical 수학적인 mutual 상호의

1. 정답: ①

해석

모네는 1860년에서 1880년까지 프랑스에서 활동했던 '인상파'라 불렸던 화가들의 부류 중 한 사람이었다. 그들은 'Impression'이란 제목이 붙여진 일출을 그린 모네의 초기 작품들 중의 하나로부터 그 이름을 얻었다. 인상파들은 자연의 형상이 고정되어 변하지 않는 것이라고 믿지 않았다. 그들은 우리가 세상 속에서 바라보는 색이 실제로는 함께 섞여 있는 소량의 많은 색으로 구성되어 있다고 생각했다. 어떤 의미에서 그들은 순색의 수백 번의 가벼운 덧칠을 이용함으로써 그들이 본 물체로부터 반사되는 빛을 캔버스 위에 재창조했다. 붓놀림의 형태는 그들이 만들고자 하는 음영에 대한 전반적인 느낌을 주곤 했다. 게다가 밝고 튀는 색과 그 결과로 생겨나는 붓놀림의 질감을 강조하고 물체의 형태와 윤곽만의 관점에서 물체를 그릴 필요가 없다는 점을 보여 줌으로써, 그들은 20세기 초 현대 미술의 많은 부분에 대한 토대를 마련했다.

해설

(A) 접속사 that 뒤에는 완전한 문장이 와야 하므로 동사인 consists of가 와야 한다. (B) reflected 앞에는 '주격관계대명사+ be 동사'가 생략되어 분사구 형태로 앞의 명사 the light를 수식해야 하기 때문에 reflected가 와야 한다. (C) 등위접속사 and를 기준으로 앞의 by emphasizing과 병렬 구조를 이루고 있으므로 동명사인 showing이 와야 한다.

어휘

impressionist 인상파 entitle ~에 제목을 붙이다, ~라고 칭하다 fragment 조각, 일부 blend 섞다, 혼합하다 in a sense 어떤 의미에서 recreate 다시 만들다 reflect 반사하다, 반영하다 dab 칠하기 texture 질감, 직물 brush stroke 붓놀림 in terms of ~의 관점에서 foundation 토대

2. 정답: ①

해석

개인주의를 소중히 여기는 미국인들과는 달리 피지인들은 개인으로서 그들 자신들보다는 공동체의 이익에 대해 더 많은 신경을 쓴다. 그들에게는 대중 속에서 두드러지는 것이 친구들을 배려하는 태도를 보여 주는 것만큼 결코 중요하지 않다. 그러면 친구들에게 당신이 배려하고 있다는 것을 보여 줄 수 있는 주된 방법은 무엇일까? 그것은 물론 음식을 대접하는 것이다. 피지인들에게는 친구들과 가족에게 음식을 제공하는 것은 당신이 그들의 신체적, 정서적 행복에 관심이 있다는 것을 나타낸다. 저녁 식사 시간에 피지인들은 일상적으로 창문과 문을 열어 놓는데, 이것은 음식의 향기가 바깥으로 흘러 나가서 지나가는 사람을 끌어들이기 위해서이다. 불쑥 찾아온 사람에게 충분한 음식을 대접하지 않는 것은 사실상 수치스러운 일이다.

해설

(A) 「as + 원급 + as」로 쓰인 비교 표현에서는 비교 대상이 문법적으로 일치하여야 한다. 이 문장에서는 네모에 쓰인 형태가 앞에 쓰인 주어 standing(동명사)과 병렬 관계에 있기 때문에 showing이 쓰여야 한다. (B) 주어가 동명사인 offering이기 때문에 단수동사인 indicates가 쓰여야 한다. (C) 이 문장은 뒤에 쓰인 to 부정사 not / to have enough food가 진주어 역할을 하기 때문에 네모 안에 가주어인 It 이 쓰여야 한다.

어휘

prize 소중히 여기다 stand out 두드러지다 aroma 향기, 냄새 float 뜨다, (냄새) 떠돌다 disgrace 수치, 불명예 drop-in 갑자기 들르는 사람

3. 정답: ②

해석

훌라 춤의 기원은 신비함 속에 가려져 있다. 훌라 춤이 어떻게 생겨났는지를 설명하는 몇 개의 전설이 있기는

하지만, 분명하지는 않다. 하나의 전설에 따르면, 하와이의 여신인 Laka가 Molokai 섬에서 그 춤을 탄생시켰다고 한다. 또 다른 전설은 Hi'iaka를 언급하는데, 그녀는 화산의 여신인 그녀의 여동생 Pele를 잠잠하게 하기 위해 춤을 추었다는 것이다. 훌라 춤의 오래된 형태는 hula kahiko이다. 그것은 감각에 기쁨을 주기 위해 공연되는 매우 선율적이고 관능적인 춤이다. 춤을 추는 사람들은 노래를 부르고 손가락으로 이야기를 말하면서 엉덩이를 앞뒤로 부드럽게 움직인다. 그러나 가장 진지한 훌라 춤은 사원 내에서 행해지는 종교적인 공연이었다. 춤을 추는 사람들은 춤을 배우는 동안 사원 내에 격리되었다. 그들은 어느 누구에게도 춤추는 것이 목격될 수 없었으며, 그 춤을 암기해서 어떠한 실수도 없이 실행할 수 있을 때까지 떠나는 것이 허용되지 않았다.

(A) 문맥상 앞에 쓰인 how the hula came to be로 절을 받기 때문에 단수인 it이 와야 한다. (B) 「S + V Ring/p.p.」로 동시동작을 나타내는 분사구문인데, 분사와 주어는 It(the hula kahiko) is performed(그것은 공연된다)로 수동 관계에 있기 때문에 과거분사인 performed가 와야 한다. (C) 지각동사의 수동태는 (be p.p. + to 부정사)를 쓰기 때문에 be seen 뒤에 to dance가 와야 한다.

give birth to 낳다, 탄생시키다 melodic 선율의, 곡조가 아름다운 sensual 관능적인, 육감적인 perform 공연하다 back and forth 앞뒤로 seclude 격리시키다 know - by heart 암기하다 execute 실행하다

4. 정답: ⑤

세계 최초의 복잡한 쓰기 형태인 수메르 쐐기 문자는 기원전 3500년경에 그림 문자에서 표의 문자적 표현으로. 즉 사물의 묘사에서 추상적 개념의 그것(묘사)으로 나아가며 진화적 경로를 따라갔다. 수메르 쐐기 문자는 선형적 쓰기 체계였는데, 보통은 그것의 기호가 세로 단에 놓인 채로 위에서 아래로 그리고 왼쪽에서 오른쪽으로 읽혔다. 이 조직화는 일종의 추상 개념으로, 세상이 선형적 공간이 아니고 사물은 실제 삶에서 수평적으로나 수직적으로 스스로를 구조화하지 않는다는 것이었다. 의례적 목적으로 만들어졌다고 여겨지는 초기의 암각화들은 아마도 동굴의 벽이나 화가의 바람을 따르도록 형상화되고 구조화됐을 것이었고, 그들은 상징적으로, 예술적으로, 심지어는 무작위로 그것들을 구조화했을지도 모른다. 하지만 쐐기 문자 이후에는 등장한 사실상 모든 형태의 문자는 분명한 시작과 종료 지점이 있는 줄로 나열되어 왔다. 실제로 이러한 예상은 너무나도 획일적이어서 특이한 예외는 주목할 만하며 일반적으로 특정한 목적을 위해 설정된다.

① 앞에 나온 명사를 반복해서 쓸 경우 단수명사를 받을 때는 that을 복수명사를 받을 때는 those를 사용한다. 이 문장에서는 the depiction을 지칭하는 것이므로 that을 쓴 것은 어법상 적절하다.

② 주절의 주어와 분사구문의 주어가 다른 독립분사 구문이다. 분사구문의 의미상의 주어인 'its symbols'가 놓는 주체가 아니라 놓이는 대상이므로, 수동의 의미를 갖는 과거분사 set을 사용한 것은 어법상 적절하다.

③ 타동사의 목적어가 주어와 같을 경우에는 재귀대명사를 써야 한다. 이 문장에서는 주어 objects와 목적어가 같으므로, 재귀대명사 themselves를 쓴 것은 어법상 적절하다.

④ to follow 앞이 수동태의 완전한 문장이므로, to follow 이하는 to 부정사의 부사적용법으로 적절하게 쓰였다.

⑤ 'so 형용사/부사 that' 구문에서 so 형용사/부사' 부분이 강조되어 도치된 문장이다. 정치된 문장으로서 보면 'this expectation is so uniformly that ~'이 되고, 여기서 uniformly는 be 동사의 보어이므로 부사가 아니라 형용사를 써야 한다. 따라서 부사 uniformly를 형용사 uniform으로 바꿔야 한다.

complex 복잡한 evolutionary 진화의 pictographic 상형 문자의 ideographic 표의 문자의 representation 표현 notion 개념, 관념 depiction 묘사 abstract 추상적인 linear 선형의 column 세로줄, 기둥 horizontally 수평으로 vertically 수직으로 ritual 의례의 symbolically 상징적

으로 artistically 예술적으로 randomly 무작위로 virtually 사실상 script 문자 endpoint 종점 odd 이상한, 특이한 noteworthy 주목할 만한

5. 정답: ③

생태계들은 구성과 범위가 다르다. 그것들은 여러분의 입속에 있는 유기체들의 군집과 상호작용 또는 열대 우림의 덮개(최상부) 안에 있는 그것 들에서부터 지구의 바다에 있는 모든 그것들까지의 범위에 이르는 것으로 정의될 수 있다. 그것들을 지배하는 과정들은 복잡성과 속도의 면에서 다르다. 몇 분 안에 뒤바뀌는 다른 시스템도 있고, 규칙적으로 순환하는 시간이 수백 년까지 이르는 시스템도 있다. 어떤 생태계는 광범위하고(아프리카 사바나 같은 '생물군계'), 어떤 생태계는 지역들에 걸쳐 있으며(강의 유역) 많은 생태계가 마을 군집을 포함하고 (작은 분수령들), 다른 생태계들은 단 하나의 마을 차원으로 국한된다(마을 연못). 각각의 사례에는 불가분성이라는 요소가 있다. 어떤 생태계를 장벽을 만들어 부분들로 나누면, 그 부분들의 생산성의 합은 일반적으로, 다른 것이 동일하다면. 전체의 생산성보다 더 낮다는 것이 밝혀질 것이다. 생물학적 개체군의 이 동성이 하나의 이유이다. 예를 들면. 안전한 통행은 이동하는 생물 종들을 생존하게 한다.

① 앞에 있는 the communities and interactions of organisms를 지칭하는 지시대명사가 와야 하므로, those 가 온 것은 적절하다.
② The processes를 수식하는 분사가 와야 하는데 '지배하는'이라는 능동의 governing이 온 것은 적절하다.
③ 선행사인 others를 수식하는 관계대명사절을 이끌면서 뒤에 있는 rhythmic time을 수식할 수 있는 소유격 관계대명사가 와야 하는 자리이다. 따라서 which를 whose로 고쳐야 한다.
④ 분사구문이 와야 하는데, 의미상의 주어가 other things로 '동일하다면'이라는 능동의 의미이므로, 현재분사 being이 온 것은 적절하다.
⑤ enable은 to 부정사를 목적격 보어로 취하는 동사이

므로, to survive가 온 것은 적절하다.

ecosystem 생태계 composition 구성 extent 범위 range from A to B A에서 B까지의 범위에 이르다 community 군집 organism 유기체 turn over 바뀌다 rhythmic 규칙적으로 순환하는 extend 연장되다 extensive 광범위한 biome (숲, 사막 같은 특정 환경 내의) 생물 군계 river basin (강의) 유역 cluster 군집, 무리 watershed 분수령 confine 제한하다 indivisibility 불가분성 barrier 장벽 productivity 생산성 mobility 이동성 migratory 이동하는, 이주하는

Chapter 4

문장 구조

1. 자동사

자동사에는 보어가 필요 없는 1형식 동사와 보어를 필요로 하는 2형식 동사가 있다.

1) 주요 1형식 동사(완전 자동사)

1형식 동사를 전부 다 외우는 것은 한계가 있다. 우선 시험에 나오는 것부터 확실하게 암기하자. 왕(가다)래(오다)발(출발하다)착(도착하다)생(살다)사(죽다)존(존재하다)발(발생하다)구(구성하다)로 1형식 빈출 동사를 정리하자!

왕	go	생	live
래	come	사	die
발	depart	존	exist, appear, disappear
착	arrive	발	happen, occur, take place
		구	consist

문장 분석! 구조 파악 연습

1. As environmental conditions changed rapidly, several new patterns of animal behavior emerged during the late Holocene period.

2. Despite numerous attempts to stabilize the market, unexpected fluctuations continued throughout the first half of the year.

정답과 해설

1. (As environmental conditions changed rapidly,) several new patterns (of animal behavior)
　　　　　　　　(부사절)　　　　　　　　　　　　　　　S

emerged during the late Holocene period.
완전자동사

환경 조건이 급격히 변함에 따라, 후기 홀로세 시기 동안 여러 새로운 동물 행동 패턴들이 **나타났다**.

2. (Despite numerous attempts to stabilize the market,) unexpected fluctuations continued
　　　　　　　　　　(전명구)　　　　　　　　　　　　　　　　S　　　　　　완전자동사

throughout the first half of the year.

시장을 안정화시키려는 수많은 시도에도 불구하고, 그해의 상반기 동안에 등락이 지속되었다.

2) 주요 2형식 동사

<table>
<tr><td>be ~이다</td><td>become ~이 되다</td><td>remain ~로 남아 있다</td><td>sound ~처럼 들리다</td><td>look ~처럼 보이다</td></tr>
<tr><td>seem ~처럼 보이다</td><td>smell ~한 냄새가 나다</td><td>feel ~처럼 느끼다</td><td>taste ~한</td><td></td></tr>
</table>

1. As scientific tools become more sophisticated, what once seemed insignificant now appears crucial for understanding the long-term dynamics of climate change.

2. Although the proposal initially seemed promising, it eventually proved impractical when several unforeseen ethical concerns emerged during the implementation phase.

1. As scientific tools become more sophisticated, [what once seemed insignificant] now
　　접속사　　　　S　　2V　　　　　SC　　　　　　　　S[명사절]　　　　　2V

appears crucial for understanding the long-term dynamics of climate change.
　　SC

과학적 도구들이 더욱 정교해짐에 따라, 한때 중요하지 않아 보였던 것이 이제는 **기후 변화의 장기적 역학을 이해하는 데 결정적**인 것으로 **보인다**.

2. Although the proposal initially seemed promising, it eventually proved impractical when
　　접속사　　　　S　　　　　2V　　SC　　S　　　　2V　　　SC　　접속사

several unforeseen ethical concerns emerged during the implementation phase.
　　　　　　　　　　　　　S　　　　1V

그 제안은 처음에는 유망해 **보였지만**, 실행 단계에서 여러 예상치 못한 윤리적 문제가 드러나자 결국 **비현실적인 것으로 판명되었다**.

3) 자동사+전치사

자동사의 경우, 전치사가 있으면 목적어를 가질 수 있다.

for	account for ~을 설명하다 wait for ~을 기다리다	arrange for ~을 준비하다	look for ~을 찾다
to	agree to (의견)에 동의하다 reply to ~에 대답하다	belong to ~에 속하다	object to ~에 반대하다
with	comply with ~을 따르다	cooperate with ~와 협력하다	deal with ~을 다루다
from	differ from ~과 다르다 result from ~에서 초래되다	suffer from ~으로 고통받다 arise from ~에서 발생하다	refrain from ~을 삼가다
in	engage in ~에 종사하다 succeed in ~에 성공하다	participate in ~에 참여하다	result in ~을 초래하다
of	approve of ~을 인정하다 think of ~을 생각하다	consist of ~으로 구성되다	dispose of ~을 처분하다

1. The decline in public trust largely results from years of inconsistent policies that failed to address underlying social issues.

2. Excessive screen time can interfere with the brain's ability to form long-term memories, especially during critical stages of cognitive development.

1. The decline (in public trust) largely results from years of inconsistent policies that failed to
     S   Vi   전치사

underlying social issues.

대중의 신뢰 하락은 근본적인 사회 문제를 해결하지 못한 여러 해의 불일치한 정책들에서 **기인한다**.

2. Excessive screen time can interfere with the brain's ability to form long-term memories,
                 S   Vi   전치사

especially during critical stages of cognitive development.

과도한 스크린 사용은, 특히 인지 발달의 중요한 단계에서, 뇌가 장기 기억을 형성하는 능력을 **방해할 수 있다**.

2. 타동사

1) 타동사의 특징

타동사는 목적어를 반드시 가져야 하며, 전치사 없이 목적어를 바로 갖는다. 자동사로 혼동하기 쉬운 타동사는 다음과 같다.

tell, mention, announce, discuss	+ about (X)
reach, approach, answer, oppose, survive, call, contact, obey	+ to (X)
join, enter	+ into (X)
marry, resemble, face, accompany	+ with (X)
approve	+ for (X)

특정 타동사는 목적어 뒤에 특정 전치사구와 함께 쓰인다.

rid/rob/deprive ~에게서 ~을 제거하다 + of deter/prevent/keep ~을 ~으로부터 막다 + 목적어 + from provide/supply/present ~에게 ~을 제공하다 + with

1. Recent studies on human-technology interaction discuss how subtle design choices can unconsciously influence users' judgments.

2. The lack of consistent long-term data prevents researchers from drawing definitive conclusions about how rapidly the ecosystem is deteriorating under recent climate shifts.

1. Recent studies (on human-technology interaction) discuss [how subtle design choices can
  S　　　　　　　　　　　　　　(전명구)　　　　　　　　　Vt　　　　　　　　　o[명사절]

unconsciously influence users' judgments.]

최신의 인간-기술 상호작용 연구들은 섬세한 디자인 선택이 어떻게 사용자들의 판단에 무의식적으로 영향을 미치는지를 논의한다.

2. The lack of consistent long-term data prevents researchers from drawing definitive
  S　　　　　　　　　　　　　　　　3V　　　　　　　　　from Ring

conclusions about how rapidly the ecosystem is deteriorating under recent climate shifts

일관된 장기 자료의 부족은, 최근의 기후 변화 속에서 생태계가 얼마나 빠르게 악화되고 있는지에 대해 연구자들이 확정적인 결론을 내리는 것을 막고 있다.

2) 혼동하기 쉬운 자동사와 타동사(의미)

	자동사 + 전치사	타동사 + 전치사 X
말하다	speak to/about ~에게/~에 대해 말하다 talk to/about ~와/~에 대해 이야기하다 converse with ~와 대화하다 account for ~에 대해 설명하다	tell ~에게 말하다 discuss ~에 대해 토론하다 mention ~에 대해 말하다 explain ~에 대해 설명하다
답하다	respond to ~에 답하다 reply to ~에 답하다	answer ~에 답하다
반대하다	object to ~에 반대하다 rebel against ~에 대항하다	oppose ~에 반대하다 resist ~에 저항하다
기타	arrive at/in ~에 도착하다 agree with /to ~에 동의하다 complain about ~에 대해 불평하다 participate in ~에 참여하다 wait for ~을 기다리다	reach ~에 도착하다 enter ~에 들어가다 contact ~에게 연락하다 approach ~에 접근하다 resemble ~을 닮다 marry ~와 결혼하다

1. Although the study briefly mentions to us several limitations in its methodology, it largely focuses on emphasizing the broader implications of its findings for future policy development.

2. As the limitations of traditional models became increasingly apparent, researchers began to approach the

problem from a multidisciplinary perspective.

1. Although the study briefly mentions (to us) several limitations in its methodology, it largely
   접속사   S   3V   (전+명)   O   S

focuses on emphasizing the broader implications of its findings for future policy development.
   1V

그 연구는 방법론상의 여러 한계를 우리에게 잠깐 언급하고 있지만, 주로 그 연구 결과가 향후 정책 개발에 갖는 보다 광범위한 함의를 강조하는 데 초점을
두고 있다.

2. As the limitations of traditional models became increasingly apparent, researchers began
   접   S   2V   SC   S

to approach the problem from a multidisciplinary perspective.
   3V   O

전통적 모델들의 한계가 점점 더 분명해지자, 연구자들은 문제에 다학문적 관점에서 접근하기 시작했다.

3. 4형식 동사

1) 4형식 동사의 특징

S + V + IO + DO 형태로 이루어져 있다. '~에게'에 해당하는 간접목적어와 '~을'에 해당하는 직접목적어가 있어야
하는 동사이다.

주어 + 완전타동사 + 목적어 주어 + 완전타동사(수여동사) + 간접목적어 + 직접목적어

3형식으로 전환 시 전치사를 주의해야 하는 4형식 동사는 다음과 같다.

1) give, offer, send	+ Sth + **to** + Sby
2) make, buy	+ Sth + **for** + Sby
3) ask, require	+ Sth + **of** + Sby

that절이나 의문사절을 직접 목적어로 갖는 4형식 동사는 다음과 같다.

tell ~에게 ~라고 말하다 inform/notify ~에게 ~라고 알리다 convince/assure ~에게 ~라고 납득시키다 + 간접 목적어(사람) + that절/의문사절 remind ~에게 ~라고 상기시키다 warn ~에게 ~라고 경고하다

1. The new educational initiative offers students greater opportunities to explore interdisciplinary fields that were previously inaccessible due to curriculum limitations.

2. The long-term research project gave scientists valuable insights into how subtle environmental changes can reshape migration patterns across entire species.

정답과 해설

1. The new educational <u>initiative</u> <u>offers</u> <u>students</u> <u>greater opportunities</u> to explore
　　　　　　　　　　　　　　 S　　 4V　　　 IO　　　　　 DO

interdisciplinary fields that were previously inaccessible due to curriculum limitations.

새로운 교육 정책은, 교과과정의 한계 때문에 이전에는 접근하기 어려웠던 융합 분야를 탐구할 수 있는 더 많은 기회를 학생들에게 제공한다.

2. The long-term research <u>project</u> <u>gave</u> <u>scientists</u> <u>valuable insights</u> into how subtle
　　　　　　　　　　　　　　 S　　 4V　　　 IO　　　　　 DO

environmental changes can reshape migration patterns across entire species.

그 장기 연구 프로젝트는, 미묘한 환경 변화가 전체 종의 이동 패턴을 어떻게 재구성할 수 있는지에 대해 귀중한 통찰을 과학자들에게 제공했다.

4. 5형식 동사

5형식 동사가 사용된 문장은 **S + V + O + OC** 형태이다. 목적어와 함께 목적어를 보충 설명해 주는 말인 목적격 보어가 있어야 하는 동사이다.

(1) 형용사 보어(상태, 성질)를 취하는 동사

make, keep, find, leave, consider + O + OC(형용사/분사)

(2) 명사 보어(직업, 신분)를 취하는 동사

call, elect, name + O + OC(명사)

(3) to 부정사 보어: 행위유발동사(~에게 ~하게 하다)

대표 동사	동사의 뜻	뒤따르는 형태
ask	부탁하다	
allow	허락하다	
enable	가능하게 하다	
encourage	격려하다	+ O + <u>to</u> R
persuade	설득하다	
require	요구하다	

1. Many neuroscientists consider the ability of the human brain to reorganize itself after severe damage a phenomenon that challenges long-held assumptions about cognitive development.

2. Experts call the tendency for people to favor overly simplified explanations of complex social issues "the illusion of understanding," a bias that often leads to misguided decisions.

3. The new educational framework encourages students to question assumptions they have long taken for granted, pushing them to develop perspectives that extend beyond their immediate experiences.

1. Many neuroscientists consider the ability (of the human brain to reorganize itself (after
        S   5V   O

severe damage) a phenomenon (that challenges long-held assumptions about cognitive development.)
                OC

많은 신경과학자들은 심각한 손상 이후에도 스스로를 재조직할 수 있는 인간 두뇌의 능력을 인지 발달에 대한 오래된 가정을 흔드는 현상으로 간주한다.

2. Experts call the tendency (for people to favor overly simplified explanations of complex
     S   5V   O

social issues) "the illusion of understanding," a bias that often leads to misguided decisions.
             OC

전문가들은 사람들이 복잡한 사회적 문제에 대해 지나치게 단순화된 설명을 선호하는 경향을 '이해의 환상'이라고 부르는데, 이러한 인지적 편향은 종종 잘못된 판단과 결정으로 이어진다.

3. The new educational framework encourages students to question assumptions they have
              S   5V   O   OC

long taken for granted, pushing them to develop perspectives that extend beyond their immediate experiences.

새로운 교육 체계는 학생들이 오래도록 당연하게 여겨 온 가정들을 의문시하도록 장려하며, 그들의 즉각적 경험을 넘어서는 관점을 발전시키도록 이끈다.

1. 다음 중 틀린 부분을 바르게 고치세요.

Authorities hope that by issuing early warning, they will help avoiding major destruction and danger.

2. 다음 중 틀린 부분을 바르게 고치세요.

The most important point of wearing high heels is to make a woman to feel taller, slimmer and sexier.

3. 밑줄 친 부분 중 어법상 옳지 않은 것은?

As Gandhi stepped ① aboard a train one day, one of his shoes slipped off and landed on the track. He was unable to retrieve it as the train was moving. To the amazement of his companions, Gandhi calmly took off his other shoe and threw it back along the track ② to land close to the first. Asked by a fellow passenger ③ why he did so, Gandhi smiled. "The poor man who finds the shoes ④ lied on the track" he replied, "will now have a pair he can use."

4. 밑줄 친 부분 중 어법상 옳지 않은 것은?

The Second Amendment of the U.S. Constitution states: "A well-regulated Militia, being ① necessary to the security of a free State, the right of the people to keep and bear Arms, shall not be infringed. Supreme Court rulings, ② cited this amendment, have upheld the right of states to regulate firearms. However, in a 2008 decision confirming an individual right to keep and bear arms, the court struck down Washington, D.C. laws that banned handguns and required ③ those in the home ④ to be locked or disassembled.

5. 다음 글의 밑줄 친 부분 중 어법상 옳지 않은 것은?

In 2000, scientists at Harvard University suggested a neurological way of ① explaining Mona Lisa's elusive smile. When a viewer looks at her eyes, the mouth is in peripheral vision, ② which sees in black and white. This accentuates the shadows at the corners of her mouth, making the smile ③ seems broader. But the smile diminishes when you look straight at it. It is the variability of her smile, the fact that it changes when you look away from it, ④ that makes her smile so alive, so mysterious.

6. 다음 밑줄 친 부분의 의미와 가장 가까운 단어는?

The US Congress concluded that, unless the law was reauthorized, "racial and language minority citizens will be deprived of the opportunity to exercise their right to vote, or will have their votes diluted, undermining the significant gains made by minorities in the last 40 years."

① callous
② restricted
③ belligerent
④ contentious
⑤ preposterous

7. 다음 밑줄 친 부분 중 문맥상 낱말의 쓰임이 적절하지 않은 것은?

When students are asked about what they do when studying, they commonly report underlining, highlighting, or otherwise marking material as they try to learn it. We treat these techniques as ① equivalent, given that, conceptually, they should work the same way. The techniques typically appeal to students because they are simple to use, do not ② entail training, and do not require students to invest much time beyond what is already required for reading the material. The question we ask here is, will a technique that is so ③ complicated to use actually help students learn? To understand any benefits specific to highlighting and underlining, we do not consider studies in which active marking of text was ④ paired with other common techniques, such as note-taking. Although many students report combining multiple techniques, each technique must be evaluated ⑤ independently to discover which ones are crucial for success.

8. 다음 밑줄 친 부분 중 어법상 옳지 않은 것은?

① Affording a home in one of Britain's opulent seaside towns has long been way out of reach, even for ② the moderately rich. But now it seems that house prices in two of the smartest resorts have tumbled significantly in the last year. In the boating haven of Salcombe in South Devon, prices ③ have fallen 8.2%, according to the Halifax. And in Sandbanks in Dorset, ④ renowned for being the UK's most expensive resort, prices ⑤ being down 5.6%.

9. 밑줄 친 부분 중 어법상 옳지 않은 것을 고르시오.

Much of the debate over police drones in the United States ① has been over privacy. However, a new concern has come to light: the threat of hackers. Last year, security researcher Nils Rodday claimed he could take over a drone that ② cost between $30,000 and $35,000 ③ used just a laptop and forty dollars' ④ worth of special equipment.

10. 밑줄 친 부분 중 어법상 옳지 않은 것을 고르시오.

In 1778 Carlo de Buonaparte, re-elected as one of the Council of Twelve Nobles, ① was chosen to be a member of a Corsican delegation to King Louis XVI. He took ten-year-old Giuseppe and nine-year-old Napoleone with him, ② to begin their life in their new country. They spent a night in a miserable inn at the port, sleeping on mattresses ③ lay out on the floor. En route from Corsica they visited Florence, where Carlo was able to procure a letter of introduction from the Habsburg Grand Duke Pietro Leopoldo to his sister Queen Marie Antoinette. Then they went on to France. Admittedly Carlo had something to celebrate, ④ having been informed by the Minister for War that Napoleone had been granted a scholarship and a place in the military school at Brienne as 'Royal Pupil' whose expenses would be paid by the King.

1. (A), (B), (C)의 각 네모 안에서 어법에 맞는 표현으로 가장 적절한 것은?

Scientists are concerned that the destruction of the Amazon could lead to climatic chaos. Because of the huge volume of clouds it (A) [generates / is generated], the Amazon plays a major role in the way the sun's heat is distributed around the globe. Any disturbance of this process could produce far-reaching, unpredictable effects. Moreover, the Amazon region stores at least 75 billion tons of carbon in its trees, (B) [and / which] when burned give off carbon dioxide into the atmosphere. Since the air is already dangerously overburdened by carbon dioxide from the cars and factories of industrialized nations, the torching of the Amazon could magnify the greenhouse effect. No one knows just (C) [what impact the buildup of CO2 will have / what impact will the buildup of CO2 Have], but some scientists fear that the globe will begin to warm up, bringing on wrenching climatic changes.

	(A)	(B)	(C)
①	generates	and	what impact will the buildup of CO 2 have
②	generates	and	what impact the buildup of CO2 will have
③	generates	which	what impact the buildup of CO2 will have
④	is generated	and	what impact will the buildup of CO2 have
⑤	is generated	which	what impact the buildup of CO2 will have

2. (A), (B), (C)의 각 네모 안에서 어법에 맞는 표현으로 가장 적절한 것은?

Last summer Colin Benton died after receiving a kidney transplant at a private London hospital. Several months later, however, his case made headlines throughout Britain when his widow disclosed that her husband's kidney transplant (A) [came / had come] from a Turkish citizen who was paid $3,000 to fly to Britain and donate the organ. The donor said he had decided to sell his kidney to pay for medical treatment for his daughter. Concern in Britain over issues raised in the case led to a law (B) [being passed / be passed] on July 28, 1989, in Parliament banning the sale of human organs for transplant. The same concerns and those over loopholes in the transplant laws in some other nations led the World Health Organization to condemn the practice recently. In a resolution in May, the organization asked member nations (C) [take / to take] appropriate measures, including legislation, to prohibit trafficking in human organs.

	(A)	(B)	(C)
①	came	being passed	take
②	came	be passed	take
③	had come	being passed	to take
④	had come	being passed	take
⑤	had come	be passed	to take

3. (A), (B), (C)의 각 네모 안에서 어법에 맞는 표현으로 가장 적절한 것은?

On December 18, 1912, an amateur archaeologist named Charles Dawson and his friend Arthur Smith Woodward presented what they claimed (A) [was / it was] an extraordinary finding to the Geological Society of London. They presented the skeleton of a creature (B) [believing / believed] to be half-man and half-ape. The two men claimed they had discovered what was believed to be the missing link between humans and apes. With relatively little investigation, Piltdown man — as the skeleton came to be called — was accepted as (C) [genuine / genuinely]. As time went by, however, doubts began to surface, and finally, close analysis of the skeleton revealed that someone had created it by fusing together the bones of a human being and an orangutan

	(A)	(B)	(C)
①	was	believing	genuine
②	was	believed	genuine
③	it was	believing	genuinely
④	it was	believed	genuinely
⑤	it was	believing	genuine

4. 다음 글의 밑줄 친 부분 중, 어법상 틀린 것은?

The spider chart, also called a radar chart, is a form of line graph. It helps the researcher to represent their data in a chart ① that shows the relative size of a response on one scale for interrelated variables. Like the bar chart, the data needs to have one scale which is common to all variables. The spider chart is drawn with the variables spanning the chart, ② creating a spider web. An example of this is seen in a research study looking at self-reported confidence in year 7 students across a range of subjects ③ have taught in their first term in secondary school. The researcher takes the responses from a sample group and ④ calculates the mean to plot on the spider chart. The spider chart allows the researcher to easily compare and contrast the confidence level in different subjects for the sample group. The chart, like the pie chart, can then be broken down for different groups of students within the study ⑤ to elicit further analysis of findings.

5. 다음 글의 밑줄 친 부분 중, 어법상 틀린 것은?

The idea that people ① selectively expose themselves to news content has been around for a long time, but it is even more important today with the fragmentation of audiences and the proliferation of choices. Selective exposure is a psychological concept that says people seek out information that conforms to their existing belief systems and ② avoid information that challenges those beliefs. In the past when there were few sources of news, people could either expose themselves to mainstream news — where they would likely see beliefs ③ expressed counter to their own — or they could avoid news altogether. Now with so many types of news constantly available to a full range of niche audiences, people can easily find a source of news ④ that consistently confirms their own personal set of beliefs. This leads to the possibility of creating many different small groups of people with each strongly ⑤ believes they are correct and everyone else is wrong about how the world works.

* fragmentation: 분열

** proliferation: 급증

*** niche: 틈새

1. 정답: avoiding → (to) avoid

(해석)

당국은 조기 경보를 발행함으로써, 커다란 파괴와 위험을 피하는 데 도움을 줄 것을 희망한다.

(해설)

help는 뒤에 동명사가 아닌 원형부정사가 수반된다. 따라서 help (to) avoid가 되어야 한다.

2 정답: to feel → feel

(해석)

하이힐을 신는 가장 중요한 이유는 여자가 더 크고, 더 날씬하고, 더 섹시하게 느끼게 하는 것이다.

(해설)

make가 사역동사이므로 목적격 보어 자리에 원형부정사가 사용된다.

3. 정답: ④ lied on the track → lying on the track

(해석)

간디는 어느 날 기차에 올라타고 있을 때, 그의 신발 중 한 짝이 벗겨져 선로에 떨어졌다. 기차가 움직이고 있었기 때문에 그는 그것을 회수할 수 없었다. 같이 있는 동료들이 놀라게도, 간디는 조용히 다른 한 짝의 신발을 벗어서 선로를 따라 던져 첫 번째 신발 가까이에 내려주었다. 왜 그렇게 했냐고 동료 승객에게 질문을 받자 간디는 웃었다. "선로 위에 놓인 그 신발을 발견한 가난한 사람이" 간디는 대답했다. "이제는 그가 쓸 수 있는 한 켤레를 가질 수 있을 것입니다".

(해설)

④ lie는 자동사이므로 과거분사형으로 사용될 수 없다. 현재분사형인 lying으로 고쳐야 한다.

(오답 분석)

① aboard는 부사이고, step board는 '탑승하다'의 의미가 맞다.

② '~에 가까이 두기 위해서'라는 의미로 부정사의 부사적 용법이 바르게 쓰였다.

③ 목적어 자리에 사용되는 명사절(간접의문은)은 '접속사 + 주어 + 동사'의 어순으로 도치하지 않는다. why he did so가 바르게 쓰였다.

4. 정답: ② cited → citing

(해석)

미국 헌법 수정조항 제2조는 "잘 규정된 민병대는 자유로운 주의 안보에 필수적이므로, 무기를 소장하고 휴대하는 인민의 권리는 침해될 수 없다"라고 명시하고 있다. 대법원 판결들은 이 조항을 인용하면서 총기를 규제할 수 있는 주의 권리를 지지해 왔다. 하지만 2008년 무기를 소유하고 휴대할 수 있는 개인의 권리를 확인하는 판결에서 법원은 권총을 금지하고 가정에서 권총은 안전장치를 해 두거나 분해해 둘 것을 요구하는 워싱턴 DC의 법을 기각했다.

(해설)

② 분사구문은 동사의 성격을 지니는데, 뒤에 this amendment라는 의미상의 목적어가 제시되어 있으므로 현재분사형으로 교체해야 한다.

(오답 분석)

① be라는 불완전 자동사의 보어로 형용사가 제대로 쓰였다.

③ 지시대명사 those는 앞에 복수명사 handguns를 받고 있으므로 수가 일치하고 있다.

④ require는 목적격 보어 자리에 to 부정사를 수반한다. 그리고 '권총이 안전장치가 걸리는 것'이므로 수동태의 형태 역시 제대로 쓰였다.

(어휘)

amendment 미국 헌법 수정조항 constitution 헌법 militia 민병대 arms 무기 handgun 권총 disassemble 분해하다

(해석)

2000년에 하버드 대학교의 과학자들은 모나리자의 규정하기 힘든 미소를 설명하는 신경학적인 방법을 제시했다. 관찰자가 그녀의 눈을 바라볼 때, 입은 흑백으로 보이는 주변 시야에 있다. 이것은 그녀의 입 가장자리에 있는 그늘을 두드러지게 하며, 미소가 더 넓어 보이게 한다. 그러나 당신이 그것을 똑바로 바라보면, 미소는 줄어든다. 그녀의 미소를 너무도 생생하고 신비하게 만드는 것은 바로 그녀의 미소의 가변성, 즉 당신이 그것으로부터 눈길을 돌리면 그것이 변한다는 사실이다.

(해설)

③ 동사 make(making)는 동사원형을 목적격 보어로 취하는 사역동사이므로 3인칭단수동사 seems를 동사원형 seem으로 고쳐야 한다.

(오답 분석)

① 전치사 of 뒤에는 명사 역할을 하는 것이 와야 하므로 동명사 explaining이 올바르게 쓰였다.
② 선행사 peripheral vision이 사물이고, 관계절 내에서 동사 sees의 주어 역할을 하므로 사물을 가리키는 주격 관계대명사 which가 올바르게 쓰였다.
④ 사물을 강조할 때 'It ― that 강조구문' (~한 것은 ~이다)을 사용하여 'it + 동사(is) + 강조되는 내용(the variability of her smile) + that절'의 형태로 나타낼 수 있으므로, that이 올바르게 쓰였다.

(어휘)

neurological 신경학적인, 신경학의 elusive 규정하기 힘든 peripheral 주변적인 accentuate 두드러지게 하다 corner 가장자리, 모서리 broad 넓은 diminish 줄어들다, 약해지다 straight 똑바로 variability 가변성 look away from ~로부터 눈길을 돌리다 alive 생생한 mysterious 신비한

6. 정답: ②

(해석)

미국의회는 그 법이 다시 승인되지 않는다면, "소수인종과 소수언어 집단의 시민들은 그들의 투표권을 행사할 기회를 빼앗기거나 그들의 투표권은 약화되어 지난 40년 동안 소수 집단들에 의해 만들어진 중요한 성과를 훼손할 것이다."라고 결론지었다.
① 냉담한
② 제한된
③ 적대적인
④ 논쟁을 좋아하는
⑤ 터무니없는

(해설)

dilute(약화시키다)의 과거분사형인 diluted와 비슷한 의미를 가진 어휘를 묻고 있으므로, '제한하다'라는 의미의 restrict의 과거 분사형인 ② restricted가 정답이다.

(어휘)

reauthorize 다시 승인하다 minority 소수 집단 deprive 빼앗다 diluted 약화된 undermine 훼손하다, 해치다 callous 냉담한 restrict 제한하다 belligerent 적대적인 contentious 논쟁을 좋아하는 preposterous 터무니없는

7. 정답: ③

(해석)

학생들은 공부할 때 그들이 무엇을 하는지에 대한 질문을 받으면, 그들은 그것을 학습하려 노력하면서 보통 밑줄을 치고, 하이라이트를 하거나 아니면 자료에 표시를 한다고 말한다. 개념상으로 그것들이 같은 방식으로 작용해야 한다는 것을 고려하면, 우리는 이러한 기술들을 ① 동등한 것으로 취급한다. 이 기술들은 일반적으로 학생들에게 매력적인데, 왜냐하면 그것들은 사용하기 간단하고, 연습을 ② 필요로 하지 않으며, 자료를 읽는 데 이미 필요한 것 이상으로 학생들이 많은 시간을 투자하는 것을 요구하지 않기 때문이다. 우리가 여기서 던지는 질문은, 사용하기에 매우 ③ 복잡한 기술이 실제로 학생들이 학습하도록 할까?이다. 하이라이트하기와 밑줄 긋기 특유의 이점들을 이해하기 위해, 우리는 활발한 텍스트 표시가 노트 필기와 같은 다른 보통의 기술들과 ④ 짝지어졌던 연구들을 고려하지 않는다. 비록 많은 학생들이 여러 기술들을 병행한다고 말하더라도, 어떤 것이 성공에 필수적인지 발견하기 위해 각각의 기술들은 ⑤ 독립적으로 평가되어야 한다.

지문 중반에 이 기술들(하이라이트하기와 밑줄긋기)이 일반적으로 학생들에게 매력적인데, 왜냐하면, 그것들은 사용하기 간단하고, 연습을 필요로 하지 않으며, 자료를 읽는 데 이미 필요한 것 이상으로 학생들이 많은 시간을 투자하는 것을 요구하지 않기 때문이라고 했으므로, 사용하기에 매우 복잡한(complicated) 기술이 실제로 학생들이 학습하도록 하느냐는 질문은 문맥상 적절하지 않다. 따라서 ③ complicated가 정답이다. 주어진 complicated를 대신할 수 있는 어휘로는 '단순한'이라는 의미의 simple, easy 등이 있다.

equivalent 동등한, 맞먹는 conceptually 개념상으로 entail 필요로 하다, 수반하다 complicated 복잡한 specific 특유의 pair 짝짓다 combine 병행하다, 합치다 evaluate 평가하다 independently 독립적으로 crucial 필수적인, 결정적인

8. 정답: ⑤

영국의 호화로운 해변 마을들 중 하나에서 집을 사는 것은 적당히 부유한 사람들에게도 오랫동안 아주 도달할 수 없는 것이었다. 하지만, 이제 가장 고급인 휴양지 중 두 곳의 집값이 작년에 상당히 폭락한 것으로 보인다. Halifax에 의하면 South Devon에 있는 Salcombe의 뱃놀이 항구에서 가격은 8.2% 떨어졌다. 그리고 영국의 가장 비싼 휴양지로 유명한 Dorset의 Sandbanks에서 가격은 5.6% 떨어졌다

⑤ 절에는 반드시 주어와 동사가 있어야 하는데, 동사 자리에는 '동사'나 '조동사 + 동사원형'이 와야 하므로 '동사원형+ ing'* 형태인 being을 과거 동사 went로 고쳐야 한다.

① 명사 역할을 하며 주어 자리에 올 수 있는 동명사구 Affording a home이 주어 자리에 올바르게 쓰였다.
② 전치사(for)의 목적어 자리에는 명사 역할을 하는 것이 와야 하므로, 'the + 형용사'(~한 사람들)의 형태로 복수 명사 역할을 하는 the rich가 올바르게 쓰였다.

③ 문맥상 '가격은 8.2% 떨어졌다'라는 현재에 완료된 일을 표현하고 있으므로, 현재완료 시제 have fallen이 올바르게 쓰였다.
④ 형용사 renowned는 전치사 for와 함께 쓰여 '~으로 유명한'이라는 의미를 나타내므로 renowned for가 올바르게 쓰였다.

opulent 호화로운, 부유한 moderately 적당히, 중간 정도로 tumble 폭락하다 haven 항구, 정박소 renowned for ~으로 유명한

9. 정답: ③

미국의 경찰용 무인 비행기에 대한 논쟁의 상당 부분은 사생활에 관한 것이었다. 그러나, 새로운 걱정거리가 나타났다. 해커들의 위협이다. 작년에, 보안 연구원인 Nils Rodday는 단지 노트북과 40달러의 값어치가 있는 특수 장비만을 사용해서 30,000달러에서 35,000달러 사이의 비용이 드는 무인 비행기 한 대를 탈취할 수 있다고 주장했다.

③ 분사구문의 주어가 주절의 주어(he)와 같아서 생략되었고, 문맥상 분사구문의 주어와 분사가 '그가 노트북과 40달러의 값어치가 있는 특수 장비만을 사용하다'라는 의미의 능동 관계이므로 과거분사 used를 현재분사 using으로 고쳐야 한다.

① 주어 자리에 단수 취급하는 수량 표현 'much of + 불가산 명사'(Much of the debate)가 왔으므로 단수 동사 has가 올바르게 쓰였다.
② 문맥상 '30,000달러에서 35,000달러 사이의 비용이 들다'라는 의미가 되어야 자연스럽고, cost는 '비용이 들다'라는 의미로 쓰일 때 자동사이므로 능동태 cost가 올바르게 쓰였다.
④ 문맥상 '40달러의 값어치가 있는'이라는 의미가 되어야 자연스러우므로 '~의 값어치'를 의미하는 worth of가 올바르게 쓰였다.

debate 논쟁, 토론 drone 무인 비행기 concern 걱정거리, 우려 come to light 나타나다, 밝혀지다 take over 탈취하다, 장악하다

10. 정답: ③ lay → laid

해석

1778년에 12인의 귀족 회의의 한 명으로 재선된 카를로 보나파르트가 루이 16세의 코르시카 파견 대표단의 구성원으로 선택되었다. 그는 새로운 나라에서 삶을 시작하기 위해 10살짜리 주세프와 9살짜리 나폴레옹을 그와 함께 데리고 갔다. 그들은 항구에 있는 끔찍한 여관에서 하룻밤을 보냈으며, 바닥에 놓인 매트리스에서 잠을 잤다. 코르시카에서 오는 도중에 그들은 플로렌스를 방문했는데, 여기서 카를로는 합스부르크의 대공인 피에트로 레오폴도가 그의 누이인 마리 앙투아네트 왕비에게 보낼 소개장을 구할 수 있었다. 그러고 나서 그들은 계속해서 프랑스로 갔다. 인정하건대 카를로는 축하할 것이 있었는데, 그것은 나폴레옹이 왕이 경비를 지불하는 '국왕의 제자'로서 브리엔느에 있는 육군 사관 학교에서 장학금과 숙소를 받았다는 것을 육군 장관으로부터 통보받았던 것이다.

해설

③ 이미 앞에 완전한 문장이 나왔으므로 lay라는 동사가 사용될 수는 없다. 준동사로 전환되어 하는데, 앞에 있는 명사 matresses는 바닥에 놓여 있는 것이므로 수동관계가 성립한다. 따라서 과거분사형이 laid로 고쳐야 한다.

오답 분석

① 동사 choose 뒤에 목적어가 없고 문맥상 주어(Carlo de Buonaparte)와 동사가 '카를로 보나파르트가 선택되다'라는 의미의 수동 관계이므로 수동태 was chosen이 올바르게 쓰였다.

② '삶을 시작하기 위해'라는 의미를 표현하기 위해 부사처럼 목적을 나타내는 to 부정사를 사용하여 to begin이 올바르게 쓰였다.

④ 주절의 주어(Carlo)와 분사구문이 '카를로가 통보받다'라는 의미의 수동 관계이므로 분사구문의 수동형이 쓰여야 하는데, '통보를 받은' 시점이 '축하할 것이 있는'

시점보다 이전이므로 분사구문의 완료 수동형 having been informed가 올바르게 쓰였다.

어휘

delegation 파견 대표단 miserable 끔찍한 port 항구 en route from ~에서 오는 도중에 procure 구하다, 입수하다 grand duke 대공(대공국의 군주) grant 받다 scholarship 장학금 pupil 제자

1. 정답: ③

(해석)

과학자들은 아마존의 파괴가 기후의 혼란을 초래할 수 있다는 사실을 걱정하고 있다. 그것이 발생시키는 엄청난 양의 구름 때문에 아마존은 태양의 열이 지구 전체로 분배되는 방식에 있어서 주요한 역할을 한다. 이러한 과정의 어떠한 혼란도 광범위한 예측할 수 없는 결과를 만들어 낼 수 있다. 더욱이 아마존 지역은 그 나무들 속에 적어도 750억 톤의 탄소를 저장하고 있는데, 그것들이 태워질 때 대기 중으로 이산화탄소를 방출한다. 대기는 산업화된 국가들의 자동차들과 공장들에서 나오는 이산화탄소에 의해 이미 위험할 정도로 지나치게 넘쳐나고 있기 때문에, 아마존을 타오르게 하는 것은 온실효과를 확대시킬 수가 있다. 아무도 이산화탄소의 증가가 어떤 영향을 가져올지를 알지는 못하지만, 일부 과학자들은 지구가 가열되어 해결하기 힘든 기후 변화를 초래할 것이라는 사실을 두려워하고 있다.

(해설)

(A) it 앞에 목적격 관계대명사 that(which)이 생략되어 있으며, 선행사를 관계대명사 that(which) 뒤로 넘기면 it generates the huge volume of clouds로 능동태가 되어야 한다. (B) which의 선행사는 its trees이며 '접속사 + 선행사'로 쓰면 and they when (they(its trees) are) burned give off carbon dioxide ~로 쓰인 문장으로, when burned 사이에는 '주어 + be 동사'인 they(its trees) are가 생략되어 있다. and를 쓰면 the Amazon region stores and give off…로 연결되어 동사의 수가 맞지 않을 뿐만 문장과 연결되어 간접의문문(의문사 + 주어 + 동사) 형태가 와야 한다.
(C) 의문형용사로 쓰인 what절이 앞의 문장과 연결되어 간접의문문 '의문사+주어+동사' 형태가 와야 한다.

(어휘)

chaos 무질서 volume 양 disturbance 혼란 far-reaching 광범위한 give off 방출하다 overburden 지나치게 싣다

torch 타오르다 magnify 확대하다 buildup 강화 bring on 가져오다, 초래하다 wrench 비틀다

2. 정답: ③

(해석)

작년 여름 Colin Benton은 런던의 한 개인 병원에서 신장 이식을 받은 후에 사망했다. 그러나 몇 달 후, 그의 미망인이 그녀의 남편의 신장 이식은 영국으로 비행기를 타고 와 장기를 기증하고서 3,000달러를 지불받았던 터키인한테서 받은 것이라는 사실을 폭로했을 때 그의 사례는 영국 전역에서 신문의 머리기사가 되었다. 그 기증자는 자신의 딸을 위한 치료비를 지불하기 위해 신장을 팔기로 결심했다고 말했다. 그 사례에서 제기된 문제들에 대한 영국 내에서의 우려 때문에 이식을 위한 인간 장기의 판매를 금지하고 있는 의회에서 1989년 7월 28일에 법률이 통과되었다. 동일한 우려와 일부 다른 국가들 내에서의 이식 법률에 존재하는 허점에 관한 우려는 최근에 세계보건기구로 하여금 그러한 관행을 비난하도록 이끌었다. 5월에 내린 결정에서 그 기구는 회원국들에게 인간 장기에 있어서의 밀거래를 막기 위해 입법을 포함한 적절한 대책을 취하도록 요구했다.

(해설)

(A) 목적어로 쓰인 that절은 주절 동사 disclosed(과거 시제)보다 이전에 일어난 사실이므로 과거완료 시제인 had come이 와야 한다. (B) 'S(Concern) + V(led to)'의 형태로 쓰여 있고, lead to는 뒤에 목적어로 명사나 동명사가 오기 때문에 a law(의미상 주어) + being passed(수동형 동명사) 로 쓰여야 한다. (C) 'S + 일반동사(asked) + O + to 부정사' 구조이므로 to take가 와야 한다.

(어휘)

kidney 신장 transplant 이식 widow 미망인 donate 기증하다 lead to 이끌다 Parliament 의회 ban 금지하다 loophole 허점, 빠져나갈 condemn 비난하다 resolution 결정 appropriate 적절한 legislation 입법, 법률 traffic 부

정 거래를 하다, 밀매하다

3. 정답: ②

1912년 12월 18일에 Charles Dawson이라는 이름의 아마추어 고고학자와 그의 친구인 Arthur Smith Woodward가 그들이 놀라운 발견이라고 주장했던 것을 런던 지질학 협회에 제출했다. 그들은 반은 인간, 반은 유인원이라고 믿어지는 생명체의 해골을 제출했다. 그 두 사람은 인간과 유인 원 사이에 사라진 연결고리라고 믿어지는 것을 발견했다고 주장했다. 별로 조사도 하지 않고, 그 골격을 칭하는 소위 Piltdown 맨은 진짜인 것으로 받아들여졌다. 그러나 시간이 지나면서 의심이 생겨나기 시작했고, 마침내 면밀한 분석 결과 누군가가 인간과 오랑우탄의 뼈를 결합함으로써 그 해골을 만들었다는 사실이 드러났다.

(A) 관계대명사 what 뒤에는 불완전한 문장이 와야 하므로 was를 쓰면 what (they claimed) was an extraordinary finding ~의 구조로 삽입절(they claimed)을 제외하면 관계대명사 what이 주어를 포함하고 있는 형태이다. (B) 네모 앞에 '주격 관계대명사+ be 동사'가 생략된 형태로 수동의 의미가 되어야 하므로 believed가 쓰여야 한다. (C) Piltdown 맨은 진짜라고 받아들여졌다'의 의미가 되어야 한다. 따라서 네모 안의 형태가 주어인 Piltdown man을 설명하므로 형용사인 genuine이 쓰여야 한다.

extraordinary 대단한 skeleton 해골 creature 생명체 investigation 조사 genuine 진짜의, 믿을 만한 surface 떠오르다 fuse 융합하다, 섞다

4. 정답: ③

방사형 차트라고도 불리는 스파이더 차트는 선 그래프의 한 형태이다. 그것은 연구자가 상호 연관된 변수에 대해 하나의 척도에서 응답의 상대적 크기를 보여 주는 차트로 그들의 데이터를 설명하도록 도와준다. 막대그래프와 마찬가지로 데이터는 모든 변수에 공통인 하나의 척도를 가져야 한다. 스파이더 차트는 변수들이 차트에 걸치면서 그려지며 거미줄을 만든다. 이것의 예는 중등학교에서 첫 학기에 가르쳐진 다양한 과목에 걸쳐 7학년 학생들의 스스로 보고된 자신감을 조사한 연구에서 보인다. 연구자는 표본 집단으로부터 응답값들을 가져와 스파이더 차트에 나타낼 평균치를 계산한다. 스파이더 차트는 연구자가 표본 집단의 여러 다른 과목에서의 자신감 정도를 쉽게 비교하고 대조할 수 있도록 한다. 이후. 파이 차트와 마찬가지로. 이 차트는 연구 결과의 추가 분석을 도출하기 위해 연구 내의 다른 학생 집단으로 세분화될 수 있다.

① that은 a chart를 선행사로 하고, 동사 shows의 주어 역할을 하는 주격관계대명사로 올바르게 사용되었다.
② 전체 문장의 동사가 'is drawn'이고 접속사가 없으므로 creating은 결과를 나타내는 분사구문으로 올바르게 사용되었다.
③ 정동사 'is seen'과 'have taught'가 접속사나 관계사 없이 연결될 수 없다. 따라서 have taught는 앞의 명사 a range of subjects'를 수식하는 분사가 되어야 한다. '가르쳐진'의 뜻을 지닌 수동의 의미가 되어야 하므로 have taught'를 과거분사 taught로 고쳐야 한다.
④ 'calculates'는 등위접속사 'and'에 의해서 앞의 동사 'takes'와 병렬을 이룬 동사로 올바르게 사용되었다.
⑤ 'to elicit' '도출하기 위해'의 뜻으로 목적의 의미인 to 부정사구를 이끌고 있으므로 올바르게 사용되었다.

relative 상대적 variable 변수 common 공통의 draw 그리다 span 걸치다 confidence 자신감 a range of 다양한 subject 과목 secondary 중등교육의 calculate 계산하다 plot 나타내다, 표시하다 contrast 대조 elicit 알아내다 analysis 분석 finding 결과

5. 정답: ⑤

사람들이 선택적으로 뉴스 콘텐츠에 자신을 노출시킨다는 생각이 오랫동안 있어 왔지만, 구독자의 분열과 선택

의 급증으로 그것은 오늘날 훨씬 더 중요하다. 선택적 노출은 사람들이 자신의 기존 신념 체계에 부합하는 정보를 찾으려 하고 그러한 신념에 도전하는 정보를 피한다는 심리학적 개념이다. 뉴스의 공급처가 얼마 없었던 과거에는 사람들이 그들 자신의 신념과 상반되게 표현된 신념을 보게 될 수도 있는 주류 뉴스에 자신을 노출시키거나 뉴스를 전적으로 피할 수 있었다. 아주 많은 종류의 뉴스들이 매우 다양한 틈새 구독자들에게 끊임없이 이용 가능해지면서 사람들은 자신의 개인적 신념들을 지속적으로 확인해 주는 뉴스의 공급처를 쉽게 찾을 수 있다. 이것은 각자가 세상이 어떻게 돌아가는지에 대해 자신들이 옳고 다른 모든 사람들이 틀리다고 강하게 믿는 사람들의 많은 다양한 소집단을 만들 수 있는 가능성으로 이어진다.

해설

① selectively는 동사 expose를 수식하는 부사로 올바르게 사용되었다.

② avoid는 문맥상 people을 주어로 갖는 앞의 동사 seek과 병렬을 이룬 것이므로 올바르게 사용되었다.

③ expressed는 앞의 명사 beliefs를 수식하는 과거 분사이고 beliefs와 의미상 수동의 관계이므로 과거분사를 사용한 것은 올바른 용법이다. counter는 '반대로'의 뜻을 갖는 부사이다.

④ that은 'a source of news'를 선행사로 하고 동사 confirms의 주어 역할을 하는 주격 관계대명사로 올바르게 사용되었다.

⑤ 전치사 with 뒤에는 정동사가 올 수 없다. 'with + 목적어 + 분사'의 구문이 되어야 한다. 따라서 정동사 believes를 현재분사 believing으로 고쳐야 한다.

어휘

selectively 선택적으로 expose oneself to ~에 자신을 노출하다 seek out (노력해서) ~을 찾아내다 conform to ~에 부합하다 mainstream 주류의 counter to ~에 반대로 altogether 전부 instantly 지속적으로 a full range of 폭넓은, 다양한 consistently 지속적으로 confirm 확정하다, 확인하다

Chapter 5

주어와 동사의
수 일치

1) 수 일치 개념(3단현)

주어에 따라서 동사의 수를 일치시키는 것을 말한다. 즉, 주어가 단수이면 동사가 단수가 되고, 주어가 복수이면 동사는 복수가 된다. 이 문제는 결국 동사의 진짜 주어가 무엇인가를 찾는 문제이다.

2) 주어와 동사 사이의 수식어구 함정

주어 뒤에 전치사구, 관계절, 분사구, to 부정사 등의 수식어를 집어넣어 주어와 동사를 멀리 떨어뜨려 놓고 수일치를 묻는 문제가 자주 출제된다. 수식어구는 아무리 길어도 동사의 수에는 전혀 영향을 주지 않으므로 주어 다음의 수식어구를 제외하고 동사를 파악하는 연습을 하는 것이 **중요하다.**

(문장 분석! 구조 파악 연습)

1. The quality of the learning materials that students use in their daily study routines often determines how effectively they can understand complex concepts.

2. Furthermore, the attitude of learners who rely heavily on technology without evaluating its usefulness frequently leads them to overlook strategies that could otherwise enhance their long-term understanding.

(정답과 해설)

1. The quality (of the learning materials) (that students use in their daily study routines often)
      S

determines [how effectively they can understand complex concepts.]
    V   O

학생들이 일상적인 학습 과정에서 사용하는 **학습 자료의 질은**, 그들이 복잡한 개념을 얼마나 효과적으로 이해할 수 있는지를 **좌우한다.**

2. Furthermore, the attitude of learners (who rely heavily on technology without evaluating
                    S

its usefulness frequently) leads them to overlook strategies that could otherwise enhance
                  V   O   OC

their long-term understanding.

더 나아가, 기술의 유용성을 평가하지 않은 채 기술에 지나치게 의존하는 학습자들의 태도는, 그렇지 않았다면 장기적 이해를 향상시킬 수 있었을 전략들을 간과하도록 **이끈다.**

3) 긴 주어(부정사, 동명사, 명사절)

문장의 주어가 부정사, 동명사, 명사절인 경우 동사는 단수동사를 사용한다. 복수라는 개념은 주어가 명사나 대명사이고, 2개 이상일 때를 의미한다.

1. To recognize how one's daily habits influence long-term learning is essential for developing effective study strategies.

2. Analyzing the mistakes made during practice helps students understand which strategies work best for them.

3. What students believe about their ability to learn affects how they respond to challenges in the classroom.

1. [To recognize how one's daily habits influence long-term learning] is essential for
                       S   V   SC

developing effective study strategies.

일상적인 습관이 장기적인 학습에 어떤 영향을 미치는지 **인식하는 것은** 효과적인 학습 전략을 개발하는 데 **필수적이다.**

2. Analyzing the mistakes made during practice helps students understand which strategies
             S   V   O   OC

work best for them.

연습 과정에서 발생한 실수를 **분석하는 것은** 학생들이 어떤 전략이 자신에게 가장 효과적인지 이해하도록 **도와준다.**

3. What students believe about their ability to learn affects how they respond to challenges in
          S   V   O

the classroom.

학습 능력에 대해 학생들이 믿는 것(what students believe)은 그들이 교실에서 도전에 어떻게 반응하는지에 영향을 미친다.

4) 관계대명사절 내 동사의 수 일치

관계대명사절의 동사의 수는 선행사에 의해서 결정된다.

1. However, the set of assumptions that underlie these approaches remains controversial, as many educators question whether such methods can be applied consistently across diverse learning environments.

2. The number of students who participates in project-based learning programs has increased significantly, partly because these programs offer opportunities that traditional lectures rarely provide.

정답과 해설

1. However, the set of assumptions (that underlie these approaches) remains controversial,

as many educators question whether such methods can be applied consistently across diverse learning environments.

그러나 이러한 접근법의 기초가 되는 **가정들의 집합이** 여전히 논란이 되는데, 많은 교육자들이 이러한 방법들이 다양한 학습 환경에서 지속적으로 적용될 수 있는지를 의문시하기 때문이다.

2. The number of students (who participates in project-based learning programs) has

increased significantly, partly because these programs offer opportunities that traditional lectures rarely provide.

프로젝트 기반 학습 프로그램에 **참여하는** 학생 수는 전통적 강의가 거의 제공하지 않는 기회를 이러한 프로그램이 제공하기 때문에 현저하게 증가해 왔다.

5) 상관접속사

상관접속사는 등위접속사로 연결되는 덩어리 표현을 말하는데, 이때 동사는 수는 주로 근사와 근접한 B에 의해서 결정된다.

B에 수 일치	
(either) A or B neither A nor B	A 또는 B가 A도 B도 아닌
not only A but (also) B	A뿐만 아니라 B도
not A but B	A가 아니라 B가

문장 분석! 구조 파악 연습

1. Both the rapid changes in digital learning tools and the diverse needs of students shape how teachers design their lessons.
2. However, neither the lack of ability nor the presence of difficulty prevents students from succeeding when they are taught effective strategies.

정답과 해설

1. Both the rapid changes in digital learning tools and the diverse needs of students shape

how teachers design their lessons.

디지털 학습 도구의 빠른 변화뿐 아니라, 학생들의 다양한 요구 둘 다 교사들이 수업을 설계하는 방식에 영향을 준다.

2. However, neither the <u>lack</u> of ability nor the <u>presence</u> of difficulty <u>prevents</u> students from

           A   B(S')   V

succeeding when they are taught effective strategies.

하지만 능력 부족뿐 **아니라**, 어려움의 존재 **역시** 효과적인 전략을 배웠을 때 학생들이 성공하는 것을 **막지 못한다.**

6) 주어와 동사가 도치된 경우

부정어, only + 부사, 장소, 방향의 부사구, 유도부사 등이 문두에 위치하는 경우에는 주어와 동사가 도치된다. 이 때 동사의 수는 뒤에 나오는 주어에 의해서 결정이 된다.

1. Only after years of trial and error does a set of strategies emerge that many educators believe can consistently improve students' ability to learn independently.
2. In the center of the classroom stands a collection of learning tools that help students monitor their progress

1. Only (after years of trial and error) <u>does</u> a <u>set</u> of strategies emerge that many educators

  Only   (전+명)   조동사   S

believe can consistently improve students' ability to learn independently.

오랜 시행착오 끝에야 비로소 많은 교육자들이 학생들의 자기주도적 학습 능력을 지속적으로 향상시킬 수 있다고 믿는 **전략들의 집합이 모습을 드러낸다.**

2. (In the center of the classroom) <u>stands</u> a <u>collection</u> of learning <u>tools</u> that <u>help</u> students

             (장소부사)   V   S   선행사   V

monitor their progress

교실 중앙에는 학생들이 자신의 학습 진전을 점검하도록 **도와주는** 학습 도구들의 모음이 **놓여 있다.**

7) '부분명사 of 전체명사'의 수 일치

'부분명사 of 전체명사'의 경우 of 뒤의 전체명사가 동사의 수를 결정한다.

'부분'을 나타내는 부정사		all, most, some, any, half	+ of **복수명사** + <u>복수동사</u> + of **단수명사** + <u>단수동사</u>
부분명사	일부	part, portion, the rest	
	부분/백분율	two thirds	
	백분율	500 percent	

1. Only a small portion of the online materials they encounter provide reliable information.

2. However, only a fraction of readers <u>recognize</u> the subtle biases that such data visualizations often contain.

1. Only a small <u>portion</u> of the online <u>materials</u> they encounter <u>provide</u> reliable information.
       부분명사   전체명사(S)   V

학생들이 접하는 온라인 자료들 중 일부만이 신뢰할 만한 정보를 제공한다.

2. However, only a <u>fraction</u> of <u>readers</u> <u>recognize</u> the subtle biases that such data
         부분명사   전체명사(S)   V

visualizations often contain.

그러나 **독자들 중 일부만이** 이러한 데이터 시각화가 종종 담고 있는 미묘한 편향을 인식한다.

★ one/each + of Ns + 단수동사

one과 each는 특히 시험에 빈출이 된다. 형용사로 사용되는 경우, 뒤에 단수명사가 오지만, 이들이 대명사로 사용되어서 뒤에 'of the 명사' 따라오는 경우, '~중에서 하나(각각)'의 의미이므로 뒤에는 복수명사가 오고, 동사는 단수동사가 사용된다.

one, each, either, neither	+ of + 복수명사 + 단수동사

1. One of the students in the advanced writing class is preparing a presentation on how digital tools influence learning habits.

2. Each of the solutions suggested in the report addresses a different cause of students' declining motivation.

1. <u>One</u> of the students (in the advanced writing class) <u>is</u> preparing a presentation on how
   S   V

digital tools influence learning habits.

고급 글쓰기 수업에 있는 학생들 중 **한 명은** 디지털 도구가 학습 습관에 어떤 영향을 미치는지에 관한 발표를 준비하고 있다.

2. <u>Each</u> of the solutions (suggested in the report) <u>addresses</u> a different cause of students'
   S   V

declining motivation.

보고서에서 제시된 **해결책들 각각은** 학생들의 동기 저하의 서로 다른 원인을 다룬다.

8) number

number는 앞에 관사에 따라서 동사의 수가 달라진다. 정관사 the가 붙는 경우에는 number가 주어가 되어서 동사의 수는 단수가 된다. 반면, 'a number of + 복수명사'의 경우, a number of는 형용사와 같이 뒤의 명사를 수식하는 기능을 하므로 그 뒤에 나오는 복수명사가 주어가 된다. 따라서 동사 역시 복수동사가 와야 한다.

많은	-의 수
a number of + 복수명사 + 복수동사	the number of + 복수명사 + 단수동사

문장 분석! 구조 파악 연습

1. The number of students who applied for the advanced science program has increased steadily over the past three years.

2. A number of factors that affect students' concentration play an important role in how effectively they study.

정답과 해설

1. The <u>number</u> of students (who applied for the advanced science program) <u>has increased</u>
   　　　　S　　　　　　　　　　　　　　　　　　　　　　　　　　　　　　　　V

steadily over the past three years.

고급 과학 프로그램에 지원한 학생들의 수는 지난 3년 동안 꾸준히 증가해 왔다.

2. A number of <u>factors</u> (that affect students' concentration) <u>play</u> an important role in how
   　　　　　　　　S　　　　　　　　　　　　　　　　　　　　　　V

effectively they study.

학생들의 집중력에 영향을 미치는 여러 요인들은 그들이 얼마나 효과적으로 공부하는지에 중요한 역할을 한다.

1. The series of experiments that the research team, along with several external advisors, (has / have) designed (aims / aim) to identify how students process visual information.

2. Only after the long-term effects of the program are fully understood (does / do) meaningful improvement in student performance (occurs / occur).

3. The number of learners who enroll in online courses (has / have) continued to rise despite concerns about content quality.

4. A wide range of factors that influence academic performance (remains / remain) difficult to measure accurately.

5. Neither the complexity of the tasks nor the limited time available (prevents / prevent) students from completing the assignment successfully.

6. Each of the students who participated in the workshop (was / were) asked to evaluate the effectiveness of the activities.

7. A collection of devices that (monitors / monitor) students' eye movements during reading (is / are) now used in cognitive research.

8. What determines whether students persist in challenging tasks (is / are) not their ability alone but their belief that effort leads to improvement.

9. Only rarely (does / do) the results of such studies (reflect / reflects) the full range of students' learning behaviors.

10. A number of concerns that teachers have raised about AI tools (has / have) made schools reconsider how such tools should be integrated into classrooms.

1. 다음 글의 밑줄 친 부분 중, 어법상 틀린 것은?

In ancient Egyptians, onions were a symbol of eternity and therefore an object of worship. The Egyptians saw eternal life in the onion ① because of its circle-within-a-circle structure. In ancient Egyptian art, a priest is often pictured holding onions in his hand while ② carrying out religious ceremonies. For the ancient Egyptians, onions also figured prominently in funerals and in other practices related to death. The onion is mentioned as a funeral offering, and onions are shown on the tables of the great funeral feasts. Paintings of onions ③ are appeared on the inner walls of the pyramids, ④ where Egyptian kings and royalty were buried. King Ramses IV was buried with onions over his eyes. Some researchers think this was done because it ⑤ was believed that the strong scent of onions would prompt the dead to once again begin to breathe.

2. 다음 글의 밑줄 친 부분 중, 어법상 틀린 것은?

Studies show that healthier eating habits may help ① lower your risk for heart disease, stroke, cancer and many other health problems. The sooner you improve your eating, ② the better off you'll be. Begin by eating more fruits and vegetables. They naturally contain vitamins, minerals and fiber that help protect you from disease. ③ Comparing with people who eat only small amount of fruits and vegetables, those who eat more have a ④ reduced risk of cancers, stroke and heart disease. Fruits and vegetables with different colors tend to have different levels of important nutrients, such as vitamins A and C. So when you go to the grocery store, walk down the produce aisle and ⑤ fill your cart or basket with a variety of colors.

Achievement motivation can be increased in people whose cultural training did not encourage ① it in childhood. For example, high school and college students with low achievement motivation were encouraged to develop fantasies about their own success. They imagined ② themselves concentrating on breaking a complex problem into small, manageable steps. They fantasized about working hard, failing but ③ not being discouraged, and finally feeling great about achieving success. Afterwards, the students, grades and academic success improved, ④ suggesting an increase in their achievement motivation. In short, achievement motivation is strongly influenced by social and cultural learning experiences and by the beliefs about oneself ⑤ whom these experiences help to create.

Most historians of science point to the need for a reliable calendar to regulate agricultural activity as the motivation for learning about what we now call astronomy, the study of stars and planets. Early astronomy provided information about when to plant crops and gave humans ① their first formal method of recording the passage of time. Stonehenge, the 4,000-year-old ring of stones in southern Britain, ② is perhaps the best-known monument to the discovery of regularity and predictability in the world we inhabit. The great markers of Stonehenge point to the spots on the horizon ③ where the sun rises at the solstices and equinoxes — the dates we still use to mark the beginnings of the seasons. The stones may even have ④ been used to predict eclipses. The existence of Stonehenge, built by people without writing, bears silent testimony both to the regularity of nature and to the ability of the human mind to see behind immediate appearances and ⑤ discovers deeper meanings in events.

* monument: 기념비

** eclipse: 식

People from more individualistic cultural contexts tend to be motivated to maintain self-focused agency or control ① <u>as</u> these serve as the basis of one's self-worth. With this form of agency comes the belief that individual successes ② <u>depending</u> primarily on one's own abilities and actions, and thus, whether by influencing the environment or trying to accept one's circumstances, the use of control ultimately centers on the individual. The independent self may be more ③ <u>driven</u> to cope by appealing to a sense of agency or control. However, people from more interdependent cultural contexts tend to be less focused on issues of individual success and agency and more motivated towards group goals and harmony. Research has shown ④ <u>that</u> East Asians prefer to receive, but not seek, more social support rather than seek personal control in certain cases. Therefore, people ⑤ <u>who</u> hold a more interdependent self-construal may prefer to cope in a way that promotes harmony in relationships.

* self-construal: 자기 구성

1. has, aims

(해석)

연구팀이 여러 외부 자문가들과 함께 설계한 일련의 실험은 학생들이 시각 정보를 어떻게 처리하는지 규명하는 것을 목표로 한다.

(해설)

research team이 단수이므로 동사는 has이고, 문장의 주어는 series인데 이 명사는 복수 모양이지만 단수 명사이므로 단수동사 aims가 정답이 된다.

2. does, occur

(해석)

그 프로그램의 장기적 효과가 완전히 이해된 뒤에야 비로소 학생 성취도에서 의미 있는 향상이 나타난다.

(해설)

Only + 부사절 도치 → 조동사+주어+동사원형, 주어가 improvement이므로 단수형인 occur가 사용되고, 동사 원형인 occur가 정답이 된다.

3. has

(해석)

온라인 강좌에 등록하는 학습자들의 수는 콘텐츠 품질에 대한 우려에도 불구하고 계속 증가해 왔다.

(해설)

주어가 number이므로 동사는 단수형이 와야 한다.

4. remain

(해석)

학업 성취에 영향을 미치는 다양한 요인들은 정확하게 측정하기 어렵다.

(해설)

A wide range of + 복수명사에서 주어는 복수명사이므로 복수동사가 수반되어야 한다.

5. prevent

(해석)

과제의 복잡성도, 사용할 수 있는 제한된 시간도 학생들이 과제를 성공적으로 완수하는 것을 막지 않는다.

(해설)

Neither A nor B에서 동사의 수는 B에 일치시킨다.

6. was

(해석)

워크숍에 참여한 학생들 각각은 활동의 효과를 평가하도록 요청받았다.

(해설)

Each of + 복수명사의 주어는 Each이므로 뒤에는 단수동사가 와야 한다.

7. monitor, is

(해석)

읽기 중 학생들의 눈 움직임을 감시하는 장치들의 모음은 현재 인지 연구에서 사용되고 있다.

(해설)

관계절의 선행사는 devices이므로 동사는 복수형인 monitor가 와야 하고, 문장의 주어는 collection이므로 본동사는 단수형인 is가 정답이다.

8. is

(해석)

학생들이 어려운 과제에 계속해서 임하는지를 결정하는 것은 그들의 능력만이 아니라 노력은 향상으로 이어진다는 믿음이다.

(해설)

명사절이 주어로 사용되는 경우 동사는 단수형이 와야 한다.

9. do, reflect

(해석)

이러한 연구의 결과가 학생들의 학습 행동 전반을 반영하는 경우는 드물다.

(해설)

Only 부사 + 조동사 + 주어 + 동사원형 구문으로, 주어가 results이므로 복수동사인 do가 와야 한다. 그리고 주어 뒤에는 동사원형인 reflect가 와야 한다.

10. have

(해석)

교사들이 AI 도구에 대해 제기한 여러 우려는 이러한 도구를 교실에 어떻게 통합해야 하는지 학교들이 다시 고려하게 만들었다.

(해설)

A number of + 복수명사에서 주어는 복수명사이므로 동사 역시 복수형이 사용되어야 한다.

1. 정답: ③

해석

고대 이집트에서 양파는 영원의 상징이었으며 따라서 숭배의 대상이었다. 이집트인들은 원 안에 또 원이 있는 구조 때문에 양파에서 영원한 생명을 보았다. 고대 이집트 그림에서 사제가 종교적 의식을 수행하는 동안에 그의 손에 양파를 들고 있는 모습이 종종 그려진다. 고대 이집트인들에게 양파는 또한 장례식과 죽음과 관련된 다른 관습에서도 두드러지게 나타났다. 양파는 장례식 제물로서 언급되며 대규모 장례식의 식탁에서도 보인다. 양파의 그림은 이집트의 왕과 왕족이 묻혀 있는 피라미드의 내부 벽면에도 나타난다. 람세스 4세는 눈 위에 양파를 얹은 채로 묻혔다. 양파의 강한 냄새가 죽은 자를 다시 한 번 숨 쉬도록 자극할 것이라고 믿어졌기 때문에 이런 일이 행해졌다고 일부 연구자들은 믿고 있다.

해설

appear는 자동사로 수동태를 쓸 수 없기 때문에 능동태인 appear로 고쳐야 한다.
① because of는 전차사로 뒤에 명사구가 와야 하므로 맞게 쓰였다. ② 접속사 while 뒤에 '주어 + be 동사'인 he is가 생략된 형태이다. ④ 관계부사 where가 계속적 용법으로 쓰였으며, where는 and in the pyramids로 바꿔 쓸 수 있다. ⑤ that절이 진주어로 쓰여 '~라고 믿어진다'로 해석되기 때문에 수동태가 맞다.

어휘

eternity 영원 eternal 영원한 priest 사제 ceremony 의식 figure 나타나다, 보이다 prominently 두드러지게, 현저(탁월)하게 funeral 장례식 offering 봉헌물 feast 잔치, 축제 royalty 왕족, 왕위 scent 향기, 냄새 prompt 자극하다

2. 정답: ③

해석

연구에 의하면 더 건강한 식습관이 심장병, 뇌졸중, 암, 그리고 많은 다른 건강상의 문제들의 위험을 낮추는 데 도움이 될 수 있다고 한다. 당신의 식사를 빨리 개선할수록 당신은 더욱 좋아질 것이다. 더 많은 과일과 야채를 먹는 것으로 시작해라. 그것들은 당신을 질병으로부터 보호하는 데 도움이 되는 비타민과 미네랄, 그리고 섬유질을 자연적으로 함유하고 있다. 소량의 과일과 야채만을 먹는 사람들과 비교해서, 더 많은 과일과 야채를 먹는 사람들은 암과 뇌졸중, 그리고 심장병에 걸릴 위험이 줄어든다. 서로 다른 색을 가지는 과일과 야채는 비타민 A와 C 같은 중요한 영양소들의 수치에 있어서도 다양한 경향이 있다. 그러므로 식료품 가게에 갈 때는 농산물이 있는 통로로 걸어가면서 당신의 카트나 장바구니를 다양한 색깔로 채워라.

해설

① help가 '돕다' 라는 뜻으로 쓰일 때, 목적어로 to 부정사나 동사원형이 올 수 있으므로 맞게 쓰였다. ② 앞에 쓰인 The sooner와 짝을 이루어 the + 비교급 ~, the + 비교급 하면 할수록 더 ~하다로 쓰인 문장이다. ④ reduced와 risk는 '감소된 위험'이라는 의미로 수동 관계에 있으므로 맞게 쓰였다. ⑤ 앞에 동사원형으로 쓰인 walk와 병렬 구조를 이루고 있으므로 맞게 쓰였다.

어휘

lower 낮추다, 내리다 stroke 뇌졸중 better off 부유한, 상황이 더 좋은 protect A from B B로부터 A를 보호하다 nutrient 영양소, 영양분 produce 농산물, 수확물 aisle [ail] 통로

3. 정답: ⑤

해석

성취동기는 그들의 문화적인 교육이 어린시절에 그것을 북돋아 주지 않았던 사람들에게서 커질 수 있다. 예를 들어, 낮은 성취동기를 가진 고등학생들과 대학생들은 그들 자신의 성공에 대한 환상을 발전시키도록 격려받았다. 그들은 복잡한 문제를 작고 처리하기 쉬운 단계로 나누는 일에 집중하는 것을 상상했다. 그들은 열심히 일하

고, 실패하지만 낙담하지 않고, 마침내 성공을 성취한 것에 대해 대단하게 느끼는 것을 꿈꾸었다. 나중에 그 학생들의 성적과 학업 성공은 향상되었으며, 그것은 그들의 성취동기에 있어서의 증가를 시사하는 것이었다. 다시 말해, 성취동기는 사회적, 문화적 학습 경험에 의해 그리고 이러한 경험을 만들어 내는 데 도움을 주는 자신에 대한 믿음에 의해 강하게 영향받는다.

밑줄 친 whom은 목적격 관계대명사로 앞에 쓰인 oneself를 선행사로 가지는 형태인데, 이 문장은 문맥상 oneself가 선행사가 아니라 the beliefs(무생물)가 선행사이기 때문에 whom을 which나 that으로 고쳐야 한다.
① it은 주절에 주어로 쓰인 단수 명사 Achievement motivation을 받으므로 맞게 쓰였다. ② imagine의 목적어로 동명사 concentrating이 쓰였으며, themselves는 concentrating의 의미상 주어이다. ③ 전치사 about의 목적어로 동명사가 왔고, 주어 They와 수동 관계에 있다. ④ 「S+V ~, Ring」 형태로 연속동작을 나타내는 분사구문이다.

fantasy 환상, 공상 break A into B A를 B로 나누다 manageable 다루기 쉬운 fantasize 상상하다 discourage 낙담시키다 afterwards 나중에 academic 학업의

4. 정답: ⑤

대부분의 과학 역사가들은 별과 행성에 관한 연구. 즉 우리가 현재 천문학이라 부르는 것에 대해 배우고자 하는 동기로 농업 활동을 규제하기 위한 믿을 만한 달력의 필요성을 지적한다. 초기 천문학은 언제 작물을 심어야 하는지에 관한 정보를 제공하고 인간에게 시간의 흐름을 기록하는 그들 최초의 공식적인 방법을 제공했다. 영국 남부에 있는 4,000년 된 고리 모양을 한 돌들인 스톤헨지는 아마도 우리가 살고 있는 세계에서 규칙성과 예측 가능성을 발견에 대한 가장 잘 알려진 기념비일 것이다. 스톤헨지의 큰 표식은 우리가 계절의 시작을 표시하기 위해 여전히 사용하는 날짜인 지점(至點)과 분점(分點)에서 태양이 뜨는 지평선의 장소를 나타낸다. 그 돌들은 심

지어 (해·달의) 식(蝕)을 예측하는 데 사용되었을 수도 있다. 글이 없던 시절 사람들이 지은 스톤헨지의 존재는 차연의 규칙성과 눈앞에 보이는 모습의 이면을 보고 사건에서 더 깊은 의미를 발견할 수 있는 인간의 정신적 능력 둘 다를 말없이 증언해 준다.

① 앞의 humans를 가리키면서 명사구 first formal method를 수식하는 대명사 their가 온 것은 적절하다.
② 주어가 Stonehenge이므로, 단수 사용되었으므로, 동사가 와야 한다. 따라서 is가 온 것은 적절하다. the 4,000- year-old ring of stones in southern Britain은 Stonehenge를 부연 설명하는 동격어구이다.
③ 주어(the sun), 동사(rises), 부사구(at the 수식하는 solstices and equinoxes)를 모두 갖춘 완전한 절이 왔으므로, 선행사 the spots on the horizon을 수식하는 관계사절을 이끄는 관계부사 where가 온 것은 적절하다.
④ 주어인 The stones가 사용되는 대상이므로, 수동태가 와야 한다. 따라서 may have been used가 온 것은 적절하다.
⑤ 상관접속사 both A and B에서 to see와 병렬구조인 to discover가 와야 한다.

point to ~을 지적하다, ~을 나타내다 reliable 믿을 만한 regulate 규제하다 agricultural 농업의 astronomy 천문학 passage 흐름 regularity 규칙성 predictability 예측가능성 inhabit 살다 solstice 지점(태양이 적도로부터 북쪽 또는 남쪽으로 가장 치우쳤을 때) equinox 분점(태양이 적도를 통과하는 점) immediate 눈앞에 있는

5. 정답: ② depending → depend

개인주의적 문화권 출신의 사람들은 자기중심적인 주체성이나 통제력을 유지하려는 동기를 가지는 경향이 있는데, 이는 이러한 요소들이 자신의 자존감의 기초가 되기 때문이다. 이러한 형태의 주체성에는 개인의 성공이 주로 자신의 능력과 행동에 달려 있다는 믿음이 수반되며, 그 결과 환경에 영향을 미치든 자신의 상황을 받아들이려 하든 간에 통제의 사용은 궁극적으로 개인에게 초

점이 맞추어진다. 독립적인 자아를 지닌 사람들은 주체성이나 통제감에 호소함으로써 대처하려는 경향이 더 클 수 있다. 반면, 상호의존적인 문화권 출신의 사람들은 개인적 성공이나 주체성의 문제에는 덜 초점을 맞추고 집단의 목표와 조화를 더 중시하는 경향이 있다. 연구에 따르면 동아시아인들은 특정 상황에서 개인적 통제를 추구하기보다는 사회적 지지를 구하지는 않되 받는 것을 더 선호하는 것으로 나타났다. 따라서 보다 상호의존적인 자아개념을 지닌 사람들은 인간관계의 조화를 증진시키는 방식으로 대처하는 것을 선호할 수 있다.

해설

① 동격의 that이하는 완전한 절이 와야 하므로 준동사를 동사로 고쳐야 한다.
② 접속사 as가 바르게 사용되었다.
③ 뒤에 목적어 없이 전치사가 제시되므로 수동형이 바르게 사용되었다.
④ 목적어 자리에 명사절 접속사 that이 바르게 사용되었다.
⑤ 선행사가 사람이므로 주격관계대명사 who가 바르게 사용되었다.

어휘

individualistic 개인주의 context 맥락, 상환, 환경 agency 주체성 primarily 주로 independent 독립적인 self 자아 appeal to 매력을 주다 harmony 조화 interdependent 상호 의존적인

Chapter 6

조동사

조동사는 동사의 의미를 덧붙여, 말하는 사람의 생각이나 태도를 부각시키는 보조 동사이다. 조동사는 아래와 같은 특징을 가진다.

1) 조동사의 특징

(1) 조동사의 형태

1. 평서문: 조동사 + 동사원형(R)

조동사 뒤에는 주어의 인칭과 수에 상관없이 항상 동사원형이 사용된다. 문제는 보통 '조동사 + (부사) + 동사원형' 식으로 중간에 부사를 끼우는 형태가 출제된다.

- He **will** soon **ride** a bus. 그는 곧 버스를 탈 것이다.

2. 부정문: 조동사 + not + 동사원형(R)

조동사를 부정할 때는 부정어의 위치를 묻는 문제가 출제된다. 부정어는 조동사와 동사원형 사이에 위치한다.

- You **must not take** a day off. 너는 하루 쉬어서는 안 된다.

3. 의문문: 조동사 + S + (동사원형)R?

의문문은 주어와 동사가 도치되어서 만들어지므로 '조동사 + 주어 + 동사원형?' 어순이 된다.

- **Will you attend** the meeting? 회의에 참여하실 건가요?

2) 조동사의 의미와 시제

(1) 기본 조동사

must	반드시(99%) ~해야 한다(= have to), ~임에 틀림없다	must not	반드시 ~아니다
	I must go to school.		I must not go to school.
should	당연히(90%) ~해야 한다/~일 것이다	should not	당연히 ~아니다
	I should go to school.		I should not go to school.
may	아마 ~ 것이다(60%)	may not	아마 ~아니다
	I may go to school.		I may not go to school.
can	~할 수 있다(= be able to)	cannot	~할 수 없다/~할 리 없다
	I can go to school.		I cannot go to school.
will	~할 것이다	will not	~하지 않을 것이다
	I will go to school.		I will not go to school.

(2) 조동사의 시제

'조동사 + have p.p.'는 과거의 일에 대한 추측이나 후회 등을 나타낸다. 조동사를 과거형으로 표시할 때는 조동사 뒤에 have p.p.가 붙는다고 보면 된다.

조동사 have p.p.	해석
must have p.p.	~했음에 틀림없다
should have p.p.	당연히 ~했어야만 했는데 하지 않았다
shouldn't have p.p.	~하지 말았어야 했다
may(might) have p.p.	아마 ~했을 것이다
cannot have p.p.	~했을 리가 없다
could have p.p.	~했을 수도 있다

- The ground is wet. It **must have rained** last night. 땅이 젖었다. 비가 왔음에 틀림없다.
- You **should have studied** English harder. 너는 영어를 더 열심히 공부했어야만 했다.
- You **shouldn't have eaten** too much. 너무 많이 먹지 말았어야 했다.
- Lauren is late. She **may have missed** the bus. Lauren이 늦네. 아마 버스를 놓쳤을 거야.
- She **cannot have written** the story. 그녀가 그 이야기를 작성했을 리가 없다.
- The accident **could have been avoided**. 그 사고는 방지할 수도 있었을 것이다.

문장 분석! 구조 파악 연습

1. Given the striking similarity between the two independently developed theories, the researchers must have overlooked a crucial historical document that influenced both thinkers without their awareness.

2. To prevent public misunderstanding, the committee should have disclosed the limitations of the study more clearly before releasing its highly controversial conclusions.

3. Considering the amount of data required to produce results of such precision, the team cannot have completed the analysis in just two days unless they had prior access to classified resources.

정답과 해설

1. Given the striking similarity (between the two independently developed theories), the
   전   명

researchers must have overlooked a crucial historical document (that influenced both
   S   V   O

thinkers without their awareness.)

두 이론이 독립적으로 발전했음에도 놀랄 만큼 유사하다는 점을 고려하면, 연구자들은 두 사상가 모두에게 무의식적으로 영향을 준 중요한 역사적 문서를 간과했음에 틀림없다.

2. (To prevent public misunderstanding,) the committee should have disclosed the limitations
   (To R)   S   V   O

(of the study more clearly) (before releasing its highly controversial conclusions.)

대중의 오해를 막기 위해, 위원회는 논란이 큰 결론을 발표하기 전에 연구의 한계점을 더 명확히 **밝혔어야 했는데 그러지 않았다.**

3. Considering the <u>amount</u> (of data) (required to produce results of such precision,) <u>the team</u>
　　　전　　　　　명　　　　　　　　　　　　　　　　　　　　　　　　　　　　　　　　　　S

<u>cannot have completed</u> <u>the analysis</u> (in just two days) (unless they had prior access to classified resources.)
　　　　　V　　　　　　　　　O

그런 정밀한 결과를 만드는 데 요구되는 데이터의 양을 고려했을 때, 그 팀이 분류된 자원을 이전에 접근하지 않고는 단지 이틀 안에 그 분석을 완료했었을 리가 없다.

(3) 조동사구

조동사구는 2단어 이상으로 구성되는 조동사를 의미한다. 조동사와 마찬가지로 조동사구 뒤에도 동사원형이 온다.

대표 조동사구	해석
ought to R	~해야만 한다
may well R	~하는 것도 당연하다
had better A (**than** B)	
would rather A (**than** B)	(B 하는 것보다) A 하는 것이 더 낫다
may as well A (**as** B)	

<u>문장 분석! 구조 파악 연습</u>

1. In order to address the widening gap between technological innovation and ethical regulation, policymakers ought to acknowledge that merely reacting to crises after they occur is no longer sufficient in an era where preventive governance determines societal stability.

2. Many young researchers, frustrated by the sluggish pace of traditional academic review systems, claim that they would rather publish their findings on open-access platforms than wait months for approval from journals whose outdated procedures often suppress timely scientific progress.

<u>정답과 해설</u>

1. (In order to address the widening gap between technological innovation and ethical regulation,)
　　　　　　　　　　　　　　　　　　　　　　　　(To R)

<u>policymakers</u> <u>ought to acknowledge</u> [that merely reacting to crises after they
　　S　　　　　　　　V　　　　　　　　　　　　　　　O[명사절]

occur is no longer sufficient in an era where preventive governance determines societal stability.]

기술 혁신과 윤리적 규제 사이의 격차가 점점 벌어지고 있는 상황을 해결하기 위해, 정책 입안자들은 위기가 발생한 후에 단순히 대응하는 방식만으로는 사회적 안정이 선제적 거버넌스에 의해 결정되는 시대에 더 이상 충분하지 않다는 사실을 인지해야 한다.

2. Many young researchers, (frustrated by the sluggish pace of traditional academic review
　　　　　　　S
systems,) claim [that they would rather publish their findings on open-access platforms than
　　　　　V　　　　S　　　　　V
wait months for approval from journals whose outdated procedures often suppress timely scientific progress.
병렬

전통적인 학술 심사 시스템의 더딘 속도에 좌절한 많은 젊은 연구자들은, 시대에 뒤떨어진 절차로 인해 시의적절한 과학 발전을 억제하기도 하는 학술지의 승인 절차를 몇 달씩 **기다리느니 차라리** 자신들의 연구 결과를 오픈 액세스 플랫폼에 게재하겠다고 주장한다.

◆ 구 조동사의 부정문(not은 조동사 뒤나 to R 앞에 위치)

ought not to R	may well not R	
had better not R	would rather not R	may as well not R

1. Researchers had better not assume that a correlation observed in preliminary data automatically implies causation, as such an unwarranted conclusion could mislead policymakers and result in ineffective or even harmful public interventions.

1. Researchers had better not assume [that a correlation observed in preliminary data
　　　S　　　　　V　　　　　　　　　　　　　O[명사절]
automatically implies causation], as such an unwarranted conclusion could mislead
　　　　　　　　　　　　　　　접　　　　　S　　　　　　　V
policymakers and result in ineffective or even harmful public interventions.
　　O　　　　　V　　　　　　　　O

예비 자료에서 관찰된 상관관계가 자동적으로 인과관계를 의미한다고 연구자들이 **섣불리 가정하지 않는 것이 좋다.** 왜냐하면 그렇게 근거 없는 결론을 내릴 경우 정책 입안자들을 오도하여 비효과적이거나 심지어 해로운 공공 개입을 초래할 수 있기 때문이다.

3) 당위의 조동사 should

(1) 요구, 제안, 명령, 주장 that S + (should) R

요구, 제안, 명령, 주장 등의 동사들이 '-해야 한다'라는 의미를 가질 때에는 that절 안의 동사는 (should) + R의 형태를 취한다.

요구	ask, demand, require, request
제안	suggest, propose, recommend, advise
명령	order, urge, recommend
주장	insist

(2) 판단의 형용사 + that S + (should) RV

가주어, 진주어 구문에서 형용사가 판단의 의미를 가질 때에는 that절 안의 동사는 (should) + R의 형태를 취한다.

중요한	important, vital, crucial, critical
필요한	necessary, essential, mandatory, imperative
당연한	natural, desirable

(문장 분석! 구조 파악 연습)

1. In order to maintain public trust in scientific recommendations, it is imperative that regulatory agencies (should) disclose not only the data supporting their decisions but also the potential uncertainties that accompany those conclusions.

(정답과 해설)

1. (In order to maintain public trust in scientific recommendations,) it is imperative that
　　　　　　　　　　　　　　　　　　　　　　　　　　　　가S be　SC　진S

regulatory agencies (should) disclose not only the data supporting their decisions but also the potential uncertainties that accompany those conclusions.

과학적 권고에 대한 대중의 신뢰를 유지하기 위해, 규제 기관은 자신들의 결정을 뒷받침하는 자료뿐만 아니라 그 결론에 수반되는 잠재적 불확실성까지도 반드시 공개해야 한다.

4) 기타 주요 조동사

(1) need(~할 필요가 있다), dare(감히 ~하다)

need와 dare는 일반동사와 조동사로 둘 다 사용이 가능한데, 각 용법에 따라 뒤따르는 형태가 출제된다. 일반동사일때에는 뒤에는 또다른 동사가 올 수 없어서, to R가 뒤따르고, 부정어는 일반동사 앞에 위치한다. 반면, 조동사로 사용되는 경우에는, 뒤에는 동사원형이 와야 하고, 부정어는 조동사 뒤에 위치한다.

일반동사일 때	don't doesn't + need / dare didn't	+ to R	didn't need to do didn't dare to do
조동사일 때	need / dare + not	+ R	need not do dare not do

dare는 조동사로 사용할 경우, 긍정문에서는 사용할 수 없고 부정문, 의문문에서만 사용할 수 있다.

- He needs to lead the team. 그가 팀을 이끌 필요가 있다. [일반동사]
- He doesn't need to lead the team. 그가 팀을 이끌 필요는 없다. [일반동사]
- They told him that he need not answer. 그들은 그에게 대답할 필요가 없다고 말했다. [조동사]
- He dares to look down upon me. 그는 감히 나를 깔본다. [일반동사]
- He dared not look me in the face. 그는 감히 내 얼굴을 쳐다보지 않았다. [조동사]
- How dare you say such a thing? 어떻게 감히 네가 그런 말을 하니? [조동사]

문장 분석! 구조 파악 연습

1. To respond effectively to rapidly shifting global trends, policymakers need to recognize that relying solely on traditional economic indicators may obscure deeper structural problems that require long-term solutions.

2. Few critics dare question the assumptions underlying the new technology, fearing that any challenge to its promised benefits will be dismissed as resistance to progress rather than legitimate scientific scrutiny.

정답과 해설

1. (To respond effectively to rapidly shifting global trends,) policymakers need to recognize
                                                      S   V   O

[that relying solely on traditional economic indicators may obscure deeper structural problems (that require long-term solutions.)

빠르게 변화하는 세계적 흐름에 효과적으로 대응하기 위해, 정책 입안자들은 전통적 경제 지표에만 의존하는 것이 장기적 해결을 필요로 하는 더 깊은 구조적 문제들을 가릴 수 있다는 사실을 **인식할 필요가 있다.**

2. Few critics dare question the assumptions (underlying the new technology,) (fearing that any challenge
     S   조동사   R   O

to its promised benefits will be dismissed as resistance to progress rather than legitimate scientific scrutiny.)

새로운 기술의 근간을 이루는 가정들에 대해 감히 의문을 제기하는 비평가는 거의 없다. 그 이유는 그 기술이 약속하는 이점에 대한 어떤 이의제기도 정당한 과학적 검토가 아니라 발전에 대한 저항으로 치부될 것이라는 우려 때문이다.

(2) used to vs be used to

used에는 3가지 용법이 있다. used to는 조동사로 뒤에 동사원형이 오고, be used to Ring은 숙어표현이다. 그리고 '~하는 데 사용되다'라는 의미일 때에는 수동태인데, 수동태 뒤에는 to R가 수반된다.

used to + **R**	~하곤 했다
be used to + **-ing/명사**	~하는 데 익숙하다
be used to + **R**	~하기 위해서 사용된다

- I used to work overnight. 나는 밤새 일하곤 했다.
- I am used to getting up early in the morning. 나는 아침에 일찍 일어나는 데 익숙하다.
- The raw material is used to make semiconductors. 원자재는 반도체를 만드는 데 사용된다.

1. Modern consumers, who are used to receiving personalized recommendations tailored to their preferences, often feel overwhelmed when confronted with platforms that provide too many undifferentiated options without meaningful guidance.

1. Modern consumers, (who are used to receiving personalized recommendations tailored to
   S   주격관계대명사 V 전 Ring

their preferences,) often feel overwhelmed (when confronted with platforms that provide too
         2V   SC

many undifferentiated options without meaningful guidance.)

자신의 취향에 맞춘 개인화된 추천을 받는 데 익숙한 현대 소비자들은, 의미 있는 안내 없이 지나치게 구분되지 않은 선택지를 제공하는 플랫폼을 마주하면 종종 부담감을 느낀다.

(3) '~하지 않을 수 없다'라는 뜻을 가진 조동사구

매번 볼 때마다 혼동이 되고 어려워하는 구문이다. 이번에 완전히 정복하자!

대표 조동사구	해석
cannot but R	
cannot help **-ing**	
cannot help(choose) but R	~하지 않을 수 없다
have no choice but **to R**	

cannot help **-ing**에서 help는 '피하다'라는 뜻의 avoid와 같은 의미이다. avoid도 뒤에 동명사가 온다. '피할 수 없다'에서 → '~하지 않을 수 없다'라는 뜻으로 된 것이다.

- I cannot help believing him. 나는 그를 믿지 않을 수 없다.

cannot but + R은 cannot help but + R과 같다. 여기서 but은 '~을 제외하고'라는 뜻이다. '~을 제외하고는 ~할 수 없다' → '~하지 않을 수 없다'라는 뜻으로 된 것이다. cannot but이나 cannot help but이 하나의 조동사라고 생각하고, 뒤에 동사원형이 온다고 보면 된다.

- I couldn't help but overhear. 엿듣지 않을 수 없었다.

• He couldn't help but feel frustrated. 그는 실망하지 않을 수 없었다.

단, have no choice but **to R**과 헷갈리지 말자. 이 표현에서는 but 뒤에 to R가 온다는 점을 주의해야 한다. '~을 제외하고는 선택이 없다' → '~하지 않을 수 없다'라는 뜻으로 된 것이다. have (no choice but) to R에서 no choice but이 강조하려고 들어갔다고 보면 된다. have to R가 사용되듯이 뒤에는 to R가 사용된다.

• I have no choice but to refuse. 나는 거절하지 않을 수 없다.
• We had no choice but to sign the contract. 우리는 계약서에 서명하지 않을 수 없었다.

(문장 분석! 구조 파악 연습)

1. Faced with increasingly persuasive forms of digital advertising that exploit subtle psychological triggers, even well-informed consumers cannot help feeling that their choices are being shaped by forces operating beyond their conscious control.

(정답과 해설)

1. (Faced with increasingly persuasive forms of digital advertising that exploit subtle psychological triggers,) even well-informed consumers cannot help feeling [that their choices are being shaped by forces operating

         S   V   O

beyond their conscious control.]

점점 더 교묘한 심리적 장치를 활용하는 디지털 광고가 늘어남에 따라, 잘 알고 있는 소비자들조차도 자신의 선택이 의식적으로 통제할 수 없는 힘에 의해 좌우되고 있다는 느낌을 떨칠 수 없다.

(4) '아무리 ~해도 지나치지 않다'라는 뜻을 가진 조동사구

대표 조동사구	해석
cannot - too much	
cannot over R (주의: over와 too much를 함께 쓸 수 없다)	아무리 ~해도 지나치지 않다

• We cannot emphasize the high quality too much. 우리는 품질을 아무리 강조해도 지나치지 않는다.

(문장 분석! 구조 파악 연습)

1. In an age when misinformation can influence public opinion within minutes, we cannot emphasize too much the importance of teaching students how to verify the credibility of the information they encounter online.

(정답과 해설)

1. (In an age) (when misinformation can influence public opinion within minutes,) we cannot

                                              S   V

<u>emphasize</u> <u>too much</u> <u>the importance</u> (of teaching students how to verify the credibility of the
　　　　　　　　 부사　　　　　　O

information they encounter online.)

허위 정보가 몇 분 만에 대중의 여론에 영향을 미칠 수 있는 시대에는, 학생들에게 온라인에서 접하는 정보의 신뢰도를 확인하는 방법을 가르치는 것의 중요성을 **아무리 강조해도 지나치지 않다.**

(5) '~할 때마다 ~하다'라는 뜻을 가진 조동사구

원래는 '~하지 않고는 ~하지 않다'라는 뜻이다. 현재는 '~할 때마다 ~하다'라는 뜻으로 사용한다.

대표 조동사구	해석
cannot - without **-ing**	
never - without - **-ing**	~할 때 마다 ~하다
cannot - but S V	

• They cannot meet without quarreling. 그들은 만날 때마다 싸운다.

1. 다음 중 어법상 틀린 부분을 골라 바르게 고치시오.

Even the dreamer ① himself, Dr. Martin Luther King, Jr., ② might have not imagined that 40 short years after his murder, we ③ would be planning an inauguration of the first man of African descent ④ to ascend to the presidency.

2. 다음 중 어법상 틀린 부분을 골라 바르게 고치시오.

It provides raw ① materials used to ② making ③ building materials, ④ paper, and fuels.

3. 다음 중 어법상 틀린 부분을 골라 바르게 고치시오.

① On the day of the surgery ② a few minutes before my wife was operated, the physician's assistant demanded that she ③ signed a consent form for the surgery she ④ did not want.

4. 밑줄 친 부분 중 어법상 잘못된 곳은?

Thailand's constitutional court has declared the country's February 2 general election ① invalid as ② it breached a law requiring ③ that the polling process ④ is completed on the same day ⑤ nationwide.

5. 밑줄 친 부분 중 어법상 옳지 않은 것은?

① Following his father's imprisonment, Charles Dickens was forced to leave school to work at a boot-blacking factory alongside the River Thames. At the run-down, rodent-ridden factory, Dickens earned six shillings a week labeling pots of "blacking," a substance ② used to clean fireplaces. It was the best he ③ can do to help support his family. Looking back on the experience, Dickens saw it as the moment he said goodbye to his youthful innocence, stating that he wondered "how he could be so easily cast away at ④ such a young age." He felt abandoned by the adults who were supposed to take care of him.

6. 다음 글의 밑줄 친 부분 중 어법상 옳지 않은 것은?

Advocates of homeschooling believe that children learn better when they are in a secure, loving environment. Many psychologists see the home as the most natural learning environment, and originally the home was the classroom, long before schools ① were established. Parents who homeschool argue that they can monitor their children's education and ② giving them the attention that is lacking in a traditional school setting. Students can also pick and choose what ③ to study and when to study, thus enabling them ④ to learn at their own pace.

7. 어법상 옳지 않은 것을 고르시오.

Dictionaries are your most reliable resources for the study of words. Yet the habit of using them ① <u>needs</u> to be cultivated. Of course, it can feel like an annoying interruption to stop your reading and look up a word. You might tell yourself that if you keep ② <u>going</u>, you would eventually understand it from the context. Indeed, reading study guides often advise just that.

However, should understanding ③ <u>not occurs</u>, you will find yourself soon becoming drowsy. Often, it's not the need for sleep that is occurring but a gradual loss of consciousness. The knack here is ④ <u>to recognize</u> the early signs of word confusion before drowsiness takes over when it is easier to exert sufficient willpower to grab a dictionary for word study. Although this special effort is needed, once the meaning is clarified, the perceptible sense of relief makes the effort worthwhile.

8. 다음 밑줄 친 부분 중 어법상 옳지 않은 것은?

Democracy, after all, is not just ① <u>a set of practices</u> but a culture. It lives not only ② <u>in so formal mechanisms</u> as party and ballot ③ <u>but in the instincts and expectations of citizens</u>. Objective circumstances — jobs, war, competition from abroad—shape ④ <u>that political culture</u>, but ⑤ <u>so do the words and deeds of leaders</u>.

9. 다음 글의 (A), (B), (C)에서 어법상 옳은 것을 모두 고른 것은?

Pattern books contain stories that make use of repeated phrases, refrains, and sometimes rhymes. In addition, pattern books frequently contain pictures (A) [that/what] may facilitate story comprehension. The predictable patterns allow beginning second language readers to become involved (B) [immediate/immediately] in a literacy event in their second language. Moreover, the use of pattern books (C) [meet/meets] the criteria for literacy scaffolds by modeling reading, by challenging students current level of linguistic competence, and by assisting comprehension through the repetition of a simple sentence pattern.

	(A)		(B)		(C)
①	that	-	immediate	-	meet
②	what	-	immediately	-	meets
③	that	-	immediately	-	meets
④	what	-	immediate	-	meet

10. 밑줄 친 부분에 들어갈 가장 적절한 것은?

Culture travels, like people. There are Chinese and Zen gardens in cities from Sydney to Edinburgh to San Francisco. 'World Music' is enormously popular: the latest disco style breezily combines flamenco with jazz and Gaelic traditions. Dance troupes from Africa and South America routinely perform overseas. It would be impossible to disentangle strands of influence in the spaghetti western, samurai film, Hollywood action flick, Indian adventure story, and Hong Kong cinema. In the modern world, no culture, however 'primitive' and remote, remains ______________. The Huichol Indians, who live in mountain villages of Mexico, make their masks and bowls using glassbeads imported from Japan and Czechoslovakia.

① isolated
② interconnected
③ multicultural
④ complex

1. 다음 글의 밑줄 친 부분 중, 어법상 틀린 것은?

The seasons change because the Earth's axis is tilted. The axis is the imaginary line ① <u>that</u> the Earth turns around. Because the axis is not straight in relation to the sun, light does not reach all parts of the Earth ② <u>equally</u>. When one part of the Earth is being warmed by sunlight, ③ <u>the other part</u> will be getting less light and will therefore be cooler. When the northern hemisphere is pointing at the sun, it experiences summer. At the same time, the southern hemisphere will be pointing away from the sun and therefore ④ <u>receiving</u> reduced sunlight. This is why summer in the northern hemisphere corresponds to winter in southern regions. If the Earth's axis were not at an angle, all parts of the Earth ⑤ <u>would have received</u> the same amount of sunlight year-round, and there would be no seasons.

2. 다음 글의 밑줄 친 부분 중, 어법상 틀린 것은?

Although we'd like to think ① <u>that</u> our memories accurately reflect events we've witnessed or experienced, our recollections may not be as reliable as we believe ② <u>them</u> to be. Contemporary memory researchers reject the view that long-term memory works like a video camera that records exact copies of experience. Their view holds that memory is a reconstructive process. ③ <u>That</u> we recall from memory is not a replica of the past, but a representation, or reconstruction, of the past. We stitch together bits and pieces of information stored in long-term memory ④ <u>to form</u> a coherent explanation or account of past experiences and events. Reconstruction, however, can lead to ⑤ <u>distorted</u> memories of events and experiences.

3. 다음 글의 밑줄 친 부분 중, 어법상 틀린 것은?

Two ways ① <u>for insects to survive</u> are called camouflage and disguise. Both are quite similar to each other in that they help the insect blend into its surroundings and avoid ② <u>being eaten</u>. But there are some differences. With camouflage, an insect takes on a similar shape to something common in its surroundings. For example, an insect may have a flat, triangular shape, which makes it ③ <u>looked like</u> the leaves that it sits on. Thus, a predator such as a bird will not notice that the insect is there because the bird thinks that the insect is only a leaf. Disguise, ④ <u>which</u> is very similar to camouflage, means that the insect looks identical to the object on which it sits. The coloring and shape of the insect can help the insect blend into its environment perfectly. If the insect does not move, predators will never know that ⑤ <u>it is there</u>.

4. 다음 글의 밑줄 친 부분 중, 어법상 틀린 것은?

Recognizing ethical issues is the most important step in understanding business ethics. An ethical issue is an identifiable problem, situation, or opportunity that requires a person to choose from among several actions that may ① <u>be evaluated</u> as right or wrong, ethical or unethical. ② <u>Learn</u> how to choose from alternatives and make a decision requires not only good personal values, but also knowledge competence in the business area of concern. Employees also need to know when to rely on their organizations, policies and codes of ethics or ③ <u>have</u> discussions with co-workers or managers on appropriate conduct. Ethical decision making is not always easy because there are always gray areas ④ <u>that</u> create dilemmas, no matter how decisions are made. For instance, should an employee report on a co-worker engaging in time theft? Should a salesperson leave out facts about a product's poor safety record in his presentation to a customer? Such questions require the decision maker to evaluate the ethics of his or her choice and decide ⑤ <u>whether</u> to ask for guidance.

5. 다음 글의 밑줄 친 부분 중, 어법상 틀린 것은?

Accepting whatever others are communicating only pays off if their interests correspond to ours—think cells in a body, bees in a beehive. As far as communication between humans is concerned, such commonality of interests ① is rarely achieved; even a pregnant mother has reasons to mistrust the chemical signals sent by her fetus. Fortunately, there are ways of making communication work even in the most adversarial of relationships. A prey can convince a predator not to chase ② it. But for such communication to occur, there must be strong guarantees ③ which those who receive the signal will be better off believing it. The messages have to be kept, on the whole, ④ honest. In the case of humans, honesty is maintained by a set of cognitive mechanisms that evaluate ⑤ communicated information. These mechanisms allow us to accept most beneficial messages—to be open—while rejecting most harmful messages — to be vigilant.

* fetus: 태아

** adversarial: 반대자의

*** vigilant: 경계하는

1. 정답: ② might have not imagined → might not have imagined

(해석)

그 스스로가 몽상가였던 마틴 루터 킹 주니어조차 그가 살해된 지 40년 후에, 우리가 대통령직에 오른 최초의 아프리카 후손의 취임식을 준비할 것이라고 상상하지 못했을 것이다.

(해설)

② might have p.p.의 부정은 might not have p.p.이다.

(오답 분석)

① 여기서 himself는 없어도 되는 부사 자리에 강조를 위해서 사용되고 있다. 재귀대명사의 강조용법이다.
③ will be planning에서 주절 동사와 시제의 일치를 위해서 would be planning이 되었다.
④ 부정사의 부사적용법으로 바르게 사용되었다.

(어휘)

inauguration 취임식 descent 후손 ascend 올라가다
presidency 대통령직

2. 정답: ② making → make

(해석)

그것은 건축자재, 종이와 연료를 만들기 위해 사용되는 원자재를 제공한다.

(해설)

② materials (which are) used to make에서 which are가 생략된 구문이다. 그리고 '~하기 위해 사용되다'라는 의미일 때는 be used to R이 되어야 한다.

(오답 분석)

① materials은 가산명사이므로 복수형이 바르게 표시되었다.
③ building materials는 복합명사로 '건축자재'라는 의미이다.

④ paper는 불가산명사이므로 부정관사와 사용되거나 복수형이 될 수 없다.

3. 정답: ③ signed → sign

(해석)

수술하는 날, 나의 부인이 수술하기 몇 분 전에, 의사보조원은 그녀가 원하지 않은 수술 동의서에 서명할 것을 요구했다.

(해설)

③ demand는 요구, 제안, 명령, 주장 등의 동사이므로 that절 안의 동사는 (should) R이 되어야 한다.

4. 정답: ④ is completed → (should) be completed

(해석)

태국의 헌법 재판소는 투표과정은 전국적으로 같은 날 마쳐야 한다는 것을 규정하고 있는 법을 위반했기 때문에 2월 2일의 총선거가 무효임을 선언했다.

(해설)

require는 요구, 제안, 명령, 주장 등의 동사이므로 that절 안의 동사는 (should) + R의 형태가 되어야 한다.

(오답 분석)

① declare는 5형식 동사이므로 목적격 보어 자리에 형용사가 바르게 사용되었다.
② it은 the country를 받는 대명사로, 수가 일치하고 있다.
③ require라는 타동사의 목적어 자리에 명사절 접속사 that이 바르게 사용되었다.
⑤ nationwide는 부사로 정확한 위치에 사용되고 있다.

5. 정답: ③ can → could

(해석)

그의 아버지가 수감된 이후, 찰스 디킨스는 템스 강을 따라 위치한 구두닦이 공장에서 일하기 위해서 학교를 떠나야 했다. 황폐하고, 쥐가 들끓는 공장에서 디킨스는 벽

난로 청소에 사용되는 물질인 '흑색 도료' 통에 라벨을 붙이면서 일주일에 6실링을 벌었다. 그것은 그가 가족을 돕기 위한 최선책이었다. 그의 경험을 되돌아보면서, 디킨스는 그때를 그의 젊은 날의 순수함에 작별을 한 순간으로 생각하며, "어떻게 그렇게 어린 나이에 버림을 받을 수 있었는지" 의아하다고 말했다. 그는 그를 돌보아야 할 의무가 있는 어른들로부터 버림받은 느낌을 받았다고 했다.

해설

③ it was the best he can에서 주절 동사가 was로 과거이므로 종속절의 동사 역시 시제를 일치시켜서 could로 바꾸어야 한다.

오답 분석

① following은 분사형태이지만 전치사로 '~후에'라는 의미를 가진다. 뒤에 명사구가 제시되고 있으므로 바르게 쓰였다.

② a substance (which is) used to clean에서 which is가 생략된 구문이다. 그리고 '~하는 데 사용되다'라는 의미로는 be used to R이 맞게 사용되었다.

④ such가 부사로 사용되는 경우, 어순이 중요한데 'such + a + 형용사 + 명사'가 바르게 사용되었다.

어휘

imprisonment 투옥 boot-blacking 구두닦이 alongside 옆에, 나란히 run-down 황폐한 rodent-ridden 설치류가 들끓는 substance 물질 look back (과거를) 되돌아보다 youthful (성인이 되기 이전의) 어린 시절 innocence 결백, 무죄 wonder 궁금해하다, 궁금하다, ~할까 생각하다

6. 정답: ② giving → give

해석

홈스쿨링을 옹호하는 사람들은 아이들이 안정되고 사랑이 넘치는 환경에 있을 때 더 잘 학습한다고 믿는다. 많은 심리학자들은 집을 가장 자연스러운 학습 환경으로 생각하고, 원래 집은 학교가 설립되기 훨씬 전에 교실이었다. 홈스쿨링을 하는 부모들은 그들이 자녀들의 교육을 관리할 수 있고 전통적인 학교 환경에서는 부족한 주의를 그들에게 기울일 수 있다고 주장한다. 학생들은 또한 무엇을 공부하고 언제 공부할지를 선택할 수 있으므로, 이는 그들이 그들만의 속도로 공부할 수 있도록 한다.

해설

② 등위접속사 앞과 뒤는 같은 구조로 병치를 이루어야 한다. 앞에 조동사 can에 걸리는 1번째 동사가 monitor이고 2번째 동사가 give가 되어야 하므로 giving을 동사원형인 give로 고쳐야 한다.

오답 분석

① 주어가 schools로 복수명사이므로 동사의 수 역시 복수가 맞다. 그리고 학교는 설립되는 것이므로 태 역시 수동태가 올바르게 쓰였다.

③ choose라는 타동사의 목적어 자리에 명사절 접속사가 사용되는데, 의문사 뒤에 주어 + 동사가 생략되는 경우 to 부정사가 올 수 있으므로 바르게 쓰였다.

④ 동명사도 동사의 성격을 그대로 가지는데, 'enable은 enable + 목적어 + to R'의 구조로 목적격 보어 자리에 to R를 수반하므로 to learn이 바르게 쓰였다.

7. 정답: ③ not occurs → not occur

해석

사전은 어휘를 학습하는 데 있어 가장 믿을 만한 자원이다. 그러나 그것을 사용하는 습관을 훈련할 필요가 있다. 물론 읽는 것을 멈추고 단어를 찾는 것이 성가신 방해라고 느낄 수 있다. 당신은 아마도 계속 읽으면 결국 문맥을 통해 이것을 이해하게 될 것이라고 스스로 말하고 싶을 것이다. 실제로 독서 학습 안내서들은 종종 바로 그렇게 조언을 한다. 그러나 이해가 되지 않는다면 졸고 있는 당신을 곧 발견하게 될 것이다. 종종 발생하는 것은 잠에 대한 욕구가 아니라 점진적인 의식의 상실이다. 여기에서의 요령은 졸음이 오기 전에, 단어를 공부하기 위해 사전을 잡는 충분한 의지력을 발휘하는 것이 좀 더 쉬울 때, 단어가 혼동된다는 초기의 신호를 알아차리는 것이다. 비록 이런 특별한 노력이 필요할지라도, 일단 의미가 명확해진다면 지각할 수 있는 안도감이 그 노력을 가치 있게 만들어 준다.

해설

③ 이 문장은 가정법 미래문장에서 강조를 위해서 if가 생략된 구문이다. 즉 if understanding should not occur에서 if가 생략된 것이다. 부정어 not의 위치는 조동사 뒤에 위치하므로 맞지만, 조동사 뒤에는 동사원형이 수반

되어야 하므로 occurs를 occur로 고쳐야 한다.

① the habit이 주어이므로 동사 역시 단수를 사용하는 것이 맞고, need는 목적어로 to 부정사를 수반하므로 바르게 쓰였다.
② '계속해서 ~하다'는 keep Ring로 표현할 수 있으므로 바르게 쓰였다.
④ to 부정사가 be 동사 뒤에 주격 보어 자리에 사용되는 경우 '~하는 것이다'라고 해석이 될 수 있으므로 바르게 사용되었다.

drowsy 졸리는 reliable 믿을 만한 cultivate 경작하다 interruption 방해 look up 찾아보다 context 문맥 consciousness 의식 knack 기교, 요령 take over 빼앗다, 인수하다 clarify 명확히 하다 perceptible 인지할 수 있는 sense of relief 안도감

8. 정답: ②

민주주의는 결국, 단지 관행들의 집합이 아니라 문화이다. 그것은 정당과 투표제도와 같은 공식적인 절차뿐만 아니라 시민들의 직감과 기대 속에서도 산다. 일자리, 전쟁, 해외로부터의 경쟁인 객관적인 배경들이 그 정치적인 문화를 형성하지만, 지도자들의 말과 행동들도 그렇게 한다.

② 문맥상 '정당과 투표 제도와 같은 공식적인 절차'라는 의미가 되어야 자연스러우므로, 전치사 as와 함께 'such + 명사 + as'(~와 같은 명사)의 형태로 쓰이는 형용사 such가 와야 한다. 따라서 부사 so를 형용사 such로 고쳐야 한다.

① 병치 구문 문맥상 '단지 관행들의 집합이 아니라 문화이다'라는 의미가 되어야 자연스러운데 'A가 아니라 B'는 상관 접속사 not A but B를 사용하여 나타낼 수 있고, 접속사로 연결된 병치구문에서는 같은 구조끼리 연결되어야 하므로 but 앞뒤에 명사구 a set of practices와 a

culture가 올바르게 쓰였다.
③ 문맥상 '공식적인 절차뿐만 아니라 시민들의 직감과 기대 속에서도'라는 의미가 되어야 자연스러운데, 'A뿐만 아니라 B도'는 상관 접속사 not only A but also B를 사용하여 나타낼 수 있다. 접속사로 연결된 병치 구문에서는 같은 구조끼리 연결되어야 하는데, but 앞에 전치사구(in - ballot)가 왔으므로 but 뒤에도 전치사구 in the instincts and expectations of citizens가 올바르게 쓰였다.
④ 지시형용사 that은 가산 단수 명사와 불가산 명사 앞에 쓰일 수 있으므로, 단수 명사 political culture 앞에 지시형용사 that이 올바르게 쓰였다.
⑤ 부사 so가 '~도 마찬가지이다'라는 의미로 쓰여 문장 앞에 오면 주어와 동사가 도치되어 'so + (조)동사 + 주어'의 어순이 되어야 하고, 앞에 나온 일반동사(shape)가 반복되는 경우 이를 대신하여 do 동사를 쓸 수 있다. 이 때 do 동사는 주어(the words and deeds of leaders)와 수 일치해야 하므로 복수 동사 do가 올바르게 쓰였다.

democracy 민주주의 party 정당 ballot 투표 제도 instinct 직감 objective 객관적인 circumstance 배경, 환경

9. 정답: ③

패턴 북은 되풀이되는 구, 반복 구절, 그리고 가끔은 각운을 이용하는 이야기들을 포함한다. 게다가, 패턴 북은 종종 이야기의 이해를 용이하게 할 수 있는 사진들을 포함한다. 예측할 수 있는 패턴들은 초보 제2 언어 독자들이 제2 언어로 읽고 쓰는 것에 즉시 몰두하게 한다. 게다가, 패턴 북의 이용은 읽은 것을 모방하고, 학생들의 현재 언어 능력 수준을 시험하며, 또 단순한 문장 형태의 반복을 통해 이해를 도움으로써 읽고 쓰는 능력의 발판을 위한 기준을 충족시킨다.

(A) 명사 pictures를 뒤에서 수식하며 형용사 역할을 하는 관계절이 와야 하므로, 명사절 접속사 what이 아닌 관계대명사가 와야 한다. 선행사 pictures가 사물이고 관계절 내에서 동사 may facilitate의 주어 역할을 하므로 pictures를 가리키는 주격 관계대명사 that이 나와야 적

절하다.

(B) 부정사(to become involved)를 수식할 수 있는 것은 형용사(immediate)가 아닌 부사이므로 부사 immediately 가 나와야 적절하다.

(C) 주어 자리에 단수 명사 the use가 왔으므로 단수 동사 meets가 나와야 적절하다. 주어와 동사 사이의 수식어 거품(of pattern books)은 동사의 수 결정에 영향을 주지 않는다. 따라서 ③ (A) that - (B) immediately - (C) meets가 정답이다.

pattern book 패턴 북(글의 표현 양식이 반복되는 교재) refrain 반복 구절, 후렴 facilitate 용이하게 하다 comprehension 이해, 이해력 predictable 예측할 수 있는 beginning 초보의 criteria 기준, 표준 scaffold 발판, 비계 model 모방하다, 모범에 맞추다 competence 능력

10. 정답: ①

사람들과 마찬가지로, 문화는 이동한다. 시드니에서 에든버러와 샌프란시스코까지의 도시들에는 중국식과 일본식 정원들이 있다. '월드 뮤직'은 대단히 인기가 있다. 최신 디스코 음악 스타일은 플라밍고를 재즈와 게일 전통 음악과 경쾌하게 결합시킨다. 아프리카와 남아메리카에서 온 무용 공연단은 해외에서 정기적으로 공연을 한다. 이탈리아판 서부 영화, 일본 무사 영화 할리우드 액션 영화, 인도의 모험 영화, 그리고 홍콩 영화에서 영향의 요소를 구분하는 것은 불가능할 것이다. 현대 세계에서는, 아무리 '원시적'이고 동떨어져 있다고 할지라도 계속 고립된 채 있는 문화는 없다. 멕시코의 산촌에 사는 후이졸 인디언들은 일본과 체코슬로바키아에서 수입된 유리구슬을 사용해서 가면과 그릇을 만든다.

① 고립된
② 상호 연결된
③ 다문화의
④ 복잡한

빈칸이 있는 문장을 통해 빈칸에 현대 세계에서는 문화가 어떤 상태로 있을 수 없는지에 대한 내용이 나와야 적절하다는 것을 알 수 있다. 지문 전반에 걸쳐 아시아식 정원이 있는 여러 해외 도시들, 다양한 종류의 음악을 결합한 '월드 뮤직', 해외에서 공연을 하는 무용 공연단, 여러 영화 속에 나타나는 문화의 영향, 그리고 수입된 유리구슬을 사용하는 멕시코의 인디언들을 언급하며 문화가 사람들과 마찬가지로 이동한다는 것을 설명하고 있으므로, 계속 '고립된' 채 있는 문화는 없다고 한 ①번이 정답이다.

enormously 대단히 breezily 경쾌하게 combine 결합시키다 troupe 공연단 routinely 정기적으로 disentangle 구분하다, 찾아내다 strand 요소, (새끼의) 가닥, 줄 spaghetti western 이탈리아판 서부 영화 flick 영화 primitive 원시적인 remote 동떨어진, 먼 bead 구슬 imported 수입된 isolated 고립된 interconnected 상호 연결된

1. 정답: ⑤

(해석)

계절이 바뀌는 이유는 지구의 축이 기울어져 있기 때문이다. 축은 지구가 자전하는 가상의 선이다. 축은 태양과의 관계에서 일직선이 아니기 때문에 빛이 지구의 모든 부분에 동일하게 도달하지는 않는다. 지구의 한쪽이 햇빛에 의해 따뜻해지는 동안 다른 쪽은 빛의 양이 더 적게 되고 따라서 더 추워질 것이다. 북반구가 태양 쪽을 향할 때 그쪽은 여름이다. 같은 시점에 남반구는 태양으로부터 떨어진 쪽을 향하며, 따라서 감소된 양의 햇빛을 받는다. 이것이 북반구에서의 여름이 남쪽 지역에서의 겨울과 일치하는 이유이다. 만약 지구의 축이 기울어져 있지 않다면 지구의 모든 부분들은 일 년 내내 같은 양의 햇빛을 받을 것이며, 계절은 존재하지 않을 것이다.

(해설)

if절에 가정법 과거가 동사가 왔으므로, 주절에는 「조동사의 과거형 + 동사원형」의 형태가 와야 한다. 따라서 would receive로 고쳐야 한다.

① 선행사 the imaginary line을 관계대명사 that 뒤로 넘기면 전치사 around의 목적어 역할을 하므로 목적격 관계 대명사 that이 오는 것이 맞다. ② 동사로 쓰인 does not reach를 수식하는 부사이므로 맞게 쓰였다. ③ 지구를 북반구와 남반구 두 개로 나누어 대조하고 있기 때문에 one part of the Earth와 상응하여 the other part가 맞게 쓰였다. ④ 등위접속사 and를 기준으로 앞에 쓰인 pointing과 병렬 구조를 이루고 있다.

(어휘)

axis 축 tilt 기울이다 in relation to ~와 관련하여 hemisphere 반구 correspond to ~와 일치하다 be at an angle 비스듬한 상태로 있다

2. 정답: ③

(해석)

우리는 우리의 기억이 우리가 목격하거나 경험한 적이 있는 사건들을 정확하게 반영한다고 생각하고 싶어하지만, 우리의 회상은 우리가 믿는 것만큼 신뢰할 수 있는 것은 아니다. 현대의 기억 연구자들은 장기간의 기억이 경험의 정확한 복사본을 기록하는 비디오 카메라처럼 기능한다는 견해를 받아들이지 않는다. 그들의 견해는 기억은 복원하는 과정이라고 주장한다. 우리가 기억으로부터 회상하는 것은 과거의 복제품이 아니라 과거를 표현하는 것, 즉 과거를 복원시키는 것이다. 우리는 과거의 경험과 사건들의 일관된 설명이나 기록을 형성하기 위해 장기간의 기억 속에 저장되어 있는 단편적인 정보들을 결합시킨다. 그러나 복원시키는 것은 사건과 경험의 왜곡된 기억을 야기할 수 있다.

(해설)

That은 접속사이므로 뒤에 완전한 문장이 와야 하는데, 타동사인 recall의 목적어가 없기 때문에 목적어를 포함하는 관계대명사인 What으로 고쳐야 한다.

① think의 목적어 역할을 하는 명사절을 이끄는 접속사로 쓰였다. ② our recollections를 받는 대명사이다. ④ 하기 위하여로 해석되는 to 부정사의 부사적 용법(목적)으로 쓰였다 ⑤ 뒤에 쓰인 memories를 수식하는데, '왜곡된 기억'으로 수동의 의미이기 때문에 과거분사가 쓰였다.

(어휘)

reflect 반영하다 witness 목격하다 recollection 회상, 기억 reliable 신뢰할 만한, 믿음이 가는 contemporary 동시대의, 당대의 reconstructive 복원하는 recall 회상하다 replica 복제 representation 표현, 묘사 stitch 꿰매다 coherent 일관된 account 기록, 이야기, 은행 계좌 distort 왜곡시키다

3. 정답: ③

(해석)

곤충들이 생존하기 위한 두 가지 방법은 위장과 변장이라고 불린다. 둘 다 곤충이 주위 환경에 섞이도록 해 주

고 잡아 먹히는 것을 피하는 데 도움을 준다는 점에서는 서로 아주 유사하다. 그러나 약간의 차이는 있다. 위장할 때 곤충은 주위 환경에 흔히 있는 것과 비슷한 모양을 가진다. 예를 들어, 곤충은 납작한 삼각형 모양을 가질 수 있는데, 그 모양은 그 곤충을 그것이 앉아 있는 나뭇잎처럼 보이도록 만든다. 그래서 새와 같은 포식자는 그 곤충이 단지 나뭇잎이라고 생각하기 때문에 그것이 거기에 있다는 사실을 알아차리지 못한다. 위장과 아주 유사한 변장은 곤충이 그것이 앉아 있는 물체와 동일한 것처럼 보인다는 것을 의미한다. 곤충의 색깔과 모양이 그 곤충을 주위 환경과 완벽하게 섞이도록 도와준다. 만약 곤충이 움직이지 않는다면 포식자는 그 곤충이 거기에 있다는 사실을 절대 알지 못한다.

사역동사 make의 목적격 보어로 과거분사형인 looked가 쓰였는데, look은 자동사이기 때문에 과거분사형을 쓸 수 없고 동사원형(look)으로 써야 한다. 그리고 look 뒤에 명사 (the leaves)가 연결되기 때문에 look이 전치사 like와 함께 쓰인 것이다.
① for insects to survive는 「의미상 주어 + to 부정사」의 형태로 앞의 Two ways를 수식하고 있다 ② '곤충이 잡아 먹히는 것을 피하다'는 의미로 avoid의 목적어로 수동형 동명사(being eaten)가 왔다. ④ 계속적 용법으로 쓰인 which는 「접속사 + 대명사」인 and it(disguise)으로 바꿔 쓸 수 있다. ⑤ it(the insect) is there는 '그것(곤충)이 거기에 있다'는 의미로 맞게 쓰였다.

camouflage 위장 disguise 변장 blend 섞이다 take on (형태, 모양 등을) 가지다 triangular 삼각형의 predator 포식자 identical 동일한

4. 정답: ②

윤리적 문제를 인식하는 것은 기업 윤리를 이해하는 데 가장 중요한 단계이다. 윤리적 문제는 옳거나 틀렸다고, 윤리적 혹은 비윤리적이라고 평가받을 수 있는 여러 행동 가운데에서 한 사람이 선택하기를 요구하는 식별 가능한 문제, 상황 혹은 기회이다. 대안 중에서 선택하고 결정하는 방법을 배우는 것은 훌륭한 개인적 가치관뿐만 아니라 관계가 있는 비즈니스 분야에 대한 지식 역량도 요구한다. 또한 직원들은 언제 자신이 속한 조직의 정책과 윤리 강령에 의존할지 또는 언제 동료나 관리자와 적절한 행동에 대해 논의해야 할지를 알아야 한다. 윤리적 의사결정이 언제나 쉬운 것은 아닌데. 왜냐하면 결정이 어떻게 내려지든 딜레마를 만드는 회색 영역이 항상 있기 때문이다. 예를 들면, 직원은 시간 훔치기를 하는 동료에 관해 보고해야 할까? 판매원은 고객에게 프레젠테이션 할 때 어떤 제품의 안전 상태가 좋지 않다는 기록에 관한 사실을 생략해야 할까? 그런 질문은 의사결정자가 자신이 선택한 윤리를 평가하여 지침을 요청할 것인지 아닐지의 여부를 결정할 것을 요구한다.

① several actions는 '평가받을' 수동적 대상이므로, 수동태가 되어야 한다. 따라서 be evaluated가 온 것은 적절하다.
② 문장의 동사는 requires로 앞에는 주어가 와야 한다. 따라서 Learn을 주어가 될 수 있는 동명사구를 이끄는 동명사 Learning으로 고쳐야 한다.
③ when to에 이어지는 rely on과 등위접속사 or로 연결되어 마찬가지로 to에 이어지는 동사원형이 와야 하므로 have가 온 것은 적절하다.
④ 뒤 이어지 절에서 주어 역할을 하며 선행사 gray areas를 수식하고 있으므로, 주격 관계대명사 that이 온 것은 적절하다.
⑤ decide의 목적어 역할을 하는 명사구가 와야 하는데, to 부정사 앞의 의문사가 '~할 것인지 (아닌지)'라는 의미가 되어야 하므로, whether가 온 것은 적절하다.

ethical 윤리적인 identifiable 식별 가능한 evaluate 평가하다 alternative 대안, 선택 가능한 것 competence 능력, 역량 rely on ~에 의존하다 appropriate 적절한 conduct 행동 dilemma 딜레마, 진퇴양난 engage in ~에 관여하다 leave out ~을 빼다

5. 정답: ③

(해석)

타인이 전달하고 있는 것이 무엇이든 그것을 받아들이는 것은 그들의 이익이 우리의 것과 일치할 때에만 성공하는데, 체내의 세포, 벌집 속의 벌을 생각해 보라. 인간들 사이의 의사소통에 관한 한, 이익의 그러한 공통성은 좀처럼 이루어지지 않는데, 심지어 임신한 어머니도 태아가 보내는 화학적 신호를 믿지 않을 이유가 있다. 다행히도, 가장 적대적인 관계에 서도 의사소통이 작동하도록 할 수 있는 방법이 있다. 먹잇감은 포식자에게 자신을 뒤쫓지 말도록 설득할 수 있다. 하지만 그러한 의사소통이 일어나기 위해서는, 신호를 받는 자가 그것을 믿는 것이 더 좋을 것이라는 강력한 보장이 있어야 한다. 메시지는 전체적으로 정직한 상태로 유지되어야만 한다. 인간의 경우에는 정직함은 전달된 정보를 평가하는 일련의 인지 기제에 의해 유지된다. 이런 기제는 우리가 가장 유익한 메시지를 받아들이며 개방적이면서, 반면에 가장 해로운 메시지를 거부할(경계할) 수 있게 해 준다.

(해설)

① commonality가 주어이고 of interests는 주어 commonality를 수식하는 전치사구이다. 따라서 단수 주어에 맞춰 is가 온 것은 적절하다.
② 앞에 나온 A prey를 가리키면서 chase의 목적어로 쓰인 대명사가 와야 하므로, it이 온 것은 적절하다.
③ 뒤에 모든 문장 성분을 갖춘 완전한 문장이 왔고 strong guarantees와 동격인 명사절을 이끄는 접속사가 와야 하므로, which를 접속사 that으로 바꾸어야 한다.
④ 수동태로 전환되기 이전에 동사 keep의 목적격 보어로 형용사가 와야 하므로, honest가 온 것은 적절하다.
⑤ '전달된'이라는 수동의 의미로 명사 information을 수식하는 과거분사가 와야 하므로, communicated가 온 것은 적절하다.

(어휘)

pay off 성공하다 correspond to ~과 일치하다, ~에 상응하다 beehive 벌집 as far as ~하는 한 commonality 공통성 pregnant 임신한 chemical 화학의, 화학적인 convince 설득하다 prey 먹잇감 predator 포식자 chase 쫓다 guarantee 보장 maintain 유지하다 cognitive 인지의 mechanism 기제 evaluate 평가하다 beneficial 이로운

Chapter 7

목적어 자리

(1) 타동사는 능동태일 때는 반드시 목적어를 갖지만, 수동태일 때는 목적어를 갖지 못한다

① 해석: 해석을 통해 주어가 동작을 '하는지' 아니면 '당하는지'를 따진다.
② 목적어의 유무: 목적어가 있으면 능동태이고, 목적어가 없으면 수동태이다.

(문장 분석! 구조 파악 연습)

1. Although the committee's decision surprised many, the data had long been interpreted by experts as indicating an inevitable decline.

2. The new algorithm, which researchers claim improves accuracy by over 20 percent, has already reshaped the way large companies analyze consumer behavior.

(정답과 해설)

1. (Although the committee's decision surprised many,) the data had long been interpreted by
          (접 S V)   S   V(수동태)   전

experts as indicating an inevitable decline.

비록 위원회의 결정이 많은 사람들을 놀라게 했지만, 그 데이터는 전문가들에 의해 오랫동안 불가피한 감소를 나타내는 것으로 해석되어 왔다.

2. The new algorithm, which (researchers claim) improves accuracy by over 20 percent, has
            S   주격관대 (삽입절)   V(능동태)   O

already reshaped the way large companies analyze consumer behavior.

연구자들이 정확도를 20% 이상 향상시킨다고 주장하는 그 새로운 알고리즘은 이미 대기업들이 소비자 행동을 분석하는 방식을 재편해 왔다.

(2) to 부정사의 동사와 관계절의 동사도 목적어 여부에 따라 능동태 수동태를 구별한다

• He wishes to be remembered for his philanthropy. 그는 그의 박애주의로 기억되기를 희망한다.
• They took in the dog that was found under the porch. 그들은 현관 아래에서 발견된 강아지를 집으로 들였다.

(문장 분석! 구조 파악 연습)

1. The proposal aims for a system to be implemented that allows small businesses to access real-time financial data without additional fees.

2. The technology, which is expected to be adopted by major hospitals next year, could drastically improve early-diagnosis accuracy.

(정답과 해설)

1. The proposal aims (for a system) to be implemented that allows small businesses to access
        S   V   (의S)   to be p.p.

real-time financial data without additional fees.

그 제안은 소규모 기업들이 추가 비용 없이 실시간 재무 데이터를 이용할 수 있게 해주는 **시스템이 시행되도록** 하는 것을 목표로 한다.

2. The technology, which is expected to be adopted by major hospitals next year, could
      S   주격관대   V(수동태)   to be p.p.   전

drastically improve early-diagnosis accuracy.

그 기술은 내년에 주요 병원들에 의해 도입될 것으로 예상되는, 조기 진단 정확도를 대폭 향상시킬 수 있는 기술이다.

(3) that절을 목적어로 갖는 문장이 수동태가 되는 경우, 'It + be p.p. + that'의 형태로 쓴다

목적어가 that절과 같이 명사절인 경우 3가지 형태의 수동태가 가능하다. that절이 주어 자리에 가는 경우와 주어 자리에 있는 that를 뒤로 빼고 가주어를 사용하는 경우, 그리고 that절의 주어가 문장의 주어 자리에 가능 경우가 있다.

① 능동태
- They say that she is honest. 그들은 그녀가 정직하다고 말한다.

② 수동태
- **That she is honest** is said. 그녀가 정직하다는 게 이야기된다.
    - = **It** is said that she is honest.
    - = She is said **to** be honest.

that절을 목적어로 취하는 타동사는 다음과 같다.

say	believe	find	think	expect	know	feel

- They believe that the report is inaccurate. 그들은 보고서가 정확하지 않다고 믿는다. [능동태]
- **It** is believed that the report is inaccurate. 그 보고서가 정확하지 않다고 믿긴다. [수동태]

(문장 분석! 구조 파악 연습)

1. It is said that the newly discovered exoplanet may contain conditions favorable for microbial life, although no direct evidence has been obtained yet.
2. The ancient structure is believed to have been constructed with a level of precision that modern engineers still struggle to reproduce.

1. <u>It</u> <u>is said</u> <u>that</u> the newly discovered exoplanet may contain conditions favorable for microbial life,
　가S V(수동태) 진S

although no direct evidence has been obtained yet.

새로 발견된 외계 행성이 미생물 생명체에 유리한 환경을 포함하고 있을지도 모른다고 말해지지만, 아직 직접적인 증거는 발견되지 않았다.

2. <u>The ancient structure</u> <u>is believed</u> <u>to have been constructed</u> with a level of precision that
　　　　S　　　　　　is p.p.　　　　to have been p.p.

modern engineers still struggle to reproduce.

그 고대 건축물은 현대의 기술자들조차 재현하기 어려워하는 정밀도로 **지어졌다고 믿어진다.**

2. 4형식 동사의 수동태

목적어를 2개 갖는 4형식 동사가 수동태가 되는 경우, 목적어 중 한 개가 수동태 동사 뒤에 남는다.

give offer send grant	+ 사람(Sby) 간접 목적어	+ 사물(Sth) 직접 목적어	→	① 사람(Sby) + **be p.p.** + **사물(Sth)** ② 사물(Sth) + **be p.p.** + **to 사람(Sby)**

- She gave me some money. 그는 나에게 돈을 주었다. [능동태]
- I **was given** some money. 나는 돈을 받았다. [수동태 1: 사람(Sby) + **be p.p.** + **사물(Sth)**]
- Some money **was given** to me. 돈이 나에게 주어졌다. [수동태 2: 사물(Sth) + **be p.p.** + **to 사람(Sby)**]

1. Students are often given detailed feedback that not only highlights their strengths but also pinpoints subtle reasoning gaps they tend to overlook.
2. Access to the encrypted files was given to the research team only after they demonstrated a clear need for further analysis.

1. <u>Students</u> are often <u>given</u> <u>detailed feedback</u> that not only highlights their strengths but also
　Sby　　　　be given　　　Sth

pinpoints subtle reasoning gaps they tend to overlook.

학생들은 종종 자신의 강점을 강조해 줄 뿐만 아니라, 그들이 눈치채지 못하는 미묘한 추론의 빈틈까지 짚어 주는 자세한 피드백을 받는다.

2. <u>Access</u> (to the encrypted files) <u>was given</u> to <u>the research team</u> only after they
   Sth   be given   to   Sby

demonstrated a clear need for further analysis.

암호화된 파일에 대한 접근권은 연구팀이 추가 분석의 분명한 필요성을 입증한 뒤에야 비로소 그들에게 허용되었다.

3. 5형식 동사의 수동태

목적어와 목적격 보어를 갖는 5형식 동사가 수동태가 되는 경우, 목적격 보어는 수동태 동사 뒤에 남는다.

(1) 명사를 목적보어로 취하는 동사

call name elect consider	+ 명사(목적어) + **명사(보어)** → 명사 + be called/named/elected + **명사(보어)**

- They elected <u>him</u> <u>captain of the team</u>. 그들은 그를 팀의 장으로 선출했다. [능동태]
           목적어   목적격 보어
- He **<u>was elected</u> captain of the team**. 그는 팀의 장으로 선출되었다. [수동태]

1. The phenomenon, often called the "silent drift," occurs when small but cumulative changes in a system go unnoticed for long periods, ultimately leading to a point at which correction becomes far more difficult than prevention.

1. <u>The phenomenon</u>, <u>often called the "silent drift,"</u> <u>occurs</u> when small but cumulative
       S   (which is) called   SC

changes in a system go unnoticed for long periods, ultimately leading to a point at which correction becomes far more difficult than prevention.

그 현상은 종종 '침묵적 표류(silent drift)'라고 불리는데, 이는 어떤 시스템에서 작지만 누적된 변화가 오랜 기간 동안 감지되지 않은 채 진행되어, 결국에는 예방보다 수정이 훨씬 더 어려워지는 지점에 이르게 되는 상황을 말한다.

(2) 지각동사, 사역동사의 수동태

지각 동사와 사역동사는 특히 주의해야 한다. 사역 동사의 경우 능동태에서는 뒤에 목적어가 오고, 목적격 보어로 자리에 동사원형을 사용한다. 이때 수동태가 되는 경우, 동사 뒤에 to R 형태가 온다는 점을 유념해야 한다.

- My brother made me **clean** the room. 형은 나를 청소하게 시켰다. [능동태]
  목적어 목적격 보어
- I was made **to clean** the room. 나는 청소하게 되었다. [수동태]

지각동사의 경우 뒤에 목적어가 오고, 목적격 보어 자리에는 동사원형과 '~하고 있는 것을'이라는 진행의 의미가 부각되는 경우 현재분사(Ring)가 사용된다. 이때 수동태가 되는 경우, 동사와 동사는 바로 연결될 수 없으므로 to R의 형태가 사용되거나 현재분사(Ring)가 사용될 수 있다.

- I saw her **enter** the room. 나는 그녀가 방에 들어오는 것을 보았다. [능동태]
  목적어 목적격 보어
- She was **seen to enter** the room. 그녀는 방에 들어오는 것이 목격되었다. [수동태]
- She was seen **entering** the room. 그녀는 방에 들어오고 있는 것이 목격되었다. [수동태]

문장 분석! 구조 파악 연습

1. The participants were made to reconsider their initial assumptions after the unexpected results challenged the very framework on which their theory had been built.
2. The policy was seen to widen the gap between regions, even though it had originally been introduced to promote balanced development across the country.

정답과 해설

1. The participants were made to reconsider their initial assumptions after the unexpected
   S   be made   to R

results challenged the very framework on which their theory had been built.

예상치 못한 결과가 그들의 이론이 구축된 근본적 틀 자체에 의문을 제기하자, 참가자들은 자신들의 초기 가정들을 재고하도록 강요받았다.

2. The policy was seen to widen the gap between regions, even though it had originally been
   S   be seen   to R

introduced to promote balanced development across the country.

그 정책은 애초에 국가 전반의 균형 발전을 촉진하기 위해 도입되었음에도 불구하고, 지역 간 격차를 확대하는 것으로 보여졌다.

1) '타동사+명사+전치사'의 수동태

pay attention to ~에 주의를 기울이다	take advantage of ~을 이용하다
take care of ~을 돌보다	make fun of ~을 놀리다

- I took care of my neighbor's dog. 나는 이웃의 강아지를 돌봤다. [능동태]
- My neighbor's dog was taken care of. 이웃의 강아지는 돌보아졌다. [수동태]

2) '타동사 + 부사'의 수동태

turn on ~을 켜다	turn off ~을 끄다
call off ~을 취소하다	give up ~을 포기하다

- The referee called off the game because of the rain. 비 때문이 심판이 게임을 취소했다. [능동태]
- The game was called off because of the rain. 그 게임은 비 때문에 취소되었다. [수동태]

3) '자동사(+부사) + 전치사'의 수동태

laugh at ~을 비웃다	run over 차가 ~을 치다
depend on ~에 의존하다	look up to ~을 존경하다
seek after ~을 찾다	refer to (+ 목적어 + as) ~을 ~이라고 부르다
catch up with ~을 따라잡다	

- The press referred to the research project as a breakthrough. 언론은 그 연구 프로젝트를 획기적인 일이라고 불렀다. [능동태]
- The research project was referred to as a breakthrough by the press. 그 연구 프로젝트는 언론에 의해서 획기적인 일이라고 불렀다. [수동태]

(문장 분석! 구조 파악 연습)

1. The scientist was laughed at by many of his peers when he first proposed the idea that microscopic organisms could survive in extreme environments, a claim that was later proven to be groundbreaking.

2. The shift in social behavior, often referred to as the "digital migration," has reshaped how communities form and maintain relationships in an increasingly technology-driven world.

(정답과 해설)

1. The scientist was laughed at by many of his peers when he first proposed the idea that microscopic
    S   be laughed at by

organisms could survive in extreme environments, a claim that was later proven to be groundbreaking.

그 과학자는 미세한 생명체가 극한 환경에서도 생존할 수 있다는 주장을 처음 제기했을 때, 많은 동료들에게 조롱을 받았지만, 그 주장은 이후 혁신적인 것으로 입증되었다.

2. The shift (in social behavior), often referred to as the "digital migration," has reshaped
   S   (which is)   referred to as   V

how communities form and maintain relationships in an increasingly technology-driven world.

사회적 행동의 변화는 종종 '디지털 이동(digital migration)'이라고 불리며, 기술 중심의 세계에서 공동체가 형성되고 관계가 유지되는 방식을 재편해 왔다.

1. 어법상 틀린 부분을 바르게 고치세요.

Each contestant will sing with a different partner each week, and judges, who have not yet named, will offer guidance and critiques while deciding who will advance to the next round.

2. 어법상 틀린 부분을 바르게 고치세요.

Unable to do anything or go anywhere while my car was reparing at the garage, I suddenly came to the realization that I had become overly dependent on machines and gadgets.

3. 다음 중 어법상 틀린 부분을 골라 바르게 고치시오.

It is worth ① pointing out that despite ② guiding by an ideal of physicalism, most philosophers ③ have come to recognize the distinctive aspects of the mind as, in some way, ④ irreducible.

4. 다음 중 어법상 맞는 것을 고르시오.

It ① [expects / is expected] that an enormous amount of electricity can ② [produce / be produced] in the near future by means of atomic power.

5. 어법상 옳지 않은 것은?

When the brain perceives a threat in the immediate surroundings, it initiates a complex string of events in the body. It sends electrical messages to various glands, organs that ① release chemical hormones into the bloodstream. Blood quickly carries these hormones to other organs that are then ② prompting to do various things. The adrenal glands above the kidneys, for example, pump out adrenaline, the body's stress hormone. Adrenaline travels all over the body doing things such as widening the eyes to be on the lookout for signs of danger, ③ pumping the heart faster to keep blood and extra hormones flowing, and tensing the skeletal muscles ④ so they are ready to lash out at or run from the threat.

6. 어법상 옳지 않은 것은?

Modem banking has its origins in ancient England. In those days people ① wanting to safeguard their gold had two choices—hide it under the mattress or turn it over to someone else for safekeeping. The logical people to turn to for storage were the local goldsmiths since they had the strongest vaults. The goldsmiths accepted the gold for storage, ② giving the owner a receipt stating that the gold could ③ redeem at a later date. When a payment was due, the owner went to the goldsmith, redeemed part of the gold and gave it to the payee. After all that, the payee was very likely to turn around and give the gold back to the goldsmith for safekeeping. Gradually, ④ instead of taking the time and effort to physically exchange the gold, business people began to exchange the goldsmith's receipts as payment

7. 다음 글의 밑줄 친 부분 중 어법상 옳지 않을 것은?

In criminal cases, the burden of proof is often on the prosecutor to persuade the trier (whether judge or jury) ① that the accused is guilty beyond a reasonable doubt of every element of the crime charged. If the prosecutor fails to prove this, a verdict of not guilty is ② rendered. This standard of proof contrasts with civil cases, ③ where the claimant generally needs to show a defendant is liable on the balance of probabilities (more than 50% probable). In the USA, this is ④ referring to as the preponderance of the evidence.

8. 다음 밑줄 친 부분 중 어법상 틀린 것은?

Many pharaohs' tombs ① were sealed so tightly that the outside air could not get inside. When this happens, certain bacteria ② grow in the oxygen-free environment and they could be very harmful if ③ inhaled. Other types of organisms like molds and fungi could also ④ present, some of which can cause serious health problems. For these reasons, modern archaeologists, unlike those in the 1920s, ⑤ wear protective filter masks and gloves when entering a tomb for the first time.

9. 밑줄 친 부분 중 어법상 옳지 않은 것을 고르시오.

Sometimes a sentence fails to say ① what you mean because its elements don't make proper connections. Then you have to revise by shuffling the components around, ② juxtapose those that should link, and separating those that should not. To get your meaning across, you not only have to choose the right words, but you have to put ③ them in the right order. Words in disarray ④ produce only nonsense.

① what
② juxtapose
③ them
④ produce

When I was growing up, many people asked me ① if I was going to follow in my father's footsteps, to be a teacher. As a kid, I remember ② saying, "No way. I'm going to go into business." Years later I found out that I actually love teaching. I enjoyed teaching because I taught in the method ③ in which I learn best. I learn best via games, cooperative competition, group discussion, and lessons. Instead of punishing mistakes, I encouraged mistakes. Instead of asking students to take the test on their own, they ④ required to take tests as a team. In other words, action first, mistakes second, lessons third, laughter fourth.

1. (A), (B), (C)의 각 네모 안에서 어법에 맞는 표현으로 가장 적절한 것은?

The first successful blood transfusion was performed in the seventeenth century, but the practice was outlawed because of the dangers it (A) [posed / was posed] to the patient. The practice was revived in the nineteenth century, but it was accompanied by terrible risks, like blood clots and kidney failure. Austrian-born Karl Landsteiner, however, had a theory. He suggested that the blood of humans (B) [have / had] inborn differences and similarities. The key was to understand both the differences and the similarities. By 1901, finally, he had classified blood donors into three different categories called A, B, and O (AB was added in 1902), and (C) [following / followed] that discovery, the transfusion of blood became a relatively safe procedure.

	(A)	(B)	(C)
①	posed	have	following
②	posed	have	followed
③	posed	had	following
④	was posed	have	followed
⑤	was posed	had	following

2. (A), (B), (C)의 각 네모 안에서 어법에 맞는 표현으로 가장 적절한 것은?

Chimpanzees, (A) [they / who] share nearly 99 percent of our DNA, are almost human, but you would never know it from the way we treat them. As photographers Michael Nichols has shown in his disturbing book Brutal Kinship, we use and abuse them at will for medical research and entertainment. Determined to remain blind to their suffering, we refuse to grasp how (B) [like / alike] us they are. For all their similarities, we appear to think little of their pain and suffering if our interests are served. Looking through Nichols's book, which is filled with image of chimps in cages or (C) [lying / lain] vacant-eyed with tubes dangling from their arms, it's practically impossible to understand how we can torture and maim creatures who look and behave so much like ourselves.

	(A)	(B)	(C)
①	they	like	lying
②	they	like	lain
③	who	alike	lying
④	who	alike	lain
⑤	who	like	lying

3. (A), (B), (C)의 각 네모 안에서 어법에 맞는 표현으로 가장 적절한 것은?

The history of horror films is almost as long as the history of movie going. The first movie theater opened in 1905. But it didn't take long, only five years, for J. Searle Dawley, along with producer Thomas Edison, (A) [shooting / to shoot] the 1910 movie Frankenstein about Mary Shelley's man-made monster. Ten years later, German directors Carl Boese and Paul Wegener returned to the subject of man-made monsters in The Golem, a classic horror film (B) [highly regarded / was highly regarded]— to this day. If the Germans owned the horror film in the twenties, it was the Americans who took over the genre in the thirties. The thirties saw the arrival of films like Dracula, The Mummy, The Phantom and The Jekyll and Mr. Hyde, (C) [all of them / all of which] being box office blockbusters.

	(A)	(B)	(C)
①	shooting	highly regarded	all of them
②	shooting	was highly regarded	all of which
③	to shoot	highly regarded	all of them
④	to shoot	highly regarded	all of which
⑤	to shoot	was highly regarded	all of which

4. 다음 글의 밑줄 친 부분 중, 어법상 옳지 않은 것은?

Competitive activities can be more than just performance showcases ① which the best is recognized and the rest are overlooked. The provision of timely, constructive feedback to participants on performance ② is an asset that some competitions and contests offer. In a sense, all competitions give feedback. For many, this is restricted to information about whether the participant is an award- or prizewinner. The provision of that type of feedback can be interpreted as shifting the emphasis to demonstrating superior performance but not ③ necessarily excellence. The best competitions promote excellence, not just winning or "beating" others. The emphasis on superiority is what we typically see as ④ fostering a detrimental effect of competition. Performance feedback requires that the program go beyond the "win, place, or show" level of feedback. Information about performance can be very helpful, not only to the participant who does not win or place but also to those who ⑤ do.

* foster: 조장하다

** detrimental: 유해한

According to its dictionary definition, an anthem is both a song of loyalty, often to a country, and a piece of 'sacred music', definitions that are both applicable in sporting contexts This genre is dominated, although not exclusively, by football and had produced a number of examples ① where popular songs become synonymous with the club and are enthusiastically adopted by the fans. More than often spontaneous expressions of loyalty and according to Desmond Morris, have 'reached this they are identity and, the level of something ② approached a local art form'. A strong element of the appeal of such sports songs ③ is that they feature memorable and easily sung choruses in which fans can participate'. This is a vital part of the team's performance ④ as it makes the fans' presence more tangible. This form of popular culture can be said ⑤ to display pleasure and emotional excess in contrast to the dominant culture which tends to maintain respectable aesthetic distance and control.

* synonymous: 밀접한 연관을 갖는

** tangible: 확실한

1. 정답: have not yet named → have not yet been named

(해석)

각 참가자들은 매주 다른 파트너와 함께 노래를 하게 될 것이고, 심사위원들은, 아직 지명되지 않았는데, 누가 다음 라운드에 진출하지 결정하는 동안 지도와 비평을 제공하게 될 것이다.

(해설)

name은 타동사이고 뒤에 목적어가 없으므로 수동태가 되어야 한다. 그리고 의미상으로도 심사위원들이 임명하는 것이 아니고 아직 임명되지 않았으므로 수동태가 되어야 한다.

2. 정답: was repairing → was being repaired

(해석)

내 차가 정비소에서 수리를 받고 있는 동안 아무것도 할 수 없고, 어디에도 갈 수 없을 때, 나는 갑자기 내가 기계나 도구에 과도하게 의존하고 있다는 것을 깨닫게 되었다.

(해설)

repair는 타동사이므로 뒤에 목적어가 수반되어야 한다. 목적어가 없는 경우는 목적어가 주어 자리로 이동해서 수동태로 전환된 경우이다.

3. 정답: ② guiding → being guided

(해석)

물리주의의 이상에 의해 이끌어지지만, 대부분의 철학자들이 정신의 독특한 측면들을 어떤 면에서 바꿀 수 없는 것으로 인식하게 된 것은 지적할 만한 가치가 있다.

(해설)

② 전치사 despite 뒤에 동명사가 목적어로 사용되는 것은 맞다. 그러나 동명사도 동사의 성격을 가지는데, guide는 타동사이므로 뒤에 목적어가 없으니 수동태로 전환해야 한다.

(오답 분석)

① be worth -ing '~할 만한 가치가 있다'

③ 주어가 복수명사이므로 동사 역시 복수형으로 수가 일치하고 있다.

④ recognize는 5형식 동사로 목적격 보어 자리에 형용사가 제대로 쓰였다.

4. ① is expected ② be produced

(해석)

원자력을 이용해서 가까운 미래에 엄청난 양의 전기가 생산될 것이 예상된다.

(해설)

① that절은 명사절 진주어이다. 그리고 that 이하가 기대되는 것이므로 동사의 형태가 수동태가 되어야 한다.

② 전기가 생산하는 것이 아니라 생산되는 것이므로 수동태가 되어야 한다.

5. 정답: ② prompting → prompted

(해석)

뇌가 아주 가까이에 있는 환경에서 위험을 감지할 때, 뇌는 신체에서 복잡한 일련의 일을 시작한다. 뇌는 화학 호르몬을 혈류로 내보내는 기관인 여러 분비 샘에 전기 메시지를 보낸다. 혈액은 이러한 호르몬을 다양한 활동을 하도록 자극하는 다른 기관들로 빠르게 운반한다. 예를 들어, 신장 위에 있는 부신은 스트레스 호르몬인 아드레날린을 만들어 낸다. 아드레날린은 온몸을 돌아다니면서 위험 신호를 세심히 살피기 위해 동공을 확장시키고, 혈액과 여분의 호르몬을 계속 보내 주기 위해 심장을 더 빠르게 뛰게 하고, 골격근을 긴장시켜 위험에 반격하거나 위험으로부터 도망칠 준비를 하는 것과 같은 일을 한다.

(해설)

② prompt는 타동사이므로 뒤에 목적어가 수반되어야 한다. 이 문장의 경우 to 부정사가 제시되고 있으므로 수동태로 전환되어야 한다.

① 주격관계대명사 that의 선행사가 organs로 복수이므로 동사의 수가 복수로 일치하고 있다.

③ 분사구문의 분사 역시 동사의 성격을 가지는데, 뒤에 the heart라는 의미상의 목적어가 제시되어 있으므로 현재분사가 제대로 사용되었다.

④ so는 접속사로 앞에는 원인이나 이유가 나오고 뒤에는 결과가 제시된다.

perceive 인지하다 initiate 착수시키다 a string of 여러 개의, 일련의 gland (분비)샘 adrenal glands 부신 be on the lookout for (위험 등을 피하거나 자신이 원하는 것을 찾기 위해 ~이 있는지) 세심히 살피다 tense (사람·근육·신경 등을) 긴장시키다, 팽팽하게 하다 skeletal muscle 골격근 lash out at (~을) 마구 몰아세우다, 공격하다

6. 정답: ③ redeem → be redeemed

현대적인 은행체계는 고대 영국에 그 기원이 있다. 그 시절에 그들의 금을 보호하기를 원했던 사람들은 두 개의 선택권이 있었다. 즉, 그것을 매트리스 밑에 숨기거나 혹은 안전한 보관을 위해 누군가에게 맡기는 것이었다. 보관을 위해 의지할 만한 합리적인 사람들은 금 세공인이었는데 왜냐하면 그들이 가장 강력한 금고를 가지고 있었기 때문이었다. 금세공인들은 보관을 위한 금을 받아들였고, 그 소유주에게 나중에 그 금을 되찾을 수 있는 것을 보장하는 영수증을 주었다. 만기가 되었을 때 그 소유주는 금 세공인에게 가서 금의 일부를 되찾고, 그것을 수취인에게 주었다. 결국 그 수취인은 돌고 돌아 안전한 보관을 위해 금 세공인에게 금을 다시 줄 가능성이 높았다. 점차적으로 물리적인 금 교환에 시간과 노력을 들이는 대신 사업가들은 금 세공인의 영수증을 지불수단으로 교환하기 시작했다.

③ 문장의 주어가 the gold이므로 금이 되찾는 것이 아니라, 되찾음을 당하는 것이므로 수동이 되어야 한다. 그리고 구조적으로도 redeem은 타동사이므로 뒤에 목적어가 있으면 능동형이고, 뒤에 목적어가 없으면 수동형이

되어야 한다. 이 문장의 경우 뒤에 전치사 at이 제시되어 있으므로 수동형인 be redeemed이 되어야 한다.

① people 뒤에 분사가 꾸며 주는 구조인데, 사람들이 원하는 것이므로 현재분사가 바르게 쓰였다. 또한 want은 뒤에 목적어로 to 부정사를 수반하므로 구조적으로도 목적어가 있으므로 현재분사가 적절하다.

② 콤마 뒤에 현재분사가 사용되는 구조이다. 주어인 the goldsmiths가 금의 주인에게 영수증을 주는 것이므로 현재분사가 적절하다. 구조적으로도 뒤에 the owner라는 간접목적어와 a receipt이라는 직접목적어가 수반되고 있으므로 현재분사가 바르게 쓰였다.

④ instead of는 전치사로 뒤에 목적어로 명사나 동명사를 데리고 다닐 수 있고 의미는 '~하는 대신에'이다. 바르게 사용되었다.

goldsmith 금 세공인 vault 금고 redeem 상환하다 payee 수취인

7. 정답: ④ referring to as → referred to as

형사소송에서, 입증 책임은 종종 판결을 내리는 사람(판사가 되었든 배심원이 되었든)에게 기소된 범죄의 모든 요소에 대한 합리적인 의심을 넘어서서 피고가 유죄라는 것을 납득시키는 검사에게 있다. 만약 검사가 이것을 증명하지 못하면, 유죄가 아니라는 판결이 내려진다. 이러한 증명 기준은 민사 소송과는 대조를 이루는데, 이는 청구인이 일반적으로 피고가 개연성의 균형(50% 이상 개연적인)에서 법적 책임이 있다는 것을 보여 줄 필요가 있다. 미국에서 이것은 증거의 우세라고 불린다.

④ 동사 is referring to 뒤에 목적어가 없고, 주어(this)와 동사가 '이것은 불린다'라는 의미의 수동 관계이므로 능동태 is referring to를 수동태 is referred to로 고쳐야 한다. 참고로, 동사 refer to는 목적어 뒤에 'as + 명사'를 취하는데 수동태 문장이 되면서 목적어 this가 주어 자리로 보내지고 'as + 명사'가 뒤에 남아 있는 형태이다.

① 동사 'persuade'는 'persuade + 간접 목적어(the trier) + 직접 목적어(that절/의문사절)'의 형태를 취하는 4형식 동사이므로 persuade the trier 뒤에 that절을 이끄는 that이 올바르게 쓰였다.

② 동사 is rendered 뒤에 목적어가 없고, 주어(a verdict of not guilty)와 동사가 '유죄가 아니라는 판결이 내려진다'라는 의미의 수동 관계이므로 수동태 is rendered가 올바르게 쓰였다.

③ 선행사(civil cases) 뒤에서 완전한 절(the claimant generally ~ of probabilities)을 이끌 수 있는 관계부사 where가 올바르게 쓰였다.

criminal case 형사 소송 burden of proof 입증 책임 prosecutor 검사 persuade 납득시키다 trier 판결을 내리는 사람 judge 판사 jury 배심원 the accused 피고 guilty 유죄의 reasonable 합리적인 doubt 의심 charge 기소하다 verdict 판결, 결정 render (판결을) 내리다 civil case 민사소송 claimant 청구인 defendant 피고 liable 법적 책임이 있는 probability 개연성 preponderance 우세(함) evidence 증거

8. 정답: ④ present → be present

많은 파라오의 무덤은 아주 단단히 밀폐되어서 외부의 공기가 안으로 들어갈 수 없었다. 이러한 일이 일어나면 특정 박테리아들이 산소가 없는 환경에서 자라고, 그것들은 만약 흡입되면 매우 해로울 수 있다. 곰팡이와 균류 같은 다른 종류의 생물체들도 존재할 수 있는데, 그것들 중 일부는 심각한 건강 문제를 일으킬 수 있다. 이러한 이유들로 인해, 1920년대의 고고학자들과 달리 현대의 고고학자들은 처음으로 무덤에 들어갈 때 보호 필터 마스크와 장갑을 착용한다.

④ 동사 자리에는 '동사'나 '조동사(could) + 동사원형'이 와야 하는데, present는 타동사와 형용사의 쓰임을 모두 가지는 단어이다. 타동사로 쓰일 경우 '주다, 나타내다' 등을 의미하고, 형용사로 사용될 경우, '있는, 존재하는' 등을 의미한다. 타동사로 사용될 경우, present 뒤에 목적어가 와야 하고, 형용사로 사용될 경우, present 앞에 be 동사가 함께 와야 하는데, present 뒤에 목적어가 없고, 문맥상 '다른 종류의 생물체들도 존재할 수 있다'가 되어야 자연스러우므로 present가 형용사로 사용되었다. 따라서 present를 be present로 고쳐야 한다.

① 주어 자리에 복수 취급하는 수량 표현 'many + 복수 명사'(Many pharaohs' tombs)가 왔으므로 복수 동사 were가 올바르게 쓰였다. 또한, 주어와 동사가 '많은 파라오의 무덤이 밀폐되다'라는 의미의 수동 관계이므로 수동태 동사 were sealed가 올바르게 쓰였다.

② 주어 자리에 복수 명사 bacteria가 왔으므로, 동사 자리에 복수 동사 grow가 올바르게 쓰였다.

③ 문맥상 '그것들은 만약 흡입되면 매우 해로울 수 있다'라는 의미가 되어야 자연스러우므로 조건을 나타내는 부사절 접속사 if가 쓰였다. 조건을 나타내는 부사절에서는 미래를 나타내기 위해 미래시제 대신 현재시제를 사용하는데, 주어(they)와 동사가 '그것들이 흡입되다'라는 수동 관계이므로, if they are inhaled가 와야 한다. 그런데, 부사절의 동사가 be 동사일 경우 부사절 접속사 뒤의 '주어 + 동사'를 생략할 수 있으므로 'they are'가 생략되어 if inhaled가 올바르게 쓰였다.

⑤ 주어 자리에 복수 명사 'modem archaeologists'가 왔으므로, 동사 자리에 복수 동사 wear가 올바르게 쓰였다. 주어와 동사 사이의 수식어 거품(unlike those in the 1920s)은 동사의 수 결정에 영향을 주지 않는다.

pharaoh 파라오(고대 이집트의 왕) tomb 무덤 seal 밀폐하다 inhale 흡입하다, 들이마시다 mold 곰팡이 fungi 균류, 곰팡이류(fungus의 복수형) archaeologist 고고학자 protective 보호하는

9. 정답: ② juxtapose → juxtaposing

때때로 문장은 그것의 요소들이 적절한 연결 만들어 내지 못하기 때문에 당신이 의미하는 것을 나타내지 못한다. 그러면 당신은 구성 요소들을 이리저리 움직이고, 연

결되어야 하는 것들을 나란히 놓고, 그러지 말아야 하는 것들은 분리함으로써 수정해야 한다. 당신의 의미가 전달되게 하기 위해, 당신은 올바른 단어들을 선택해야 할 뿐만 아니라, 그것들을 바른 순서로 배열해야 한다. 어지럽게 뒤섞여 있는 단어들은 그저 터무니없는 말을 만들어 낼 뿐이다.

(해설)

② 등위 접속사(and)로 연결된 병치 구문에서는 같은 구조끼리 병치되어서 연결되어야 하는데, and 앞뒤에 전치사(by)의 목적어로 쓰인 동명사(shuffling, separating)가 콤마(,)로 연결되어 나열되고 있으므로 동사 juxtapose를 동명사 juxtaposing으로 고쳐야 한다.

(오답 분석)

① mean이라는 타동사의 목적어가 없으므로 불완전한 문장이다. 불완전한 절(you mean)을 이끌며 동사(say)의 목적어 자리에 올 수 있는 명사절 접속사 What이 올바르게 쓰였다.

③ 대명사가 지시하는 명사 the right words가 복수이므로 복수 대명사 them이 올바르게 쓰였다.

④ 주어 자리에 복수 명사 Words가 왔으므로 복수 동사 produce가 올바르게 쓰였다.

(어휘)

element 요소, 성분 proper 적절한 connection 맥락, 연관성 revise 수정하다 shuffle 이리저리 움직이다 component 구성 요소 juxtapose 나란히 놓다, 병치하다 get across 전달되다, 이해되다 in disarray 어지럽게 뒤섞여 있는 nonsense 터무니없는 말

10. 정답: ④ required → were required

(해설)

내가 자랄 때, 많은 사람들이 나에게 아버지의 뒤를 이어 선생님이 될 것인지 물었다. 어렸을 적에, 나는 "절대 아니에요. 저는 장사를 할 거예요."라고 말한 것을 기억한다. 수년 후, 나는 사실은 내가 가르치는 것을 좋아한다는 것을 알게 되었다. 나는 내가 가장 잘 배우는 방법으로 가르쳤기 때문에 가르치는 것을 즐겼다. 나는 게임, 협동적인 경쟁, 집단 토론, 그리고 교훈을 통해 가장 잘 배운다. 실수에 대해 벌을 주는 대신에, 나는 실수를 장려했다. 학생들이 혼자서 시험을 치르게 하는 대신에, 그들은 팀으로 시험을 치르도록 요구되었다. 다시 말해서, 행동이 먼저이고, 두 번째는 실수, 세 번째는 교훈, 네 번째는 웃음이다.

(해설)

④ 타동사 require 뒤에 목적어가 없고, 그들이 요구하는 것이 아니라 요구되는 것이므로 수동태로 바꾸어야 한다. 따라서 능동태 동사 required를 수동태 동사 were required로 고쳐야 한다.

(오답 분석)

① '아버지의 뒤를 이어 선생님이 될 것인지 물었다'라는 의미가 되어야 자연스러우므로, 동사(ask)의 목적어 자리에서 완전한 절(I was ~ a teacher)을 이끌며 '~인지 (아닌지)'라는 의미를 나타낼 수 있는 명사절 접속사 if가 올바르게 쓰였다.

② remember는 뒤에 목적어로 동명사와 부정사를 다 수반할 수 있는데, 동명사가 오는 경우에는 '~했던 것을 기억하다'이고 to 부정사가 오는 경우에는 '~할 것을 기억하다'이다. 문맥상 '말한 것을 기억한다'라는 과거의 의미가 되어야 자연스러우므로 동사 remember의 목적어로 동명사 saying이 올바르게 쓰였다.

③ '전치사 + 관계대명사'에서 전치사는 선행사 또는 관계절의 동사에 따라 결정되는데, 문맥상 '내가 가장 잘 배우는 방법'이라는 의미가 되어야 자연스러우므로 선행사 'the method'와 함께 쓰여 'learn best in the method'라는 표현을 완성하는 전치사 in이 와야 한다. 따라서 in which가 올바르게 쓰였다.

(어휘)

follow in one's footsteps ~의 뒤를 잇다 go into business 장사를 하다 via ~을 통해 cooperative 협동적인

1. 정답: ③

(해석)

최초로 성공을 거둔 수혈은 17세기에 행해졌지만, 실제 시행은 그것이 환자에게 제기하는 위험 때문에 불법화되었다. 19세기 들어 다시 시행되었지만, 혈전과 신부전과 같은 무시무시한 위험이 동반되었다. 그러나 오스트리아 태생인 Karl- Landsteiner는 한 가지 이론을 가지고 있었다. 그는 인간의 혈액은 타고난 차이와 유사점을 가지고 있다는 사실을 제시했다. 핵심은 그 차이와 유사점을 이해하는 것이었다. 1901년에 마침내 그는 헌혈자들을 A, B 그리고 O(AB는 1902년에 추가됨)라 불리는 3개의 다른 유형으로 분류하였고 그러한 발견이 있은 후 수혈은 비교적 안전한 절차가 되었다.

(해설)

the dangers(선행사) 뒤에 목적격 관계대명사가 생략된 구조로, 선행사를 뒤로 넘기면 it(S) +posed(V) +the dangers(O)의 구조이므로 능동태인 posed가 쓰여야 한다. (B) 주절에 suggested(제안하다)가 쓰여 있지만, that절을 해석하면 인간의 혈액은 타고난 차이와 유사점을 가지고 있다'로 당연성을 나타내는 의미가 아니므로 (should) have를 쓸 수 없고 주절의 동사와 시제를 일치시켜 had를 써야 한다. (C) 접속사 and 뒤에 [following / followed] that discovery가 분사구문으로 쓰인 구조이며, 주절의 주어인 the transfusion of blood와 의미상 능동 관계이므로 following이 쓰여야 한다.

(어휘)

blood transfusion 수혈 outlaw 불법화하다 pose 제기하다 blood clot kidney failure 신부전 lood donor 헌혈자 procedure 절차

2. 정답: ⑤

(해석)

우리 DNA의 거의 99%를 공유하고 있는 침팬지는 인간에 가깝지만, 여러분들은 우리가 그들을 다루는 방식을 보면 결코 그러한 사실을 안다고 할 수 없다. 사진작가인 Michael Nichols가 그의 충격적인 저서 Brutal Kinship에서 보여 주는 것처럼 우리는 침팬지를 의학적인 연구와 재미를 위해 우리 마음대로 이용하고 학대한다. 그들의 고통에 대해 외면하기로 결정하면서 우리는 그들이 우리와 너무도 닮았다는 사실을 받아들이기를 거부한다. 그들의 모든 유사점에도 불구하고 우리의 이해관계가 충족되기만 하면 그들의 아픔과 고통을 외면하려는 것처럼 보인다. 우리에 갇혀 있거나 관들이 손에 매달린 채 멍한 표정으로 누워 있는 침팬지들의 이미지로 가득 차 있는 Nichols의 책을 훑어보면, 우리가 어떻게 우리와 외모와 행동이 너무도 닮은 생명체를 고문하고 불구로 만들 수 있는지 사실상 이해하기가 불가능하다.

(해설)

(A) 'S, S* +V ~, V ~' 구조로 쓰면 두 개의 절을 연결시키는 접속사가 없기 때문에 틀린 문장이므로 네모 안에 접속사를 포함한 계속적 용법의 관계대명사 who and they가 쓰여야 한다. (B) alike는 형용사이므로 뒤에 목적어로 us를 취할 수 없고, 전차상 like를 써서 how like us they are 형태로 우리말로 '그들이 우리와 얼마나 같은지'의 의미가 된다. (C) in cages와 함께 앞에 쓰인 image of chimps를 수식하는 구조인데, 네모 안에 쓰인 lie는 한 상태로 있다'의 의미로 자동사이기 때문에 수동의 의미를 가지는 과거분사 lain이 쓰일 수 없고 lying이 쓰여야 한다.

(어휘)

disturbing 혼란시키는 abuse 학대하다 at will 마음대로 grasp 이해하다 think little of 무시하다 vacant-eyed 멍한 dangle 매달리다 practically 사실상 torture 고문하다 maim 불구로 만들다

3. 정답: ③

(해석)

공포 영화의 역사는 영화 관람의 역사만큼이나 오래된

것이다. 최초의 영화관은 1905년에 문을 열었다. 그러나 얼마 지나지 않은 불과 5년 만에 영화 제작자인 Thomas Edison과 함께 J. Searle Dawley는 Mary Shelley가 만든 인공 괴물에 관한 1910년 작 Frankenstein을 촬영한다. 10년 후에 독일 영화 감독인 Carl Boese와 Paul Wegener는 오늘날까지도 매우 인정받고 있는 고전적 공포 영화인 The Golem에서 인공 괴물의 주제를 다시 다루게 된다. 1920년대에 공포 영화를 소유했던 사람들이 독일인들이었다면, 1930년대 들어 그 장르를 떠맡았던 사람들은 바로 미국인들이었다. 1930년대에는 Dracula, The mummy, The Phantom과 The Jekyll and Mr. Hyde와 같은 영화들이 등장했는데, 이 모든 영화들은 엄청난 성공작들이었다.

(해설)

(A) 「It take + 시간 + for 의미상의 주어 + to-v」 구조로 '-가 ~하는 데 시간이 걸린다'의 의미를 나타내는 표현이므로 네모 안에 to shoot이 쓰여야 한다. (B) 네모 앞에 '주격 관계대명사 + be 동사'가 생략되어 수식하는 형태이므로 highly regarded가 쓰여야 한다. (C) 'S + V ~, Ring' 구조로 콤마 뒤에 동시동작을 나타내는 분사 구문이 쓰였는데, 분사인 being 앞에 주절의 주에 다른 의미상의 주어로 all of them이 쓰여야 한다.

(어휘)

shoot (영화를) 촬영하다 man-made 인공적인, 인위적인 subject 주제 take over 인계받다 blockbuster (영화) 대성공

4. 정답: ①

(해석)

경쟁을 하는 활동은 최고는 인정받고 나머지는 무시되는, 단지 수행 기량을 보여 주는 공개 행사 그 이상일 수 있다. 참가자에게 수행 기량에 대한 때맞춘 건설적인 피드백을 제공하는 것은 일부 대회와 경연이 제공하는 자산이다. 어떤 의미에서는 모든 대회가 피드백을 제공한다. 많은 경우에. 이것은 참가자가 상을 받는지에 관한 정보에 한정된다. 그러한 유형의 피드백을 제공하는 것은 반드시 탁월함은 아닌, 우월한 수행 기량을 보여 주는 것으로 강조점을 이동하는 것으로 해석될 수 있다. 최고

의 대회는 단순히 승리하는 것이나 다른 사람을 '패배시키는 것'만이 아닌 탁월함을 증진한다. 우월성에 대한 강조는 우리가 일반적으로 유해한 경쟁 효과를 조장하는 것으로 간주하는 것이다. 수행 기량에 대한 피드백은 프로그램이 '이기거나, 입상하거나, 혹은 보여 주는' 수준의 피드백을 넘어설 것을 요구한다. 수행 기량에 관한 정보는 못 이기거나 입상하지 못하는 참가자뿐만 아니라 이기거나 입상하는 참가자에게도 아주 도움이 될 수 있다.

(해설)

① which 뒤에 이어진 the best is recognized와 the rest are overlooked는 둘 다 주어가 있고 동사는 수동태로 쓰여 완전한 절이므로, 관계대명사 which가 올 수는 없다. 선행사가 performance showcases이므로, which를 관계부사 where로 고쳐 써야 한다.

② 주어는 The provision이고 of timely, constructive feedback to participants on performance' The provision을 수식하는 전치사구이므로, 단수 주어에 맞춰 단수동사 is가 오는 것이 적절하다

③ not necessarily는 '반드시 ~은 아닌'이라는 의미의 부분 부정인데, not necessarily와 excellence 사이에 demonstrating이 생략된 것으로 볼 수 있으므로, demonstrating을 수식하는 부사 necessarily는 어법상 적절하다.

④ 'A를 B로 간주하다'라는 뜻의 'see A as B'에서 전치사 as의 목적어가 와야 하므로, 동명사 fostering이 온 것은 적절하다.

⑤ 앞의 win or place의 반복을 피하기 위한 대동사가 와야 하므로, 일반동사를 받는 대동사 do가 온 것은 적절하다.

(어휘)

competitive 경쟁을 하는 showcase 공개 행사 overlook 무시하다 provision 제공, 공급 timely 시기적절한 constructive 건설적인 asse 자산, 재산 restrict 한정하다 interpret 해석하다, 이해하다 emphasis 강조 demonstrate 보여 주다, 입증하다 promote 장려하다, 증진하다 beat 패배시키다, 이기다

5. 정답: ②

해석

사전적 정의에 따르면 찬가(讚歌)는 흔히 국가에 대한. 충성의 노래이자 한 곡의 '성스러운 음악'인데. 이 두 가지 정의는 모두 스포츠 상황에서도 적용이 가능하다. 이 장르는 독점적이지는 않을지라도 축구에서 가장 두드러지게 나타나며, 인기 있는 노래들이 구단과 밀접한 연관을 갖게 되고 팬들에 의해 열광적으로 받아들여지는 많은 사례를 만들어 냈다. 이에 더하여 그것들은 흔히 충성과 정체성의 자발적인 표현이며, Desmond Morris에 따르면, '지역 예술 형태에 근접하는 어떤 것의 수준에 도달했다'. 그런 스포츠 노래들의 강력한 매력 요소는 그것들이 '팬들이 참여할 수 있는 외우기 쉽고 부르기 쉬운 합창'을 특징으로 한다는 것이다. 이것은 팬들의 존재를 더 확실하게 느낄 수 있게 하기 때문에 팀의 (경기) 수행에 아주 중요한 부분이다. 이러한 형태의 대중문화는 '품위 있는 미적 거리와 통제'를 유지하는 경향이 있는 지배적인 문화와는 대조적으로, 즐거움과 감정적 과잉을 보여준다고 말할 수 있다.

해설

① 선행사가 a number of examples이, 뒤 문장이 2형식의 완전한 문장이므로 관계 부사 where는 올바르게 사용되었다.

② 문장의 정동사 have reached가 있으므로 approached는 something을 수식하는 분사이고, 뒤에 목적어 a local art form이 있어 지역 예술 형태에 접근하는 능동의 의미이므로, approached를 approaching으로 바꿔야 한다.

③ 주어가 단수 명사인 a strong element이므로 단수 동사 is를 쓴 것은 올바른 용법이다.

④ as는 이유를 나타내는 부사절을 이끄는 접속사로 올바르게 사용되었다.

⑤ 'be said' 뒤의 to 부정사는 'They say that S + V' — 'It is said that S + V' — 'S be said to 부정사' 구문이다. 'to display' 이하는 'S be said to 부정사' 구문으로 적절하게 사용되었다.

어휘

anthem 찬가 loyalty 충성 sacred 신성한 dominate 지배하다 exclusively 배타적으로, 독점적으로 enthusiastically 열정적으로 spontaneous 자발적인 feature 특징으로 하다 vital 중대한 dominant 지배적인 aesthetic 미적인

Chapter 8

시제

1. 단순시제

1) 현재시제

현재시제는 일반적인 사실이나 습관적, 반복적, 계속적, 주기적인 일을 나타낼 때 사용한다.

(1) 형태

주로 동사원형을 쓰고, 주어가 3인칭 단수 현재일 때는 -(e)s가 붙는다.

(2) 용법

① 현재의 습관이나 반복적인 동작

- I get up at 7:30 a. m.　나는 7시 30분에 일어난다.
- I usually take a shower every evening.　나는 매일 저녁 샤워를 한다.

② 현재의 동작이나 상태.

- The nurse is very kind.　그 간호사는 매우 친절하다.
- My brother lives in New York.　우리 동생은 New York에서 산다.

③ 불변의 진리, 과학적 사실

- The sun rises in the east.　태양은 동쪽에서 뜬다.

문장 분석! 구조 파악 연습

1. The expansion of the universe remains one of the most compelling mysteries that modern physics seeks to explain.

정답과 해설

1. The expansion (of the universe) remains one of the most compelling mysteries that modern
    S   V   목적격관대

physics seeks to explain.
  S   V

2) 과거시제

과거시제는 이미 끝난 동작이나 상태를 설명할 때 사용한다.

(1) 용법

① 과거의 동작이나 상태

- I met her yesterday.　나는 그녀를 어제 만났다.

- We <u>lived</u> in Busan five years **ago**. 우리는 5년 전에 부산에 살았다.

② 과거의 습관이나 반복적인 동작

- I <u>used to live</u> in Busan. 나는 부산에 살았었다.

③ 역사적 사실

- The Korean War <u>broke out</u> in 1950. 한국전쟁은 1950년에 발발했다.

(2) 명백한 과거 시점 부사(구)

명백한 과거 시점을 나타내는 부사(구)가 나오면 현재완료시제는 쓸 수 없다. 이때는 반드시 과거시제를 사용한다.

```
시간 + ago
in + 과거 시간
yesterday
last + 시점
when ~
just now
then
```

문장 분석! 구조 파악 연습

1. During the conference, the researcher calmly explained a theory that had been dismissed for decades, only to reveal newly discovered evidence that completely overturned previous assumptions.

정답과 해설

1. (During the conference,) the researcher calmly explained a theory (that had been
       (전+명)   S   V   D

dismissed for decades), only to reveal newly discovered evidence that completely overturned
                   부사절용법(결과)

previous assumptions.

그 연구자는 학회 동안 수십 년간 기각되어 왔던 한 이론을 침착하게 설명했으며, 이전의 모든 가정을 완전히 뒤집는 새로 발견된 증거를 공개했다.

3) 미래시제

미래시제는 미래 상황에 대한 추측이나 의지를 표현할 때 사용한다.

(1) 용법

① 미래 계획이나 의지: will + R

- I <u>will leave</u> for the day at 5. 나는 5시에 퇴근할 것이다.

② 미래의 예정이나 계획: be going to R
• The train is going to leave now. 기차는 곧 떠날 예정이다.

③ 현재진행형으로 미래시제 표현: am/is/are -ing
왕래발착동사는 현재진행시제로 미래를 표현할 수 있다.
• The boss is leaving Busan tomorrow. 사장님은 내일 부산에 방문할 것이다.

④ 확실한 계획, 약속: 미래는 기본적으로 불확실성을 포함하고 있다. 그러나 확실히 결정된 계획이나 약속 등은 현재진행시제로 미래를 표현할 수 있다.
• The boss is retiring at the end of month. 사장님은 월말에 은퇴할 것이다.

2. 진행시제

1) 진행시제란?

진행형은 진행 중인 일을 나타내며, '~하고 있다, ~하는 중이다'의 의미로 'be 동사 + 동사원형-ing'의 형태이다. be 동사는 주어의 인칭과 수에 따라 결정되며, be 동사의 시제를 달리하면, 과거진행, 현재진행, 미래진행이 된다.

① 현재진행시제: am/is/are + -ing (~하고 있는 중이다)
• Steve is studying English now. Steve는 영어를 공부하고 있다.

② 과거진행시제: was/were + -ing(~하고 있던 중이었다)
• Steve was studying English when I was in the couch. Steve는 내가 소파에 있었을 때 영어를 공부하고 있었다.

③ 미래진행시제: will be + -ing(~하고 있을 것이다)
• Steve will be studying English if we go camping. 만약 우리가 캠핑을 가면, Steve는 영어를 공부하고 있을 것이다.

④ 현재완료진행시제: has/have been + -ing(~해 오고 있는 중이다)
• She has been working at the branch office **for two years**. 그녀는 2년 동안 지점에서 일해 오고 있다.

2) 진행시제를 쓸 수 없는 동사

상태를 나타내거나 감각을 나타내는 동사들은 진행형을 사용하지 않는다.

상태 동사	want(원하다)　　　know(알다)　　　have(가지다)　　　possess(소유하다)　　　like(좋아하다)		
감각 동사	seem / look(~처럼 보이다)　　　feel(~라고 느껴지다)　　　taste(~한 맛이 나다) smell(~한 냄새가 나다)　　　sound(~처럼 들리다)		

3. 완료시제

1) 현재완료시제: have p.p.

(1) 개념
과거부터 지금까지 이어지는 동작을 설명하거나, 과거 동작이 지금의 상태에 영향을 미쳤음을 나타낸다.

- I **lost** my watch last week. 나는 지난 주에 시계를 잃어버렸다. [과거]
  +
- I **don't have** it now. 나는 지금 그것을 가지고 있지 않다. [현재]
  → I **have lost** my watch. 나는 시계를 잃어버려서 (현재) 없다. [현재완료]

2) 현재완료의 쓰임

① 완료(~해 버렸다)
과거에 완료된 일로 현재의 상태를 강조할 때 already, just, yet 등의 부사와 자주 쓰인다.
- I **have just finished** the report. 나는 보고서를 끝냈다.

② 경험(~한 적이 있다)
현재까지 경험한 것을 나타낼 때 ever, never, before 등과 함께 쓰인다.
- I **have seen** the novel before. 나는 전에 그 소설을 본 적이 있다.

③ 계속(계속~하고 있다)
과거부터 현재까지 계속된 동작이나 상태를 나타낼 때는 'since + 과거 시점', 'for + 일정 기간' 등과 함께 잘 쓰인다.
S + has/have p.p. + since + 과거 시점
　　　　　　　　 + for + 기간
　　　　　　　　 + over the last/past + 기간

- We **have known** each other **since** 2020. 우리는 2020년 이래로 서로 알아 왔다.
- I **have lived** in Busan **for** ten years. 나는 10년 동안 부산에 살아왔다.
- He **has worked** for the company **over** the last ten years. 그는 지난 10년 동안 그 회사를 위해 일해 왔다.

④ 결과(~한 결과로 ~해 버렸다)
- I **have lost** my wallet. 나는 지갑을 분실했다.

3) 현재완료 시제와 함께 쓰이는 시간 부사구

~ 이래로	since + 과거 시점
지금까지	until, now, up to now, so far
~동안	for + 기간, over the last(past) + 기간

1. During the investigation, the detective learned that the suspect stayed in the abandoned building two years ago.

2. Over the years, the museum has collected thousands of rare artifacts that are now displayed in its new exhibition hall.

1. (During the investigation,) the detective learned that the suspect stayed in the abandoned
     (전+명)   S   Ved   S'   Ved

building two years ago.

조사 중 그 형사는 용의자가 2년 전에 그 폐건물에 머물렀다는 사실을 알아냈다.

2. (Over the years,) the museum has collected thousands of rare artifacts (that are now displayed
    (전+명)   S   has p.p.   O

in its new exhibition hall.)

수년간 그 박물관은 수천 개의 희귀 유물을 수집해 왔으며, 지금은 그것들이 새로운 전시관에 전시되어 있다.

2) 과거완료시제: had p.p.

과거완료는 과거보다 이전의 시점을 나타내거나 대과거에서 과거 시점까지의 기간을 나타낼 때 사용한다.

① 과거보다 한 시제 빠른 시제(대과거)
 • My friend **sent** me a coat that he had bought in New York. 내 친구는 New York에서 구매했던 코트를 나에게 보냈다.

② 대과거에서 과거까지 이어지는 기간(과거완료)
 • He had worked for five years before he **resigned**. 그는 사임하기 전에 5년 동안 근무했다.

1. She apologized for not attending the meeting, explaining that she had fallen ill the night before and was unable to leave her room.

1. She apologized for not attending the meeting, explaining that she had fallen ill the night
　　S　　Ved　　　　　　　　　　　　　　　　　현재분사　　S'　had p.p.

before and was unable to leave her room.
그녀는 회의에 참석하지 못한 것에 대해 사과하며, 전날 밤 아파서 방을 나올 수 없었다고 설명했다.

3) 미래완료: will have p.p.

미래의 특정 시점까지 이어지는 동작 또는 상태의 완료, 경험, 결과 등을 의미한다.

- He **will have finished** the report by this time tomorrow. 그는 내일 이맘때까지 그 보고서를 끝낼 것이다.
- He **will have worked** for five years by the end of this month. 그는 이달 말까지 5년 동안 근무하게 될 것이다.

미래완료와 함께 쓰이는 시간 부사구는 다음과 같다.

---
by + 미래 시점(next month/week 등)
by the time S + V(현재시제)
횟수(3 times, four times 등)

- I will have worked for this company for ten years **by this time next year**. 나는 내년 이맘때까지는 이 회사에 10년간 근무하게 될 것이다.
- If I read this novel again, I will have read it **four times**. 이 소설을 다시 읽게 되면, 나는 4번째 읽는 것이다.

1. By the time the international conference begins next month, researchers will have completed the final analysis of the data gathered from the five-year study.

1. (By the time the international conference begins next month,) researchers will have completed
　　　　　　　　　　　　　　　　　　　　　　　　　　　　　　　　S　　　　　will have p.p.

the final analysis (of the data gathered from the five-year study.)
　　　　O

다음 달 국제 학회가 시작될 즈음이면, 연구자들은 5년간의 연구에서 수집된 데이터의 최종 분석을 이미 완료했을 것이다.

(1) have been to vs have gone to

have been to	~에 간 적 있다(**경험**)
have gone to	~에 가고 없다(**결과**)

(2) ~한 지 ~가 되었다

It is(has been) + 시간 + since S + 과거동사

(3) ~하자마자 ~ 했다

S + had + **no sooner** + p.p. ~ **than** + S + V
S + had + **hardly/scarcely** + p.p. ~ **when/before** + S + V
No sooner + had + S + P.P. + **than** + S + 과거동사
Hardly/Scarcely + had + S + P.P. + **when/before** + S + 과거동사
As soon as/The moment + S +과거 동사, S + 과거동사

- The thief had **no sooner** seen me **than** he ran away. 그 도둑은 나를 보자마자 달아났다.

    = **No sooner** had the thief seen me **than** he ran away.

    = The thief had **hardly/scarcely** seen me **when/before** he ran away.

    = **Hardly/Scarcely** had the thief seen me **when/before** he ran away.

    = As soon as the thief **saw** me, he **ran away**.

(문장 분석! 구조 파악 연습)

1. No sooner had the research team completed the preliminary analysis of the satellite images than an unexpected discovery forced them to reconsider the assumptions on which their decade-long project had been based.

(정답과 해설)

1. No sooner had the research team completed the preliminary analysis of the satellite
   No sooner had   S   p.p.

images than an unexpected discovery forced them to reconsider the assumptions on which
                  S   Ved

their decade-long project had been based.

연구팀이 위성 이미지의 예비 분석을 막 끝내자마자, 예상치 못한 발견이 그들이 10년에 걸친 연구 프로젝트를 기반으로 삼아 온 가정들을 재고하도록 만들었다.

(4) 머지않아 ~ 할 것이다

It will not be long before S V(현재시제)

(5) B 되어서 (비로소) A 하다

not A until B
= **Not until** B A(A는 도치): 부정부사가 문두에 있으므로 A는 도치된다.
= It was **not until** B that A(A는 도치 X): not until B가 It ~ that 강조 구문 안에 있으므로 A는 도치되지 않는다.

- We didn't know the news until this morning. 오늘 아침이 되어서야 그 소식을 알게 되었다.
- = Not until this morning did we know the news.
- = It was not until this morning that we know the news.

1. Not until the data had been reanalyzed by an independent team did the scientists accept that their long-standing hypothesis might have been fundamentally inaccurate.

1. Not until the data had been reanalyzed by an independent team did the scientists accept

   Not until   S   V   조동사   S   R

that their long-standing hypothesis might have been fundamentally inaccurate.

독립적인 팀이 데이터를 다시 분석하고 나서야 과학자들은 오랫동안 유지해 온 가설이 근본적으로 부정확했을지도 모른다는 사실을 받아들였다.

5. 시제 일치와 예외

1) 시제 일치

시제일치란 주절의 시제에 따라서 종속절 동사의 시제를 일치시키는 것을 말한다. 주절의 시제가 과거일 때 종속절의 시제는 과거나 과거완료를 사용한다.

- He **knew** that she **was** diligent. 그는 그녀가 근면하다는 것을 알았다.
- He **knew** that she **had been** diligent. 그는 그녀가 근면했다는 것을 알았다.

1. The historian claimed that the documents were authentic although several experts had suggested that parts of them had been forged decades earlier.

1. The historian claimed that the documents **were** authentic (although several experts had

　　　S　　　　Ved　　　접　　　　S　　　were

suggested that parts of them had been forged decades earlier.)

2) 시제 일치의 예외

① 불변의 진리, 속담, 격언: 항상 현재를 사용한다.

② 역사적사실: 항상 과거시제를 사용한다.

③ 시간, 조건의 부사절: 시간, 조건의 부사절에서는 내용상 미래(완료)시제인 경우에도 현재(완료)시제로 표시한다.

◆ when과 if절이 명사절로 사용될 때

when과 if절이 부사절이 아닌 명사절로 사용되는 경우에는 내용상 미래일 때 미래시제를 그대로 사용한다.

1. 다음 중 어법상 맞는 것을 고르시오.

① [Although/Since] there ② [is/was] an accident on the highway, the driver decided to take a detour.

2. 다음 빈칸 (A), (B)에 갈 표현으로 가장 적절한 것은?

> Beekeepers in the United States first notice that their bee colonies (A) dying off in 2006. Since then, scientists have been desperately (B) to figure out what's causing the collapse.

	(A)	(B)
①	were	tried
②	were	trying
③	have been	tried
④	have been	trying

3. 어법상 틀린 곳을 고치시오.

They hope the new gene leads to a hardier rice strain that will reduce the financial damage incurred in typhoon and monsoon seasons and lead to bumper harvests.

4. 어법상 틀린 곳을 고치시오.

Moreover, their relatively loose and open brushwork underscored their freedom from the meticulously detailed academic manner that previously has been central to French painting.

5. 어법상 옳은 것은?

① Of the billions of stars in the galaxy, how much are able to hatch life?
② The Christmas party was really excited and I totally lost track of time.
③ I must leave right now because I am starting work at noon today.
④ They used to loving books much more when they were younger.

6. 밑줄 친 부분 중 어법상 가장 틀린 것은?

Ever since the time of ancient Greek tragedy, Western culture ① was haunted by the figure of the revenger. He or she stands on a whole series of borderlines: ② between civilization and barbarity, between an individual's accountability to his or her own conscience and the community's need for the rule of law, between the conflicting demands of justice and mercy. Do we have a right ③ to exact revenge against ④ those who have destroyed our loved ones? Or should we leave vengeance to the law or to the gods? And if we do take action into our own hands, are we not reducing ourselves to the same moral level as the original perpetrator of murderous deeds?

7. 밑줄 친 부분 중 어법상 틀린 것은?

Yes, the city of Dubrovnik has been proactive in ① trying to curb cruise ship tourism, but nothing will save Old Town ② from the perpetual swarm of tourists. To make matters worse, the lure of making extra money ③ has been inspired many homeowners in Old Town to turn over their places to Airbnb, ④ making the walled portion of town one giant hotel. You want an "authentic" Dubrovnik experience in Old Town, just like a local? You're not going to find it here. Ever.

8. 밑줄 친 부분 중 어법상 틀린 것은?

On a bright spring morning 50 years ago, two young astronomers at Bell Laboratories ① were tuning a 20 foot, horn-shaped antenna pointed toward the sky over New Jersey. Their goal was ② to measure the Milky Way galaxy, home to planet Earth. To their puzzlement, Robert W. Wilson and Arno A. Penzias heard the insistent hiss of radio signals coming from every direction—and from beyond the Milky Way. It was cosmic microwave background radiation, a residue of the primordial explosion of energy and matter ③ that suddenly gave rise to the universe some 13.8 billion years ago. The scientists ④ have found evidence that would confirm the Big Bang Theory, first proposed by Georges Lemaitre in 1931.

9. 다음 밑줄 친 (A)와 (B)에 들어갈 가장 적절한 표현은?

Although some (A) ___________ activities that her friends introduced to her succeeded in attracting her attention, she was, in the end, unable to overcome the (B) ___________ over the breakup of her marriage.

	(A)	(B)
①	interesting	- rejoice
②	embarrassing	- animosity
③	entertaining	- serenity
④	frustrating	- dejection
⑤	intriguing	- despondence

10. 밑줄 친 부분 중 어법상 가장 옳지 않은 것은?

Inventor Elias Howe attributed the discovery of the sewing machine ① for a dream ② in which he was captured by cannibals. He noticed as they danced around him ③ that there were holes at the tips of spears, and he realized this was the design feature he needed ④ to solve his problem.

1. 다음 글의 밑줄 친 부분 중, 어법상 틀린 것은?

Most Americans are accustomed to ① thinking that lie detectors, because they are machines, can, without error, ② separating the guilty from the innocent. But, in fact, lie detectors can and do make mistakes. For one thing, those who administer the tests are not necessarily qualified experts. Many states don't employ licensed examiners ③ trained to read and interpret lie detector printouts. In addition, many subjects react to taking a lie detector test by becoming anxious. As a result, their bodies behave as if the subjects ④ were lying even when they are telling the truth. Unfortunately, some people are smart enough to use relaxation techniques to remain ⑤ calm when they are telling a pack of lies.

2. 다음 글의 밑줄 친 부분 중, 어법상 틀린 것은?

The process of turning productive land into desert-like land ① is called desertification. Desertification can take place naturally on the edges of existing deserts, or it can start in small patches hundreds of miles away from the nearest desert. Deforestation also contributes significantly to desertification. In developing countries, 90 percent of the people ② use wood for cooking and heating. However, cutting down trees for firewood leaves the land ③ exposed to the sun. The smaller plants that grow under the trees cannot survive without the shade of the trees. And without leaves from the trees to enrich it, the soil becomes poor and ④ deprives of nutrients. Eventually, the smaller plants die, and nothing remains but barren land. Often, the soil is so degraded that it becomes ⑤ as hard as concrete. Large pieces of land cleared to grow crops can become useless in just a few seasons.

3. 다음 글의 밑줄 친 부분 중, 어법상 틀린 것은?

An ancient Chinese form of medicine, acupuncture is based on the philosophy that energy ① circulating through the body controls health. Thus, pain and disease are the result of a disturbance in the energy flow, ② which can be corrected by inserting long, thin needles at specific points in the body. Each point controls a different corresponding part of the body. Once ③ inserting, the needles are rotated gently back and forth or ④ charged with a small electric current for a short time. Research studies have found that acupuncture helps ⑤ alleviate nausea in cancer patients undergoing chemotherapy. It also helps in treating chronic lower back pain and may be of value for irritable bowel syndrome.

* chemotherapy: 화학요법

4. 다음 글의 밑줄 친 부분 중, 어법상 틀린 것은?

Mathematical practices and discourses should be situated within cultural contexts, student interests, and real-life situations ① where all students develop positive identities as mathematics learners. Instruction in mathematics skills in isolation and devoid of student understandings and identities renders them ② helpless to benefit from explicit instruction. Thus, we agree that explicit instruction benefits students but propose that incorporating culturally relevant pedagogy and consideration of nonacademic factors that ③ promoting learning and mastery must enhance explicit instruction in mathematics instruction. Furthermore, teachers play a critical role in developing environments ④ that encourage student identities, agency, and independence through discourses and practices in the classroom. Students who are actively engaged in a contextualized learning process are in control of the learning process and are able to make connections with past learning experiences ⑤ to foster deeper and more meaningful learning.

* render: (어떤 상태가 되게) 만들다

** pedagogy: 교수법

5. 다음 글의 밑줄 친 부분 중, 어법상 틀린 것은?

Like whole individuals, cells have a life span. During their life cycle (cell cycle), cell size, shape, and metabolic activities can change dramatically. A cell is "born" as a twin when its mother cell divides, ① producing two daughter cells. Each daughter cell is smaller than the mother cell, and except for unusual cases, each grows until it becomes as large as the mother cell ② was. During this time, the cell absorbs water, sugars, amino acids, and other nutrients and assembles them into new, living protoplasm. After the cell has grown to the proper size, its metabolism shifts as it either prepares to divide or matures and ③ differentiates into a specialized cell. Both growth and development require a complex and dynamic set of interactions involving all cell parts. ④ What cell metabolism and structure should be complex would not be surprising, but actually, they are rather simple and logical. Even the most complex cell has only a small number of parts, each ⑤ responsible for a distinct, well-defined aspect of cell life.'

* metabolic: 물질대사의

** protoplasm: 원형질

1. 정답: ① since ② was

(해석)

고속도로에 사고가 나서, 운전자는 우회하기로 결정했다.

(해설)

① '~이기 때문에'라는 이유의 의미를 가지는 접속사 since가 적절하다.
② 주절 시제가 decided로 과거이므로 종속절의 시제 역시 과거가 되어야 한다.

2. 정답: ②

(해석)

미국의 양봉가들은 2006년 처음으로 그들의 봉군이 하나씩 죽어 가는 것을 알아챘다. 그때 이후로 과학자들은 무엇이 그 붕괴를 일으키는지를 밝혀내기 위해 필사적으로 노력하고 있다.

(해설)

(A) in 2006이라는 명백한 과거시간부사구가 있으므로 동사의 시제는 과거가 되어야 한다.
(B) since then이 현재완료나 현재완료 진행시제와 어울리는 시간 표현이다. 그리고 try to R에서 to R는 try의 목적어 역할을 하는 부정사의 명사절 용법이므로, 뒤에 목적어가 있는 것이다. 따라서 능동형인 trying이 정답이다.

(어휘)

beekeepers 양봉가 bee colony 봉군 die off 죽다 figure out 이해하다 collapse 붕괴하다

3. 정답: leads → will lead

(해석)

그들은 새로운 유전자가 태풍 및 몬순 계절에 발생되는 재정적 피해를 줄이고 수확을 가져오는 더욱 견실한 쌀 품종을 가져올 것을 기대한다.

(해설)

주절 동사로 hope가 사용되었으므로 that절은 '~할 것을 기대하다'라는 의미이다. 따라서 동사의 시제가 미래가 되어야 한다.

(어휘)

gene 유전자 strain 변형 incur 발생시키다 bumper 엄청나게 큰

4. 정답: has been → had been

(해석)

게다가, 그들의 비교적 자유롭고 오픈된 화법은 이전의 프랑스 페인팅에서 중심이 되었던 그 꼼꼼하게 상세한 학구적인 방법으로 부터의 그들의 자유를 강조했다.

(해설)

주절 동사가 underscored라는 과거이므로 that절 안의 동사는 시제일치를 시키기 위해서, 과거나 과거완료시제가 되어야 한다. 문맥상 프랑스 페인팅에서 중심이 되었던 것은 과거보다 더 이전이므로 과거완료시제를 사용해야 한다.

(어휘)

brushwork 그림, 화풍 underscore 강조하다 meticulously 꼼꼼하게

5. 정답: ③

(해석)

① 은하계의 수십억 개의 별들 중에서, 얼마나 많은 별들이 생명을 부화할 수 있을까?
② 크리스마스 파티는 즐거웠고 나는 시간 가는 것을 완전히 잊었다.
③ 나는 오늘 정오에 일을 시작할 것이기 때문에 나는 지금 떠나야만 한다
④ 그들은 어렸을 때 훨씬 더 책을 좋아하곤 했다.

③ 미래를 나타내는 시간표현 at noon today(오늘 정오)가 쓰였고, 현재진행 시제를 사용해 미래에 일어나기로 예정되어 있는 일이나 곧 일어나려고 하는 일을 표현할 수 있으므로 현재진행 시제 is starting이 올바르게 쓰였다.

오답 분석

① 대명사 much가 지시하는 명사(stars)가 가산 복수 명사이므로, how much를 how many로 고쳐야 한다.
② 감정을 나타내는 동사(excite)의 경우 주어가 감정의 원인이면 현재분사를, 감정을 느끼는 주체이면 과거분사를 써야 하는데, 주어 The Christmas party가 '크리스마스 파티는 즐거웠다'라는 의미로 감정의 원인이므로 과거분사 excited를 현재분사 exciting으로 고쳐야 한다.
④ 조동사처럼 쓰이는 표현 used to(~하곤 했다) 뒤에는 동사원형이 와야 하므로 동명사 loving을 동사원형 love로 고쳐야 한다.

6. 정답: ① was haunted → has been haunted

해석

고대 그리스 비극 시대 이래로, 서양 문화는 복수자의 형상에 시달려 왔다. 그 혹은 그녀는 문명과 야만 사이, 양심에 대한 개인의 책임과 법치주의에 대한 공동체의 요구 사이, 정의와 자비의 상반되는 요구 사이 같은 완전한 일련의 경계선에 서 있다. 우리는 우리가 사랑하는 사람을 파괴한 사람에 대해 복수를 할 권리가 있을까? 혹은 복수를 법이나 신에게로 넘겨야 할까? 그리고 만일 우리가 직접 행동을 취한다면, 우리는 스스로를 원래 살인을 저질렀던 가해자와 똑같은 도덕 수준으로 전락시키는 것은 아닌가?

해설

① 시간 부사가 ever since가 제시되어 있으므로 동사의 시제는 현재완료가 되어야 한다.

오답 분석

② '~사이에서'라는 의미의 전치사는 between과 among이 있는데, 둘 사이에서는 between을 사용한다.
③ '~하기 위한 권리'라는 의미로 to 부정사의 형용사적 용법이다. 명사 a right 뒤에는 부정사가 수반된다.
④ 주격관계대명사 who의 수식을 받아서 '~하는 사람들'

을 표시할 때에는 지시대명사 those를 사용한다.

어휘

haunt 뇌리에서 떠나지 않다, 계속 떠오르다 borderline 경계선 barbarity 야만적 행위 exact (남에게 나쁜 일을) 가하다 vengeance 복수, 앙갚음 moral level 도덕적 수준 perpetrator 가해자, 범인 murderous 사람을 죽이려 드는 deed 행위 redemption 구원, 구함 depraved 타락한 atrocity 잔학한 행위 depravity 타락 accountability 책임

7. 정답: ③ has been inspired → has inspired

해석

그렇다, 두브로브니크 시는 크루즈 관광을 억제하는 데 있어 적극적으로 노력해 왔지만 어떤 것도 끊임없이 계속되는 관광객 무리로부터 Old Town을 구할 수 없을 것이다. 설상가상으로 여분의 돈을 벌게 하는 유혹은 Old Town의 많은 집주인들이 그들의 장소를 에어비앤비(숙박업소)로 바꾸도록 자극했고, 마을의 벽으로 둘러쳐진 부분을 거대한 하나의 호텔이 되게 했다. 지역 주민처럼 '진정한' 두브로브니크를 경험하기를 원하는가? 당신은 이곳에서 그것을 발견하지는 못할 것이다. 영원히 말이다.

해설

③ 주어가 lure로 단수이므로 has는 바르게 사용되었다. 그리고 집주인들에게 고무시켜 왔던 것이므로 현재완료도 바르게 사용되었다. 태를 살펴봐야 하는데, 동사 뒤에 many homeowners라는 목적어가 제시되어 있으므로 능동태로 바꾸어야 한다.

오답 분석

① '~하는 것을 노력하다'라는 의미로는 try to R가 제대로 사용되었다.
② '~으로부터 ~을 구하다'라는 'save A from B'가 제대로 쓰였다.
④ 분사구문의 분사를 결정하는 것인데, 뒤에 the walled portion of town이 의미상 목적어로 제시되어 있으므로 현재분사가 바르게 사용되었다.

어휘

proactive 사전 대책을 강구하는 curb 억제하다, 제한하다 perpetual 끊임없이 계속되는, 영원한 swarm (사람,

동물의) 무리, 떼 to make matters worse 설상가상으로 lure 유혹 turn over (권리 , 책임 등을) 넘기다 authentic 진정한, 진짜의

8. 정답: ④ have found → had found

(해석)

50년 전 밝은 봄날 아침에 벨 연구소의 두 명의 젊은 천문학자들은 20피트 높이의 뿔 모양 안테나를 뉴저지 상공 하늘로 향하게 하여 조정하고 있었다. 그들의 목표는 지구의 고향인 은하수를 측정하는 것이었다. 로버트 우드로 윌슨과 아노 펜지어스는 사방에서 그리고 은하수 건너에서 들려오는, 지속적인 잡음의 전파 신호를 듣고 놀랐다. 그것은 우주 극초단파 배경 방사능, 즉 약 138억 년 전 갑작스럽 게 우주를 탄생시킨 태고의 에너지와 질량 폭발의 잔여물이었다. 그 과학자들은 1931년 조르주 르메트르가 처음 제시한 빅뱅이론을 확정 짓는 증거를 찾아냈다.

(해설)

④ '그 과학자들은 1931년에 조르주 르메트르가 처음 제시한 처음 제시한 빅뱅이론은 확정 짓는 증거를 찾아냈다'라는 문맥이 자연스럽다. 확정 짓는 시점이 과거이고 증거를 찾는 것은 그보다 이전 시점이므로 현재완료가 아닌 과거완료시제를 사용해야 한다. 따라서 have found를 had found로 고쳐야 한다.

(오답 분석)

① 50 years ago라는 과거시간부사구가 제시되어 있으므로 과거시제가 바르게 쓰였다.
② be 동사 뒤에 to 부정사가 주격 보어로 사용되어서 '~ 하기 위한 것이다'라는 목적을 나타낼 수 있으므로 바르게 쓰였다.
③ It was ~ that 강조구문이므로 that이 바르게 사용되었다.

(어휘)

astronomer 천문학자 confirm 확인하다 cosmic microwave background 우주 극초단파 배경 방사능 explosion 폭발 give rise to ~의 원인이 되다 hiss "쉿" 소리 horn-shaped 뿔 모양의 insistent 계속적인 Milky Way galaxy 은하계 primordial 원초적 puzzlement 당황, 놀람 radio signal 무선 신호 residue 잔여물 rule out 배

제하다 steady state 정지 상태 tune 조정하다

9. 정답: ⑤

(해석)

비록 그녀의 친구들이 그녀에게 소개한 몇몇의 (A) 흥미로운 활동들이 그녀의 관심을 끄는 데 성공했지만, 그녀는 결국 그녀의 결혼 생활의 파탄에 대한 (B) 절망을 극복할 수 없었다.

	(A)	(B)
①	흥미로운	기뻐하다
②	난처한	증오
③	재미있는	고요함
④	좌절감을 일으키는	낙담
⑤	흥미로운	절망

(해설)

(A) '비록 그녀에게 소개한 몇몇의 ________활동들이 그녀의 관심을 끄는 데 성공했지만'이라는 문맥에서 Although some ________ activities that her friends introduced to her succeeded in attracting her attention의 빈칸에는 '흥미로운'이라는 의미가 들어가는 것이 자연스럽다. (B) '그녀의 결혼생활의 파탄에 대한 ______을 극복할 수 없었다'라는 문맥에서 unable to overcome the ______ over the breakup of her marriage의 빈칸에는 '절망'이라는 의미가 들어가는 것이 자연스럽다. 따라서 ⑤ (A) intriguing(흥미로운)-(B) despondence(절망)가 정답이다.

(어휘)

introduce 소개하다, 도입하다 attract 끌다 overcome 극복하다 breakup 파탄, 불화 rejoice 기뻐하다 embarrassing 난처한, 당혹스러운 animosity 증오, 적대감 serenity 고요함 frustrating 좌절감을 일으키는 dejection 낙담, 실의 intriguing 흥미로운, 흥미를 돋우는 despondence 절망

10. 정답: ① for → to

(해석)

발명가 엘리어스 하우는 재봉틀의 발견을 그가 식인종들에게 붙잡혔던 꿈의 결과로 보았다. 그는 그들이 그의 주

위에서 춤을 출 때 창 끝에 구멍이 있다는 것을 알아차렸고, 그는 이것이 그의 문제를 해결하기 위해 그가 필요했던 디자인 특징이라는 것을 깨달았다.

① attribute A(원인) to B(결과)는 'A를 B의 탓으로 돌리다'라는 의미이다. 따라서 전치사를 for가 아닌 to로 고쳐야 한다.

② 관계절 he was captured by cannibals이 왔으므로 '전치사 + 관계대명사'의 형태가 올 수 있다. 이때 관계대명사 앞에 오는 전치사는 선행사 또는 관계절의 동사에 따라 결정되는데, 문맥상 '꿈에서 식인종들에게 붙잡혔다'라는 의미가 되어야 하므로 전치사 in(~에서)이 관계대명사 which 앞에 와서 in which가 올바르게 쓰였다.
③ 완전한 절(there were ~ spears)을 이끌며 동사(noticed)의 목적어 자리에 올 수 있는 명사절 접속사 that이 올바르게 쓰였다.
④ 동사 need는 to 부정사를 목적어로 취하는 동사이므로 to 부정사 to solve가 올바르게 쓰였다.

discovery 발견 sewing machine 재봉틀 capture 붙잡다, 포획하다 cannibal 식인종 notice 알아차리다 hole 구멍 tip 끝 spear 창 feature 특징, 특성 solve 해결하다 be accustomed to v-ing ~에 익숙하다 lie detector 거짓말 탐지기 administer 실시하다 licensed 인가된, 면허를 받은 a pack of lies 새빨간 거짓말

1. 정답: ②

해석

대부분의 미국인들은 거짓말 탐지기는 기계이기 때문에 범죄자와 죄 없는 사람을 실수 없이 구별해 낼 수 있다고 생각하는 데 익숙해져 있다. 그러나 사실 거짓말 탐지기는 실수할 가능성이 있을 뿐만 아니라 실제로도 그렇다. 우선 테스트를 실시하는 사람들이 반드시 자격을 갖춘 전문가인 것은 아니다. 많은 주들이 거짓말 탐지기의 출력정보를 읽고 해석하도록 훈련받은 인가된 조사관들을 고용하지 않는다. 게다가 많은 조사 대상자들이 불안한 상태로 거짓말 탐지기 테스트에 반응한다. 그 결과로 그들이 진실을 말하고 있을 때조차도 마치 거짓말을 하고 있는 것처럼 그들의 신체가 반응한다. 불행하게도, 일부 사람들은 그들이 새빨간 거짓말을 할 때 침착한 상태를 유지해 주는 감정 이완 기법(relaxation techniques)을 이용할 정도로 영리하다.

해설

① 조동사 can 뒤에 동사원형이 쓰여야 하기 때문에 separating을 separate로 고쳐야 한다.
① '-익숙하다'의 표현은 'be accustomed to +v-ing' 형태로 쓰기 때문에 맞게 쓰였다. ③ licensed examiners (who are) trained to read ~의 형태로 '주격 관계대명사 + be 동사'가 생략된 구조이다. ④ 'as if + S + 과거시제'로 가정법 과거 시제가 쓰였는데, 주절 동사인 behave(현재시제)와 같은 시제를 나타내기 때문에 맞다. ⑤ 2형식 동사로 쓰인 remain 뒤에 형용사가 쓰여 맞다.

2. 정답: ④

해석

기름진 땅을 사막과 같은 땅으로 바꾸는 과정은 사막화라고 불린다. 사막화는 기존의 사막 가장자리에서 자연적으로 발생하거나 가장 가까운 사막으로부터 수백 마일 떨어진 작은 땅에서도 시작될 수 있다. 벌목이 또한 사막화의 중대한 원인이 될 수 있다. 개발 도상국들에서 사람들의 90퍼센트는 요리 와 난방을 위해 나무를 이용한다. 그러나 땔감을 위해 나무를 베는 것은 땅을 태양에 노출된 상태로 남겨 둔다. 나무 아래에서 자라는 작은 식물들은 나무의 그늘이 없어 생존할 수가 없다. 그리고 토양을 비옥하게 해 줄 나뭇잎이 없어 토양은 메마르고 영양소를 빼앗기게 된다. 결국 작은 식물은 죽고, 불모의 땅을 제외한 어떤 것도 남지 않게 된다. 때때로 토양은 너무도 퇴화해서 콘크리트만큼이나 딱딱해진다. 농작물을 기르기 위해 제거된 넓은 땅은 짧은 기간 내에 쓸모없게 될 수도 있다.

해설

① 'S(The process) + V(is called) + C(desertification)' 구조로 '그 과정은 사막화라고 불린다'는 의미이므로 수동태가 맞다.
② '부분 명사 + of + 명사'는 of 뒤의 명사에 따라 동사의 수가 결정되는데, the people은 복수 명사이므로 use가 왔다.
③ 동사 leaves 뒤 '주격 관계대명사+be 동사'가 생략된 형태로 목적어 the land와 목적격 보어 exposed는 수동 관계이므로 맞게 쓰였다.
④ becomes의 보어로 형용사형인 분사가 사용되어야 한다. 흙이 영양분을 빼앗기는 것이므로 수동관계이다. 따라서 deprived와 같이 과거분사형이 되어야 한다.
⑤ 'as+형용사(부사의 원급) + as'로 쓰인 원급 비교 문장에서 형용사나 부사를 판단하는 문제는 앞의 as를 없애고 연결시켜 보면 된다. 이 문장은 앞의 as를 없애면 hard(딱딱한)가 becomes의 보어 역할을 하고 있으므로 맞게 쓰였다.

어휘

desertification 사막화 edge 가장자리 patch 헝겊, 조각 deforestation 산림벌채 nutrient 영양소 barren 불모의 degrade 타락시키다

3. 정답: ③

(해석)

고대 중국의 의학 형태인 침술은 몸을 순환하고 있는 에너지가 건강을 통제한다는 철학에 기반을 두고 있다. 그래서 통증과 질병은 그러한 에너지 흐름이 방해받은 결과이며, 그것은 몸속의 특정한 부위에 길고 가는 침을 놓음으로써 바로잡을 수 있다. 각각의 부위는 몸의 서로 다른 상응하는 기관을 통제한다. 일단 침을 놓으면 그 침은 앞뒤로 부드럽게 돌려지거나 짧은 시간 동안 적은 양의 전류를 가지게 된다. 침술은 화학요법을 받는 암 환자들에게서 구역질을 완화시키는 데 도움을 준다는 사실이 연구에서 밝혀졌다. 침술은 또한 만성 허리 통증 치료에도 도움이 되며, 과민성 대장 증후군에도 효과가 있을 수 있다.

(해설)

③ 접속사로 쓰인 Once 뒤에 생략된 주절 주어 《the needles》와 be 동사를 써 보면 the needles are inserted가 되어 '침이 넣어지다'로 수동의 의미이므로 밑줄 친 inserting을 inserted로 고쳐야 한다. ② 계속적 용법으로 쓰인 관계대명사이며, 앞의 a disturbance가 선행사이다. ④ rotated와 charged가 or로 병렬구조를 이루고 있다. ⑤ 'helps (to) alleviate nausea'의 구조인데 help의 목적어로 쓰인 to 부정사에서 to는 생략 가능하다.

(어휘)

acupuncture 침, 침술 disturbance 방해, 소란 corresponding 상응하는 electric current 전류 alleviate 완화시키다 nausea 구역질 chronic 만성의 lower back 허리 irritable 과민성의 bowel 장

4. 정답: ③

(해석)

수학 연습과 담화는 모든 학생이 수학 학습자로서 긍정적인 정체성을 발달시키는 문화적 맥락, 학생 관심사 그리고 실생활 상황 안에 위치되어야 한다. 수학기술을 고립적으로 그리고 학생들의 이해와 정체성이 결여된 채 지도하는 것은 그들이 명시적 지도로 이익을 얻는 데 무력하게 만든다. 그러므로 우리는 명시적 지도가 학생들에게 유익하다는 것에는 동의하지만, 문화적으로 적절

한 교수법과 학습 및 숙달을 촉진하는 비학습 영역에 대한 고려를 포함하는 것이 수학 지도에서 명시적 지도를 필연적으로 강화한다고 제안한다. 게다가 교사는 교실에서의 담화와 연습을 통해 학생의 정체성, 주체성, 그리고 독립심을 장려하는 환경을 개발하는 데 중요한 역할을 한다. 맥락화된 학습 과정에 적극적으로 참여하는 학생들은 학습 과정을 통제하고 있고, 과거 학습 경험과 연계를 맺을 수 있어서 더 깊고 더 의미 있는 학습을 촉진한다.

(해설)

① 뒤에 주어(all students)와 목적어(positive identities)를 모두 갖춘 완전한 절이 왔으므로, 관계부사 where이 온 것은 적절하다.
② render의 목적격 보어로는 형용사가 와야 하므로, helpless가 온 것은 직절하다
③ 앞의 that은 선행사 nonacademic factors를 수식하는 주격 관계대명사로 뒤에 동사가 나와야 한다. 따라서 promoting를 promote로 고쳐 써야 한다.
④ 뒤에 이어지는 절에서 주어 역할을 하며 선행사 environments를 수식하고 있으므로, 주격 관계 대명사 that이 온 것은 적절하다.
⑤ 결과를 나타내는 부사적 용법 to 부정사가 오는 것이 적절하므로, to foster가 온 것은 적절하다.

(어휘)

discourse 담화 context 맥락 identity 정체성 instruction 지도, 지시 isolation 고립 devoid of ~이 결여된 explicit 명시적 incorporate 포함하다 relevant 적절한, 관련 있는 factor 요소 promote 촉진하다 enhance 높이다, 향상시키다 critical 중요한 engage in ~에 참여하다 contextualize 맥락과 관련 짓다 foster 촉진하다

5. 정답: ④

(해석)

모든 개체처럼, 세포도 수명을 가진다. 그것의 생애 주기(세포 주기) 동안에, 세포의 크기, 모양, 물질대사 활동이 극적으로 바뀔 수 있다. 세포는 모세포가 두 개의 딸세포를 생성하면서 나눠질 때, 쌍둥이로 태어난다. 각각의 딸세포는 모세포보다 더 작고, 특이한 경우를 제외하고

는 각각 모 세포의 크기만큼 커질 때까지 자란다. 이 기간 동안에 세포는 물, 당, 아미노산, 그리고 다른 영양소들을 흡수하고 그것들을 새로운 살아 있는 원형질로 만든다. 세포가 적절한 크기로 자란 후, 그것은 분열할 준비를 하거나 성숙하여 특화된 세포로 분화하면서 그것의 물질대사가 변화한다. 성장과 발달 둘 다 모든 세포 부분을 포함하는 일련의 복잡하고 역동적인 상호 작용을 요구한다. 세포의 물질대사와 구조가 복잡해야 하는 것은 놀라운 것이 아니겠지만, 실제로 그것들은 아주 간단하고 논리적이다. 가장 복잡한 세포조차도 그저 소수의 부분만을 가지고 있는데, 각각은 세포 생명의 뚜렷하고, 명확한 측면을 맡고 있다.

(해설)

① 분사구문이 와야 하는데, '두 개의 딸세포를 생성하면서'라는 능동의 의미이므로, 현재분사 producing이 온 것은 적절하다.

② '컸다(was large)'는 의미의 모세포의 과거 사이즈를 지칭하는 대동사가 와야 하므로, was가 온 것은 적절하다. grows나 becomes를 받아 대동사 did를 사용하는 것은 의미상 적절하지 않다.

③ 두 동사가 and로 연결되어 있으므로 마찬가지로 3인칭 단수형인 differentiates가 온 것은 적절하다.

④ 뒤에 모든 문장 성분을 갖춘 완전한 문장이 왔으므로, what은 적절하지 않다. 주어로 쓰인 명사 절을 이끄는 접속사가 와야 하므로, what을 접속사 that으로 바꿔야 한다.

⑤ 분사구문 "each being responsible."에서 being이 생략되어 responsible이 온 것은 적절하다.

(어휘)

individual 개인, 개체 life span 수명 dramatically 극적으로 absorb 흡수하다 amino acid 아미노산 assemble 조립하다 nutrient 영양소 proper 적절한 metabolism 물질대사 mature 성숙하다 differentiate 분화하다 logical 논리적인 distinct 뚜렷한 well-defined 명확한

Chapter 9

분사와 분사구문

분사는 동사에 형용사의 성격을 부여한 것이다. 현재분사(-ing)는 능동, 진행의 의미를 가지고, 과거분사(-ed)는 수동, 완료의 의미를 가진다. 분사는 동사에 형용사 성격이 가미된 것으로, 명사를 수식하기도 하고 분사구문의 형태로 문장을 수식하는 부사구의 역할을 하기도 한다.

1) 현재분사와 과거분사의 구분

수식 받는 명사가 행위의 주체가 되면, 능동(~한, ~하는)을 의미하는 현재분사를 사용한다. 반면 수식 받는 명사가 행위의 대상이면 수동(~된, ~되는)을 의미하는 과거분사를 사용한다.

① 현재분사: 능동(~하는), 진행(~하고 있는)
- People swim.
    - → swimming people 수영하는 사람들
- Children are studying.
    - → studying children 공부하고 있는 어린이들

② 과거분사: 수동(~되는), 완료(~된)
- The driver is injured.
    - → injured driver 부상당한 운전자
- Leaves have fallen.
    - → fallen leaves 떨어진 나뭇잎

2) 분사의 위치와 역할

분사는 형용사 역할도 한다. 따라서 명사 앞이나 뒤에서 명사를 수식하거나 보어 자리에 사용될 수도 있다.

① 명사 앞에서 수식
- I read an interesting novel. 나는 흥미로운 책을 읽었다.
- Please review the attached files. 첨부된 파일을 검토해 주세요.

(문장 분석! 구조 파악 연습)

1. Rapidly emerging technologies pose challenges that require governments to create regulations capable of protecting citizens without restricting the innovative spirit driving societal progress.

2. The long-established principle emphasizes that decisions based on incomplete data can lead to outcomes far more unpredictable than those derived from thorough analysis.

1. <u>Rapidly emerging</u> <u>technologies</u> <u>pose</u> <u>challenges</u> (that require governments to create
　　현재분사　　　　　　 S　　　　　 V　　 O

regulations) (capable of protecting citizens (without restricting the innovative <u>spirit</u>) (<u>driving</u>
　　　　　　　　　　　　　　　　　　　 전　　　　　　　　　　　　　　　 명　　(현재분사+

<u>societal progress.</u>)
현재분사의 목적어)

빠르게 등장하고 있는 기술들은, 정부가 사회 발전을 이끄는 혁신적 정신을 억누르지 않으면서도 시민을 보호할 수 있는 규정을 마련하도록 요구하는 문제들을 제기한다.

2. The <u>long-established</u> <u>principle</u> <u>emphasizes</u> [that <u>decisions</u> (based on incomplete data) <u>can lead to</u>
　　　 P.P.　　　　　　 S　　　　 V　　　 O[명사절]　 S　　　 (p.p.)　　　　　　　　　　 V

<u>outcomes</u> far more unpredictable than those (<u>derived</u> from thorough analysis.)
　 O　　　　　　　　　　　　　　　　　　　　　　　(P.P.)

오랫동안 확립되어 온 원리는, 불완전한 자료에 근거한 결정이 **철저한 분석에서 도출된** 결과들보다 훨씬 예측 불가능한 결과로 이어질 수 있음을 강조한다.

② 명사 뒤에서 수식
- The man <u>taking</u> a walk looks young. 산책하는 남자는 어려 보인다.
- She found a wall <u>painted</u> with many different colors. 그녀는 여러 색상으로 페인트 된 벽을 발견했다.

1. Researchers analyzing the long-term climate data have detected subtle patterns suggesting that the recent temperature fluctuations may be part of a larger cycle rather than isolated anomalies.
2. The documents obtained during the investigation contained evidence long considered irrelevant but now regarded as crucial for understanding the hidden motives behind the incident.

1. <u>Researchers</u> <u>analyzing</u> <u>the long-term climate data</u> <u>have detected</u> <u>subtle patterns</u>
　　　 S　　　 현재분사　　 현재분사의 목적어　　　　 V　　　　　 O

<u>suggesting</u> [that the recent temperature fluctuations may be part of a larger cycle rather
　현재분사　　　　　　　　　　　　　 O[명사절]

than isolated anomalies.]

장기 기후 데이터를 **분석하고 있는** 연구자들은, 최근의 온도 변동이 개별적 이상 현상이라기보다는 더 큰 순환의 일부일 수도 있음을 **암시하는** 미세한 패턴들을 발견했다.

2. <u>The documents</u> (<u>obtained</u> during the investigation) <u>contained</u> <u>evidence</u> (<u>long considered</u>
　　　 S　　　　　　 (P.P.)　　　　　　　　　　　　　 V　　　 O　　　　 (p.p.)

irrelevant but now regarded as crucial for understanding the hidden motives behind the incident.)

조사 과정에서 입수된 문서들은, 오랫동안 **관련성이 없다고 여겨졌으나,** 이제는 그 사건 뒤에 숨겨진 동기를 이해하는 데 핵심적인 것으로 간주되는 증거를 담고 있었다.

③ 주격 보어로 사용
- The children became <u>excited</u>. 어린이들이 흥분하게 되었다.

1. Many of the students appeared overwhelmed by the complexity of the task, which required them to integrate concepts they had previously learned in entirely different contexts.

1. <u>Many</u> (of the students) <u>appeared</u> <u>overwhelmed</u> by the complexity of the task, which
   S   2V   SC

required them to integrate concepts they had previously learned in entirely different contexts.

많은 학생들은 그 과제의 복잡성에 **압도된** 듯 보였는데, 그 과제는 학생들이 이전에 전혀 다른 맥락에서 배웠던 개념들을 통합할 것을 요구했다.

④ 목적격 보어로 사용
- The teacher kept the students <u>studying</u> hard. 그 선생님은 학생들이 열심히 공부하게 했다.

1. The professor noticed several students taking notes more carefully as the discussion became increasingly complex.
2. The committee found the initial proposal significantly revised after the external reviewers pointed out several methodological flaws

1. <u>The professor</u> <u>noticed</u> <u>several students</u> <u>taking</u> notes more carefully as the discussion
     S   5V   O   OC

became increasingly complex.

토론이 점점 복잡해지자, 교수는 여러 학생들이 더 신중하게 필기하고 있는 것을 알아차렸다.

2. <u>The committee</u> <u>found</u> <u>the initial proposal</u> significantly <u>revised</u> after the external reviewers
     S   5V   O   OC

pointed out several methodological flaws

외부 평가자들이 여러 방법론적 결함을 지적한 후, 위원회는 초기 제안서가 크게 수정된 상태임을 알게 되었다.

2. 감정 동사의 현재분사와 과거분사

감정 동사는 수식을 받는 명사가 감정을 느끼는 주체(사람)일 때는 과거분사(-ed), 감정을 일으키는 주체일 때는 현재분사(-ing)를 사용한다.

감정 동사	현재분사(능동)	과거분사(수동)
excite(흥분시키다)	exciting(흥분시키는)	excited(흥분한)
bore(지루하게 하다)	boring(지루한)	bored(지루해하는)
surprise(놀라게 하다)	surprising(놀라운)	surprised(놀란)
embarrass(당황하게 하다)	embarrassing(당황하게 하는)	embarrassed(당황한)
disappoint(실망시키다)	disappointing(실망시키는)	disappointed(실망한)
annoy(성가시게 하다)	annoying(성가신)	annoyed(성가셔하는)
interest(흥미를 일으키다)	interesting(흥미로운)	interested(흥미 있어 하는)
frustrate(좌절시키다)	frustrating(좌절시키는)	frustrated(좌절된)
encourage(격려시키다)	encouraging(격려하는)	encouraged(고무된)
overwhelm(압도시키다)	overwhelming(압도적인)	overwhelmed(압도된)

- The sales figures were <u>disappointing</u>. 그 매출액은 실망스러웠다.
- The sales representatives were <u>disappointed</u>. 그 영업사원들은 실망했다.

문장 분석! 구조 파악 연습

1. Many students seemed confused by the unexpected format of the exam, despite having prepared thoroughly.

2. The most concerning aspect of the experiment was an unexpected pattern emerging in the later stages, suggesting that the original hypothesis might have overlooked a critical variable.

정답과 해설

1. <u>Many students</u> <u>seemed</u> <u>confused</u> by the unexpected format of the exam, despite having
       S   2V   SC

prepared thoroughly.

많은 학생들은 철저히 준비했음에도 불구하고, 시험의 예상치 못한 형식에 혼란스러워하는 듯 보였다.

2. The most <u>concerning</u> <u>aspect</u> (of the experiment) <u>was</u> <u>an unexpected pattern</u> emerging in
          현재분사   S   be   SC

the later stages, suggesting that the original hypothesis might have overlooked a critical variable.

그 실험에서 가장 우려스러운 측면은 후반 단계에서 **나타나고 있던** 예상치 못한 패턴으로, 이는 초기 가설이 중요한 변수를 간과했을지도 모른다는 점을 시사했다.

3. 분사구문

분사구문은 '접속사+주어+동사'의 부사절을 간단하게 축약한 것이다. 분사구문에서 필요한 분사를 고를 때, 분사 뒤에 목적어가 있으면 현재분사를, 목적어가 없으면 과거분사를 고른다.

1) 분사구문의 형태

분사구문은 '부사절 접속사 + 주어 + 동사'를 축약해 '(부사절 접속사) + -ing/-ed'의 형태로 만드는 것이다.

- When he cooked the meat, he tried to make it delicious. 그가 고기를 요리했을 때, 맛있게 만들려고 했다.
  접속사 주어 동사
→ **Cooking** the meat, **he** tried to make it delicious. [그가 요리를 하는 것이므로 현재분사를 사용한다.]

- As she is loved by students, the teacher is happy. 그녀는 학생들에게 사랑을 받기 때문에 행복하다.
  접속사 주어 동사
→ **(Being) loved** by students, **the teacher** is happy. [그 선생님이 사랑을 받는 것이므로 과거분사를 사용한다.]

2) 분사구문을 만드는 방법

① 접속사를 생략하고, ② 주절 주어와 중복되는 주어를 생략한 후, ③ 동사의 분사 형태로 바꾼다. ④ 이때 주절 주어가 동사의 행동을 '하는 경우'에는 현재분사(능동)를 사용하고, 주절의 주어가 동사의 행동에 '당하는 경우'에는 과거분사(수동)를 사용한다.

- While I watch TV, I fell asleep. TV를 보는 동안, 나는 잠이 들었다.
  접속사 주어 동사
  → Watching TV, **I** fell asleep.
    현재분사(I가 보는 것: 능동관계)

- Because I was left alone, the baby cried. 혼자라고 느꼈기 때문에, 그 애기는 울었다.
  접속사   주어 동사
  → (Being) left alone, **the baby** cried. (Being 생략가능)
    과거분사(The baby가 남겨지는 것: 수동관계)

3) 분사구문의 해석

(1) <u>분사구문</u>, S + V

① 시간(~하면서, ~할 때)
- <u>Attending</u> the meeting, I met the former boss. 회의에 참여할 때, 이전의 사장님을 만났다.

② 이유(~하기 때문에)
- <u>Being</u> sick, she took a day off. 아프기 때문에, 그녀는 하루 쉬었다.

③ 조건(~하면)
- <u>Taking</u> the train, you can get to Seoul. 그 기차를 타면, 서울에 도착할 수 있다.

④ 양보(~이지만)
- <u>Having</u> no money, John is still happy. 돈이 없지만, John은 여전히 행복하다.

(2) S+V, <u>분사구문</u>

① 그리고
- The meeting starts at 10 A.M., <u>ending</u> at three P.M. 그 회의는 오전 10시에 시작했다. 그리고 오후 3시에 끝났다.

② ~할 때
- I fell asleep, <u>watching</u> TV. TV를 볼 때 잠이 들었다.

4) 분사구문의 의미상 주어

분사의 행동 주체가 주절 주어와 같은 경우 생략하지만, 주절 주어와 일치하지 않는 경우 앞에 의미상 주어를 반드시 표시해야 하면 주격으로 표시한다.

- <u>The man</u> being sick, **we** didn't invite him to the party. (The man ≠ we)
  그 남자가 아팠기 때문에, 우리는 그를 초대하지 않았다.
- <u>There</u> being no objection, **the meeting** could end earlier than expected.
  (There ≠ the meeting)
  반대가 없었기 때문에, 회의는 예상보다 일찍 끝날 수 있었다.

◆ 분사구문 확인 포인트
1. S' = S (S': 생략)
주절 주어와 분사구문의 주어가 같으면 분사구문의 주어는 생략한다.

2. S' ≠ S (S': 그대로 남김)

주절 주어와 분사구문의 주어가 다르면, 분사구문의 주어를 그대로 남겨 둔다.

Waiting a bus, my coffee got cold. [X]

→ **I waiting** a bus, **my coffee** got cold. 내가 버스를 기다리면서, 커피가 식었다.

3. R-ing vs P.P 구분

① 능동/수동

주절 주어와 분사와의 관계가 능동이면 현재분사, 수동이면 과거분사를 사용한다.

② 목적어 유무

분사 자체의 목적어가 있으면 현재분사, 목적어가 없으면 과거분사를 사용한다.

4. 자동사 출신

자동사가 분사가 되는 경우, 과거분사형은 존재하지 않는다. 따라서 현재분사만 가능하다.

- missing child 사라진 아이
- remaining ingredients 남겨진 재료

[문장 분석! 구조 파악 연습]

1. Noticing the pattern repeating across multiple datasets, the researchers began to suspect that an overlooked variable might be influencing the results.

2. Surprised by the sudden shift in consumer preferences, the marketing team reassessed its entire advertising strategy.

[정답과 해설]

1. Noticing the pattern repeating across multiple datasets, the researchers began to

    Ring   현재분사의 목적어   S   V

suspect [that an overlooked variable might be influencing the results.]

  O[명사절]

여러 데이터셋에서 그 패턴이 반복되는 것을 관찰하면서, 연구자들은 간과된 변수가 결과에 영향을 미치고 있을지도 모른다고 의심하기 시작했다.

2. Surprised by the sudden shift in consumer preferences, the marketing team reassessed its

    p.p.   전   S   V   O

entire advertising strategy.

소비자 선호의 갑작스러운 변화에 놀란 채, 마케팅 팀은 전체 광고 전략을 재평가했다.

5) 분사구문의 시제

분사구문이 주절의 동사보다 앞선 시제를 나타낼 때는 Having p.p.를 사용한다.

능동태		수동태	
단순분사구문	-ing	단순분사구문	(being) p.p.
완료분사구문	having p.p.	완료분사구문	(having been) p.p.

- Having studied harder, I got a good job.

1. Having failed to account for several external variables, the researchers were forced to revise their initial conclusion after new data revealed significant inconsistencies.

1. Having failed to account for several external variables, the researchers were forced to
   Having p.p.   현재분사의 목적어   S   V

revise their initial conclusion after new data revealed significant inconsistencies.
             O

여러 외부 변수를 고려하지 못했던 탓에, 연구자들은 새로운 데이터가 중대한 불일치를 드러낸 뒤 초기 결론을 수정할 수밖에 없었다.

6) 분사구문의 부정: not + -ing(능동)/p.p.(수동)

분사구문을 부정할 때에는 부정어가 준동사인 분사 앞에 위치한다.

- Not knowing who he is, I didn't meet him. 그가 누군지 몰라서, 나는 그를 만나지 않았다.

1. Not having been informed of the schedule change, several participants arrived late, causing the meeting to start much later than planned.

1. Not having been informed of the schedule change, several participants arrived late,
     Not having been p.p.   전   S   V

causing the meeting to start much later than planned.
분사구문

일정 변경에 대해 통보받지 못한 채, 여러 참가자들이 늦게 도착했고, 그로 인해 회의는 계획보다 훨씬 늦게 시작되었다.

7) 부대상황의 분사구문 with

전치사 with를 이용해서 부대 상황을 표현할 수 있는데, '~하면서, ~한 채로, ~하는 동안'으로 해석한다. 분사가 목적격 보어 자리에 오는 경우에는, 목적어와 목적격 보어와의 관계가 능동이면 현재분사를 사용하고 수동이면 과거분사를 사용한다.

with + 목적어 + **-ing(능동)**
         + **-ed(수동)**
       + **형용사구**
       + **전치사구**

- I was sitting on a chair, and I was closing my eyes. 나는 의자에 앉아 있었다, 그리고 눈을 감았다.
  → I was sitting on a chair, **with** my eyes <u>closed</u>. 나는 눈을 감은 채 의자에 앉아 있었다.
- I was sitting on a chair, **with** my eyes <u>shining</u>. 나는 눈을 반짝이며 의자에 앉아 있었다.

〔문장 분석! 구조 파악 연습〕

1. With the data showing unexpected fluctuations, the research team decided to reexamine the variables that had previously been considered stable.

2. With the main hypothesis rejected by recent findings, the scientists shifted their focus toward developing an entirely new framework.

〔정답과 해설〕

1. <u>With</u> <u>the data</u> <u>showing</u> <u>unexpected fluctuations,</u> <u>the research team</u> <u>decided to reexamine</u>
   With   N   Ring   현재분사의 목적어   S   V

the <u>variables</u> (that had previously been considered stable.)
    O

데이터가 예상치 못한 변동을 **보이고 있어서**, 연구팀은 이전에 안정적이라고 여겨졌던 변수들을 다시 검토하기로 결정했다.

2. <u>With</u> <u>the main hypothesis</u> <u>rejected</u> by recent findings, <u>the scientists</u> <u>shifted</u> <u>their focus</u>
   With   N   p.p.   S   V   O

toward developing an entirely new framework.

주요 가설이 최근 연구 결과에 의해 기각된 상태였기 때문에, 과학자들은 완전히 새로운 틀을 개발하는 데 집중을 돌렸다.

1. 다음 중 어법상 맞는 것을 고르시오.

We read about the family problems of ① [a/the] rich and famous, we see ② [fictionalizing/fictionalized] conflicts on television, but we never get the message.

2. 다음 중 어법상 틀린 부분을 골라 바르게 고치시오.

Asbestos is the name ① giving to a group of minerals that ② occur naturally in the environment as bundles of fibers can ③ be separated into thin, ④ durable threads.

3. 다음 중 어법상 맞는 것을 고르시오.

Astronomers today are convinced ① [that/what] people ② [living/lived] thousands of years ago ③ [was/were] studying the movement of the sky.

4. 다음 중 어법상 맞는 것을 고르시오.

① [Drawing/Drawn] to Poland by high growth and interest rates, investors ② [are/were] fleeing now because growth is faltering and debts are ③ [rising/raising].

5. 다음 중 어법상 맞는 것을 고르시오.

① [Founding/Founded] in 1960 ② [gain/to gain] greater control over the price of oil, OPEC consists ③ [in/of] the main Arabic oil-producing counties.

6. 다음 밑줄 친 부분 중 어법상 옳지 않은 것을 고르시오.

Sustainability is a difficult and complex issue, and an elusive one. It is enormously important ① since it has to do with nothing less than the chances of humankind surviving on this planet. At the rate that the human race is using scarce and limited resources it appears that, unless measures are taken now— and if there is still time — the future of civilization, at least as we understand it now, ② is uncertain, to say the least. It follows that such a complex subject has no simple and straightforward treatment, especially ③ considered that sustainability is not a goal but a process. It leads to a better life for the present generation and survival for generations to come, ④ enhancing their ability to cope with the world that they will inherit.

7. 다음 밑줄 친 부분 중 어법상 옳지 않은 것을 고르시오.

Elizabeth Taylor had an eye for beautiful jewels and over the years amassed some amazing pieces, once ① declaring "a girl can always have more diamonds." In 2011, her finest jewels were sold by Christie's at an evening auction ② that brought in $115.9 million. Among her most prized possessions sold during the evening sale ③ were a 1961 bejeweled timepiece by Bulgari. Designed as a serpent to coil around the wrist, with its head and tail ④ covered with diamonds and having two hypnotic emerald eyes, a discreet mechanism opens its fierce jaws to reveal a tiny quartz watch.

8. 다음 글의 밑줄 친 부분 중 어법상 틀린 것은?

As soon as the start-up is incorporated it will need a bank account, and the need for a payroll account will follow quickly. The banks are very competitive in services to do payroll and related tax bookkeeping, ① starting with even the smallest of businesses. These are areas ② where a business wants the best quality service and the most "free" accounting help it can get. The changing payroll tax legislation is a headache to keep up with, especially when a sales force will be operating in many of the fifty states. And the ③ requiring reports are a burden on a company's add administrative staff. Such services are often provided best by the banker. The banks' references in this area should be compared with the payroll service alternatives such as ADP, but the future and the long-term relationship should be kept in mind when a decision is ④ being made.

9. 다음 글의 밑줄 친 부분 중 어법상 틀린 것은?

Many people refuse to visit animal shelters because they find it too sad or ① depressed. They shouldn't feel so bad because so many lucky animals are saved from a dangerous life on the streets, ② where they're at risk of traffic accidents, attack by other animals or humans, and subject to the elements. Many lost pets likewise ③ are found and reclaimed by distraught owners simply because they were brought into animal shelters. Most importantly, ④ adoptable pets find homes, and sick or dangerous animals are humanely relieved of their suffering.

10. 다음 글의 밑줄 친 부분 중 어법상 옳지 않은 것은?

In the 1860s, the populations of Manhattan and Brooklyn were rapidly increasing, and ① so was the number of the commuters between them. Thousands of people took boats and ferries across the East River every day, but these forms of transport were unstable and frequently stopped by bad weather. Many New Yorkers wanted to have a bridge directly ② connected Manhattan and Brooklyn because it would make their commute quicker and safer. Unfortunately, because of the East River's great width and rough tides, ③ it would be difficult to build anything on it. It was also a very busy river at that time, with hundreds of ships constantly ④ sailing on it.

1. (A), (B), (C)의 각 네모 안에서 어법에 맞는 표현으로 가장 적절한 것은?

Volcanic eruptions and their aftereffects are among the Earth's most destructive natural events. But whether a volcano poses an imminent threat to human life and property (A) [depend on / depends on] its status as an active, a dormant, or an extinct volcano. An active volcano is one that is currently erupting or has erupted recently. Active volcanoes can be found on all continents except Australia and on the floors of all major ocean basins. A dormant volcano is one that has not erupted recently but is considered likely to do so in the future. The presence of hot water springs or small earthquakes occurring near a volcano (B) [may indicate / may have indicated] that the volcano is stirring to wakefulness. A volcano is considered extinct if it has not erupted for a very long time (perhaps tens of thousands of years). A truly extinct volcano is no longer fueled by a magma source and, thus, no longer capable (C) [to erupt / of erupting].

	(A)	(B)	(C)
①	depend on	may indicate	to erupt
②	depend on	may indicate	of erupting
③	depend on	may have indicated	to erupt
④	depends on	may have indicated	of erupting
⑤	depends on	may indicate	of erupting

2. (A), (B), (C)의 각 네모 안에서 어법에 맞는 표현으로 가장 적절한 것은?

Cognitive theorists believe that the way in which people interpret events contributes to emotional disorders such as depression. One of the most influential cognitive theorists is the psychiatrist Aaron Beck. Beck and his colleagues believe that people who adopt a (A) [negative / negatively] slanted way of thinking are prone to depression when they encounter disappointing or unfortunate life events. Along with his colleagues, Beck has identified a number of faulty thinking patterns, called cognitive distortions. These cognitive distortions are believed to increase vulnerability to the onset of depression (B) [follow / following] negative life events. The more distorted thinking patterns dominate a person's thoughts, (C) [the great / the greatly] the vulnerability to depression.

	(A)	(B)	(C)
①	negative	follow	the great
②	negative	follow	the greater
③	negative	following	the great
④	negatively	following	the greater
⑤	negatively	follow	the greater

3. (A), (B), (C)의 각 네모 안에서 어법에 맞는 표현으로 가장 적절한 것은?

When an economy grows as (A) [rapid / rapidly] as the Korean economy has, there are numerous benefits for most citizens, such as new job opportunities, increased income, and improved quality of life in general. Forgotten through the euphoria of the growing economy, however, (B) [is / are] those who may suffer damage from development of private projects near their homes and property. For instance, construction of a new apartment complex may lower the value of single-family homes in the area. Development of public sector projects such as new high ways is different at least in part because public sector projects are intended to benefit a large number of people as opposed to private sector projects that basically benefit their owners. The faster an economy grows, the more victims there will be (C) [who / what] may lose from development of private projects adjacent to their property.

	(A)	(B)	(C)
①	rapid	is	who
②	rapid	are	what
③	rapidly	is	what
④	rapidly	are	who
⑤	rapidly	are	what

4. 다음 글의 밑줄 친 부분 중, 어법상 틀린 것은?

We lack a sufficient vocabulary for ① <u>making</u> sense of the sources of error. The more scientific knowledge we accumulate, the better we understand that the ignorance ② <u>over which</u> the knowledge enterprise is built is shockingly deep. For instance, it turned out that psychoanalysis's attempt to delimit the sources of error by categorizing the kinds of mistakes to which humans are subject in light of the therapeutic situation in the talking cure ③ <u>draw</u> on misguided assumptions about the normalcy conditions for subjects. Digging deeper into the structure of the human mind as well as into the specific embodiment of human knowers equipped with a complex nervous system ④ <u>showed</u> that our mental life is filled with illusions on all levels of knowledge acquisition, from of sensation to perception, from scientific discourse to the use technology based on the latest scientific discovery. Yet, once again, we cannot make sense of this picture of ourselves as immersed in the area of ignorance and illusion without at the same time relying on a huge background of shared, objective knowledge that makes our ignorance ⑤ <u>available</u> to us. Subjectivity and objectivity are interwoven with our fallibility.

* embodiment: 화

** be immersed in: ~에 깊이 빠지다

*** fallibility: 불완전성, 틀릴 가능성

5. 다음 글의 밑줄 친 부분 중, 어법상 틀린 것은?

The process of crossing cultures challenges the very basis of who we are as cultural beings. It offers opportunities for new learning and growth. Being "uprooted" from our home ① brings us understanding not only of the people and their culture in our new environment, but of ourselves and our home culture. Although the difficulties crossing cultures are often shocking, everywhere. Despite, or rather because ambivalence we undergo when we that can arise from success stories are of, the suffering and cross cultures, we gradually find ourselves ② uniquely privileged to define ourselves and others anew with clarity and insight that we could not have cultivated without leaving home. ③ Adapting to a new and unfamiliar culture, then, is more than survival. It is a life-changing journey. It is a process of "becoming" — personal reinvention, transformation, growth, reaching out beyond the boundaries of our own existence. The process does not require that we abandon our former personalities and the cultures ④ which we were born. Rather, it compels us to find ⑤ ourselves as if for the first time, particularly those "cultural invariants" within us — aspects that we hold dear and refuse to compromise.

* ambivalence: 상반되는 감정, 모순

1. 정답: ① the ② fictionalized

(해석)

우리는 부유하고 유명한 사람들의 가족문제에 대해 읽고 텔레비전으로 허구로 만들어진 갈등을 보지만 결코 그 메시지를 이해하지 못한다.

(해설)

① the + 형용사가 복수가산명사를 나타내므로 정관사 the가 사용되어야 한다. the rich는 rich people과 같은 의미이다.

② fictionalize는 '허구화하다, 소설(영화)화하다'는 뜻으로 갈등은 허구화되는 것이므로 과거분사가 사용되어야 한다.

2. 정답: ① giving →given

(해석)

석면은 섬유질 다발이 가늘고, 튼튼한 실로 분리될 때, 환경에서 자연스럽게 발생하는 광물질 집단에 주어진 이름이다.

(해설)

① 명사 뒤의 분사는 분사 자체의 목적어 유무에 따라서 현재분사와 과거분사를 구분할 수 있는데, 이 문장의 경우 뒤에 목적어 없이 전치사 to가 수반되므로 과거분사가 되어야 한다. 의미 역시 이름이 주어지는 것이므로 수동관계가 성립한다.

(오답 분석)

② occur는 자동사이므로 수동태가 될 수 없다. 이 문장에서는 능동형으로 바르게 사용되었다.

③ 섬유질 실로 분리되는 것이므로 수동태가 바르게 사용되었다. 구조적으로도 뒤에 into라는 전치사가 수반되므로 수동태가 맞다.

④ 명사 앞에 형용사가 맞고 의미 역시 '오래가는, 내구력 있는, 튼튼한'의 의미가 적절하다.

(어휘)

asbestos 석면 mineral 광물, 광석 environment 환경 bundles of 꾸러미 fiber 섬유 durable 내구성이 있는, 오래가는 thread 바느질 실, 선 symptom 증상, 징후, 조짐 panic attack 패닉(공황) 발작 involve 수반(포함)하다, 관련(연루)시키다 tremble 떨다, 떨리다

3. 정답: ① that ② living ③ were

(해석)

오늘날 천문학자들은 수천 년 전에 살았던 사람들이 하늘의 천체 운동을 연구했다고 확신한다.

(해설)

① 명사절접속사로 that과 what을 사용할 수 있는데, 뒤에 제시된 문장이 완전하므로 that이 정답이다.

② 뒤 문장에 동사가 다시 나오므로 people을 수식하는 분사가 와야 하고, live은 자동사이므로 과거분사는 사용될 수 없다.

③ people은 단수형태이지만 '사람들'이라는 의미를 가지는 복수명사이므로 동사의 수 역시 복수가 되어야 한다.

(어휘)

astronomer 천문학자 convinced 확신하는

4. 정답: ① Drawn ② are ③ rising

(해석)

고성장과 높은 금리로 인해 폴란드에 이끌렸지만, 성장이 불안정하고 부채가 늘어나 투자자들은 지금 도망가고 있는 중이다.

(해설)

① 주어는 investors로 투자가들이 높은 성장과 이자율에 의해서 이끌어진 것이므로, 수동적인 관계가 된다. 따라서 과거분사가 이끄는 분사구문이 맞다.

(오답 분석)

② 문장에 시간부사 now가 들어가므로 현재시제를 써야

한다.

③ 동사의 뒤에 목적어가 없으므로 자동사에서 파생한 현재분사 rising이 와야 한다. raise는 타동사이므로 뒤에 목적어가 수반되어야 한다.

draw 당기다 interest rate 금리 investor 투자자 flee 달아나다, 도망하다 falter 불안정해지다, 흔들리다 debt 빚, 부채

5. 정답: ① Founded ② to gain ③ of

석유 가격에 대한 더 큰 통제권을 얻기 위해 1960년에 설립된 석유수출국기구(OPEC)은 주요 아랍 산유국들로 구성된다.

① found는 '설립하다'는 뜻이며, 분사구문의 생략된 주어가 OPEC이므로 설립하는 것이 아니라 설립되는 것이므로 과거분사를 써야 한다.

② '~하기 위해서'라는 목적을 뜻하는 to 부정사의 부사적 용법이다.
③ consist of: ~로 구성되어 있다

found 설립하다, 세우다 gain 얻다, 도달하다 consist of ~으로 이루어지다

6. 정답: ③

지속 가능성은 어렵고 복잡한 문제이며, 규정하기 힘든 문제이다. 그것은 다름 아닌 인류가 이 행성에서 생존할 가능성과 관계가 있기 때문에 엄청나게 중요하다. 인류가 부족하고 한정된 자원들을 사용하는 속도로는, 만약 아직 시간이 남아 있어 조치가 당장 취해지지 않는 한, 적어도 현재 우리가 알고 있는 문명이라는 것의 미래는 불확실해 보인다고 해도 전혀 과장이 아니다. 특히 지속 가능성은 목표가 아니라 과정이라는 것을 고려하면, 그런 복잡한 문제는 간단하고 쉬운 치료법이 없다는 결론

이 나온다. 그것은 현 세대의 더 나은 삶과, 다가올 세대의 생존으로 이어지며, 그들이 물려 받을 세상에 대비하는 그들의 능력을 향상시킨다.

③ 분사구문의 주어가 주절의 주어(It)와 다르더라도 일반적인 사람을 가리키는 경우 생략할 수 있고, 주로 관용적 표현으로 사용된다. 'considering that'은 '~을 고려하면'을 뜻하는 관용적 표현으로, 분사 뒤에 목적어(that절)가 있으며, 문맥상 분사구문의 주어와 분사가 '(사람들이) 지속 가능성은 목표가 아니라 과정이라는 것을 고려하다'라는 의미의 능동 관계이므로 과거분사 considered를 현재분사 considering으로 바꾸어야 한다.

① 문맥상 '그것은 다름 아닌 인류가 이 행성에서 생존할 가능성과 관계가 있기 때문에 엄청나게 중요하다'라는 의미가 되어야 자연스러우므로 부사절 접속사 since(~이기 때문에)가 올바르게 쓰였다.
② 주어 자리에 단수 명사 the future of civilization이 왔으므로 단수 동사 is가 올바르게 쓰였다.
④ 주절의 주어(It)와 분사구문이 '그것은 그들의 능력을 향상시킨다'라는 의미의 능동 관계이므로 현재분사 enhancing이 올바르게 쓰였다.

sustainability 지속 가능성 elusive 규정하기 힘든 enormously 엄청나게 nothing less than 다름 아닌, 그야말로 scarce 부족한 measures 조치 to say the least 조금도 과장하지 않고 straightforward 쉬운 enhance 향상시키다 cope with 대비하다, 대응하다 inherit: 물려받다

7. 정답: ③ were → was

엘리자베스 테일러는 아름다운 보석들을 보는 안목이 있었고, 수년에 걸쳐 놀라운 보석 몇 점을 수집하였는데, 한 번은 "여자라면 언제나 더 많은 다이아몬드를 가질 수 있다."라고 선언하였다. 2011년 1억 1,590만 달러의 이익을 벌어들인 어느 저녁 경매에서 그녀가 소장하고 있던 최상품의 보석이 크리스티(경매회사)에게 팔렸다. 그날 이브닝 세일 동안에 팔린 그녀가 아끼는 소장품 중 하나

는 불가리가 1961년에 만든 보석으로 장식된 시계 한 점이었다. 손목을 감아 도는 뱀의 모습으로 디자인되어 머리와 꼬리는 다이아몬드로 덮여 있고 최면을 거는 듯한 에메랄드로 된 두 눈을 가진 이 세심한 구조는 무시무시한 입을 열면 작은 쿼츠 시계를 드러낸다.

③ 'among + 복수명사'가 문두로 가서 주어와 동사가 도치된 구문이다. 따라서 이 문장의 주어는 timepiece라는 단수명사이다. 그러므로 동사의 수 역시 단수인 was로 바꾸어야 한다.

① 분사구문의 분사를 결정할 때, 분사 자신의 목적어가 있으면, 현재분사를, 목적어가 없으면 과거분사를 사용하면 된다 이 문장의 경우 declaring 뒤에 that이 생략된 것이므로 명사절이 목적어로 제시되어 있다. 따라서 현재분사가 맞다.

② 선행사가 an evening auction으로 사물이고, 뒤에 brought라는 동사가 제시되어 있으므로 주격관계대명사 that이 바르게 사용되었다.

④ 'with + 명사 + 분사'의 부대상황구문이다 이때 it head and tail가 diamonds를 뒤덮는 게 아니라 diamonds로 뒤덮인 것이므로 수동관계이다. 따라서 과거분사가 제대로 사용되었다.

eye 눈 amass 모으다, 축적하다 declare 선언하다, 단언하다 fine 질 좋은, 높은 bring in (이익) 가져오다 prized 소중한 possession 소유물, 소지품 bejeweled 보석으로 장식한 timepiece 시계 serpent 뱀 coil (고리 모양으로) 감다, 휘감다 hypnotic 최면을 거는 듯한 discreet 신중한, 조심스러운 mechanism 구조 fierce 사나운 reveal 드러내 보이다

8. 정답: ③ requiring → required

신생 기업이 법인이 되자마자, 그것은 은행 계좌가 필요할 것이며, 임금대장 계좌의 필요성이 곧 뒤따를 것이다. 은행은 급여를 지불하고 관련 세금 회계장부를 기록하는 서비스에서 매우 경쟁적이며, 심지어 가장 규모가 작은 기업들을 상대로 (서비스를) 시작한다. 이러한 것들은 한 기업이 그들이 받을 수 있는 최상의 서비스와 대부분 '무료인' 회계관련 지원을 원하는 분야이다. 변화하는 지불 급여세 법률은, 특히 50개의 주 중 여러 곳에서 영업 인력이 운영될 예정일 경우, 뒤떨어지지 않도록 따라 가야 하는 골칫거리이다. 그리고 요구되는 보고서들은 회사의 사무직의 부담이 된다. 그러한 서비스들은 대개 은행 지원에 의해 가장 잘 제공된다. 이 분야에 있는 은행들의 참고 자료는 ADP와 같은 급여 지불 대체 서비스와 비교되어야 하지만, 결정을 내릴 때는 장래의 그리고 장기적인 관계를 명심해야 한다.

③ 수식 받는 명사 reports와 분사가 '요구되는 보고서들'이라는 의미의 수동관계이므로 현재분사 requiring을 과거분사 required로 고쳐야 한다.

① 주절의 주어(The banks)와 분사구문이 '은행이 시작한다'라는 의미의 능동관계이므로 현재분사 starting이 올바르게 쓰였다.

② 선행사 areas가 장소를 나타내고, 관계사 뒤에 완전한 절(a business - get)이 왔으므로 장소를 나타내는 선행사와 함께 쓰이는 관계부사 where가 올바르게 쓰였다.

④ 주어 a decision과 동사가 '결정이 내려지다'라는 의미의 수동관계이므로 수동태가 와야 하고, 수동태의 진행형은 'be being + p.p.'의 형태를 취하므로 과거분사 made 앞에 being이 올바르게 쓰였다.

start-up 신생 기업 incorporate 법인으로 만들다, 설립하다 payroll 임금대장 competitive 경쟁적인 legislation 법률, 법률 제정 keep up with 뒤떨어지지 않도록 따라가다 administrative 사무의, 행정의 reference 참고 자료 alternative 대체의, 대체 가능한 keep in mind 명심하다, 잊지 않고 있다

9. 정답: ① depressed → depressing

많은 사람들은 그것(동물보호소를 방문하는 것)이 너무 슬프거나 우울하게 하기 때문에 동물 보호소를 방문하려

고 하지 않는다. 너무나 많은 운이 좋은 동물들이 교통사고, 그리고 다른 동물이나 인간의 공격을 받을 위험이 있으며 악천후의 영향을 받기 쉬운 길거리에서의 위험한 생활에서 구조되었기 때문에 그들은 그렇게 낙담하지 않아야 한다. 마찬가지로 많은 실종된 반려동물들도 그들이 동물보호소로 이동되었다는 이유만으로 마음이 산란해진 주인들에게 발견되고 되찾아진다. 가장 중요한 것은, 입양할 수 있는 반려동물들은 집은 찾으며, 아프고 위험에 처한 동물들은 인도적으로 고통을 덜게 된다.

(해설)
① 감정을 나타내는 동사(depress)의 경우 주어가 감정의 원인이 되면 현재분사를, 감정을 느끼는 주체가 되면 과거분사를 사용하는데, 문맥상 '그것(동물보호소를 방문하는 것)이 우울하게 하다'라는 의미로 의미상 주어(it)가 '우울한' 감정의 원인이므로 과거분사 depressed를 현재분사 depressing으로 고쳐야 한다.

(오답 분석)
② 선행사 streets가 장소를 나타내고, 관계사 뒤에 완전한 절(they're ~ the elements)이 왔으므로 장소를 나타내는 선행사와 함께 쓰이는 관계부사 where가 올바르게 쓰였다.
③ 동사 are found 뒤에 목적어가 없고, 주어(Many lost pets)와 동사가 '많은 실종된 반려동물들은 발견된다'라는 의미의 수동 관계이므로 수동태 are found가 올바르게 쓰였다.
④ 문맥상 '입양할 수 있는 반려동물'이라는 의미가 되어야 자연스러우므로 명사를 수식할 수 있는 형용사 adoptable이 명사(pets) 앞에 올바르게 쓰였다.

(어휘)
refuse ~하려고 하지 않다 shelter 보호소, 피난처 at risk 위험이 있는 subject to ~의 영향을 받기 쉬운 elements 악천후 likewise 마찬가지로 reclaim 되찾다, 매립하다 distraught (근심 따위로) 마음이 심란해진 relieve ~을 덜게 하다, 편안하게 하다 suffering 고통, 괴로움

10. 정답: ② connected → connecting

(해석)
1960년대에 맨해튼과 브루클린의 인구가 급격히 증가했

으며, 그들 사이의 통근자의 수도 마찬가지였다(증가했다). 수천 명의 사람들이 매일 이스트강을 가로질러 보트와 페리를 탔지만, 이러한 운송 수단의 형태는 불안정했고 나쁜 날씨로 인해 자주 중단되었다. 많은 뉴욕 시민들은 맨해튼과 브루클린을 직접 연결하는 다리를 갖고 싶어 했는데, 이는 그것이 그들의 통근을 더 빠르고 더 안전하게 만들 것이기 때문이었다. 불행하게도, 이스트강의 넓은 폭과 거친 조류 때문에 그 위에 어떤 것이든 짓는 것은 어려웠다. 또한 그것은 그 당시 매우 분주한 강이었는데, 수백 척의 배가 끊임없이 그 위를 항해 중이었다.

(해설)
② 수식을 받는 명사 a bridge와 분사가 '연결하는 다리'라는 의미의 능동 관계이므로, 과거분사 connected를 현재분사 connecting으로 고쳐야 한다.

(오답 분석)
① 부사 so가 '~도 마찬가지이다'라는 의미로 쓰여 문장 앞에 오면 주어와 동사가 도치되어 'so + 동사(was) + 주어 (the number of the commuters)'의 어순이 되어야 하므로 주어 앞에 so was가 올바르게 쓰였다.
③ to 부정사구(to build anything on it)와 같이 긴 주어가 오면 진주어(to 부정사구)를 문장 맨 뒤로 보내고 가주어 it이 주어 자리에 대신해서 쓰이므로 it이 올바르게 쓰였다.
④ 동시에 일어나는 상황은 with + 목적어(hundreds of ships) + 분사'의 형태로 나타낼 수 있는데 목적어 hundreds of ships와 분사가 '수백 척의 배가 항해하다'라는 의미의 능동 관계이므로 현재분사 sailing이 올바르게 쓰였다.

(어휘)
population 인구 rapidly 신속히 commuter 통근자 transport 운송수단 unstable 불안정한 width 폭, 너비 rough 거친 tide 조수 sail 항해하다

1. 정답: ⑤

(해석)

화산 분출과 그 여파는 지구상의 가장 파괴적인 자연 현상들 중의 하나이다. 그러나 화산이 인간의 삶과 재산에 급박한 위험을 제기하는지는 활화산, 휴화산, 또는 사화산으로서의 그 상태에 달려 있다. 활화산은 현재 분출하고 있는 중이거나 또는 최근에 분출한 적이 있는 화산이다. 활화산은 호주를 제외한 모든 대륙과 모든 주요한 대양 분지의 밑바닥에서 발견될 수 있다. 휴화산은 최근에 분출하지 않았지만 미래에 분출할 가능성이 있는 것으로 간주되는 화산이다. 온천의 존재나 화산 가까이에서 발생하는 약한 지진은 화산이 깨어나기 위해 움직이고 있다는 것을 암시하는 것일 수도 있다. 화산은 아주 오랜 기간 동안(수만 년 정도) 분출한 적이 없다면 사화산으로 간주된다. 완전한 사화산은 마그마가 더 이상 공급되지 않기 때문에 더 이상 분출할 수가 없다.

(해설)

(A) 절 'whether a volcano poses - property'이 주어로 쓰였기 때문에 단수 동사인 depends on이 와야 한다. (B) 문맥상 현재 시제에서의 추측을 나타내는 may indicate가 와야 한다. (C) '할 수 있다'의 뜻으로는 be capable of(=be able to)로 쓴다.

(어휘)

eruption 분출 aftereffect 여파 pose (문제들을) 제기하다 imminent 즉각적인 property 재산 status 상태 dormant (화산이) 활동하지 않고 있는 extinct (화산 따위가) 활동을 그친 basin 분지 stir 움직이다 wakefulness 깨어 있음

2. 정답: ④

(해석)

인지 이론가들은 사람들이 사건을 해석하는 방식이 우울증과 같은 정서 장애의 원인이 된다고 믿는다. 가장 영향력 있는 인지 이론가들 중의 한 명은 정신과 의사인 Aaron Beck이다. Beck과 그의 동료들은 부정적으로 치우친 사고방식을 가지는 사람들은 그들이 실망스럽거나 불행한 삶의 사건들에 마주칠 때 우울증에 걸리기 쉽다고 믿는다. 그의 동료들과 함께 Beck은 인지 왜곡이라 불리는 많은 잘못된 사고 패턴들을 확인했다. 이러한 인지 왜곡은 부정적인 삶의 사건에 뒤이어 우울증이 시작될 수 있는 취약함을 증가시킨다고 믿어진다. 왜곡된 사고 패턴들이 한 사람의 삶을 더 많이 지배할수록, 우울증에 대한 취약함은 더욱 커진다.

(해설)

(A) a (negative / negatively) slanted way of thinking을 우리말로 옮기면 '부정적으로 치우친 사고방식의 의미로' 뒤에 쓰인 분사 slanted를 수식하는 형태이므로 네모 안에 부사인 negatively를 써야 한다. (B) 뒤에 쓰인 negative life events를 목적어로 가지면서 앞에 쓰인 명사 depression을 수식하는 형태이므로 능동형인 following이 쓰여야 춘다. (C) The more ~, the greater~' 로 'the + 비교급 ~, the + 비교급' 구조를 이뤄야 하기 때문에 the greater가 쓰여야 한다.

(어휘)

cognitive 인지의 depression 우울증 influential 영향력 있는 변 psychiatrist 정신과 의사 slanted 치우친 be prone to ~하기 쉽다 identify 확인하다 distortion 왜곡 vulnerability 취약함 dominate 지배하다

3. 정답: ④

(해석)

한국 경제가 성장해 왔던 것처럼 경제가 빠르게 성장할 때는 새로운 취업 기회, 소득 증가, 그리고 전반적으로 향상된 삶의 질과 같이 대부분의 시민들을 위한 많은 혜택이 존재한다. 그러나 그들의 집과 땅 근처의 개인적인 사업의 개발로 인해 손해를 입을 수도 있는 사람들이 성장하는 경제의 도취감 속에서 잊힌다. 예를 들어, 새로운 아파트 단지의 건설은 그 지역 내의 단독 주택의 가치를

떨어뜨릴 수 있다. 새로운 고속도로와 같은 공공 부문 사업의 개발은 기본적으로 소유자들을 이롭게 해 주는 개인 부문 사업과는 반대로 다수의 사람들에게 이익을 주도록 의도되기 때문에 적어도 부분적으로는 다르다. 경제가 더 빠르게 성장할수록 그들의 땅에 인접해 있는 개인 사업의 개발로 인해 손해를 볼 수도 있는 더 많은 희생자들이 생길 것이다.

(A) 'as + 형용사(부사)의 원급 + as'로 쓰이는 원급 비교 표현으로 앞의 as를 없애고 연결시키면, an economy grows rapidly는 '경제가 빠르게 성장하다'는 의미가 되므로 동사 grows를 수식하는 부사 rapidly가 와야 한다. (B) 이 문장은 'S + be + p.p.'의 수동태 문장에서 과거분사(P.P.)를 강조하기 위해 문두에 쓰면서 'p.p. + be + S'로 도치된 문장 구조이다. 따라서 이 문장의 주어는 those(사람들)이므로 동사로 복수형인 are가 와야 한다. (C) 뒤에 동사(may lose)가 있어서 선행사를 포함한 관계대명사로 what을 쓰기 쉽다. 그러나 뒤의 내용은 사람이 선행사로 쓰여야 하기 때문에 무생물을 포함하는 what은 문맥상 맞지 않는다. 따라서 이 문장은 선행사는 the more victims와 관계대명사가 분리된 문장으로 who가 와야 한다.

numerous 수많은 benefit 이익, 이롭게 하다 euphoria 행복감 property 재산, 토지 apartment complex 아파트 단지 single-family homes 단독 주택 victim 희생자 adjacent 인근한

4. 정답: ④

우리는 오류의 원인을 이해하기 위한 충분한 어휘가 부족하다. 우리가 더 많은 과학적 지식을 축적할수록 지식 활동이 쌓여 올려지는 무지가 굉장히 깊다는 것을 더 잘 이해한다. 예를 들면. 대화 치료 중의 치료적 상황에 비추어 인간이 빠져들기 쉬운 실수의 종류를 분류함으로써 오류 원인의 범위를 정하려는 정신분석의 시도는 피험자의 정상 상태에 대해 잘못 인식한 가정을 기반으로 한다는 것이 판명되었다. 복잡한 신경계를 갖춘 인간 인식의 구체적 화신뿐만 아니라 인간 마음의 구조를 더 깊이 파고드는 것은, 감각에서 지각에 이르기까지, 과학적 담론에서 최신의 과학적 발견에 기반한 기술의 사용에 이르기까지, 우리의 정신적 삶이 모든 수준의 지식 습득에 대한 환상으로 가득 차 있다는 것을 보여 주었다. 그러나 다시 한번 우리가 동시에 우리의 무지를 입수할 수 있게 하는 공유되고 객관적인 지식의 거대한 배경에 의지하지 않고서는 우리가 우리 자신이 무지와 환상의 영역에 깊이 빠져 있다는 이 심상을 이해할 수 없다. 주관성과 객관성은 우리의 불완전성과 서로 얽혀 있다.

① 전치사 for 다음에 동명사 making이 온 것은 적절하다.
② 선행사 the ignorance를 수식하는 관계사절에서 문장의 필요 성분을 모두 갖춘 완전한 문장이 왔으므로, 관계대명사 앞에 전치사가 있는 in which가 온 것이 적절하다.
③ 주어가 attempt이므로, draw를 단수 주어에 맞춰 단수 동사 draws로 고쳐 써야 한다
④ 동명사구 Digging deeper into the structure of the human mind as well as into the specific embodiment of human knowers equipped with a complex nervous system이 주어로 뒤에 동사가 와야 하므로, showed가 온 것은 적절하다.
⑤ 동사 make의 목적격 보어로 형용사가 와야 하므로, available이 온 것은 적절하다.

sufficient 충분한 accumulate 쌓다, 축적하다 ignorance 무지 delimit 범위를 정하다 be subject to ~올 하기 쉽다 in light of ~에 비추어 draw on ~을 이용하다 assumption 가정 normalcy 정상상태 illusion 환상, 착각 acquisition 습득 discourse 담론

5. 정답: ④ which → into which

문화 간 이동의 과정은 문화적 존재로서 우리가 누구인지에 대한 근본적인 기반 자체에 도전한다. 그것은 새로운 배움과 성장의 기회를 제공한다. 고향에서 '뿌리 뽑히는' 경험은 새로운 환경 속 사람들과 그들의 문화를 이해하게 할 뿐만 아니라, 우리 자신과 우리의 고유한 문화에

대해서도 깊은 통찰을 얻게 한다. 문화 간 이동이 수반하는 어려움은 종종 충격적이고 때로는 감당하기 어려울 정도이지만, 성공과 고통이 함께 만들어 내는 양가적 감정 때문에—바로 그 이유로—우리는 점차, 고향을 떠나지 않았다면 결코 얻을 수 없었을 명료함과 통찰력을 가지고 자신과 타인을 새롭게 정의할 수 있는 특별한 위치에 있음을 깨닫게 된다. 따라서 낯설고 새로운 문화에 적응하는 것은 단순한 생존 이상의 의미를 지닌다. 그것은 인생을 바꾸는 여정이며, '되어 감'의 과정이다. 즉, 개인적 재창조와 변형, 성장의 과정으로서 우리 존재의 경계를 넘어 손을 내미는 경험이다.

이 과정은 우리가 기존의 성격이나 태어난 문화를 버릴 것을 요구하지 않는다. 오히려 그것은 우리가 마치 처음인 것처럼 자신을 다시 발견하도록 강요하며, 특히 우리가 소중히 여기고 결코 타협하지 않으려는 '문화적 불변성'—우리 내면 깊숙이 자리한 가치들을 선명하게 드러내게 한다.

(해설)

④ 뒤에 we were born이라는 완전한 구조의 절이 제시되므로 which를 into which로 고쳐야 한다.
① bring이 4형식 구조로 바르게 사용되었다.
② 부사가 과거분사를 바르게 수식하고 있다.
③ 주어자리에 동명사가 바르게 사용되었다.
⑤ 주어와 목적어가 같으므로 목적어자리에 재귀대명사가 바르게 사용되었다.

(어휘)

overwhelming 압도적인 ambivalence 양면가치 arise from -로부터 발생하다 privileged 특권을 가진 adapt 적응하다 journey 여정 reinvention 재 발명, transformation 변형 abandonment 포기 invariant 불변하는 것 compromise 타협하다

Chapter 10

형용사와 부사

1) 형용사란?

형용사는 대표적인 수식어로서 명사의 상태나 성질을 수식하거나 주어 또는 목적어의 상태나 성질을 서술하는 역할을 한다.

- He is a <u>diligent</u> student. 그는 근면한 학생이다.
- The student is <u>diligent</u>. 그 학생은 근면하다.
- We found the student <u>diligent</u>. 그는 그 학생이 근면하다는 것을 알게 되었다.

2) 형용사의 역할

형용사는 명사 앞이나 뒤에서 명사를 수식하거나 불완전 동사의 보어로 사용된다.

(1) 제한적 용법

형용사가 명사를 앞이나 뒤에서 수식하는 용법이다.

관사 + **형용사** +명사

(2) 서술적 용법

형용사가 불완전 동사 뒤에 사용되어서 주어나 목적어를 설명해 주는 용법이다.

2형식	be, become, remain 감각 동사(look, smell, taste, sound, feel)　+ **형용사**
5형식	make, keep, find, leave, consider + 목적어 + **형용사**

(문장 분석! 구조 파악 연습)

1. The committee approved the proposal applicable to only those students eligible for the advanced research program.

2. The professor emphasized the importance of maintaining values consistent with the ethical standards required in scientific research.

(정답과 해설)

1. The committee approved the proposal *applicable* to only those students eligible for the
　　　　S　　　　V　　　　O　　　　(which is) 형

advanced research program.

위원회는 고급 연구 프로그램에 **자격이 있는** 학생들에게만 **적용 가능한** 그 제안을 승인했다.

2. The professor emphasized the importance (of maintaining values) consistent with the
      S   V   O   (which is) 형

ethical standards (required in scientific research.)
                        p.p.

교수는 과학 연구에서 요구되는 윤리 기준과 일치하는 가치를 유지하는 것의 중요성을 강조했다.

◆ 전치 수식만 가능한 형용사(후치 수식이나 보어 자리에는 사용할 수 없다)

wooden 나무로 된	golden 금으로 된	elder 손위의
live 실황의	**lone 외로운**	**drunken 술 취한**

- The animal is live (X)
  → a live animal 살아 있는 동물

◆ 서술적 용법으로만 쓰이는 형용사

명사를 전치 수식할 수 없고, 명사를 후치 수식하거나 보어로만 사용할 수 있다.

alive 살아 있는	alike 비슷한	awake 깨어 있는
asleep 잠자는	afraid 두려워하는	aware 알고 있는
alone 혼자인	ashamed 수치스러워하는	

- They tried to treat all their children **alike**. 그들은 자녀들을 모두 비슷하게 대하려고 노력했다.
- Once again he had to readjust to living **alone**. 그는 다시 한번 혼자 사는 것에 재 적용해야 했다.

(문장 분석! 구조 파악 연습)

1. In the remote valley lived an ancient species once thought extinct, its subtle movements reminding researchers that the boundary between the known and the unknown is kept alive by curiosity itself.

(정답과 해설)

1. (In the remote valley) lived an ancient species once (thought extinct,) its subtle movements
      (장소부사)   V   S   S

reminding researchers that the boundary (between the known and the unknown is kept alive
  현재분사   S'   be kept 형

by curiosity itself.

외딴 계곡에는 한때 멸종된 것으로 여겨졌던 고대 종이 살고 있었으며, 그 미묘한 움직임은 알려진 것과 미지의 경계가 호기심 자체에 의해 여전히 살아 있음을 연구자들에게 일깨워 주었다.

1) 수량 형용사

수나 양을 나타내는 형용사의 경우, 수식 받는 명사의 형태에 주의해야 한다. 특히 동사와의 수 일치에 단서가 될 수 있으므로 주의해야 한다.

수 형용사		양 형용사		수량 공통 형용사	
many(많은) few(거의 없는) a few(약간의) quite(not) a few(꽤 많은 수의) a number of(많은 수의) a couple of(두어 개의) several(여러 개의)		much(많은) little(거의 없는) a little(약간의) quite(not) a little(꽤 많은 양의) an amount of(많은 양의) a great deal of(많은) less(더 적은)		all(모든) most(대부분의) some(몇몇의) any(어떤) no(어떤 ~도 아닌) more(더 많은) a lot of(많은) plenty of(많은)	
수 형용사+복수가산명사		양 형용사+불가산명사		수량공통형용사 + 복수가산명사 + 불가산명사	
many	많은	much	많은	all	모든
few	거의 없는	little	거의 없는	most	대부분의
a few	약간의	a little	약간의	some	몇몇의
quite(not) a few	꽤 많은 수의	quite(not) a little	꽤 많은 양의	any	어떤
a number of	많은 수의	an amount of	많은 양의	no	어떤~도 아닌
a couple of	두어 개의	a great deal of	많은	more	더 많은
several	여러 개의	less	더 적은	a lot of	많은
				plenty of	많은

2) 난이 형용사

쉬움과 어려움을 나타내는 형용사이다. 아래 2가지 출제 포인트를 확실하게 학습해야 한다.

어려운, 쉬운	difficult, hard, tough, easy
편리한, 불편한	convenient, inconvenient
가능한, 불가능한	possible, impossible

① It is 난이 형용사 for 의미상 주어 to R + O

난이 형용사는 <u>사람을 주어로 쓰지 않고</u> 가주어, 진주어 구문을 이용해서 표현한다. 그리고 to 부정사의 의미상의 주어는 <u>for + 명사(목적격대명사)</u>로 표현한다.

◆ **사람의 성질을 나타내는 형용사**

사람의 성질을 나타내는 형용사(= 인성 형용사)(kind, wise, nice, foolish, thoughtful, careful, considerate, stupid)

는 to 부정사의 의미상 주어 자리에 'of + 목적격'을 사용한다. 난이 형용사와 헷갈리지 말자.

• It is very kind **of** you to say so. 그렇게 말씀해 주시다니 정말 친절하십니다.

② 주어가 It이 아닌 경우, to 부정사의 의미상 주어는 문장의 주어로 쓰일 수 없지만, to 부정사의 목적어는 문장의 주어로 사용될 수 있다. to 부정사의 목적어가 문장의 주어로 간 경우, to 부정사의 목적어 자리는 비어 있어야 한다.

• It is difficult for me to read the magazine. 이 잡지를 읽는 것은 어렵다.
<u>to 부정사의 목적어</u>

= The magazine is difficult for me to read. [to read 뒤에 다시 목적어를 사용하면 안 된다.]

≠ I am difficult to read the magazine. [X] [to 부정사의 의미상 주어가 주어 자리에 갈 수 없다.]

3) 판단 형용사

'중요한'이나 '필요한'과 같이 이성적 판단을 나타내는 형용사는 that절 안의 동사가 '-해야 한다'라는 당위성을 가지므로 (should) R의 형태가 되는지 확인해야 한다.

It is 판단형용사 that + S + **(should) V**	
중요한	important, vital, critical, crucial
필요한	necessary, essential, mandatory, imperative

• It is important for us to finish the assignment. 우리가 과제를 끝내는 것이 중요하다.
• It is important that we (should) finish the assignment. 우리가 과제를 끝내는 것이 중요하다.

문장 분석! 구조 파악 연습

1. Despite the numerous challenges that confronted the research team, many crucial insights emerged from the few data points that were initially considered insignificant.
2. It is difficult for even seasoned researchers to determine whether the sudden shift in the data represents a genuine trend or merely a statistical anomaly masked by external variables.
3. It is essential for policymakers to make reasonable decisions that balance technological innovation with ethical responsibility, a task far more complex than it initially appears.

정답과 해설

1. (Despite the <u>numerous</u> <u>challenges</u> that confronted the research team,) <u>many</u> <u>crucial</u>
numerous   Ns   many   Ns

<u>insights</u> emerged from the <u>few</u> data points that were initially considered insignificant.
                                few   Ns

연구팀이 직면한 수많은 어려움에도 불구하고, 처음에는 중요하지 않다고 여겨졌던 소수의 데이터 지점들로부터 많은 핵심 통찰이 도출되었다.

2. It is difficult (for even seasoned researchers) to determine [whether the sudden shift in the
　가S be　난이형　　　　　　　　(의S)　　　　　　　　진S　　　　이[명사절]

data represents a genuine trend or merely a statistical anomaly masked by external variables.]

숙련된 연구자들조차 그 데이터의 갑작스러운 변화가 실제 추세를 나타내는 것인지, 아니면 외부 변수에 가려진 단순한 통계적 이상 현상일 뿐인지 판단

하기는 어렵다.

3. It is essential (for policymakers) to make reasonable decisions that balance technological
　가S be　판단형　　　　(의S)　　　　　　　　진S

innovation with ethical responsibility, a task far more complex than it initially appears.

정책 결정자들이 기술 혁신과 윤리적 책임을 균형 있게 조화시키는 타당한 결정을 내리는 것은 본질적으로 중요한 일이며, 이는 처음 보이는 것보다 훨씬

복잡한 과제이다.

3.　부사의 위치

부사는 명사를 제외한 동사, 형용사, 다른 부사, 준동사 또는 문장 전체를 수식할 수 있다. 문장 내 여러 곳에 위치
할 수 있기 때문에 여기에 초점을 맞춘 문제가 빈출된다.

1) 동사 수식

(1) S + (부사) + 동사

• We sincerely regret any inconvenience. 우리는 어떠한 불편함에 대해서도 진심으로 유감으로 생각합니다.

(2) be + (부사) + p.p

• The final budget can be formally accepted. 그 최종 예산은 공식적으로 받아들여졌다.

(3) have + (부사) + p.p.

• Analysts have repeatedly warned that stock prices will fall. 분석가들은 주가가 하락할 것이라고 반복적으로 경고해 왔다.

(4) 조동사 + (부사) + R

• We could easily pass the test. 그는 쉽게 시험에 통과했다.

(5) 자동사 + (부사) + 전치사

• The country relies <u>heavily</u> on export. 그 나라는 수출에 지나치게 의존한다.

(6) 타동사 + 목적어(명사) + (부사)

• He handles the customer complaints <u>professionally</u>. 그는 고객 불만을 전문적으로 다룬다.

1. The results of the long-term experiment strongly suggest that environmental factors may gradually reshape cognitive patterns once believed to be biologically fixed.

2. The professor reluctantly acknowledged that the theory, despite its elegance, barely accounts for the inconsistencies observed in recent empirical studies.

1. <u>The results</u> (of the long-term experiment) (strongly) <u>suggest</u> that environmental factors
       S   (부)   V

<u>may</u> (gradually) <u>reshape</u> cognitive patterns once believed to be biologically fixed.
  조   (부)   R

장기 실험의 결과는 환경 요인이 한때 생물학적으로 고정된 것으로 여겨졌던 인지 패턴을 점차적으로 재구성할 수 있음을 강하게 시사한다.

2. <u>The professor</u> (*reluctantly*) <u>acknowledged</u> that <u>the theory</u>, (despite its elegance,) (barely)
      S   (부)   V   S'   (부)

<u>accounts</u> for the inconsistencies observed in recent empirical studies.
    V

교수는 그 이론이 우아함에도 불구하고 최근의 실증 연구에서 관찰된 불일치들을 거의 설명하지 못한다는 점을 마지못해 인정했다.

◆ '타동사 + 전치사 형태의 부사'

1. 목적어의 위치

수험생들이 어려워하는 '자동사 + 전치사'와 '타동사 + 부사'의 구분에 대해 알아보자. 우선 어떤 게 '자동사 + 전치사'인지, '타동사 + 부사'인지 구분해 보자.

• He <u>looked at</u> us. 그는 우리를 보았다.
• He <u>put on</u> the jacket. 그는 재킷을 입었다.

자동사인지 타동사인지는 원래 동사의 뜻이 변하느냐 변하지 않느냐에 따라 구분된다고 보면 된다.

• look은 원래 뜻이 '보다'이다 그리고 look at도 '보다'이다. 따라서 이 경우 '자동사 + 전치사'로 보면 된다. 이때 목적어의 위치는 목적어가 명사이든, 대명사이든 반드시 전치사 뒤에 와야 한다. look us at[X]

- look at **us** [○]
- look at **people** [○]

반면 put은 원래 뜻이 '놓다'이다. 그런데 put on은 '입다'가 된다. 이렇게 뜻이 바뀌는 경우는 '타동사 + 전치사 형태의 부사'로 보면 된다. on은 전치사 모양이지만 실제로는 부사로 사용한 것이다. 이 경우 부사의 위치는 자유로우므로 put on the jacket도 가능하고, put the jacket on도 가능하다. 주의해야 할 점은 목적어가 대명사일 경우에는 타동사와 부사 사이에만 위치한다는 점이다.

- put **it** on [○]
- put on it [X]

목적어가 일반명사	타동사 + **목적어(일반명사)** + 부사 [○] 타동사 + 부사 + **목적어(일반명사)** [○] • put **the jacket** on • put on **the jacket**
목적어가 대명사	타동사 + **목적어(대명사)** + 부사 [○] 타동사 + 부사 + **목적어(대명사)** [X] • put **it** on • put on **it** [X]

2. 대표 표현

'자동사 + 전치사'의 목적어는 항상 전치사 뒤에 온다. 반면 '타동사 + 부사'의 목적어는 위에서 언급한 것과 같이 목적어가 명사인 경우와 대명사인 경우에 따라서 위치가 결정된다.

타동사 + 부사	turn on(켜다) put off(벗다, 미루다)	turn off(끄다) pick up(태우다)	put on(입다) see off(마중 가다)
자동사 + 전치사	look for(찾다) depend on(의존하다)	hand in(제출하다) cope with(대처하다)	focus on(집중하다)

- You must hand in **the report** by tomorrow. 당신은 내일까지 보고서를 제출해야 한다.

2) 다른 수식어 수식

부사는 형용사, 분사 그리고 부사와 같은 수식어 앞에 위치해서 의미를 추가할 수 있다.

- This tool is extremely helpful. 이 장비는 매우 유용하다.
- This soup tastes really good. 이 수프는 정말 맛있다.

1) very vs muc

very	much
very + 형용사나 부사의 원급 • very beautiful 매우 아름다운	much + 형용사나 부사의 비교급 • much more beautiful 훨씬 더 아름다운
the very + 최상급 • the very highest building 가장 높은 건물	much + 최상급 • much the most plausible 가장 그럴듯한
very + 현재 분사 • very exciting 매우 흥미로운	much + 과거분사 • much appreciated 상당히 감사한
동사 수식 불가능	동사 수식 가능 • Thank you very much. 대단히 고맙습니다.

문장 분석! 구조 파악 연습

1. The phenomenon remains very poorly understood, even among experts, because its underlying mechanisms operate at a level of complexity that current analytic models can hardly capture.

2. As the dataset expanded, the algorithm became much more sensitive to subtle irregularities that earlier versions had consistently overlooked.

정답과 해설

1. The phenomenon remains very poorly understood, even among experts, because its

                    very   부   p.p.

underlying mechanisms operate at a level of complexity that current analytic models can hardly capture.

그 현상은 그 기저 메커니즘이 현재의 분석 모델로는 거의 포착하기 어려울 정도의 복잡성 수준에서 작동하기 때문에, 전문가들 사이에서도 매우 불완전하게 이해된 상태로 남아 있다.

2. (As the dataset expanded,) the algorithm became much more sensitive to subtle

                    much more + 형

irregularities that earlier versions had consistently overlooked.

데이터셋이 확장됨에 따라, 알고리즘은 이전 버전들이 지속적으로 간과해 왔던 미세한 불규칙성들에 대해 훨씬 더 민감해졌다.

2) too vs either

too	~ 또한 ~하다(긍정 동의)
either	~ 또한 ~하지 않다(부정 동의)

• Steve is honest, and he is smart too. Steve는 정직하고, 또한 똑똑하다.

• Steve doesn't like the movie, and his wife doesn't <u>either</u>. Steve는 영화를 좋아하지 않는다. 그리고 그의 부인 역시 좋아하지 않는다.

1. The revised model does not fully explain the unexpected fluctuation, and the alternative hypothesis does not provide a convincing account either.

1. The revised model does not fully explain the unexpected fluctuation, and the alternative
      S   V   O

hypothesis does not provide a convincing account either.
   S   V   O   (부)

수정된 모형은 그 예기치 않은 변동을 완전히 설명하지 못하며, 대안 가설 역시 설득력 있는 설명을 제공하지 못한다.

3) most, the most, almost

most	(대명)대부분, (형)대부분의
the most	가장~한(최상급 표현)
almost	(부) 거의

• most of the employees 대부분의 직원들
  = most employees
• the most successful company 가장 성공적인 회사
• almost all (of) the employees 거의 대부분의 직원들

1. In most analyses conducted over the past decade, researchers have focused on identifying the underlying assumptions that shape public perception more than on evaluating the policies themselves.
2. The theory became almost impossible to defend once new empirical evidence revealed inconsistencies that had long been overlooked.

1. (In most analyses conducted over the past decade,) researchers have focused on
  (전   N   p.p.)   S   V

identifying the underlying assumptions that shape public perception more than on evaluating
     O

the policies themselves.

지난 10년 동안 수행된 대부분의 분석에서 연구자들은 정책 자체를 평가하기보다는, 대중의 인식을 형성하는 기저 가정들을 규명하는 데 더 많은 관심을 기울였다.

2. The theory became (almost) impossible to defend once new empirical evidence revealed
     S   2V   (부)   SC

inconsistencies that had long been overlooked.

새로운 실증적 증거가 오랫동안 간과되어 온 여러 불일치들을 드러내자, 그 이론은 거의 방어하기 어려운 수준이 되었다.

1. 어법상 옳은 것을 고르시오.

If you drive to and from work every day, the drive isn't stimulating you brain [near / nearly] as much as the first time you took that route.

2. 옳은 것을 고르시오.

It is necessary that the language in any advertising campaign [be examined / is examined] carefully.

3. 어법상 옳지 않은 것을 고르시오.

Old giant corporation such as IBM and AT&T laid off thousands of workers, ① downsizing to become more efficient and competitive. The auto industry that ② many were ready to pronounce ③ deadly has revived and is ④ flourishing.

4. 틀린 부분을 옳게 고치시오.

Computer-generated map revision is essentially for updating rapidly changing phenomena such as air pollution, ocean currents, and forest fires.

5. 다음 중 어법에 맞는 것을 고르시오.

The first grapefruit trees in Florida, around Tampa Bay, ㉠ [was / were] planted by Frenchman Count Odette Phillipe in 1823. Today, Florida produces more grapefruits than the rest of the world ㉡ [to combine / combined]. The first skyscraper, the ㉢ [10-story / 10-storeis] Wainwright Building in St. Louis, was designed by Louis Henry Sullivan in 1891.

	㉠	㉡	㉢
①	was	combined	10-story
②	were	combined	10-stories
③	was	combining	10-story
④	were	combined	10-story

The process by which animals wait out bad conditions (A) (is/are) called overwintering. Hibernating and migrating are the two main categories it is divided into, and both methods enable mammals and birds (B) (survive/to survive) through harsh situations. Interestingly, anthropologists note that it is probable many of our ancestors also overwintered during prehistoric times. However, as civilizations became more modern and humans were able to protect themselves against the elements, it no longer became (C) (strictly/strict) necessary for survival.

	(A)	(B)	(C)
①	are	to survive	strictly
②	are	survive	strictly
③	is	to survive	strictly
④	is	to survive	strictly

Assertive behavior involves standing up for your rights and expressing your thoughts and feelings in a direct, appropriate way that does not violate the rights of others. It is a matter of getting the other person ① to understand your viewpoint. People who exhibit assertive behavior skills are able to handle conflict situations with ease and assurance while maintaining good interpersonal relations. However, aggressive behavior involves expressing your thoughts and feelings and defending your rights in a way that openly violates the rights of others. ② Those exhibiting aggressive behavior seem to believe that the rights of others must be subservient to theirs. Thus, they have a difficult time ③ maintaining good interpersonal relations. They are ④ alike to interrupt, talk fast, ignore others, and use sarcasm or other forms of verbal abuse to maintain control.

One well-known difficulty in finding new things has been termed the 'oasis trap' by the cognitive psychologist David Perkins. Knowledge becomes centered in an 'oasis' of rich findings and it is just ① very risky and expensive to leave that still productive and well-watered zone. So people stick to ② what they know. This is what happened to a certain ③ extent in China over many centuries. The huge physical distances between centers of knowledge in China and the fact that the distant centers turned ④ out to be little different from one another discouraged exploration.

Although scientists have been familiar with the principle of Occam's razor for centuries, it ① became more widely known to the general public after the movie Contact came out in 1997. The movie, based on a novel written by Carl Sagan and ② starred Jodie Foster as SETI scientist Dr. Ellie Arroway, involves the first confirmed communication received on Earth by extraterrestrial intelligence. The communication is eventually discovered to be a diagram to build a transporter, which Ellie uses to travel through a series of wormholes to ③ visit with one of the aliens who made the transport possible, in a first step toward interstellar space travel. When Ellie returns, ④ she estimates she was gone about 18 hours, only to find that in Earth time, it appeared she had never left. Her story is doubted, especially when it's revealed that ⑤ her recording device recorded nothing but static. When Ellie tries to persuade the others that she actually did travel through time, she is reminded of the principle of Occam's razor: that the easiest explanation tends to be the right one. Meaning, she probably never left.

10. 문맥상 밑줄에 들어가기 가장 적절한 것은?

> The source of this economic paralysis are somewhat different in the two countries. In Japan, a combination of highly constraining social patterns, consensus-based decision making and an ossified political process have suppressed new ideas and made the country resistant to change. In the U.S., there is no shortage of fresh thinking, debate and outrage — the paralysis is caused by __________ of consensus on how problems should be tackled. In a rich nation like the U.S., it's easy to be fooled into thinking there's always more time for problems to get solved. So it has been in Japan. The Japanese are wealthy enough that they don't suffer too much from the prolonged period of stunted growth.

① a number
② a variety
③ a lack
④ a ground

1. 다음 글의 밑줄 친 부분 중, 어법상 틀린 것은?

Hanji, literally meaning "Korean Paper", is traditional Korean paper that is hand-made by processing the bark of the mulberry plant. ① Unlike machine-made paper, Hanji is a hand-made fiber paper and goes through a long manual process. Hanji is made of 100% pure mulberry, which makes the paper fibers ② very durably while keeping its surface smooth. It has been called the "living paper" since Hanji communes with nature. In addition to the mulberry tree, Hanji also uses the fiber from pine trees, bamboo, willows, and reeds. Hanji is lightly alkaline, which makes it possible ③ to be preserved for a long time. People used it for books, documents, and artworks which need to be preserved permanently or for a long time. It ④ has been handed down from generation to generation and still shows Korea's own traditional patterns and colors ⑤ not to mention a sense of beauty blended together.

* mulberry: 뽕나무

2. 다음 글의 밑줄 친 부분 중, 어법상 틀린 것은?

People can successfully perform two different activities simultaneously. To perform two activities at the same time, ① one of which has to be automatic. Driving, for example, is automatic, so we can usually drive while talking. We can also do two things at the same time if the tasks or activities involved require different kinds of attention. When playing the piano, pressing the keys ② requires a separate mode of concentration from reading the music. One forces us to pay attention to incoming stimuli; ③ the other requires us to produce a response. However, what's nearly impossible ④ is having a conversation and reading at the same time because both activities rely on similar types of attention. ⑤ Neither one can be performed without thinking.

3. 다음 글의 밑줄 친 부분 중, 어법상 틀린 것은?

Obviously, ① <u>a great deal of</u> controversy continues to surround the issue of executing criminals. Researchers generally agree that if punishment is to discourage future criminal behavior, it must be swift and certain. Neither of these conditions, however, ② <u>is met</u> by the death penalty in the United States, and few reasonable and informed people today argue that capital punishment acts as a deterrent, except in the specific case of the individual who is executed. Studies ③ <u>comparing</u> murder rates between states with and without death penalties either find no significant difference ④ <u>or disclose</u> that states with capital punishment actually have higher rates of murder. Also, ⑤ <u>disturbed</u> is the fact that personal characteristics of judges influence their decisions.

4. 다음 글의 밑줄 친 부분 중, 어법상 틀린 것은?

From the 8th to the 12th century CE, while Europe suffered the perhaps overdramatically named Dark Ages, science on planet Earth could be found almost ① <u>exclusively</u> in the Islamic world. This science was not exactly like our science today, but it was surely antecedent to ② <u>it</u> and was nonetheless an activity aimed at knowing about the world. Muslim rulers granted scientific institutions tremendous resources, such as libraries, observatories, and hospitals. Great schools in all the cities ③ <u>covering</u> the Arabic Near East and Northern Africa (and even into Spain) trained generations of scholars. Almost every word in the modern scientific lexicon that begins with the prefix "al" ④ <u>owes</u> its origins to Islamic science — algorithm, alchemy, alcohol, alkali, algebra. And then, just over 400 years after it started, it ground to an apparent halt, and it would be a few hundred years, give or take, before ⑤ <u>that</u> we would today unmistakably recognize as science appeared in Europe — with Galileo, Kepler, and, a bit later, Newton.

* antecedent: 선행하는

** lexicon: 어휘 (목록)

*** give or take: 대략

5. 다음 글의 밑줄 친 부분 중, 어법상 틀린 것은?

Working with neuroscientists who use neuroimaging to understand how the human brain works, anthropologist Simon Cohn has shown the extent ① to which scientists need to develop personal, even intimate, relationships with their subjects in order to secure their cooperation. Only by enlisting subjects in a social relationship, even if briefly, ② do the researchers feel they can depend on the subjects to follow directions to the best of their ability. ③ Strapped down uncomfortably in a dark, noisy scanner, subjects must nonetheless pay attention and follow directions in order to produce data the researchers can use. Before the subjects ever enter the scanner, researchers provide ④ them with reassurance and sympathy and share personal experiences, creating a subjective alliance between researcher and subject. Although these tactics might influence the specific subjective experiences revealed in the scanner, they are carefully eliminated from the experimental reports so that only the signals from subjects' brains in response to stimuli in the scanner ⑤ coming to light.

연습문제 정답과 해설

1. 정답: nearly

(해석)

만약 당신이 직장에 매일 출퇴근한다면, 그 운전은 당신이 처음 그 길을 택했을 때만큼 당신을 자극시키지는 않는다.

(해설)

'as + 원급 + as' 구문을 수식하는 부사는 nearly나 almost이다.

2. 정답: be examined

(해석)

어떠한 광고 캠페인에서도 언어는 조심스럽게 검토되어야 한다.

(해설)

necessary는 '중요성'의 형용사이므로 '~해야 한다'는 의미가 내포되어 있다. 따라서 주절 동사는 '(should) + R'의 형태가 되어야 한다.

3. 정답: ③ deadly → dead

(해석)

IBM이나 AT&T와 같은 기존의 거대회사들은 수천 명의 직원들을 해고하며 좀 더 효율적이고 경쟁력을 가질 수 있도록 규모를 줄여 가고 있다. 많은 사람들에 의해 이미 끝났다고 선언되기 직전이었던 자동차 회사들은 활기를 되찾고 번영해 나가고 있다.

(해설)

pronounce는 '~을 ~로 선언하다'라는 5형식 동사로 사용이 가능하다. deadly는 형용사로 보어 자리에 사용이 가능하지만 의미가 적절하지 않다. deadly는 '치명적'이라는 의미이므로 문맥상 '죽은'이 적절하므로 dead로 바꾸어야 한다.

4. 정답: essentially → essential

(해석)

컴퓨터로 만들어진 지도수정은 대기오염, 해양파도, 그리고 산불과 같은 빠르게 변화하는 현상을 업데이트하는 데 중요하다.

(해설)

is는 불완전 자동사이므로 뒤에는 보어로 부사가 아닌 형용사가 필요하다. 따라서 essentially를 essential로 바꾸어야 한다.

5. 정답: ① were ② combined ③ 10-story

(해석)

Tampa만 주변의 플로리다에 있는 최초의 자몽나무들은 1823년에 프랑스인 Odette Phillipe 백작이 심은 것이다. 오늘날 플로리다는 나머지 전 세계를 합한 것보다 더 많은 자몽을 생산한다. 최초의 고층건물은 세인트 루이스에 있는 10층짜리 Wainwright 빌딩인데, 1891년 Louis Henry Sullivan이 디자인한 것이다.

(해설)

① 주어가 trees로 복수이므로 동사 역시 복수인 were가 정답이다.
② 나머지 전세계가 합치는 것이 아니라 합쳐지는 것이므로 수동관계가 성립한다. 따라서 과거분사 combined이 사용되어야 한다.
③ 명사 두개가 하이픈(-)으로 연결되어 building을 수식하는 형용사로 쓰일 경우 단위명사는 단수형으로 쓰인다.

6. 정답: ③

(해석)

동물들이 나쁜 날씨가 끝나기를 기다리는 과정을 월동이라고 한다. 겨울잠을 자는 것과 이주하는 것이 그것이 나뉘는 두 가지 주요한 종류이고, 두 가지 방법 모두 포유류와 조류들이 혹독한 환경에서 생존할 수 있도록 해 준다. 흥미롭게도, 인류학자들은 많은 우리 조상들 또한 선사 시대에 월동을 했을 수도 있다는 것에 주목한다. 그러나, 문명이 점점 근대화되고 인간이 악천후로부터 자신들을 보호할 수 있게 되자, 그것은 더 이상 생존을 위해 절대적으로 필수적인 것이 아니게 되었다.

(A) 주어 자리에 단수 명사 The process가 왔으므로 복수 동사 are가 아닌 단수 동사 is를 써야 한다. 주어와 동사 사이의 수식어 거품(by which ~ bad conditions)은 동사의 영향을 주지 않는다.

(B) 동사 enable은 목적격 보어로 to 부정사를 취하는 동사이므로 원형 부정사 survive가 아닌 to 부정사 to survive를 써야 한다.

(C) 형용사 necessary를 수식하는 것은 부사이므로 형용사 strict가 아닌 부사 strictly를 써야 한다.

따라서 (A) is-(B) to survive-(C) strictly의 순서로 쓰인 ③번이 정답이다.

wait out 끝나기를 기다리다 overwintering 월동 hibernate 겨울잠을 자다 migrate 이주하다 method 방법 mammal 포유류 anthropologist 인류학자 ancestor 조상 prehistoric 선사 시대의 civilization 문명 the elements 악천후, 비바람 strictly 절대적으로

7. 정답: ④ alike → likely

적극적 행동에는 자신의 권리를 옹호하고 타인의 권리를 침해하지 않는 직접적이고 적절한 방식으로 자신의 생각과 감정을 표현하는 것이 포함된다. 그것은 상대방이 당신의 관점을 이해하도록 설득하는 문제이다. 적극적 행동 능력을 보이는 사람들은 원만한 대인관계를 유지하면서 대립 상황을 쉽고 확실하게 처리할 수 있다. 그에 반해서, 공격적인 행동은 다른 사람들의 권리를 공공연히 침해하는 방식으로 자신의 생각과 감정을 표현하고 자신의 권리를 보호하는 것을 포함한다. 공격적인 행동을 보이는 사람들은 다른 사람들의 권리가 그들의 권리보다 부차적이라고 믿는 것 같다. 따라서 그들은 원만한 대인관계를 유지하는 데 어려움을 겪는다. 그들은 통제를 유지하기 위해 방해하고, 빠르게 말하고, 다른 사람들을 무시하며, 빈정대거나 다른 형태의 언어폭력을 사용할 가능성이 있다.

alike는 'A and B alike'와 같이 명사를 뒤에서 수식하는 형용사이다. 이 경우에는 'be likely to R'를 사용해서 '-할 것 같은'을 표시해야 한다. 이때 likely는 형용사이다.

① get은 준사역동사이다. 따라서 목적격 보어 자리에 to R가 제대로 사용되었다.

② 뒤에는 exhibiting이라는 분사가 꾸며서 '~하는 사람들'을 나타내고 있으므로 지시대명사 those가 바르게 사용되었다.

③ '~하는 데 어려움이 있다'는 have a difficult time (in) Ring로 표현할 수 있으므로 제대로 쓰였다.

assertive 적극적인, 확신에 찬 stand up for ~을 옹호하다 viewpoint (어떤 주제에 대한) 관점, 시각 assurance 확신, 확실성, 확언 defend 방어하다, 지키다 subservient 부차적인, 덜 중요한, 복종하는 sarcasm 빈정댐, 비꼼

8. 정답: ① very → too

새로운 것을 발견하는 데 있어서 잘 알려진 한 가지 난제는 인지 심리학자인 데이비드 퍼킨스에 의해 '오아시스 덫'이라고 명명되었다. 지식은 풍부한 발견의 '오아시스'에 집중되고 여전히 생산적이고 물이 풍부한 지역을 떠나는 것은 너무 위험하고 비용이 많이 든다. 그래서 사람들은 그들이 알고 있는 것을 고수한다. 이는 중국에서 수 세기에 걸쳐 어느 정도 일어났던 일이다. 중국에서 지식의 중심들 사이의 엄청난 물리적 거리와 그 먼 중심들이 서로 거의 다르지 않다고 밝혀진 사실이 탐구를 좌절시켰다.

① very는 형용사의 원급을 수식할 수 있지만, 뒤에 나오는 to R와 이어질 수 없다. 이 문장은 '지나치게 ~해서 ~하지 못하다'라는 문맥이 되어야 하므로 'too - to R' 구문

을 이용해서 표현해야 한다. 따라서 very를 too로 고쳐야 한다.

② 전치사 to의 목적어 자리에 명사절 접속사가 사용되었다. 그리고 이어지는 문장의 동사는 know인데, 이 타동사의 목적어가 없으니 불완전한 구조이다. 따라서 what이 바르게 쓰였다.

③ 전치사 to의 목적어로 명사 extent가 바르게 쓰였다. 'to a certain extent' '어느 정도까지는'이라는 의미이다.

④ turn이나 prove와 같이 '판명되다'라는 의미를 가지는 동사는 2형식 불완전 자동사이고 보어 자리에 to 부정사를 수반할 수 있으므로 turned out to be가 바르게 표현되었다.

cognitive psychologist 인지 심리학자 term 칭하다, 일컫다 centered 중심에 있는 risky 위험한 stick ~을 고수하다, 계속하다 to a certain extent 어느 정도까지 discourage 낙담시키다 exploration 탐구, 연구

9. 정답: ②

비록 과학자들은 수 세기 동안 오컴의 면도날 법칙을 잘 알고 있었지만, 1997년에 영화 「콘택트」가 개봉한 후에 그것은 일반 대중에게 더욱 널리 알려지게 되었다. 칼 세이건이 쓴 소설을 기반으로 하고 조디 포스터가 SETI(외계 지적 생명체 탐사) 과학자 닥터 Ellie Arroway 역으로 주연을 맡은 그 영화는, 외계의 지적 존재에게 받은 최초로 확인된 통신 내용을 포함한다. 행성 간의 공간 이동을 향한 첫 단계에서, 그 통신은 수송기를 만들기 위한 설계도라는 것이 결국 밝혀지는데, 이것은 Ellie는 그 이동(행성 간의 공간 이동)을 가능하게 한 외계인 중 한 명과 만나기 위해 연이은 웜홀을 통해 이동하는 데 사용한다. Ellie가 돌아올 때, 그녀는 자신이 약 18시간 정도 떠나 있었다고 추정하지만, 지구의 시간으로는 그녀가 전혀 떠난 적이 없었던 것처럼 보였다는 것을 알게 된다. 그녀의 이야기는 특히 그녀의 기록장치가 아무것도 기록하지 않았고 그저 정지 상태였다는 것이 밝혀졌을 때 의심받았다. Ellie가 실제로 시간을 건너 여행했다고 다른 사람들을 설득하려고 노력할 때, 그녀는 가장 쉬운 설명이 옳은 것이 되는 경향이 있다는 오컴의 면도날 법칙을 떠올리게 된다. 즉, 아마 그녀는 결코 떠나지 않았을 것이다.

② 수식 받는 명사(the movie)와 분사가 '조디 포스터가 주연을 맡은 영화'라는 의미의 능동관계이므로 과거분사 starred를 현재분사 starring으로 고쳐야 한다.

① 동사 become(became)은 주격 보어를 취하는 동사인데, 보어 자리에는 명사나 형용사 역할을 하는 것이 올 수 있으므로 형용사 역할을 하는 과거분사 known이 올바르게 쓰였고, known은 '~에게 알려진'이라는 의미로 쓰일 경우 전치사 to를 취하므로 known to가 올바르게 쓰였다.

③ 선행사 aliens가 사람이고 관계절 내 동사의 주어 역할을 하므로 주격 관계대명사 who가 올바르게 쓰였다. 동사 make는 5형식 동사로 쓰일 때 'make(made) + 목적어(the transport) + 목적격 보어(possible)' 형태를 취하며, '이 ~하게 만들다'라는 의미를 나타내므로 made the transport possible이 올바르게 쓰였다.

④ be 동사(was)는 주격 보어를 취하는 동사인데, 보어 자리에는 명사나 형용사 역할을 하는 것이 올 수 있으므로 형용사 gone이 올바르게 쓰였다. 또한, 문맥상 '약 18시간'이라는 의미가 되어야 자연스러우므로, 시간 앞에 와서 '대략'이라는 의미를 나타내는 전치사 about이 올바르게 쓰였다.

⑤ 수식 받는 명사 device와 분사가 '기록하는 장치'라는 의미의 능동관계이므로 현재분사 recording이 올바르게 쓰였다. 해당지문의 recorded는 동사로 '기록하다'라는 의미로 쓰였다.

familiar ~을 잘 아는, 친숙한 principle 법칙, 원리 star 주연을 맡다 confirmed 확인된, 확고한 extraterrestrial 외계의, 지구 밖의 intelligence 지적 존재 diagram 설계도, 도표 alien 외계인, 우주인, 외국의 transport 이동, 수송, 수송하다 interstellar 행성 간의 estimate 추정하다, 평가하다

해석

이러한 경제 마비의 원인은 두 나라에서 약간 다르다. 일본에서는, 고도로 억압적인 사회유형, 합의에 기반을 둔 의사결정, 그리고 경직된 정치과정의 결합이 새로운 사상들을 억누르고 국가를 변화에 저항하도록 만들었다. 미국에서는 새로운 견해, 토론과 격분이 부족하지 않다. 마비는 문제가 어떻게 다루어져야 하는지에 대한 합의의 부족으로 인해 야기된다. 미국과 같은 부유한 나라에서는 문제가 해결될 시간이 항상 더 있다고 생각하도록 속기 쉽다. 일본에서도 그래 왔다. 일본인들은 오랜 기간의 위축된 성장으로부터 과도하게 피해를 입지 않을 만큼 충분히 부유하다.

① 수
② 다양성
③ 부족
④ 배경

해설

빈칸에 미국에서는 무엇으로 인해 경제마비가 일어나는지에 대한 내용이 제시되어야 한다. 지문 처음에서 일본과 미국에서 경제 마비의 원인이 다르다고 하고, 이어서 합의에 기반을 둔 의사결정이 일본경제 마비의 원인 중 하나라고 언급했으므로, 미국에서의 경제 마비는 문제가 어떻게 다루어져야 하는지에 대한 합의의 '부족'으로 인해 야기된다고 한 ③번이 정답이다.

어휘

source 원인 paralysis 마비 consensus 합의 ossified 경직된 suppress 억누르다 resistant 저항하는 outrage 격분 tackle 다루다, 맞붙다 stunted 위축

1. 정답: ②

(해석)

글자 그대로 '한국의 종이'를 의미하는 한지는 뽕나무 껍질을 가공하여 손으로 만들어지는 전통적인 한국의 종이이다. 기계로 제작되는 종이와 달리 한지는 손으로 만들어지는 섬유질 종이이며 오랜 수작업의 과정을 거친다. 한지는 100% 순수 뽕나무로 만들어지며, 그것은 그 표면을 부드럽게 유지하면서 종이 섬유질을 매우 질기게 만들어 준다. 한지는 자연 친화적이기 때문에 '살아 있는 종이'라고 불려 오고 있다. 한지는 뽕나무 외에도 소나무, 대나무, 버드나무, 그리고 갈대에서 추출한 섬유도 이용한다. 한지는 약알칼리성이며, 그것은 오랫동안 보존되는 것을 가능하게 만든다. 사람들은 그것을 책, 문서, 그리고 영구적으로 또는 오랫동안 보존될 필요가 있는 예술 작품을 위해 이용했다. 그것은 대를 이어 전해 내려오고 있으며, 혼합되어 있는 미적 감각은 말할 것도 없고 한국만의 전통적인 형태와 색을 여전히 보여 주고 있다.

(해설)

② makes the paper fibers very durably는 'S + V + O + 부사'로 3형식으로 쓰인 문장인데, 문맥상 종이 섬유질이 매우 튼튼하다'는 의미의 5형식 문장이 되어야 한다. 따라서 목적격 보어 자리에 형용사 durable이 와야 한다.
① Unlike는 '와는 달리'라는 뜻으로 쓰이는 전치 사이다
③ 진목적어로 쓰인 to 부정사이며 '(한지는) 보존된다'는 의미가 되어야 한다.

(어휘)

literally 글자 그대로 process 가공하다 bark 나무껍질 fiber 섬유 manual 손의 durably 내구력으로 bamboo 대나무 willow 버드나무 reed 갈대 permanently 영적으로 hand down 전해주다 blend 섞다, 혼합하다

2. 정답: ①

(해석)

사람들은 두 가지 다른 활동을 동시에 성공적으로 수행할 수 있다. 두 가지 활동을 동시에 수행하기 위해서는 둘 중 하나는 반사적이어야만 한다. 예를 들어, 운전은 반사적이기 때문에 우리는 흔히 대화하면서도 운전을 할 수 있다. 우리는 또한 관련된 일이나 활동이 다른 종류의 집중을 요구하면 동시에 두 가지 일을 할 수 있다. 피아노를 칠 때 건반을 누르는 것은 악보를 읽는 것과는 다른 집중의 형태를 요구한다. 하나는 우리에게 입력되는 자극에 대해 집중하도록 강요하며, 다른 하나는 반응을 하도록 요구한다. 그러나 거의 불가능한 것은 대화를 하면서 동시에 독서하는 것인데, 그 이유는 두 가지 활동 모두 유사한 형태의 집중에 의존하기 때문이다. 둘 중 어떤 것도 생각하지 않고는 수행될 수 없다.

(해설)

①의 밑줄 친 부분 앞에 쓰인 To perform ~는 절이 아니라, 부정사로 쓰인 구이다. 따라서 맡줄 친 부분에는 주절로 「주어+: 동사」가 쓰여야 하는데, 「대명사 + of + 관계대명사」 형태로 쓰인 one of which를 풀어 쓰면 and one of them으로 접속사 and가 쓰여 '부사구, and + 주절'과 같이 틀린 문장이 된다. 따라서 접속사(and)가 포함되지 않은 one of them으로 써야 한다. ② 동명사 pressing이 주어이므로 단수 동사 requires가 왔다. ③ 두 개 중에서 '하나는 ~, 다른 하나는…'이란 표현을 할 경우에는 'One ~, the other…' 표현하므로 맞게 쓰였다. 여기서는 문맥상 One은 reading the music을 가리키고, the other는 'pressing' the keys를 가리킨다. ④ having은 동명사로 is 뒤에서 보어로 쓰였다. ⑤ neither는 'neither+ 단수 명사'로 써서 '(둘 중) 어떤 명시도 ~아니다'의 의미로 쓰이기 때문에 맞는 표현이다.

(어휘)

simultaneously 동시에(= at the same time) automatic 자동의 separate 분리된 stimuli 자극

3. 정답: ⑤

(해석)

분명하게 범죄자를 처형하는 문제를 둘러싸고 많은 논쟁이 지속되고 있다. 만약 처벌이 앞으로 일어날 범죄적인 행동을 막아 주려면, 그것은 신속하고도 확실해야만 한다는 사실에 연구자들은 일반적으로 동의한다. 그러나 미국 내에서는 이러한 조건들 중에서 어느 하나도 사형제도에 의해 충족되지 못하고 있으며, 처형당하는 사람과 같은 특정한 경우를 제외하면 사형이 (범죄) 억제책으로서 기능한다고 주장하는 이성적이고 교양 있는 사람은 오늘날 거의 없다. 사형제도가 있는 주와 그렇지 않은 주(州) 간의 살인율을 비교하는 연구들도 어떠한 중대한 차이를 발견하지 못하거나 또는 사형제도가 있는 주들이 실제로 더 높은 살인율을 가지고 있다는 사실을 밝혀 주고 있다. 또한 판사들의 개인적인 특성이 그들의 판결에 영향을 준다는 사실은 혼란을 불러일으킨다.

(해설)

⑤ 주어가 길기 때문에 주격 보어로 쓰인 과거분사 disturbed를 문두로 보내 주어와 동사가 도치된 문장이다. 그런데 이 문장은 '그 사실은 혼란을 불러일으킨다'로 능동의 의미이기 때문에 현재분사(disturbing)로 고쳐야 한다.
① a great deal of는 much와 같은 개념으로 뒤에 셀 수 없는 명사가 오는데, 뒤에 controversy가 왔으므로 맞게 쓰였다. ② 'neither of + 복수 명사 + 단수 동사'로 쓰였는데, 문맥상 수동태가 맞다. ③ comparing 앞에 '주격 관계대명사 + be 동사'인 which are가 생략되어 있고, 선행사인 studies를 관계사절 뒤로 넘기면 'S(studies) + V(are comparing) + O(murder rates)'로 맞게 쓰였다. ④ 상관접속사 'either A or B'에 의해서 연결된 A와 B는 문법적으로 동일한 형태가 되어야 하는데, 앞의 동사 find와 동일한 형태로 동사원형(disclose)이 왔으므로 맞게 쓰였다.

(어휘)

controversy 논쟁 surround 둘러싸다 execute 처형하다, 집행하다 criminal 범죄자 discourage 막다 death penalty 사형제도 informed 박식한 capital punishment 사형 deterrent 억제책 specific 특정한, 구체적인

4. 정답: ⑤

(해석)

서기 8세기부터 12세기까지 유럽이 아마도 지나치게 극적인 이름이 붙여진 '암흑시대'로 고통받고 있던 동안에, 자구상의 과학은 거의 유일하게 이슬람 세계에서만 발견될 수 있었다. 이 과학이 오늘날 우리의 과학과 같지는 않았지만. 그것(이 과학)은 확실히 그것(우리의 과학)에 선행했고. 그러기는 했지만 세상에 대해 아는 것을 목표로 한 활동이었다. 무슬림 통치자들은 엄청난 자원을 도서관, 천문대, 병원과 같은 과학 기관에 주었다. 근동 아랍과 북아프리카(와 심지어 스페인까지)에 아우르는 모든 도시의 훌륭한 학교는 여러 세대의 학자들을 훈련시켰다. 접두사 'al'로 시작하는 현대 과학 어휘 목록의 거의 모든 단어, 즉 알고리즘, 연금술, 알코올, 알칼리, 대수학은 이슬람 과학에 그것의 기원을 두고 있다. 그리고 그것이 시작된 지 막 400년이 넘었던 그때, 그것은 서서히 멈춘 것 같았고. 대략 몇 백 년 후에 우리가 오늘날 과학이라고 확실히 인식하는 것은 갈릴레오, 케플러, 그리고 조금 후에 뉴턴과 함께 유럽에서 출현했다.

(해설)

① 동사구 could be found를 수식하므로, 부사 exclusively가 온 것은 적절하다.
② 앞에서 언급한 our science today를 가리키면서 전치사 to의 목적어로 쓰인 대명사가 와야 하므로, it이 온 것은 적절하다.
③ '-에 걸친'이라는 능동의 의미로 명사구 all the cities를 수식하는 현재분사가 와야 하므로, covering이 온 것은 적절하다.
④ 단수주어에 맞춰 단수동사 owes가 온 것은 적절하다.
⑤ 뒤에 목적어가 빠진 불완전한 문장이 왔고 appeared의 주어 역할을 하는 명사절이 와야 하므로 that을 선행사를 포함한 관계사인 what으로 고쳐 써야 한다.

(어휘)

exclusively 오로지, 배타적으로 antecedent 선행된, 이전의 grant 주다, 수여하다 institution 기관 tremendous 엄청난 observatory 천문대 generation 세대 prefix 접두사 alchemy 연금술 algebra 대수학 grind to a halt 서서히 멈추다 apparent ~인 것 같은, ~인 것으로 보이는

unmistakably 확실히

5. 정답: ⑤

인간의 뇌가 어떻게 작동하는지를 이해하기 위해서 뇌신경 촬영법을 사용하는 신경 과학자들과 함께 작업하면서. 인류학자 Simon Cohn은 과학자들이 피험자들의 협조를 확보하기 위해 그들의 피험자들과 개인적인, 심지어 친밀한 관계를 발달시킬 필요가 있는 정도를 보여 왔다. 비록 잠시뿐이라도, 사회적 관계에서 피험자들의 협력을 얻어야만, 연구자들은 피험자들이 할 수 있는 한 최선을 다해 지시를 따를 것이라 믿을 수 있다고 생각한다. 어둡고 시끄러운 스캐너에서 불편하게 끈으로 묶여 있지만. 그런데도 연구자들이 사용할 수 있는 데이터를 만들어 내기 위해 피험자들은 반드시 집중하고 지시를 따라야 한다. 피험자들이 스캐너에 언제든 들어가기 전에 연구자들은 연구자와 피험자 사이에 개인적인 동맹을 만들어 내면서 그들에게 안심과 공감을 제공하고 개인적 경험을 공유한다. 비록 이런 전략들이 스캐너에 드러난 특정한 주관적인 경험에 영향을 미칠지라도 그것들은 실험 보고서에서 신중하게 제거되어서, 스캐너 안에서 자극에 반응해 피험자의 뇌에서 나오는 신호만이 드러난다.

① 뒤에 필수 성분을 모두 갖춘 완전한 문장이 왔고 앞에 선행사 the extent가 있으므로, '전치사 + 관계대명사'인 to which가 온 것은 적절하다.

② 부사 only가 문장 맨 앞으로 나간 도치 구문으로 동사는 알반동사의 현재형이고 주어가 복수형이므로, 'do + 주어 + 동사원형'의 어순이 되어야 한다. 따라서 do가 온 것은 적절하다.

③ 분사구문의 의미상 주어가 subjects(피험자)로 동사 strap(묶다)는 '묶이다'라는 수동의 의미가 되어야 하므로, 과거분사 Strapped가 온 것은 적절하다.

④ 동사 provide의 목적어이면서 앞에서 언급한 the subject를 받는 대명사가 와야 하므로, 복수형 them이 온 것은 적절하다.

⑤ 접속사 so that이 이끄는 절에서 주어는 only the signals이고 from ~ stimuli가 only the signals를 수식하

는 전치사구이므로, 뒤에는 동사가 와야 한다. 따라서 coming을 come으로 고쳐 써야 한다.

neuroscientist 신경 과학자 neuroimaging 신경 촬영법 anthropologist 인류학자 extent 정도, 크기 intimate 친밀한 cooperation 협력, 협조 enlist 요청하다 subject 연구(실험) 대상 피험자 nonetheless 그렇기는 하지만 strap 끈으로 묶다 reassurance 안심시키는 말 sympathy 동정 subjective 주관적인 alliance 동맹 tactic 전략, 전술 eliminate 제거하다, 없애다 experimental 실험적인 come to light 드러나다, 알려지다

Chapter 11

비교구문

1) 비교급의 종류

형용사나 부사를 강조하는 구문을 비교 구문이라고 한다. 비교급에는 원급 비교, 비교급 비교, 최상급 비교가 있다. 두 대상이 동등함을 나타내는 원급 비교, 두 개의 비교 대상 중 하나가 더 우월함을 나타내는 비교급 비교, 그리고 셋 이상의 비교 대상 중 하나가 가장 뛰어날 때 쓰는 최상급 비교가 있다.

- Steve is tall. Steve는 크다.
- Steve is **as tall as** his father. Steve는 그의 아버지만큼 크다. [원급 비교]
- Steve is **taller than** his father. Steve는 그의 아버지보다 크다. [비교급 비교]
- Steve is **the tallest** in his family. Steve는 그의 가족 중에서 가장 크다. [최상급 비교]

비교 구문	형태	의미	예시
원급 비교	as + 원급 + as	~만큼 ~한	as tall as
비교급 비교	비교급 + than	~보다 ~한	taller than
최상급 비교	the + 최상급	가장 ~한	the tallest

1) 기본형

'~만큼 ~한'이라는 뜻으로, 두 대상이 동등함을 나타내는 표현이다. as ~ as 사이에 형용사와 부사 중 어떤 품사가 들어가는지가 출제된다. 앞에 be 동사가 있으면 형용사의 원급, 앞에 일반동사가 있으면 부사의 원급을 사용한다.

- Home education is important. 가정 교육이 중요하다.
        +
- School education is important. 학교 교육이 중요하다.
    → Home education is as **important** as school education (is important). 가정 교육이 학교 교육만큼 중요하다.

반복되는 부분은 생략할 수 있다.

형태	해석
S be as **형용사 원급** as B	S는 B만큼 ~하다
S V (O) as **부사 원급** as B	S는 B만큼 ~하다
not as(so) **형용사/부사** 원급 as	~만큼 ~하지 않다

- Home education is as **important** as school education (is important). 가정교육은 학교교육만큼 중요하다.
- This fax machine works as **efficiently** as a new model. 이 팩스기계는 새 모델만큼 효율적으로 작동한다.

• The system is <u>not</u> **as(so)** reliable as the traditional method. 이 시스템은 전통적인 방법만큼 믿을 만하지 않다.

2) 명사 원급 구문

'~만큼 많은'을 나타낼 때는 as와 as 사이에 명사가 들어간다. 만약 이 명사가 가산명사이면 many와 함께, 불가산 명사이면 much와 함께 사용한다.

가산명사	as many Ns(가산명사) as
불가산명사	as much N(불가산명사) as

• Mark makes much money. Mark는 돈을 많이 번다.
• His wife makes much money. 그의 부인은 돈을 많이 번다.
　→ Mark makes as **much money** as his wife (makes much money). Mark는 그의 부인만큼 돈을 많이 번다.
　[반복되는 부분은 생략 가능하다.]
　= Mark makes as **much money** as his wife **does**.
　[일반동사가 반복될 때는 do/does/did로 대신할 수 있다.]

3) 그 외 원급 비교의 주요 구문

주요 구문	해석
as ~ as S can as ~ as possible	가능한 한 ~한(하게)
not so much A as B	A라기보다는 B인
not so much as	~ 조차도 아닌

• Give me a call as soon as you can. 가능한 한 빨리 전화주세요.
• He is not so much a singer as an actor. 그는 가수라기보다는 배우이다.
• Give me a call as soon as you can. 가능한 한 빨리 전화주세요.

4) 중복, 혼용 주의

more/less와 -er은 중복해서 사용할 수 없고, as와 어울리는 것은 as이고, more와 어울리는 것은 than이다.

(문장 분석! 구조 파악 연습)

1. The new policy is not as effective as many experts had initially predicted, largely because unforeseen social variables intervened.

2. She moved as cautiously as a surgeon performing a delicate operation, aware that even a minor mistake

could alter the outcome.

3. His refusal was driven not so much by a lack of ability as by a fear of being evaluated unfairly in a highly competitive environment.

4. The sudden shift in public opinion reflects not so much a change in values as a growing distrust of institutions that failed to deliver on their promises.

1. The new policy **is** not as effective as many experts had initially predicted, largely because
          be   형

unforeseen social variables intervened.

새로운 정책은 많은 전문가들이 처음 예상했던 것만큼 효과적이지 않은데, 이는 예측하지 못한 사회적 변수들이 개입했기 때문이다.

2. She **moved** as cautiously as a surgeon performing a delicate operation, aware that even a
     일반동사   부

minor mistake could alter the outcome.

그녀는 사소한 실수도 결과를 바꿀 수 있다는 것을 알고, 마치 정교한 수술을 하는 외과의사만큼이나 조심스럽게 행동했다.

3. His refusal was driven **not so much** by a lack of ability **as** by a fear of being evaluated
                  not so much   A   as   B

unfairly (in a highly competitive environment.)

그의 거절은 능력이 부족했다기보다는, 극도로 경쟁적인 환경에서 부당한 평가를 받을지도 모른다는 두려움 때문이었다.

4. The sudden shift in public opinion reflects **not so much** a change in values **as** a growing
                  not so much   A   as   B

distrust of institutions (that failed to deliver on their promises.)

여론의 갑작스러운 변화는 가치관의 변화라기보다, 약속을 지키지 못한 기관들에 대한 불신이 커졌기 때문이다.

3. 비교급 비교

1) 비교급 비교의 개념

'~보다 ~한'이라는 뜻으로, 두 대상 중 한쪽이 우월할 때 사용하는 비교 구문이다.

- English is important. 영어는 중요하다.

- Science is important. 과학은 중요하다.
    → English is **more** important **than** science (is important). 영어는 과학보다 중요하다.

형태	해석
A + 형용사/부사의 비교급 + than + B	A가 B보다 더 ~하다
A + not 형용사/부사의 비교급 + than + B	A가 B보다 더 ~하지 않다

- Buying a new computer would be **cheaper** than fixing broken parts. 새로운 컴퓨터를 구입하는 것이 고장 난 것을 수리하는 것보다 저렴할 것이다.
- The student talked more **loudly** than the teacher. 그 학생은 선생님보다 더 크게 말했다.

2) 비교급 비교의 특징

(1) 동일 대상의 성질 비교
하나의 대상의 성질을 비교하는 경우 -er를 사용하지 않고 반드시 more를 사용한다.
Charles is smarter than his brother. Clarles는 그의 동생보다 더 똑똑하다.
Charles is smarter than cunning. (○ / X) Charels는 교활하기보다는 똑똑하다.
→ Charles is more smart than cunning.

(2) 비교 대상의 일치
비교급에서 비교되는 두 대상은 아래의 것들이 반드시 일치해야 한다.

① 격의 일치
비교되는 두 대상이 주격이면 주격, 목적격이면 목적격으로 격을 일치시키다.

- Nobody speaks more fluently than him. [X]
    → **Nobody** speaks more fluently than **he** (speaks fluently). 아무도 그보다 더 유창하게 말하지는 않는다.

② 동사 종류의 일치
비교되는 두 대상이 동사인 경우, 두 대상의 동사의 종류를 일치시켜야 한다. 일반동사는 do동사로 받고, be 동사는 be 동사, 조동사는 조동사로 받아야 한다.

비교 구문	
be 동사 __________________	be 동사
조동사 __________________	조동사
일반동사 __________________	do동사

- The new camera operates more quickly than the famous FT40 camera is. [X]
    → The new camera **operates** more quickly than the famous FT40 camera **does**.
    그 새로운 카메라는 유명한 FT40 카메라보다 더 빠르게 작동한다.

③ 명사의 대상 일치

비교되는 대상이 명사인 경우, 비교 대상이 일치해야 한다. 앞에서 형용사가 꾸미면 one(ones), 뒤에서 전명구가 수식하면 that(those)를 사용하고, 앞에 '소유격+명사'가 제시되면 소유대명사가 비교대상으로 사용된다.

비교되는 대상 뒤에 수식어가 있는 경우	that / those
비교되는 대상 앞에 수식어가 있는 경우	one / ones
비교 대상이 소유격 + 명사인 경우	소유대명사

- The climate of Busan is milder than Osaka. [X] 부산의 날씨와 오사카가 직접 비교될 수 없다. 부산의 날씨와 오사카의 날씨(그것)가 비교되어야 한다.

    → **The climate** of Busan is milder than **that** of Osaka. 부산의 날씨는 오사카의 날씨보다 더 온화하다.
- The white camera is more expensive that the red that. [X]

    → The white camera is more expensive that **red one**. 하얀색 카메라가 빨간색보다 더 비싸다.
- Steve's idea is more persuasive than Mark. [X]

    → **Steve's idea** is more persuasive than **Mark's**. Steve의 아이디어는 나의 아이디어보다 더 설득력이 있다.

1. The pressure on new employees is often greater than that on experienced workers, who already understand the company's expectations.

2. Modern renewable-energy systems are far more efficient than the outdated ones that many developing countries still rely on for their national power supply.

3. Their proposal was more feasible than ours given the limited budget and time constraints.

1. The pressure (on new employees) is often greater than that (on experienced workers), (who

　　　　　　　　　　　　　　　　　　비교급　than　that　　　　　(전+명)

already understand the company's expectations.)

신규 직원에게 가해지는 압력은 회사의 기대치를 이미 아는 숙련 직원에게 가해지는 압력보다 더 큰 경우가 많다.

2. Modern renewable-energy systems are far more efficient than the outdated ones that

　　　　　　　　　　　　　　　　　　more　　　　　　than　　　　　(systems)

many developing countries still rely on for their national power supply.

현대의 재생에너지 시스템은 많은 개발도상국이 아직까지 국가 전력 공급을 위해 의존하고 있는 낡은 것들보다 훨씬 더 효율적이다.

3. Their proposal was more feasible than ours given the limited budget and time constraints.

　　소유격+명사　　　　　　비교급　　　than 소유대명사

제한된 예산과 시간 제약을 고려할 때, 그들의 제안은 우리 것보다 더 실행 가능했다.

(3) 라틴 비교

어미가 -er로 끝나는 게 아니고 -or로 끝나는 것들은 라틴어에서 유래된 단어들이다. 라틴어에서 온 비교 표현은 '~보다'를 표현할 때 than이 아니라 to를 사용한다. 빈출 단어는 다음과 같다.

senior(나이가 더 많은) superior(우수한)	junior(나이가 더 어린) inferior(열등한)	prefer(선호하다)	to + 비교 대상

◆ prefer의 특징

prefer	(동)명사	**to**	(동)명사
	to R	**(rather) than**	(to) R

- Korean women prefer <u>apartments</u> **to** <u>private housing</u>. 한국의 여자들은 개인 주택보다 아파트를 선호한다.
- They prefer to <u>live</u> in the city **rather than** (to) <u>live</u> in the countryside. 그들은 시골에 사는 것보다 도시에 사는 것을 선호한다.

문장 분석! 구조 파악 연습

1. Modern consumers often prefer personalized services to standardized ones that fail to reflect individual needs and preferences.

2. In situations where resources are extremely limited, adopting a phased implementation plan may be preferable to attempting a full-scale launch that risks overwhelming the system.

정답과 해설

1. Modern consumers often <u>prefer</u> <u>personalized services</u> <u>to</u> <u>standardized ones</u> (that fail to

                                  prefer   A   to   B

reflect individual needs and preferences.)

현대 소비자들은 개인의 요구와 선호를 반영하지 못하는 획일화된 서비스보다 개인 맞춤형 서비스를 선호하는 경우가 많다.

2. (In situations) (where resources are extremely limited,) <u>adopting a phased implementation</u>

                                                                 A(Ring)

<u>plan</u> may be preferable to <u>attempting a full-scale launch</u> (that risks overwhelming the system.)

               be preferrable to   B(Ring)

자원이 극도로 제한된 상황에서는 시스템을 마비시킬 위험이 있는 전면적 실행을 시도하는 것보다, 단계적 실행 계획을 채택하는 것이 더 바람직할 수 있다.

(4) 비교급 강조 어구

very beautiful과 같이 very는 원급을 수식한다. 반면, much more beautiful과 같이 much는 비교급을 수식한다. much 이외에도 비교급 수식어구에는 다음과 같은 것들이 있다. 비교급을 강조하며 '훨씬'이라는 뜻을 지니고 있는 다음 부사를 기억하자.

much, far, by far, even, still: 훨씬

- This year's final exam was very difficult. 올해의 기말고사는 매우 어려웠다.
- This year's final exam was much more difficult than I thought. 올해의 기말고사는 내가 생각했던 것보다 훨씬 더 어려웠다.

(5) 특수한 비교 구문

원래 비교급 앞에는 정관사 the를 사용하지 않지만, 다음 두 가지의 특수한 비교급에서는 앞에 정관사 the를 사용한다.

① the 비교급, the 비교급: ~하면 할수록 더 ~하다
두 개의 절이 대구를 이룰 때 관용적으로 비교급 앞에 the를 붙인다.

- We climb high. 우리는 산을 오른다.
- It becomes cold. 날씨가 추워진다.
    → **The** high**er** we climb, **the** cold**er** it becomes. 산을 오르면 오를수록, 날씨는 더 추워진다.

'the + 비교급, the + 비교급'에서 주의해야 할 두 가지는 ① 두 문장이 접속사 없이 연결되고 the 비교급이 문두로 가면 ② 비교급의 수식을 받는 명사, 형용사, 부사는 비교급 바로 뒤에 위치하는 도치 현상이 발생한다는 점이다.

- As we grow older, we become the wiser. 우리가 나이를 먹을수록, 더 현명해진다.
    = **The** old**er** we grow, **the** wis**er** we become.

(문장 분석! 구조 파악 연습)

1. The more fragmented the information becomes, the harder it is for readers to construct a coherent understanding of the issue.

2. The more frequently a system relies on automated decision-making, the more crucial it becomes to ensure that the underlying algorithms remain transparent and accountable.

(정답과 해설)

1. The more fragmented the information becomes, the harder it is for readers to construct a
   The more   형   2V   the 형용사er   2V

coherent understanding of the issue.

정보가 더 조각날수록, 독자들이 그 사안을 일관성 있게 이해하기는 더 어려워진다.

2. The more frequently a system relies on automated decision-making, the more crucial it
   The more   부   일반동사   the more   형

becomes to ensure that the underlying algorithms remain transparent and accountable.
   2V

시스템이 자동화된 의사결정에 더 자주 의존할수록, 그 기반이 되는 알고리즘을 투명하고 책임 있게 유지하는 것이 더 중요해진다.

② 비교 대상이 둘로 한정된 경우: the + 비교급 + of the two (Ns)

비교급 표현 뒤에서 of the two(복수명사)가 비교급을 꾸며 주는 경우에는 비교급 앞에 정관사 the를 사용한다.

- Which is **the more expensive option of the two?** 둘 중에서 어떤 게 더 비싼 거죠?

(6) 배수 비교

'~보다 몇 배나 더 ~하다'를 표현할 때는 배수 비교를 사용한다.

> **배수사**(twice, three times 등) + **비교급 ~ than**
>   **as 원급 as**

- Seoul is three times larg**er than** Busan 서울은 부산보다 3배 크다.
- Seoul is three times **as** large **as** Busan 서울은 부산보다 3배 크다.

(7) 그 외 비교급 주요 표현

표현	해석
would rather A than B	B 하느니 차라리 A 하는 게 낫겠다
• I would rather study English than go fishing. 낚시하러 가느니 차라리 영어 공부를 하는 것이 낫겠다.	
A rather than B	B라기보다는 A인
• She is pretty rather than cute. 그녀는 귀엽다기보다는 예쁘다.	
much more still more	~는 말할 것도 없이(긍정 의미 강화)
• He can speak English still more Chinese. 그는 중국어는 말할 필요도 없이 영어도 구사한다.	
much less still less	~는 말할 것도 없이(부정 의미 강화)
• He can't speak English still less Chinese. 그는 중국어는 말할 필요도 없이 영어도 못한다.	

(문장 분석! 구조 파악 연습)

1. The students chose to analyze the cultural implications of the text rather than simply summarize its surface-level content.

2. His argument relies on challenging widely accepted assumptions rather than presenting entirely new evidence.

3. Rather than focusing solely on short-term profits, the company shifted its strategy toward long-term sustainability to secure a more stable market position.

4. The data does not support the hypothesis that the policy was effective, still less the claim that it brought long-term benefits to the entire population.

(정답과 해설)

1. The students <u>chose</u> to analyze the cultural implications of the text **rather than** simply
              V   rather than

summarize its surface-level content.
  V(동사병렬)

학생들은 텍스트의 표면적 내용을 단순히 요약하기보다는 그 문화적 함의를 분석하기로 선택했다.

2. His argument relies on challenging widely accepted assumptions **rather than** presenting
  전   Ring(동명사)   rather than   Ring(동명사병렬)

entirely new evidence.

3. **Rather than** focusing solely on short-term profits, the company shifted its strategy toward
  Rather than   Ring(R만 가능)

long-term sustainability to secure a more stable market position.

회사는 단기 이익에만 집중하기보다는 **장기적 지속 가능성에 전략을 옮겨**, 더 안정적인 시장 지위를 확보했다.

4. The data does **not** support the hypothesis (that the policy was effective,) **still less** the claim
  S   not   V   O1   still less   O2

(that it brought long-term benefits to the entire population.)

그 자료는 그 정책이 효과적이었다는 가설조차 뒷받침하지 못하며, 하물며 그것이 전체 국민에게 장기적 이익을 가져왔다는 주장에 대해서는 더욱 그렇다.

4. 최상급

1) 최상급의 의미와 형태

셋 이상의 대상 중에서 '가장 ~한'이라는 뜻을 가지는 것이 최상급이다. 셋 이상의 대상 중 하나의 우월함을 나타낼 때 사용한다. 형태는 다음과 같다.

형태	해석
the 형용사/부사의 최상급	가장 ~한

- It is **the largest** restaurant in the city. 여기는 이 도시에서 가장 큰 레스토랑이다.

2) 정관사 the를 쓰지 않는 최상급

최상급 표현은 '가장 ~한'이라는 뜻으로, 유일성을 가지므로 앞에 소유격이나 정관사를 사용하는 것이 원칙이다. 하지만 정관사를 쓰지 않는 경우도 있다. 정관사를 쓰지 않는 경우는 다음과 같다.

(1) 동일물 비교

- This lake is <u>the deepest</u> in the country. 이 호수는 이 나라에서 가장 깊다.
- This lake is <u>deepest</u> at this point. 이 호수는 이 지점이 가장 깊다.

최상급은 셋 이상의 대상 중에서 '가장 ~한'이라는 뜻이다. 첫 번째 문장의 비교 대상은 이 나라에 있는 강들 중에서이다. 반면, 두 번째 문장은 '이 호수에서 이 지점이 가장 깊다'라는 뜻이다. 이와 같이 동일한 사물, 사람의 성질을 비교할 때는 정관사 the를 쓰지 않는다.

- My dad is **the best** cook in this city. 우리 아빠는 이 도시에서 최고의 요리사이다.
- My dad is **happiest** when he is eating. 우리 아빠는 먹을 때 가장 행복하다.

1. Lauren is [happiest / the happiest] when she is with her family.

1. happiest

해석 Lauren은 가족과 함께 있을 때 가장 행복하다.

해설 동일물의 비교에서는 최상급이라도 the를 사용하지 않는다.

(2) 부사의 최상급

형용사의 최상급은 명사가 문맥상 생략되더라도 정관사를 사용하지만, 부사는 원래 동사를 수식하는 것이므로 최상급에 정관사를 사용하지 않는다.

- Mark runs <u>fastest</u> of all the students. Mark는 모든 학생들 중에서 가장 빨리 달린다.
- Those who mount <u>highest</u> can see the <u>farthest</u>. 가장 높이 오르는 자가 가장 멀리 볼 수 있다.

(3) 소유격과 같이 사용할 경우

소유격과 정관사는 둘 다 한정사이므로, 둘 다 같이 쓸 수 없고 하나만 사용한다.

- Steve is <u>my</u> best friend. Steve는 나의 가장 친한 친구이다.

3) 최상급 대용 표현

원급이나 비교급을 사용해서 최상급의 의미를 전달할 수도 있다.

형태	해석
No other + 단수명사/Nothing + so(as) ~ as A	어떤 것도 A만큼 ~하지 않다
No other + 단수명사/Nothing + 비교급 than A	어떤 것도 A보다 ~하지 않다
more ~ than + any (other) 단수명사 + all the other 복수명사	다른 어떤 것보다도(만큼) ~하다

- **Nothing** is <u>as precious as</u> health. 어떤 것도 건강보다 중요하지 않다.

= **Nothing** is more precious than health.

= **Nothing** is more precious than **any other thing.**

= **Nothing** is more precious than **all the other things.**

• **No other city** in the world is larger than New York. 뉴욕보다 큰 도시는 전 세계에 없다.

=**No other city** in the world is as large as New York.

=New York is larger than **any other city** in the world.

=New York is larger than **all the other cities** in the world.

문장 분석! 구조 파악 연습

1. The new algorithm proved more accurate than any other model developed in the past decade, especially in identifying hidden patterns in large datasets.

2. No other explanation is more convincing than the one that highlights the systemic flaws underlying the policy failure.

정답과 해설

1. The new algorithm proved **more** accurate **than any other model** (developed in the past

　　　　　　　　　　　　　more　　　　　　than any othe　　N(단수명사)

decade,) especially in identifying hidden patterns in large datasets.

새 알고리즘은 특히 대규모 데이터에서 숨겨진 패턴을 식별하는 데 있어, 지난 10년간 개발된 어떤 모델보다도 더 정확한 것으로 입증되었다.

2. **No other explanation** is **more** convincing **than** the one that highlights the systemic flaws

　No other　　　N(단수명사)

underlying the policy failure.

정책 실패의 기저에 존재하는 구조적 결함을 강조하는 설명보다 더 설득력 있는 설명은 없다.

1. 다음 중 어법상 맞는 것을 고르시오.

You can visualize anything you want and you can embellish and ① [exaggerate/exaggerating] your imagery as ② [many/much] as you want.

2. 다음 중 어법상 맞는 것을 고르시오.

Other studies have found ① [that/what] African American girls are just as ② [like/likely] as boys to compete and ③ [talk/talking] about their rights in conversations.

3. 다음 중 어법상 틀린 부분을 골라 바르게 고치시오.

① Colder it gets, ② the brighter the city ③ becomes ④ with colorful lights and decorations.

4. 다음 중 어법상 맞는 것을 고르시오.

The Pacific is ① [a/the] deepest ocean, with a bottom area at more profound depths ② [as/than] any other ③ [ocean/oceans].

5. 다음 문장 중 어법상 옳지 않은 것은?

The e-book applications available on tablet computers employ touchscreen technology. Some touchscreens feature a glass panel ① covering two electronically-charged metallic surfaces lying face-to-face. When the screen is touched, the two metallic surfaces feel the pressure and make contact. This pressure sends an electrical signal to the computer, ② which translates the touch into a command. This version of the touchscreen ③ is known as a resistive screen because the screen reacts to pressure from the finger. ④ Another tablet computers feature a single electrified metallic layer under the glass panel. When the user touches the screen, some of the current passes through the glass into the user's finger. When the charge is transferred, the computer interprets the loss in power as a command and carries out the function the user desires. This type of screen is known as a capacitive screen.

6. 다음 문장 중 어법상 옳지 않은 것은?

As ① incredibly as it sounds, there are some species of insects that will sacrifice ② themselves to protect their nests. When ③ faced with an intruder, the Camponotus cylindricus ant of Borneo will grab onto the invader and squeeze itself until it explodes. The ant's abdomen ruptures, releasing a sticky yellow substance that will be lethal for both the defender and the attacker, permanently sticking them together and preventing the attacker ④ from reaching the nest.

7. 밑줄 친 부분 중 어법상 가장 옳지 않은 것은?

Jim Heckman, Nobel Laureate in economics, and his collaborators have shown that strong foundational skills built in early childhood are crucial for socio-economic success. These foundational skills lead to a self-reinforcing motivation to learn so that "skills ① beget skills." This leads to better-paying jobs, healthier lifestyle choices, greater social participation and more productive societies. Growing research also reveals that these benefits are linked to the important role that early foundations of cognitive and socio-emotional abilities play on healthy brain development across the human lifespan. Brain complexity—the diversity and complexity of neural pathways and networks—is ② molded during childhood and has a lasting impact on the development of cognitive and socio-emotional human abilities. Childhood cognitive abilities provide a foundation for adult cognitive functions. This means that successful brain development ③ ensures that children develop basic cognitive abilities. The so-called "fluid abilities" (such as memory, reasoning, speed of thought, and problem-solving ability), which ④ underlie high-level cognitive processes, are used to acquire new knowledge and ⑤ aggravate novel problems.

8. 밑줄 친 부분 중 어법상 가장 옳지 않은 것은?

To a music lover watching a concert from the audience, it would be easy to believe that ① a conductor has one of easiest jobs in the world. There he stands, ② waving his arms in time with the music, and the orchestra produces glorious sounds, to all appearances quite spontaneously. ③ Hidden from the audience—especially from the musical novice—are the conductor's abilities to read and interpret all of the parts at once, to play several instruments and understand the capacities of many more, to organize and coordinate the disparate parts, ④ to motivate and communicate with all of the orchestra members.

9. 밑줄 친 부분 중 어법상 가장 옳지 않은 것은?

The happy brain tends ① to focus on the short term. That being the case, it's a good idea ② to consider what short-term goals we can accomplish that will eventually lead to accomplishing long-term goals. For instance, if you want to lose thirty pounds in six months, what short-term goals can you associate with losing the smaller increments of weight that will get you there? Maybe it's something as ③ simply as rewarding yourself each week that you lose two pounds. The same thinking can be applied to any number of goals, like improving performance at work.

By breaking the overall goal into smaller, shorter-term parts, we can focus on incremental accomplishments instead of ④ being overwhelmed by the enormity of the goal in our profession.

10. 밑줄 친 부분 중 어법상 가장 옳지 않은 것은?

"① High conscientious employees do a ② series of things better than the rest of us," says University of Illinois psychologist Brent Roberts, who ③ studies conscientiousness. Roberts owes their success to "hygiene" factors. Conscientious people have a tendency to organize their lives well. A disorganized, unconscientious person might lose 20 or 30 minutes rooting through their files to find the right document, inefficient experience conscientious folks tend to avoid. Basically, by being conscientious, people sidestep stress they'd ④ otherwise create for themselves.

1. (A), (B), (C)의 각 네모 안에서 어법에 맞는 표현으로 가장 적절한 것은?

In the third century B.C. the Chinese were the first to sight Halley's comet. In the fourteenth century, the Florentine painter Giotto put the whirling ball of light into one of his paintings; in the sixteenth century, William Shakespeare (A) [mentioned / mentioned about] it in two of his plays. But it took the eighteenth-century astronomer Edmund Halley to recognize that the comet seen by the Chinese, the Italians, and the British was the same comet returning on a fixed schedule. Studying (B) [that / what] seemed to be the appearance of many different comets, Halley realized that there might be only one comet that regularly appeared every seventy-six years. As a result of his studies, he predicted that the comet would return in 1758. His prediction was proven (C) [correct / correctly] when the comet showed up on schedule.

	(A)	(B)	(C)
①	mentioned	that	correct
②	mentioned	what	correctly
③	mentioned	what	correct
④	mentioned about	that	correctly
⑤	mentioned about	what	correctly

2. (A), (B), (C)의 각 네모 안에서 어법에 맞는 표현으로 가장 적절한 것은?

(A) [Surprising / Surprised] as it may seem to those of us who grew up with him, Santa Claus was not always pictured as a roly-poly figure with chubby cheeks, a big belly, and a long white beard. The Santa Claus we know today was created in the mid-nineteenth century by the cartoonist Thomas Nast. The European ancestor of our Santa Claus, Saint Nicholas, was always pictured as a tall, lean, and bearded bishop who bore no trace of extra fat. However, during the years 1863 to 1885, Nast was commissioned by Harper's Weekly to do a series of Christmas drawings, during (B) [that / which] period he created the pudgy figure so beloved by children today. It was also Nast who decided that Santa (C) [should wear / should have worn] a fur-trimmed red suit and hat.

	(A)	(B)	(C)
①	Surprising	that	should wear
②	Surprising	which	should wear
③	Surprising	which	should have worn
④	Surprised	that	should have worn
⑤	Surprised	that	should wear

3. (A), (B), (C)의 각 네모 안에서 어법에 맞는 표현으로 가장 적절한 것은?

Comets are satellites made up (A) [most / mostly] of ice (both water and frozen gases) and dust. All comets orbit the Sun, but some complete a revolution of the Sun in just a few years while others need several hundred thousand years. When a comet passes close to the Sun, the ice in the comet melts and dust particles are released. These dust particles form the comet's famous tail, or "long hair," which can extend for more than 10 million kilometers. For much of human history, people were terrified of comets. These very strange objects seemed (B) [to appear / to have appeared] suddenly out of nowhere. Some people thought comets were messengers, bringing news of disasters to come. Comets were blamed for earthquakes, wars, floods, and other catastrophes. Not until the 17th century (C) [Sir Isaac Newton discovered / lid Sir Isaac Newton discover] that comets orbit the Sun in predictable patterns.

	(A)	(B)	(C)
①	most	to appear	did Sir Isaac Newton discover
②	most	to appear	Sir Isaac Newton discovered
③	most	to have appear	Sir Isaac Newton discovered
④	mostly	to appear	did Sir Isaac Newton discover
⑤	mostly	to have appear	did Sir Isaac Newton discover

4. 다음 글의 밑줄 친 부분 중, 어법상 틀린 것은?

When a new pathogen emerges, one way it transitions from wherever it has been living into a new host may be the acquisition of new traits. Imagine that in ① <u>its</u> hourly struggle to survive over long periods of time and many generations, a fungus species might acquire a protective capsule —a bit of coating—that shields it or even masks it from other microbes or cells. Then it acquires some enzymes that enable it to survive ② <u>whatever</u> chemicals other microbes might throw at it. If it can overcome these chemicals, it may also overcome the same or similar chemicals ③ <u>used</u> as antifungal drugs. Maybe it also evolves to tolerate warmer temperatures. Now we've got a yeast that once made its home in an apple tree or in a wetland but ④ <u>that</u> at this point can live quite happily in our body, hide from our immune system, and disarm our drugs. Then some of us carry it from one country to another and then another, and eventually it finds a host in a hospital patient who has recently received an organ transplant or ⑤ <u>are</u> elderly with a weakened immune system.

* pathogen: 병원균

** enzyme: 효소

*** yeast: 효모

5. 다음 글의 밑줄 친 부분 중, 어법상 틀린 것은?

Changes in the degree of closeness ① are quite important in managing emotional intensity. Take, for example, emotions induced by television. Closeness and familiarity are important in making the fictional environment more ② real. Accordingly, most TV shows are set in the present or in a time within the memory of the viewers. Most characters are supposed to be types with whom we are familiar. Such closeness and familiarity make it easier for us ③ perceive the imaginary story to be a real one. In other circumstances, such as when violence is shown on TV, the closeness variable is used to reduce emotional intensity. Television entertainment tends to place social problems involving violence in another time and place, letting us watch those fictionalized characters search for solutions to our problems in settings ④ safely distanced from our own. When violence occurs in a contemporary setting, it is generally the product of the interaction of police and criminals — again, it is ⑤ removed from the lives of good citizenry.

1. 정답: ① exaggerate ② much

(해석)

당신은 원하는 어떤 것이든 시각화할 수 있고 당신의 이미지를 실컷 장식하고 과장할 수 있다.

(해설)

① you can이 embellish와 exaggerate 모두 받는 병치 구조이므로 동사원형을 쓴다.
② 동등비교 as much as you want는 '당신이 원하는 만큼 그만큼 많이'라는 표현이다.

(어휘)

visualize 시각화하다 embellish 장식하다 exaggerate 과장하다 imagery 형상화

2. 정답: ① that ② likely ③ talk

(해석)

다른 연구들은 흑인 미국 소녀들이 남자아이들만큼 경쟁하고 대화에서 그들의 권리에 대해 말할 것이라는 것을 발견했다.

(해설)

① have found의 목적어 자리에 명사절 접속사가 와야 한다. that과 what이 구분은 뒤에 완전한 문장이 수반되면 that을, 뒤에 불완전한 문장이 수반되면 what을 사용한다. 이 문장의 경우 문장 성분을 모두 갖추고 있으므로 that을 사용해야 한다.
② be likely to는 '할 가능성이 있다'의 뜻이다. like는 형용사로는 사용될 수 없고, 동사일때에는 '~을 좋아하다' 전치사 일때에는 '~와 같은'의 의미를 가진다.
③ be likely to 구문의 compete와 병치 구조이므로 talk가 와야 한다.

(어휘)

likely ~할 것 같은 compete 겨루다 conversation 대화

3. 정답: ① Colder → The colder

(해석)

날이 더 추워질수록, 도시는 다채로운 전등과 장식들로 더 화려해진다.

(해설)

'~하면 할수록, 더 ~하다'는 'the + 비교급 ~, the + 비교급'으로 표시할 수 있으므로 colder 앞에 정관사 the를 넣어야 한다.

(어휘)

colorful 다채로운, 화려한 decoration 장식

4. 정답: ① the ② than ③ ocean

(해석)

태평양은 가장 깊은 대양인데, 다른 어떤 대양보다 더 심오한 깊이의 해저 면적이 있다.

(해설)

① 최상급은 앞에는 정관사 the나 소유격을 사용해야 한다.
② 앞에 more이 온 비교급 표현이므로 than을 쓴다. as는 앞에 as가 제시되어 '~만큼~하다'라는 의미일 때 사용한다.
③ more ~ than any other + 단수명사'는 비교급의 형태로 최상급을 표현한 것이다.

(어휘)

bottom 맨 아래, 바닥 profound 깊은, 공손한 depth 깊이

5. 정답: ④ Another → Other

(해석)

태블릿 컴퓨터에서 이용 가능한 전자책 앱은 터치스크린 기술을 이용한다. 일부 터치스크린은 마주보는 두 개의 전자로 충전이 되는 금속판을 덮는 유리 패널을 특징으로 한다. 화면을 터치하면 두 금속판은 압력을 감지하고 전류를 연결한다. 이 압력은 컴퓨터에 전기 신호를 보내

서 터치를 명령으로 전환시킨다. 이 버전의 터치스크린은 화면이 손가락의 압력에 반응하기 때문에 감압식 스크린으로 알려져 있다. 다른 태블릿 컴퓨터는 유리 패널 아래에 단 하나의 전기가 통하는 금속층을 특징으로 한다. 사용자가 화면을 터치하면 전류 일부가 유리를 통과해 사용자의 손가락으로 전해진다. 전하가 넘어갈 때 컴퓨터는 전력의 손실을 명령으로 해석하고 사용자가 바라는 기능을 수행한다. 이러한 유형의 스크린은 정전식 스크린이라고 알려져 있다.

④ another이 형용사로 사용되는 경우에는 '또 다른 하나'의 의미이므로 뒤에는 가산 단수명사가 와야 한다. 이 문장의 경우 뒤에 computers가 복수이므로 Another을 Other로 고쳐야 한다.

① 명사 뒤에 나오는 분사의 결정은, 그 분사 자체가 목적어를 가지고 있으면 현재분사를, 목적어가 없으면 과거분사를 사용한다. 뒤에 the two metallic surfaces라는 명사구가 목적어로 제시되어 있으므로 현재분사가 맞게 사용되었다.
② 콤마(,) 뒤에 관계대명사로 which가 적절하게 사용되었다. 이 문장의 경우 뒤에 동사가 나오므로 주격관계대명사이다.
③ 문장이 주어가 최종적으로 수식받는 명사인 this version이므로 동사 역시 단수동사로 수가 일치하고 있다.

employ 이용하다 feature 특징으로 삼다 face-to-face 마주보는 make contact (전류를) 연결하다 resistive 저항성의, 저항력이 있는 electrify 전기를 통하게 하다 current 전류 charge 전하 interpret 해석(이해)하다 capacitive 전기 용량의

6. 정답: ① incredibly → incredible

믿을 수 없는 것처럼 들리지만 둥지를 지키기 위해 스스로를 희생하는 몇몇 곤충들이 있다. 침입자와 직면할 때 보르네오의 Camponotus cylindricus 개미는 침입자에 달라붙어 자기의 몸이 터질 때까지 무리하게 들어간다.

개미의 배가 파열되어 방어자와 공격자 모두에게 치명적인 끈적이는 노란색 물질을 내뿜고 이로 인해 공격자와 방어자가 함께 달라붙어서 공격자가 개미의 집에 들어가지 못하도록 막는다.

① 'as + 형용사/부사 + as + 주어 + 동사'가 문두로 가면 양보의 의미를 지니는 부사구문이 되어서 '비록 ~일지라도'라고 해석이 된다. 이때 as와 as 사이에 형용사를 사용할지 부사를 사용할지는 그 뒤에 나오는 문장의 구조를 보고 결정한다. 뒤에 나오는 문장의 동사가 be 동사와 같이 불완전 자동사이면 보어로 형용사가 필요하니 형용사를 사용하고, 뒤에 나오는 동사가 일반동사이면, 일반동사를 수식하는 부사를 사용한다. 이 문장의 겨우 as incredibly as it may sounds에서 sounds는 대표적인 감각동사로 2형식 동사이다. 따라서 뒤에는 보어가 수반되어야 하므로 부사인 incredibly를 형용사인 incredible로 고쳐야 한다.

② 주격관계대명사 that의 선행사가 some species of insects이고 sacrifice의 목적어가 자기 자신이므로 재귀대명사 themselves가 바르게 쓰였다.
③ 접속사 뒤에 분사를 고르는 경우, 타동사에서 파생된 분사는 뒤에 목적어 유무를 보고 결정할 수 있다. 뒤에 목적어가 있으면 현재분사를, 뒤에 목적어가 없으면 과거분사를 사용하면 된다. 이 문장의 경우 when 뒤에 분사가 수반되고, 그 뒤로 목적어가 없이 전치사로 연결되므로 과거분사 faced가 바르게 쓰였다. When (they are) faced with에서 '대명사 주어 + be 동사'인 (they are)가 생략된 것으로 이해하면 된다.
④ prevent는 'prevent A from Ring' 'A가 ~하는 것을 막다'의 구조로 사용되므로 바르게 쓰였다.

intruder 침입자 invader 침략자 explode 폭발하다 abdomen 복부 rupture 파열, 손상 lethal 치명적인 prevent + 목적어 + from Ring ~가 ~ing 하는 것을 막다

(해석)

노벨 경제학상 수상자인 Jim Heckman과 그의 협력자들은 유아기에 형성된 강한 기초 능력이 사회 경제적 성공에 결정적이라는 것을 보여 주었다. 이러한 기초 능력은 배우려는 자기 강화적인 동기 부여로 이어져, '능력이 능력을 ① 낳는다'. 이것은 보수가 더 좋은 직업, 더 건강한 생활방식을 선택할 기회, 더 많은 사회 참여, 그리고 더 생산적인 사회로 이어진다. 더 많은 연구는 또한 이러한 이로운 점들이 인지 능력과 사회 정서적 능력의 초기 기반이 인간의 일생에 걸쳐 건강한 두뇌 발달에 작용하는 중요한 역할과 연관되어 있다는 것을 보여 준다. 뇌의 복잡성. 즉, 신경 회로와 신경망의 다양성과 복잡성은 어린 시절에 ② 형성되며 인간의 인지 능력과 사회 정서적 능력의 발달에 지속적인 영향을 미친다. 어린 시절의 인지 능력은 성인의 인지 기능에 토대를 제공한다. 이것은 성공적인 두뇌발달이 아이들이 기본적인 인지능력을 발달시키는 것을 ③ 보장한다는 것을 의미한다. 고도의 인지 과정의 ④ 기초가 되는 (기억, 추론, 사고의 속고, 문제해결능력과 같은) 이른바 '유동적 능력'은 새로운 지식을 습득하고 새로운 문제를 ⑤ 악화시키는 데 이용된다.

(해설)

지문의 마지막 부분에서 '유동적 능력'은 고도의 인지 과정의 기초가 되고 새로운 지식을 습득하는 데 이용된다고 했으므로, 이것이 새로운 문제를 악화시키는 (aggravate) 데 이용된다는 것은 문맥상 적절하지 않다. 따라서 ⑤ aggravate가 정답이다. aggravate를 대신할 수 있는 어휘로는 '(문제 등을) 다루다'라는 의미의 tackle 등이 있다.

(어휘)

collaborator 협력자 self-reinforcing 자기 강화적인 beget 낳다, 생기게 하다 foundation 기반, 토대 cognitive 인지의, 인식의 lifespan 일생 complexity 복잡성 diversity 다양성 neural pathway 신경 회로 mold 형성하다 fluid 유동적인 reasoning 추론 underlie ~의 기초가 되다 acquire 습득하다 aggravate 악화시키다 novel 새로운

8. 정답: ①

(해석)

청중 속에서 콘서트를 관람하는 음악을 사랑하는 사람들에게는, 지휘자가 세상에서 가장 쉬운 직업 중 하나를 갖고 있다고 생각하기 쉬울 것이다. 그는 음악의 박자에 맞추며 어느 모로 보나 상당히 즉흥적으로 그의 팔을 흔들며 서 있고, 그 오케스트라는 훌륭한 연주를 한다. 지휘자가 모든 부분을 한 번에 이해하고 해석하고, 여러 악기들을 연주하고 더 많은 것들의 성능을 이해하고, 이질적인 부분들을 구성하고 조화시키고, 모든 오케스트라 단원들에게 동기를 부여하고 그들과 의사소통하는 능력은 청중에게, 특히 음악 초보자들에게는, 보이지 않는다.

(해설)

① '최상급(easiest)+명사(jobs)' 앞에는 반드시 the나 소유격이 와야 하므로, easiest jobs를 the easiest jobs로 고쳐야 한다.

(오답 분석)

② 주절의 주어 he와 분사구문이 '그가 그의 팔을 흔들다'라는 의미의 능동관계이므로 현재분사 waving이 올바르게 쓰였다.

③ 분사 보어(Hidden from the audience)가 강조되어 문장 맨 앞에 오면 주어와 동사가 도치되어 '동사(are) + 주어(the conductor's abilities ~ members)'의 어순이 되어야 하고, 주어와 분사가 '지휘자의 능력은 보이지 않는다(숨겨졌다)'라는 의미의 수동관계이므로 과거분사 Hidden이 올바르게 쓰였다.

④ 접속사(and)로 연결된 병치 구문에서는 같은 구조끼리 연결되어야 하는데, and 앞에 to 부정사(to motivate)가 왔으므로 and 뒤에도 to 부정사가 와야 한다. 병치 구문에서 나온 두 번째 to는 생략될 수 있으므로 (to) communicate가 올바르게 쓰였다.

(어휘)

conductor 지휘자 in time with 박자에 맞추다 to all appearances 어느 모로 보나 novice 초보자, 풋내기 interpret 해석하다 coordinate 조화시키다 disparate 이질적인

9. 정답: ③ simply → simple

해석

행복한 뇌는 단기적인 것에 집중하는 경향이 있다. 그것이 사실이라면, 결국 장기적인 목표를 성취할 수 있게끔 하는, 우리가 성취할 수 있는 단기적 목표들을 숙고하는 것은 좋은 생각이다. 예를 들어, 만일 당신이 6개월 동안 30파운드를 감량하고 싶다면, 그 목표에 이르게 할 더 작은 무게를 빼는 것과 같은 단기적 목표를 연관시킬 수 있겠는가? 그것은 당신이 매주 2파운드를 감량할 때마다 스스로에게 상을 주는 것과 같은 간단한 어떤 것일 수 있다. 이와 같은 사고는 업무 성과를 향상시키는 것과 같은 많은 목표들에 적용될 수 있다. 전체 목표를 더 작게, 더 단기적인 부분들로 쪼갬으로써. 우리는 우리의 분야에서 목표의 거대함에 압도되는 대신에 점진적인 성취에 집중할 수 있다.

해설

③ 원급 비교인 as _____ as 사이에는 형용사나 부사의 원급이 들어가서 '~만큼 ~한(하게)'로 해석이 된다. 이 문장의 경우 앞의 명사 something을 꾸며 주는 형용사가 필요하다. -ing으로 끝나는 명사는 형용사가 뒤에서 수식한다. 따라서 simply를 simple로 고쳐야 한다.

오답 분석

① tend는 뒤에 목적어로 to 부정사를 수반하는 동사이므로 to focus가 맞고, focus는 자동사로 전치사 on을 수반하므로 to focus on이 바르게 사용되었다.
② 앞에 가주어 it이 제시되어 있으므로 진주어 to R가 올바르게 사용되었다.
④ instead of는 전치사이므로 뒤에 명사 성격을 가지는 동명사가 사용될 수 있고, 압도되는 것이므로 동명사의 수동형인 being overwhelmed가 올바르게 쓰였다.

어휘

any number of 많은 that being the case 사실이 그렇다면 get there 달성하다 increment 증가 incremental 증대하는, 증가의 overwhelm 압도하다 enormity 거대함 profession 직업, 업무, 전문직

10. 정답: ① High → Highly

해석

"매우 성실한 직원들은 우리보다 일련의 일을 더 잘합니다."라고 성실성을 연구하는 일리노이 대학교의 심리학자 브렌트 로버츠는 말한다. 로버츠는 그들의 성공이 "위생" 요인 덕분이라고 여긴다. 성실한 사람들은 자신의 삶을 잘 정리하는 경향이 있다. 체계적이지 못하고, 성실하지 않은 사람들은 파일을 뒤져 올바른 문서를 찾는 데 20~30분을 소비할 수도 있는데, 이는 성실한 사람들이 모면하게 되는 비효율적인 경험이다. 기본적으로, 성실하게 됨으로써 사람들은 그들이 그렇지 않았을 때 스스로 만들게 되는 스트레스를 피한다.

해설

① 뒤에 나오는 conscious라는 형용사를 꾸며서 정도를 나타내는 것은 형용사가 아니라 부사이다. 따라서 High를 Highly로 고쳐야 한다.

오답 분석

② series는 조심해야 하는 단어이다. 뒤에 -s가 붙지만, 이 자체가 단수명사이므로 앞에 나오는 정관사 a와 같이 사용된다. a series of는 '일련의~'로 해석이 된다.
③ 주격관계대명사 뒤에 나오는 동사의 수는 선행사에 따라 결정이 된다. 선행사가 Brent Robert로 단수이므로 동사의 수 역시 단수로 studies가 바르게 사용되었다.
④ 이 문장에서 otherwise는 부사로 사용되어서 '그렇지 않았다면'이라는 의미를 가진다.

어휘

conscientious 양심적인, 성실한 conscientiousness 양심, 성실성 disorganized 체계적이지 못한 root (무엇을) 찾기 위해 파헤치다 folk (일반적인) 사람들 setback 차질 thorough 철저한, 전체의

1. 정답: ③

(해석)

기원전 3세기에 중국인들이 최초로 핼리혜성을 목격했다. 14세기에 이탈리아 플로렌스 지방의 화가 Giotto는 소용돌이치는 동그란 덩어리 형태의 빛을 그의 그림 중의 하나에 그렸다. 16세기에 Shakespeare는 그의 희곡 중의 두 편에서 그것을 언급했다. 그러나 이러한 중국인들, 이탈리아인들, 그리고 영국인들에 의해 목격되었던 혜성이 정해진 스케줄에 따라 되돌아오는 동일한 혜성이었다는 사실을 인지하게 된 것은 18세기 천문학자인 Edmund Halley가 등장한 이후였다. 많은 다른 혜성들이 나타나는 것처럼 보였던 현상을 연구하면서 Halley는 매 76년마다 규칙적으로 나타나는 단 하나의 혜성이 존재할 수도 있다는 사실을 깨달았다. 그의 연구의 결과로 그는 그 혜성이 1758년에 돌아올 것을 예측했다. 그 혜성이 스케줄 대로 나타났을 때 그의 예측은 옳았던 것으로 입증되었다.

(해설)

(A) mention은 타동사로 뒤에 전치사 없이 목적어를 가지기 때문에 mentioned를 써야 한다. (B) 네모 뒤에 주어가 없는 불완전한 문장이 쓰였고, 앞에 선행사도 업기 때문에 관계대명사 what을 써야 한다. (C) 네모 안의 단어는 주어인 His prediction을 설명하는 주격 보어이기 때문에 형용사인 correct를 써야 한다.

(어휘)

comet 혜성 whirl 소용돌이치다 astronomer 천문학자 appearance 출현 regularly 규칙적으로 show up 나타나다

2. 정답: ②

(해석)

우리들 중에서 산타클로스와 함께 성장했던 사람들에게는 놀랍게 보일 수 있지만, 산타클로스는 통통한 뺨과 두툼한 배, 그리고 긴 흰 수염을 가진 땅딸막한 모습으로 항상 그려진 것은 아니었다. 우리가 오늘날 알고 있는 산타클로스는 19세기 중반에 풍자만화가인 Thomas Nast에 의해 처음으로 만들어졌다. 산타클로스의 유럽식 원형인 성 니콜라스는 군더더기 살이라고는 전혀 없으며 키 크고 날씬하며 턱수염을 기른 주교의 모습으로 항상 그려졌다. 그러나 1863년에서 1885년에 걸친 기간 동안 Nast는 Harper's Weekly사로부터 크리스마스 그림 연작을 그리도록 의뢰받았는데, 그 기간 동안에 그는 오늘날 아이들의 총애를 받고 있는 포동포동한 형상을 만들어 냈다. 산타가 털 장식을 한 빨간색 옷과 모자를 착용하도록 했던 사람도 역시 Nast였다.

(해설)

(A) '-ing/p.p. + as + S + V'는 우리말로 '비록 ~일지라도'로 접속사 as가 '양보'의 의미로 쓰인다. 문맥상 '놀라게 하는'의 의미로 현재분사형인 surprising이 쓰여야 한다. (B) during은 전차사이며 during that period를 쓰게 되면, 접속사가 없어 틀린 문장이 된다. 따라서 이 문장은 네모 안에 관계형용사 which를 써서 during which period가 되어야 맞는 문장이 된다. 여기서 during which period의 의미는 and during that period로 볼 수 있다. (C) 문맥상 '산타가 털 장식을 한 빨간색 옷과 모자를 착용해야 한다고 결정했다'의 의미로 주절 동사인 decided와 같은 시제로 'should + 동사원형'이 쓰여야 한다.

(어휘)

roly-poly 땅딸막한 chubby 살찐 figure 모습 belly 배 cartoonist 풍자만화가 ancestor 조상 bearded 턱수염이 난 bishop 주교 trace 흔적 commission 의뢰하다, 주문하다 pudgy 땅딸막한 fur-trimmed 털 장식을 한

3. 정답: ④

(해석)

혜성은 (물과 결빙 상태의 기체인) 얼음과 먼지로 주로 구성되어 있는 위성들이다. 모든 혜성들은 태양을 돌고 있는데 일부는 태양의 자전을 불과 몇 년 안에 끝마치는 한편, 다른 것들은 수십만 년을 필요로 한다. 혜성이 태

양 가까이 지나갈 때 혜성의 얼음이 녹고 먼지 입자들이 방출된다. 이 먼지 입자들 이 혜성의 유명한 꼬리, 즉 '긴 머리카락'을 만드는데, 그것은 1,000만 킬로미터 이상으로 뻗칠 수 있다. 인간 역사의 많은 기간 동안 사람들은 혜성을 두려워했다. 이 매우 이상한 물체들은 어디선가 갑자기 나타나는 것처럼 보였다. 일부 사람들은 혜성이 다가올 재난의 소식을 가져오는 전령이라고 생각했다. 혜성은 지진, 전쟁, 홍수, 그리고 다른 재앙 때문에 비난받았다. 17세기가 지나고 나서야 Isaac Newton 경은 혜성이 예측 가능한 형태로 태양을 돈다는 사실을 발견했다.

(A) satellites뒤에 주격관계대명사 + be 동사인 which are가 생략되어 (be) made up of(~로 구성되다)는 동사구이므로 동사를 수식하는 부사 mostly(주로, 대개)가 와야 한다.
(B) 부정사의 시제와 본동사의 시제가 동일하므로 TO APPEAR가 쓰여야 한다. (c) Not until이 문두에 와서 주어와 동사가 도치된 구문이다.

comet 혜성 satellite 위성 frozen 언 dust 먼지 orbit 궤도를 돌다, 선회하다 revolution 회전, 자전 particle 입지 out of nowhere 어디서 온지 알 수 없는 disaster 재난 catastrophe 재앙, 파멸 predictable 예측 가능한

4. 정답: ⑤

새로운 병원균이 출현할 때, 어디였든지 간에 그것이 살고 있던 곳으로부터 새로운 숙주로 전이하는 한 가지 방법은 새로운 특성의 습득일 수 있다. 오랜 기간과 많은 세대를 거쳐 살아남기 위한 그것(균류종)의 매시간의 분투에서 균류종이 자신을 보호하거나 심지어 다른 미생물이나 세포 로부터 자신을 숨기는 약간의 코팅인 보호용 피막을 얻을지도 모른다는 것을 상상해 보라. 그다음에 그것은 다른 미생물들이 그것에게 던지는 그 어떤 화학 물질로부터도 그것이 살아남게 해 주는 어떤 효소들을 얻는다. 만약 그것이 이러한 화학 물질들을 이겨 낼 수 있다면. 그것은 항진균제로서 사용되는 똑같거나 비슷한 화학 물질들 또한 이겨 낼 수 있다. 아마도 그것은

또한 더 따뜻한 온도를 견디도록 진화한다. 이제 우리는 한때 사과나무나 습지에 서식지를 만들었지만 이 시점에서는 우리의 몸속에서 꽤 행복하게 살고, 우리의 면역 체계로부터 숨고. 우리의 약을 무장 해제시킬 수 있는 효모를 갖게 되었다. 그러고 나서 우리 중 일부가 한 나라에서 다른 나라 그리고 또 다른 나라로 그것을 옮기고 결국 그것은 장기 이식을 최근에 받았거나 약해진 면역 체계를 가진 노인인 병원 환자에서 숙주를 찾는다.

① 단수대명사 its는 a fungus species를 지칭하므로 수의 일치가 문법적으로 적절하다,
② whatever 이하의 명사절은 survive의 목적어이다. 명사절에서 주어는 other chemicals, 동사는 might throw이다. whatever는 바로 뒤에 명사 chemicals를 수식하는 복합관계형용사로 서사가 필요 없다. 그러므로 문법적으로 적절하다.
③ 과거분사 used가 명사(chemicals) 뒤에서 수동의 의미로 사용되어 chemicals를 수식하고 있다. chemicals와 used 사이에는 'which(that) + are'가 생략된 것으로도 볼 수 있다.
④ 관계대명사 that은 문장 안에서 주어 역할을 하고 있다. 선행사는 a yeast이다.
⑤ 주격 관계대명사 who 뒤와 동사 A (has received), B(are)가 대등접속사 or 앞뒤에서 병렬 관계를 이루고 있다. 관계대명사의 선행사는 a hospital patient로서 단수이므로, 동사 A, B가 단수동사가 나와야 한다. has received처럼 대등접속사(or) 다음의 are는 is로 고쳐 쓰는 것이 적절하다.

pathogen 병원균 emerge 출현하다, 나타나다 transition 전이하다, 옮기다, 전이 host 숙주, 주인 acquisition 습득, 획득 trait 특성 hourly 매시간의, 시간마다 struggle 분투, 싸움 survive 살아남다 fungus 균류, 곰팡이류 acquire 얻다, 획득하다 protective capsule 보호용 피막 shield 보호하다, 방패 mask 숨기다 microbe 미생물 enzyme 효소 enable ~을 가능하게 하다 overcome 극복하다 antifungal 항진균의 tolerate 견디다, 용납하다 yeast 효모 home 서식지 wetland 습지 immune system 면

역 체계 disarm 무장해제시키다 eventually 결국 organ transplant 장기 이식 elderly 노인의 weakened 약해진

5. 정답: ③ perceive → to perceive

감정의 강도를 조절하는 데 있어 친밀성의 정도 변화는 매우 중요하다.

예를 들어 텔레비전에 의해 유발되는 감정을 생각해 보자. 친밀함과 익숙함은 허구적 환경을 더욱 실제처럼 느끼게 만드는 데 중요한 역할을 한다. 이에 따라 대부분의 TV 프로그램은 현재이거나 시청자들의 기억 범위 안에 있는 시기를 배경으로 설정된다. 대부분의 등장인물 또한 우리가 이미 익숙한 유형의 인물들로 설정된다. 이러한 친밀함과 익숙함은 우리가 상상의 이야기를 실제 이야기처럼 인식하는 것을 더 쉽게 만들어 준다. 반면, 폭력이 TV에 등장하는 경우와 같은 다른 상황에서는, 친밀성이라는 변수가 감정의 강도를 줄이기 위해 사용된다.

텔레비전 오락물은 폭력을 포함한 사회적 문제를 다른 시간과 장소로 옮겨 놓는 경향이 있는데, 이를 통해 우리는 우리 자신의 현실과는 안전한 거리를 둔 설정 속에서, 허구화된 등장인물들이 우리의 문제에 대한 해결책을 찾는 모습을 지켜볼 수 있다. 폭력이 현대적 배경에서 발생할 때에도, 그것은 대개 경찰과 범죄자 간의 상호작용의 결과로 제시되며, 다시 말해 그것은 선량한 시민들의 일상과는 분리된 것으로 묘사된다.

③ 가목적어 진목적어 구문이므로 진목적어 자리에 동사원형이 아닌 to 부정사가 사용되어야 한다.

① 주어가 복수명사이므로 동사의 수 역시 복수로 바르게 사용되었다.

② 5형식 동사 make의 목적격 보어 자리이므로 형용사가 바르게 사용되었다.

④ 뒤에 있는 과거분사(형용사)를 수식하는 것은 부사로 바르게 사용되었다.

⑤ 뒤에 목적어가 아닌 전치사가 수반되므로 수동태가 바르게 사용되었다.

emotional 감정의, 정서의 intensity 강도 induce 야기하다 fictional 가공의 character 등장인물 imagery 상상의 variable 가변적인, 변수 setting 환경 contemporary 현대의, 동시대의 interaction 상호작용 citizenry 시민

Chapter 12

전치사

전치사 뒤에는 명사나 명사 상당 어구(대명사, 동명사, 명사절)가 수반된다.

① 명사(구)
② 대명사(목적격)
③ 동명사(to 부정사는 X)
④ 명사절

- I'm curious about **your plan.** [명사] 나는 너의 계획에 관해 궁금하다.
- I'm curious about **him.** [대명사] 나는 그에 대해 궁금하다.
- I'm curious about **attending** the seminar. [동명사] 나는 세미나에 참석하는 것에 관해 궁금하다.
- I'm curious about **what you need.** [명사절] 나는 너가 필요한 것에 관해 궁금하다.

전치사구란 '전치사 + 명사/대명사' 구성으로, 문장에서 수식어(형용사나 부사)의 역할을 하는 구를 의미한다. 문장 앞, 중간, 뒤 어디에라도 위치할 수 있다.

1) 전치사구의 종류

(1) 형용사구
① 명사 수식
- **The people** in the meeting room are our patients. 회의실에 있는 사람들은 우리 환자들이다.
- The manager is **a man** of ability. 그 매니저는 능력 있는 사람이다.

② 보어로 사용
- The subject is of importance. 이 주제는 중요하다.

◆ of + 추상명사 = 형용사

'of + 추상명사'는 아래와 같이 형용사가 된다. 즉, 추상명사를 형용사로 만들고 싶을 때는 앞에 전치사 of를 붙인다고 보면 된다.

of importance = important	of use = useful
of value = valuable	of no value = valueless

- This problem is **of importance.** 이 문제는 중요하다.

반면, of를 제외한 나머지 '전치사 + 추상명사'는 부사가 된다.

(2) 부사구

- <u>For hours</u>, he waited at the entrance. 몇 시간 동안, 그는 입구에서 기다렸다.
- He has worked for <u>30 years</u>. 그는 30년 동안 근무했다.
- The woman <u>in the picture</u> is standing <u>in a vividly red room</u>. 사진에 있는 그 여성은 선명하게 붉은 방에 서 있다.
  [이 문장에서 in the picture는 the woman을 수식하므로 형용사구의 기능을 하고 in a vividly red room은 장소를 나타내는 부사구의 기능을 한다.]

◆ with + 추상명사 = 부사

of를 제외한 다른 전치사가 추상명사 앞에 오면 부사가 되는데, 특히 with가 많이 온다.

with ease = easily 쉽게	with kindness = kindly 친절하게
with care = carefully 조심스럽게	with patience = patiently 참을성 있게

- They are expecting to win the election **with ease**. 그들은 쉽게 선거에서 승리할 것이라고 예상하고 있다.

with confidence = confidently 자신 있게
on purpose = purposely 일부러, 고의로
by luck = luckily 운 좋게
to perfection = perfectly 완벽하게
in detail 자세하게

문장 분석! 구조 파악 연습

1. The newly discovered data is of considerable significance, as it challenges long-standing assumptions about how early human societies adapted to environmental change.

정답과 해설

1. The newly discovered data is of considerable significance, (as it challenges long-standing

       S   is   of+N

assumptions about how early human societies adapted to environmental change.)

새로 발견된 자료는 초기 인류 사회가 환경 변화에 어떻게 적응했는지에 대한 오랜 가정을 뒤집기 때문에 상당한 중요성을 지닌다.

3. 중요 전치사

1) 시간 전치사

시간 전치사에는 대표적으로 at, in, on이 있다. 시점에는 at, 월 이상의 기간에는 in, 특정한 날에는 on을 사용한다.

(1) at, in, on

	사용할 때	예시
at	시점, 시간 앞	at 7　　　　　　　　at the end of the year at dawn/noon/night
in	월, 계절, 연도 오전, 오후, 저녁 앞	in July　　　in summer　　　in 2020 in the morning/afternoon/evening
on	날짜, 요일, 특정일 앞	on July 1　　　on Friday　　　on Christmas

- The meeting usually takes place at 8:30 a. m. 그 회의는 주로 오전 8시 30분에 한다.
- The meeting usually takes place on Friday morning. 그 회의는 주로 금요일 오전에 한다.

1. At the very moment the experiment began to show unexpected fluctuations, the research team realized that a critical variable had been overlooked.

2. In the early years of the digital transition, many organizations underestimated how profoundly emerging technologies would reshape traditional business models.

3. On the day the policy was officially announced, critics immediately pointed out several structural flaws that had been ignored during the drafting process.

1. At the very moment (the experiment began to show unexpected fluctuations,) the research
　At　+　시점　　　　　　　　　　　　　　　　　　　　　　　　　　　　　　　S

team realized [that a critical variable had been overlooked.]
　　　V　　　　　　　　O[명사절]

실험이 예상치 못한 변동을 보이기 바로 그 순간에, 연구팀은 중요한 변수가 간과되었다는 것을 깨달았다.

2. In the early years (of the digital transition,) many organizations underestimated [how
　In + 기간　　　　　　　　　　　　　　　　　　　　　　S　　　　　　　V　　　　O[명사절]

profoundly emerging technologies would reshape traditional business models.]

디지털 전환의 초기 시기에는, 많은 조직이 신흥 기술이 전통적 비즈니스 모델을 얼마나 깊이 재편할지 과소평가했다.

3. On the day (the policy was officially announced,) critics immediately pointed out several
　On + 특정일　　　　　　　　　　　　　　　　　　　　　　S　　　　　　　　V

structural flaws (that had been ignored during the drafting process.)
　　　O

정책이 공식적으로 발표된 그날, 비평가들은 초안 작성 과정에서 무시되었던 여러 구조적 결함을 즉시 지적했다.

(2) for, during

'~동안에'를 표현할 때는 for와 during을 사용한다. 이 둘의 구분을 묻는 문제가 빈출된다.
during 뒤에는 보통 '명사(구)'가 오고, for 뒤에는 '시간의 길이'가 온다고 보면 된다. 다시 말해서 숫자로 시간의 길이를 언급할 때는 during을 사용하지 않고, for을 사용한다. 단, the last(past)가 시간 표현 앞에 붙는 경우에는 during을 사용할 수 있다.

	사용할 때	예시
for	+ 불특정 기간 숫자 기간(며칠, 몇 년)	for eight years for three weeks
during	+특정 기간(휴가, 방학)	during the holiday during the meeting
for	+ 불특정 기간 숫자 기간(며칠, 몇 년)	for eight years
during	+특정 기간(휴가, 방학)	during the holiday

- They have lived in Seoul <u>during</u> **ten years.** [X]
  → They have lived in Seoul <u>for</u> **ten years.** [O] 그들은 10년 동안 서울에서 살았다.
- He has been using English <u>for</u> ten years. 그는 영어를 10년 동안 사용해 왔다.
- We will travel to Spain <u>during</u> the Christmas season. 그는 크리스마스 시즌 동안에 스페인에 여행 갈 것이다.
- Seoul has been modernized tremendously <u>during</u> **the last** ten years. 서울은 지난 10년 동안 엄청나게 근대화되었다.

문장 분석! 구조 파악 연습

1. The research team worked intensively for nearly three years to develop a model capable of predicting rare climatic events with higher accuracy.

2. During the peak of the financial crisis, even well-established institutions struggled to maintain liquidity as global markets became increasingly unstable.

정답과 해설

1. <u>The research team</u> <u>worked</u> intensively **for** <u>nearly three years</u> to develop a model capable of
      S   1V   for   숫자(지속기간)

predicting rare climatic events with higher accuracy.

연구팀은 희귀 기후 현상을 더 정확하게 예측할 수 있는 모델을 개발하기 위해 **거의 3년 동안** 집중적으로 작업했다.

2. **During** <u>the peak of the financial crisis,</u> even <u>well-established institutions</u> <u>struggled</u> to
  During + 특정기간(사건)   S   V   O

<u>maintain liquidity</u> (as global markets became increasingly unstable.)

금융 위기가 절정에 이르렀을 때, 글로벌 시장이 점점 더 불안정해지면서 잘 구축된 기관들조차도 유동성을 유지하는 데 어려움을 겪었다.

(3) by, until

'~까지'를 표현할 때는 by와 until을 사용하는데, 이 둘의 구분을 묻는 문제가 빈출된다.

	특징	해석
by	동작의 완료(1회성)	finish, complete, submit, return 등의 동사와 사용 '늦어도'를 넣어서 해석
until	동작, 상태의 계속(계속성)	work, stay, remain, wait 등의 동사와 사용 '계속'을 넣어서 해석

- The store remains open **until** 9 P.M. 그 가게는 저녁 9시까지 계속 문을 열 것이다.
- The package must be delivered **by** noon. 그 소포는 늦어도 정오까지는 배송되어야 한다.

다만 deliver와 같은 완료(1회성)를 나타내는 동사들도, not과 함께 사용할 때는 '~하지 않은 상태가 ~까지 계속'되는 것을 의미한다. 따라서 이때 전치사로는 until을 사용해야 한다.

- Your order will **not** be delivered **until** the end of the month. 당신의 주문은 이달 말일이 되어야 도착할 겁니다.

문장 분석! 구조 파악 연습

1. The research team must secure all necessary approvals by next week to begin the large-scale trial without further delay.

2. The system will remain in a suspended state until next week when all encrypted files are fully authenticated by the security protocol.

정답과 해설

1. The research team must **secure** all necessary approvals by next week (to begin the large-
　　S　　　　V(완료)　　　　　O　　　　by　　N

scale trial without further delay.)

연구팀은 대규모 실험을 더 이상 지연 없이 시작하기 위해 다음 주까지 모든 필수 승인을 확보해야 한다.

2. The system will **remain** in a suspended state until next week (when all encrypted files are
　　S　　V(계속)　　　　　　　　　until　　N

fully authenticated by the security protocol.)

보안 프로토콜에 의해 모든 암호화된 파일이 완전히 인증되는 다음 주까지, 시스템은 중단된 상태로 유지될 것이다.

2) 장소 전치사

1. at, in, on

시간과 마찬가지로 장소를 나타내는 전치사에도 at, in, on이 있다. 같은 장소이지만, 그 장소 안을 나타낼 때는 in을, 장소 자체를 의미할 때는 at을 사용한다.

	사용할 때	뜻	예시
at	지점(건물)	~에	at the station 역에서, at the company 회사에서, at the corner of the street 길 모퉁이에서
in	공간(도시)	~안에	in Peru 페루에서, in the city 도시에서, in Room 502 502호에서
on	지면	~위에	on the table 테이블 위에, on the wall 벽에, on the list 목록에, on the second floor 2층에

- I was in the store when he came in. 나는 그가 들어왔을 때 그 가게에 있었다.
- We stopped at the store on the way home. 우리는 집에 가는 도중에 그 가게에 들렀다.

문장 분석! 구조 파악 연습

1. The researchers installed a series of ultra-sensitive sensors on the outer surface of the spacecraft to monitor microscopic vibrations during reentry.

정답과 해설

1. The researchers installed a series of ultra-sensitive sensors on the outer surface (of the
      S   V   O   on   지면

spacecraft) (to monitor microscopic vibrations during reentry.)

연구진은 재진입 동안의 미세한 진동을 감지하기 위해, 우주선 외부 표면에 초 민감 센서들을 여러 개 설치했다.

3) 위치, 방향 전치사

(1) 가까이, 근처에

가까이	by, beside, next to
근처에	near, close to, adjacent to

- I sat down next to my wife. 나는 아내 옆에 앉았다.
- The car accident occurred near the hospital. 그 차 사고는 병원 근처에서 일어났다.

(2) between, among

'사이에'라는 표현으로는 between과 among이 있다.

between	주로 둘 사이에서(비교급과 어울림) between two companies

among	셋 이상 사이에서(최상급과 어울림) among Asian cities

- He put cheese <u>between</u> two slices of bread. 그는 치즈를 빵 두 조각 사이에 넣었다.
- Who do you like **better** <u>between</u> the two singer? 두 가수 중 누가 더 맘에 드니?
- He was standing <u>among</u> a crowd of children. 그는 어린이들 사이에 서 있었다.
- He holds **the best** record <u>among</u> the current players. 그는 현역 선수들 가운데 최고 기록을 보유하고 있다.

1. The negotiations between the two leading research institutions stalled when neither side agreed to share proprietary data essential for the joint project.

2. Among the various factors influencing consumer behavior, trust has emerged as one of the most decisive elements in determining long-term brand loyalty.

1. <u>The negotiations</u> (**between** the two leading research institutions) <u>stalled</u> (when neither side

        S   between   N   1V

agreed to share proprietary data essential for the joint project.)

두 주요 연구 기관 **사이의** 협상이, 공동 프로젝트에 필수적인 독점 자료를 어느 쪽도 공유하기를 원하지 않으면서 교착 상태에 빠졌다.

2. **Among** the various factors (influencing consumer behavior,) <u>trust</u> <u>has emerged</u> (as one of

   Among   N   S   1V

the most decisive elements in determining long-term brand loyalty.)

소비자 행동에 영향을 미치는 다양한 요인들 가운데, 신뢰는 장기적인 브랜드 충성도를 결정하는 가장 결정적인 요소 중 하나로 부상했다.

(3) from, to

방향을 나타내는 대표 전치사로 from과 to가 있다. to는 '~쪽으로'라는 뜻이고 from은 '~로부터'라는 뜻이다. 다음과 같은 동사와 잘 어울린다.

	뜻	어울리는 동사			형태
from	~로부터, ~에서	obtain(얻다)	receive(수령하다)	collect(모으다)	A **from** B
to	~에게, ~로	send(보내다)	transfer(전송하다)	deliver(배달하다)	A **to** B

- The copy of the receipt can be obtained <u>from</u> the office. 그 영수증 사본은 그 사무실에서 얻을 수 있다.
- I will send the document <u>to</u> your office. 서류를 당신의 사무실로 보내 드릴게요.

(1) because of: 이유(~때문에)

- He was late <u>because of</u> the heavy traffic. 그는 교통 체증 때문에 늦었다.

(2) despite: 양보(~에도 불구하고)

- He was punctual <u>despite</u> the heavy traffic. 그는 교통 체증에도 불구하고 시간을 지켰다.

(3) for: ~을 위해, ~에 비해

- She made a reservation <u>for</u> the dinner meeting. 그녀는 저녁 회의를 위해 예약을 했다.
- The weather is cold <u>for</u> March. 날씨는 3월에 비해 춥다.

(4) by: 수단(~로), 동작의 주체(~에 의해서)

- by bus 버스로
- by the company 회사에 의해서
- You may pay <u>by</u> check or credit card. 당신은 수표나 신용카드로 지불할 수 있습니다.

(5) be made of, be made from

be made of	물리적 변화(재료의 본래 형태가 눈으로 보임)
be made from	화학적 변화(재로의 본래 형태가 눈으로 보이지 않음)

- This box is made **of** paper. 이 박스는 종이로 만들어졌다.
- Cheese is made **from** milk. 치즈는 우유로 만들어진다.

(문장 분석! 구조 파악 연습)

1. Because the data revealed several inconsistencies that could not be explained by the initial model, the research team was forced to reconsider its foundational assumptions.

2. The experiment had to be suspended because of a sudden malfunction in the primary monitoring device, which caused several readings to become unreliable.

3. Despite repeated warnings from independent analysts, the company continued to invest heavily in a market that showed clear signs of structural decline.

4. Although the proposal appeared promising at first, subsequent analyses revealed critical flaws that made its implementation far more complex than anticipated.

(정답과 해설)

1. **Because** the data revealed several inconsistencies (that could not be explained by the initial
접   S   V   O

model,) the research team was forced to reconsider its foundational assumptions.
S   V   O

자료가 초기 모델로는 설명될 수 없는 여러 불일치를 보여 주었기 때문에, 연구팀은 기본 가정들을 재고할 수밖에 없었다.

2. The experiment had to be suspended **because of** a sudden malfunction in the primary
     S   V   전   N

monitoring device, which caused several readings to become unreliable.

주요 모니터링 장치의 갑작스러운 오작동 때문에 실험을 중단해야 했고, 이는 여러 측정값을 신뢰할 수 없게 만들었다.

3. **Despite** repeated warnings (from independent analysts,) the company continued to invest
   전   N   S   V   O

heavily in a market (that showed clear signs of structural decline.)

독립 분석가들의 반복된 경고에도 불구하고, 그 회사는 구조적 하락의 명확한 조짐을 보이는 시장에 계속 막대한 투자를 했다.

4. **Although** the proposal appeared promising at first, subsequent analyses revealed critical
   접   S   2V   SC   S   V   O

flaws (that made its implementation far more complex than anticipated.)

그 제안은 처음에는 유망해 보였지만, 이후의 분석에서 중대한 결함들이 드러나면서 그 실행이 예상보다 훨씬 더 복잡하다는 사실이 밝혀졌다.

1. 어법상 옳은 것을 고르시오.

Both adolescents and adults should be cognizant [to / of] the risks of secondhand smoking.

2. 어법상 옳지 않은 것을 고르시오.

Between ① she and her husband there have been nothing but arguments; ② this is a situation ③ which is strikingly ④ typical of most modern marriage.

3. 문법적으로 틀린 부분을 옳게 고치시오.

The boss wants our team to go the documents through before the board of directors begins.

4. 문법적으로 틀린 부분을 옳게 고치시오.

From improving trade opportunities for U.S. businesses to provide management supervision, you can use your skills in a Civil Service career.

5. 다음 밑줄 친 부분 중 어법상 옳지 않은 것을 고르시오.

While the world's eyes are focused ① to the deficiencies of the U.S. electoral system, ② bigger constitutional problems are ③ confronting ④ a few of Asian fledgling democracies.

6. 다음 밑줄 친 부분 중 어법상 옳지 않은 것을 고르시오.

We know ① very little about Shakespeare, because, in his day, historical stories ② were devoted to the lives of kings. It is ③ beyond imagine that a common actor would be ④ of interest in the future.

7. 밑줄 친 부분 중 문법적으로 옳지 않은 것은?

The largest building in the world will be opening its doors ① in China next month. ② Beside housing 14 theaters and a regulation-size ice-skating rink, ③ it also has two ④ five-star hotels and an indoor beach amidst thousands of shops.

8. 밑줄 친 부분 중 어법상 옳지 않은 것은?

Louis XIV needed a palace worthy ① of his greatness, so he decided to build a huge new house ② at Versailles, where a tiny hunting lodge stood. After almost fifty years of labor, this tiny hunting lodge had been transformed ③ into an enormous palace, a quarter of a mile long. Canals were dug to bring water from the river and to drain the marshland. Versailles was full of elaborate rooms like the famous Hall of Mirrors, where seventeen huge mirrors stood ④ across seventeen large windows.

9. 밑줄 친 부분 중 어법상 옳지 않은 것은?

Two major techniques for dealing with environmental problems are conservation and restoration. Conservation involves protecting existing natural habitats. Restoration involves cleaning up and ① restoring damaged habitats. The best way to deal with environmental problems is to prevent them from happening. Conserving habitats prevents environmental issues that arise from ecosystem disruption. For example, parks and reserves protect a large area ② in which many species live. Restoration reverses damage to ecosystems. Boston Harbor is one restoration success story. Since the colonial period, the city dumped sewage directly ③ into the harbor. The buildup of waste caused outbreaks of disease. Beaches were closed. Most of the marine life disappeared and as a result, the shellfish industry shut down. To solve the problem, the city built a sewage treatment complex. ④ After then, the harbor waters have cleared up. Plants and fish have returned, and beaches have been reopened.

10. 밑줄 친 부분 중 어법상 옳지 않은 것은?

Fear of loss is a basic part of being human. To the brain, loss is a threat and we naturally take measures to avoid it. We cannot, however, avoid it ① indefinitely. One way to face loss is with the perspective of a stock trader. Traders accept the possibility of loss as part of the game, not the end of the game. ② What guides this thinking is a portfolio approach; wins and losses will both happen, but it's the overall portfolio of outcomes that matters ③ most. When you embrace a portfolio approach, you will be less inclined ④ dwelling on individual losses because you know that they are small parts of a much bigger picture.

1. 다음 글의 밑줄 친 부분 중, 어법상 틀린 것은?

In the nineteenth century, American and British fishermen nearly ① <u>wiped out</u> the seals of Antarctica. The Antarctic seals, however, after almost becoming extinct, have made an ② <u>astonishing</u> comeback. The population is now rapidly increasing. Although scientists admit that ③ <u>other</u> factors may be responsible for the seals' rebound, they are convinced that the severe decrease in the baleen whale population is a major cause. The baleen whale and the Antarctic seal once competed for the same food source —— a tiny shellfish called krill. With the baleen whale ④ <u>becomes</u> practically extinct, the seals have inherited an almost unlimited food supply. That increase in the seal's food supply ⑤ <u>is considered</u> a major reason for the seals' comeback.

* baleen whale: 수염고래

2. 다음 글의 밑줄 친 부분 중, 어법상 틀린 것은?

In 1976 in an effort to combat the possible widespread outbreak of swine flu(SI), President Gerald Ford directed the Centers for Disease Control(CDC) ① <u>to launch</u> a project called the National Influenza Immunization Program(NIIP). In response four manufacturers set out to make 200 million doses of the drug because the CDC wanted every person in the United States ② <u>to vaccinate</u> against the disease. The CDC also developed a plan to take jet immunization guns into schools, factories, nursing homes, and health departments. However, troubles soon began ③ <u>to arise</u>. When three elderly people died after having vaccination, the press connected their deaths to the SI immunizations, ④ <u>despite</u> a lack of evidence. However, in time, a connection was established between the SI vaccination and a nervous system disease, and NIIP ⑤ <u>was finally cancelled</u> on December 16, 1976.

3. 다음 글의 밑줄 친 부분 중, 어법상 틀린 것은?

The term noise pollution has long been difficult to accurately define because noise differs from other forms of pollution in several respects. For one thing, noise can completely disappear. Unlike chemicals and other kinds of pollutants, ① which remain in the air, water, or soil even after polluting stops, noise does not remain in the environment after its source ceases to generate it. Second, noise pollution cannot be measured ② as easily as can other forms of pollution. Scientists can analyze soil, water, and air samples to determine how many pollutants they ③ are contained and then decide if the amounts are unhealthy. However, it is more difficult to determine ④ how much exposure to noise causes damage. Finally, the definition of the world noise is subject to individual opinion. To some people, the sound of loud music or the roar of a motorcycle engine may be pleasant while to others those same sounds ⑤ seem stressful.

4. 다음 글의 밑줄 친 부분 중, 어법상 틀린 것은?

What makes practicing retrieval so much better than review? One answer comes from the psychologist R. A. Bjork's concept of desirable difficulty. More difficult retrieval ① leads to better learning, provided the act of retrieval is itself successful. Free recall tests, in which students need to recall as much as they can remember without prompting, tend to result in better retention than cued recall tests, in which students ② give hints about what they need to remember. Cued recall tests, in turn, are better than recognition tests, such as multiple-choice answers, ③ where the correct answer needs to be recognized but not generated. Giving someone a test immediately after they learn something improves retention less than giving them a slight delay, long enough so that answers aren't in mind when they need ④ them. Difficulty, far from being a barrier to ⑤ making retrieval work, may be part of the reason it does so.

* retrieval: 불러오기

** retention: 보유력

5. 다음 글의 밑줄 친 부분 중, 어법상 틀린 것은?

Consider The Wizard of Oz as a psychological study of motivation. Dorothy and her three friends work hard to get to the Emerald City, overcoming barriers, persisting against all adversaries. They do so because they expect the Wizard to give ① them what they are missing. Instead, the wonderful (and wise) Wizard makes them aware that they, not he, always had the power ② to fulfill their wishes. For Dorothy, home is not a place but a feeling of security, of comfort with people she loves; it is wherever her heart is. The courage the Lion wants, the intelligence the Scarecrow longs for, and the emotions the Tin Man dreams of ③ being attributes they already possess. They need to think about these attributes not as internal conditions but as positive ways ④ in which they are already relating to others. After all, didn't they demonstrate those qualities on the journey to Oz, a journey ⑤ motivated by little more than an expectation, an idea about the future likelihood of getting something they wanted?

* adversary: 적 (상대)

1. 정답: of

(해석)

청소년들과 성인 모두 간접 흡연의 위험에 대해서 알고
있어야 한다.

(해설)

전치사 어휘 문제로 형용사 cognizant 뒤에는 of가 수반
된다. be cognizant(aware, conscious) of는 '~을 알고 있
는'이라는 뜻이다.

(어휘)

adolescent 청소년 cognizant 알고 있는 secondhand
smoking 간접 흡연

2. 정답: ① she and her husband → her and her husband

(해석)

그녀와 그녀의 남편 사이에는 논쟁밖에 없었다. 그것은 대
부분의 현대 결혼생활에 놀랄 만하게 전형적인 상황이다.

(해설)

① 전치사 뒤에는 목적격이 와야 하므로 she를 her로 바
꾸어야 한다.
오답 분석
② 지시대명사 this는 앞 문장 전체를 받을 수 있으므로
바르게 사용되었다.
③ 선행사가 a situation이고 뒤에 is라는 동사가 제시되고
있으므로 주격관계대명사 which가 바르게 사용되었다.
④ is 뒤에 보어 자리에 형용사가 바르게 쓰였다.

3. 정답: go the documents through → go through the documents

(해석)

사장은 이사회가 시작되기 전에 우리 팀이 자료를 검토
하기를 원했다.

(해설)

go through는 '자동사 + 전치사'의 구조이므로 목적어는
자동사인 go 뒤에가 아닌 전치사인 through 뒤에 위치해
야 한다. '자동사 + 전치사'는 하나의 타동사로 보면 된다.

4. 정답: to provide → to providing

(해석)

미국이 기업들을 위해 무역의 기회를 증대시키는 것부터
관리 감독을 제공하는 것까지, 당신은 공무원이라는 직
업에서 당신의 능력을 활용할 수 있다.

(해설)

from A to B 'A에서부터 B까지'에서 to는 전치사이므로
뒤에는 동사가 아닌 명사나 동명사가 와야 한다.

5. 정답: ① to → on

(해석)

세계의 눈이 미국 선거 체계의 결함에 집중된 반면, 더
큰 헌법적 문제들이 아시아의 신생 민주주의 국가들 중
몇몇을 직면하고 있다.

(해설)

① focus는 자동사이므로 뒤에 전치사가 수반되는데, on
이 나와야 한다.

(오답 분석)

② 문맥상 '더 큰'의 의미이므로 비교급 bigger가 제대로
쓰였다.
③ be 동사 뒤에 -ing나 p.p형이 수반되는데, 그 뒤에 목
적어가 제시되어 있으므로 -ing형이 제대로 쓰였다.
④ documents는 가산복수명사이므로 그 앞에는 수량한
정사가 a few가 바르게 수식하고 있다.

6. 정답: ③ beyond imagine → beyond imagination

(해석)

우리는 셰익스피어에 대해서 거의 알지 못하는데, 왜냐

하면 그 시대에는 역사와 관련된 이야기들이 왕들의 삶에만 기울어졌기 때문이다. 한 평범한 배우가 미래에 관심을 갖는다는 것은 상상할 수 없는 것이다.

③ beyond는 전치사이고 전치사 뒤에는 동사는 올 수 없고, 명사나 동명사가 수반되어야 한다. 따라서 명사형인 imagination으로 고쳐야 한다.

① a little은 긍정의 의미로 '약간 ~하다'이고 little은 부정의 의미로 '거의 ~않다'의 의미이다. 이 문장은 문맥상 '거의 ~않다'라는 부정의 의미이므로 little가 바르게 사용되었다.
② '~에 전념하다'라는 표현으로 be devoted to에서 to는 전치사이므로 뒤에는 명사나 동명사가 와야 한다. 뒤에 the lives라는 명사가 있으므로 바르게 사용되었다.
④ 'of + 추상명사 = 형용사'와 같다. 따라서 of interest는 interest ing과 같다.

7. 정답: ② beside → besides

해석 세계에서 가장 큰 건물이 다음 달에 중국에서 개장할 것이다. 그 건물은 14개의 상영관과 규정 크기의 스케이트장을 수용하는 것 이외에도, 수천 개의 상점들 한가운데에 두 개의 5성급 호텔과 실내 해변 또한 가지고 있다.

② 전치사 beside와 besides를 혼동해서는 안된다. beside는 '~옆에'라는 의미이고, besides는 '~이외에도'라는 완전 다른 의미이다. 문맥상 '14개의 상영관과 ~ 수용하는 것 이외에도'라는 의미가 되어야 자연스러우므로 전치사 Beside를 전치사 Besides로 고쳐야 한다.

① 마을, 도시, 국가 등과 같이 '(상대적 큰 공간) 내의 장소'를 나타내는 전치사 in이 China 앞에 올바르게 쓰였다.
③ 대명사가 지시하는 명사 [The largest building]가 단수이므로 단수 대명사 it이 올바르게 쓰였다.
④ '수사 + 하이픈 + 단위 표현'에서 단위 표현이 형용사로 사용되는 경우 단위 표현은 반드시 단수형이 되어야

하므로 five-star가 올바르게 쓰였다.

house 수용하다 indoor 실내의 amidst 한가운데에

8. 정답: ④ across → across from

루이 14세는 자신의 위대함에 걸맞은 궁전이 필요했고, 그래서 베르사유에 거대한 새 집을 짓기로 결정했는데, 그곳에는 아주 작은 사냥꾼 오두막 한 채가 있었다. 거의 50년에 걸친 공사 후에 이 작은 사냥꾼 오두막은 4분의 1마일 길이의 웅장한 궁전으로 탈바꿈했다. 운하를 파서 강에서 물을 끌어오고 습지대를 배수했다. 베르사유는 공들여 장식한 방들로 가득했는데, 유명한 '거울의 방'이 그것이다. 그곳에는 17개의 거대한 거울이 17개의 커다란 창문 맞은편에 배열되어 있었다.

④ across는 '~을 건너서'라는 표현이다. 문맥상 '~ 맞은 편에'가 맞으므로 across from(=opposite)이 되어야 한다.

① a place 뒤에는 (which is)가 생략된 구문이다. 그리고 be worthy of '~의 가치가 있는'이 맞으므로 전치사 of가 바르게 쓰였다.
② 장소를 나타내는 전치사는 at과 in이 있는데, 건물이나 지점과 같이 비교적 좁은 장소를 나타낼 때 at을 사용한다. 궁전은 하나의 건물로 볼 수 있으므로 at이 바르게 사용되었다.
③ 변형을 나타내는 전치사는 into이다. transform A into B가 수동태로 전환된 것이므로 into가 바르게 쓰였다.

lodge 오두막 transform 변형시키다 canal 운하 drain 배수하다, 배수 시설을 하다 marshland 습지대 elaborate 정성을 들인, 정교한 solid 순수한 throne 왕좌 humble 변변찮은, 겸손한

9. 정답: ④ After → Since

환경 문제를 처리할 수 있는 두 가지 주요 기술은 바로

보존과 복구이다. 보존은 현존하는 자연 서식지를 보호하는 것을 수반한다. 복구는 훼손된 서식지를 청소하고 복구하는 것을 수반한다 환경 문제를 다룰 가장 최상의 방법은 이들이 일어나는 것을 방지하는 것이다. 서식지 보존은 생태계 붕괴로부터 야기되는 환경 문제들을 예방한다. 예를 들어, 공원과 보호 구역은 많은 종들이 사는 넓은 지역을 보호한다. 복구는 생태계의 훼손을 뒤바꿔 놓는다. 보스턴 항구가 성공적인 복구 사례의 하나이다. 식민지 시대 이후로, 도시는 항구에 오물을 바로 버렸다. 쓰레기의 축적은 질병의 발생을 야기했다. 해변은 폐쇄되었다. 대부분의 해양 생물은 사라지게 됐고, 그 결과 갑각류 산업은 문을 닫았다. 이 문제를 해결하기 위해, 도시는 하수 처리 단지를 세웠다. 그 후, 항구의 물은 깨끗해지게 되었다. 식물과 어류들이 다시 돌아왔고, 해변은 다시 문을 열었다.

(해설)

④ '~후에'와 '~이래로'는 우리말로 비슷해서 혼동하기 쉽다. 하지만 뒤에 주절의 동사가 현재완료가 사용되고 since 뒤에 과거시점이 제시되면 '~이래로'라는 의미의 since를 사용해야 한다. 이때 since는 전치사가 될 수도 있고, 접속사가 될 수도 있다. 따라서 뒤에는 명사구조가 올 수도 있고, 주어+동사의 문장이 올 수도 있다. 문장이 오는 경우 동사의 시제는 반드시 과거가 되어야 한다. 따라서 After를 Since로 고쳐야 한다.

(오답 분석)

① 등위접속사 앞과 뒤는 문법적으로 동일한 구조가 연결되는 병치가 이루어진다. 이 문장의 겨우 앞의 동사 involves는 동명사를 목적어로 취하는 동사이므로 cleaning up과 restoring이 병치되어 사용되고 있다.
② '전치사 + 관계대명사' 뒤에는 완전한 문장이 수반되는지를 확인해야 한다. 이 문장의 경우 live은 자동사이므로 완전한 구조가 맞다. 그리고 전치사 in은 앞의 선행사가 a large area이므로 넓은 장소를 나타낼 때 사용하는 전치사 in이 바르게 쓰였다.
③ dump A into B 'A를 B에 버리다'에서 '~안으로'라는 의미로 전치사 into가 올바르게 쓰였다.

(어휘)

restoration 복구, 복원 natural habitat 자연 서식지

ecosystem 생태계 disruption 붕괴, 분열 sewage-treatment 하수 처리 harbor 항구 reserve 보호 구역 reverse 뒤바꾸다 colonial period 식민지 시대 sewage 하수, 오물 buildup 증가, 축적 outbreak 발생, 발발 shellfish industry 갑각류 산업

10. 정답: ④ dwelling → to dwell

(해석)

손실에 대한 두려움은 사람됨의 기본적인 부분이다. 뇌에게 있어서, 손실은 위협이고 우리는 당연하게 그것을 피할 방법을 찾는다. 하지만 우리는 그것을 영원히 피할 수 없다. 손실에 직면하는 하나의 방법은 주식 중개인의 관점을 가지는 것이다. 중개인들은 손실 가능성을 게임의 결과가 아닌 게임의 일부로 받아들인다. 이러한 사고를 이끄는 것은 포트폴리오 접근법이다. 이익과 손실은 모두 발생할 것이지만, 결과들의 전체적인 포트폴리오가 가장 중요하다는 것이다. 당신이 포트폴리오 접근법을 받아들일 때, 당신은 개인적인 손실을 깊이 생각하려는 경향이 적다. 왜냐하면, 그것들이 훨씬 더 큰 그림의 작은 일부에 지나지 않는다는 것을 알기 때문이다.

(해설)

④ be inclined to R '~하는 경향이 있다'라는 표현이다. 따라서 동명사를 to 부정사로 고쳐야 한다. be + p.p의 수동태 뒤에는 동명사는 안 나온다고 보면 된다.

(오답 분석)

① avoid라는 타동사를 꾸미는 부사가 바르게 사용되었다. 부사가 타동사를 꾸밀 때에는 '타동사+목적어+부사'의 어순이 일반적인 부사의 위치이다.
② 주어 자리에 명사절 접속사가 사용되었다. 명사절 자체에서 주어 없이 바로 guides라는 동사가 제시되어 있으므로 불완전한 구조이다. 따라서 what이 올바르게 사용되었다.
③ 일반적으로 most는 최상급 표현으로 정관사나 소유격이 앞에 붙는다. 다면 최상급이라도 동사를 수식하는 경우에는 정관사 없이 사용된다. matters라는 동사를 꾸며주고 있으므로 정관사 없이 most가 바르게 사용되었다.

(어휘)

fear 두려움 naturally 자연스럽게 measure 조치, 방법

indefinitely 무기한으로 face 직면하다 perspective 관점
stock trader 주식 중개인 end 결과, 끝 approach 접근법
matter 중요하다, 문제되다 embrace 껴안다, 수락하다
dwell on ~을 깊이 생각하다, 심사숙고하다 averse (to):
~을 싫어하는 fluctuation 변화

1. 정답: ④

(해석)

19세기에 미국과 영국 어부들이 남극대륙 바다표범을 거의 전멸시켰다. 그러나 거의 멸종까지 간 후에 남극대륙 바다표범들은 놀랍게도 되돌아온다. 그 개체 수는 현재 급속도로 증가하고 있다. 과학자들은 바다표범이 되돌아온 데에는 다른 요인들이 원인이 될 수 있다고 인정하지만, 수염고래 개체 수의 엄청난 감소가 주된 원인이라고 확신하고 있다. 수염고래와 남극대륙 바다표범은 한때 크릴이라고 불리는 작은 갑각류 먹잇감을 놓고 경쟁했었다. 수염고래가 사실상 멸종하면서 바다 표범은 거의 무제한적인 먹이 공급을 물려받게 되었다. 바다표범의 먹잇감에서의 그러한 증가가 바다표범이 귀환한 주된 이유로 간주된다.

(해설)

전치사 with 뒤에 주어, 동사의 구조가 올 수 없으므로 동사를 분사형인 becoming으로 고쳐야 한다.
① 과거 시제이면서 능동태로 쓰여 적절하다. ② 현재분사인 astonishing이 뒤에 오는 명사 comeback을 수식하는 능동의 의미이므로 맞게 쓰였다 ③「other + 복수명사」로 쓰이는데, 뒤에 factors가 쓰여 맞는 표현이다 ⑤ 문맥상 주어인 That increase와 수동 관계이므로 맞게 쓰였다.

(어휘)

wipe out 전멸시키다 seal 바다표범 rebound 되돌아옴, 회귀 practically 사실상 inherit 물려받다

2. 정답: ②

(해석)

1976년에 광범위한 돼지독감 SI의 발생 가능성에 대처하기 위한 노력의 일환으로 Gerald Ford 대통령은 질병통제센터(CDC)로 하여금 국가 유행성 감기 예방접종 프로그램(NIIP)이라 불리는 계획을 시작하도록 지시했다. 그 반응으로 네 개의 제조사들이 2억 명 분량의 약을 제조하기 시작했는데, 그 이유는 질병통제센터가 미국 내에 있는 모든 사람들이 그 질병에 대한 예방접종을 받기를 원했기 때문이다. 질병통제센터는 또한 학교, 공장, 양로원 그리고 보건 기관에서 제트 주사기 예방접종을 실시할 계획을 세웠다. 그러나 곧 문제가 생겼다. 세 명의 노인이 예방접종을 한 후 죽었을 때 언론은 증거가 부족함에도 불구하고 그들의 사망을 돼지독감 예방접종과 관련시켰다. 그러나 곧 돼지독감 예방접종과 신경 계통 질병 사이의 관련성이 밝혀졌고, NIIP는 마침내 1976년 12월 16일에 중지되었다.

(해설)

② 일반동사인 wanted가 5형식 문장으로 쓰여 목적격 보어 자리에 to 부정사(to vaccinate)가 쓰였는데, 목적어 every person과 문맥상 수동 관계이므로 수동형 부정사(to be vaccinated)로 고쳐야 한다.
① 일반동사 directed 뒤에 목적격 보어로 to 부정사가 쓰인 5형식 문장 구조이므로 맞게 쓰였다. ③ began의 목적어로 to부정사가 쓰인 3형식 문장이다. ④ 전치사 despite 뒤에 명사구(a lack of evidence)가 왔으므로, 맞게 쓰였다. ⑤ 문맥상 '국가 유행성 감기 예방접종 프로그램이 중지되었다'는 의미이므로 수동태 문장이 맞다.

(어휘)

outbreak 발생 swine flu 돼지 독감 direct 지시하다 set out 시작하다 dose (약의) 1회 분량 vaccinate 예방접종을 하다 immunization 면역시킴 예방접종 arise 일어나다

3. 정답: ③

(해석)

소음은 몇 가지 관점에서 다른 형태의 오염과는 다르기 때문에 소음공해라는 용어는 오랫동안 정확하게 정의하기가 어려웠다. 일례로 소음은 완전히 사라질 수가 있다. 오염이 멈춘 후에도 공기, 물 또는 토양 속에 남아 있는 화학물질이나 다른 종류의 오염물질들과는 달리, 소음은 그 근원이 소음 발생을 멈춘 후에는 환경 속에 남아 있지

않는다. 둘째로, 소음공해는 다른 형태의 오염처럼 쉽게 측정될 수도 없다. 과학자들은 토양, 물, 그리고 공기가 얼마나 많은 오염물질들을 포함하고 있는지를 판단하기 위해 그것들의 표본을 분석할 수 있고 그런 다음 그 양이 건강에 해로운지를 결정할 수 있다. 그러나 소음에 대한 얼마만큼의 노출이 피해를 일으키는지를 결정하기는 더 어렵다. 마지막으로 이 세상의 소음에 대한 정의는 개인적인 의견에 영향을 받기가 쉽다. 일부 사람들에게는 시끄러운 음악 소리나 오토바이 엔진의 굉음이 유쾌한 것일 수 있는 반면에 다른 사람들에게 그러한 같은 소리가 스트레스를 주는 것처럼 보일 수 있다.

how many pollutants they are contained- '그것들이 얼마나 많은 오염물질을 포함하고 있는지'라는 의미로 how many pollutants가 동사 contain의 목적어로 쓰여 있기 때문에 수동태(are contained)를 능동태(contain)로 고쳐야 한다.
① Which는 계속적 용법의 관계대명사로 앞에 있는 I와 같은 시제인 동일형(to appear)이 쓰여야 한다. (C) 부정어구인 명사구 chemicals and other kinds of pollutants를 가리킨다. ② 'as + 형용사(부사) 원급 + as'의 원급 비교 문장으로 앞의 as를 없애면 noise pollution cannot be measured easily로 연결되어 부사인 easily가 동사를 수식하므로 맞게 쓰였다. ④ how much가 주어로 쓰인 셀 수 없는 명사 exposure를 꾸며 주므로 맞게 쓰였다. ⑤ 자동사 seem 뒤에 형용사 stressful이 보어로 왔으므로 맞게 쓰였다.

or one thing 일례로, 한 가지는 chemicals 화학물질 pollutant 오염물질 cease 멈추다 generate 발생시키다 measure 측정하다 analyze 분석하다 determine 결정하다, 판단하다 be subject to ~에 영향 받기 쉽다 opinion 의견 roar 굉음

4. 정답: ②

왜 불러오기를 연습하는 것이 복습보다 훨씬 더 좋은가? 한 가지 대답은 심리학자 R. A. Bjork의 바람직한 난이도 개념에서 나온다. 더 어려운 불러오기는 불러오기 행동 자체가 성공적이라면 더 나은 학습으로 이어진다. 학생들이 아무런 힌트 없이 기억할 수 있는 만큼 최대한 기억해 내야 하는 자유 회상형 테스트는, 학생들이 기억해야 할 것에 대한 힌트를 제공받는 단서 회상형 테스트보다 더 나은 보유력(기억 유지)이라는 결과를 가져오는 경향이 있다. 그다음으로, 단서 회상형 테스트는 정답을 인식할 필요는 있지만 생성할 필요는 없는 다지선다형 정답과 같은 인식형 테스트보다 더 낫다. 누군가에게 무언가를 학습한 직후에 시험을 치르게 하는 것이, 필요할 때 답을 떠올리지 못하도록 충분히 긴 약간의 시간 지연을 주는 것보다 (기억의) 보유력 향상에 덜 효과적이다. 난이도는 불러오기가 효과를 발하게 하는 데 전혀 장애물이 아닌 그것이 그렇게 하는 이유의 일부일지도 모른다.

① 주어는 More difficult retrieval로 단수 주어이므로, 단수 동사 leads가 온 것은 적절하다.
② 관계대명사절에서 주어가 students로 학생들에게 힌트가 '주어진다'는 수동의 의미가 되어야 한다. 따라서 give를 are given으로 고쳐 써야 한다.
③ 뒤에 모든 성분을 갖춘 완전한 절이 왔고, recognition tests, such as multiple-choice answers가 선행사이므로, 계속적 용법의 관계부사 where가 온 것은 적절하다.
④ 앞 절에서 언급한 answers를 가리키면서 동사 need의 목적어가 와야 하므로 them이 온 것은 적절하다.
⑤ a barrier to에서 to는 전치사이며, 전치사의 목적어로 동명사 making이 온 것은 적절하다.

prompting 유도, 설득 cued 단서가 제공되는 recognition 인식 generate 생성하다 delay 지연 barrier 장애물 far from 전혀 ~이 아닌

5. 정답: ③

'오즈의 마법사'를 동기 부여에 관한 심리학적 연구로 생각해 보라. Dorothy와 그녀의 세 친구는 에메랄드 시로 가기 위해 열심히 노력하면서, 장벽을 극복하고, 모든 적에게 끈질기게 맞선다. 그들은 마법사가 그들에게 없는

것을 줄 거라고 기대하기 때문에 그렇게 한다. 대신에, 그 멋진 (그리고 현명한) 마법사는 자신이 아니라 그들이 항상 자신들의 소원을 이룰 힘을 가지고 있었음을 그들이 깨닫게 한다. Dorothy에게 '집'은 장소가 아니라 그녀가 사랑하는 사람들과 함께하는 편안한 느낌, 안전한 느낌이며, 그녀의 마음이 있는 곳이면 어디든 집이다. 사자가 원하는 용기, 허수아비가 바라는 지성, 양철 인간이 꿈꾸는 감정은 그들이 이미 가지고 있는 속성이다. 그들은 이러한 속성을 내적인 조건이 아니라 이미 자신들이 다른 이들과 관계를 맺는 긍정적인 방식으로 생각할 필요가 있다. 결국, 그들은 자신들이 원하는 뭔가를 얻을 수 있을 거라는 미래의 가능성에 관한 생각, 즉 어떤 '기대'에 지나지 않는 것에 의해 동기가 부여된 여행인, 오즈로 가는 여정에서 그런 자질들을 보여 주지 않았는가?

(해설)

① to give의 의미상 주어는 the Wizard이므로, give의 목적어 역할을 하는 대명사 them은 적절하게 쓰였다. 여기서 them은 Dorothy and her three friends를 가리킨다.
② to fill은 앞에 있는 명사 the power를 수식하는 to 부정사의 형용사적 용법으로 적절하게 쓰였다.
③ 문장의 주어는 The courage ~ and the emotions이고, 밑줄 친 부분은 문장의 동사가 와야 할 자리이므로, being을 are로 고쳐야 한다
④ positive ways를 선행사로 하는 관계절로, 뒤에 완전한 절이 왔으므로 '전치사 + 관계사'인 in which는 적절하게 쓰였다.
⑤ a journey와 이를 수식하는 분사구가 수동 관계이므로 과거분사 motivated는 적절하게 쓰였다.

(어휘)

psychological 심리학적인 motivation 동기 부여 overcome 극복하다 barrier 장벽 persist 끈질기게 계속하다 fulfill 실현하다, 성취하다 security 안전, 안정 comfort 위안, 위로 courage 용기 intelligence 지능 scarecrow 허수아비 Long for 갈망하다 attribute 속성 possess 가지고 있다, 소유하다 relate 관계를 맺다 demonstrate 보여 주다 little more than ~에 지나지 않는 expectation 기대 likelihood 가능성

 손태진 수능만점구문

등위접속사와
상관접속사

1. 접속사의 종류

접속사는 '주어 + 동사'로 구성된 문장을 연결해 주는 품사이다. 크게 등위접속사와 종속접속사가 있다.
등위접속사는 문법적으로 대등한 단어, 구, 절을 연결해 주는 역할을 한다. 종속접속사는 부수적인 역할을 하는 종속절을 이끌어 주절을 보완하는 역할을 한다.

(1) 등위접속사

- Steve gets up at 7 and his wife gets up at 6. Steve는 7시에 일어나지만, 그의 아내는 6시에 일어난다.

(2) 종속접속사

① 명사절 접속사

- Steve knew **that** he made a big mistake. Steve는 그가 큰 실수를 했다는 것을 알았다.

② 부사절 접속사

- Steve was absent from the meeting **because** he was sick. Steve는 아파서 회의에 빠졌다.

③ 형용사절 접속사

- Steve likes the girl **who** lives next door. Steve는 옆집에 사는 소녀를 좋아한다.

2. 등위접속사

1) 등위접속사의 의미와 종류

등위접속사란 문법적으로 대등한 구조를 연결해 주는 접속사이다. 등위접속사 앞, 뒤에 오는 것은 같은 품사나 구조로 된 것이어야 한다. 이것을 병치라고 한다. 단어와 단어, 구와 구, 절과 절을 대등하게 연결해 주는 등위접속사에는 다음과 같은 것들이 있다.

and 그리고　　or 또는　　but(yet) 그러나　　so(결과)따라서　　for(이유) 왜냐하면

- Everyone was singing **and** dancing. 모든 사람들이 노래하고 춤췄다.
  　　　　　　　동명사　　　　동명사

- My car isn't the blue one, **but** the red one. 나의 차는 파란색이 아닌 빨간색이다.
  　　　　　　　명사구　　　　　명사구

- I had nothing to eat **or** (to) drink all day. 나는 하루 종일 먹거나 마실 것이 아무것도 없었다.
  　　　　　　to 부정사　　to 부정사

- All guests must present a ID **and** (they must) surrender any electronic devices.
  　　　　　문장　　　　　　　　　　문장(동일 부분 생략)

  모든 손님들은 신분증을 제시하고 전자장비를 넘겨줘야 한다.

so와 for는 등위접속사로 사용할 경우, 뒤에는 반드시 문장이 와야 한다. 요소를 생략하는 것도 할 수 없다.

- <u>I lost my watch</u>, **so** <u>I bought a new one.</u> 나는 시계를 분실했다. 그래서 새것을 구입했다.
  　　문장　　　　　문장(so 뒤는 생략 안 됨)

◆ 등위접속사 출제 포인트

등위접속사 문제는 다음 세 가지를 기억해야 한다. ① 등위접속사 앞뒤로 동일 구조가 병치되어야 한다. ② 문두에 단독으로 사용될 수 없다. ③ so와 for를 제외하고는 등위접속사 뒤에 앞 부분과 동일 부분이 반복되는 경우 생략이 가능하다.

① 병치/병렬
② 문두에 사용 불가
③ 동일 부분 생략 가능(so, for 제외)

문장 분석! 구조 파악 연습

1. The new policy aims to enhance transparency and to strengthen accountability across all government agencies.

2. Researchers must determine whether the unexpected trend reflects a genuine shift in public opinion or whether it results from temporary fluctuations in the data.

3. The dataset contained several inconsistencies, so the research team had to rerun the entire analysis to ensure the validity of the findings.

4. The committee rejected the proposal, for it lacked the empirical evidence necessary to support such a far-reaching policy change.

정답과 해설

1. <u>The new policy</u> <u>aims</u> <u>to enhance</u> transparency and <u>to strengthen</u> accountability across all
　　　　S　　　　　V　　　O1　　　　　　　　　　　　　O2

government agencies.

새로운 정책은 모든 정부 기관에서 투명성을 강화하고 책임성을 강화하는 것을 목표로 한다.

2. <u>Researchers</u> <u>must determine</u> [whether the unexpected trend reflects a genuine shift in
　　　S　　　　　3V　　　　　　　　　　　　　　O1

<u>public opinion</u>] or [whether it results from temporary fluctuations in the data.]
　　　　　　　　　　　　　　　　O2

연구자들은 그 예상치 못한 추세가 실제로 여론의 변화를 반영하는지, 아니면 **자료의 일시적** 변동에서 비롯된 것인지를 판단해야 한다.

3. <u>The dataset</u> <u>contained</u> <u>several inconsistencies</u>, so <u>the research team</u> <u>had to rerun</u> <u>the</u>
　　　　S　　　　　V　　　　　　　O　　　　　등위접속사　　　S　　　　　　V　　　　O

Chapter 13 등위접속사와 상관접속사　　**279**

<u>entire</u> <u>analysis</u> (to ensure the validity of the findings.)

데이터셋에 여러 불일치가 있었기 때문에, 연구팀은 결과의 신뢰성을 확보하기 위해 전체 분석을 다시 수행해야 했다.

4. <u>The committee</u> <u>rejected</u> <u>the proposal</u>, <u>for</u> it <u>lacked</u> <u>the empirical evidence</u> (necessary to
       S   V   O   등위접속사 S V   O

support such a far-reaching policy change.)

그 제안은 그러한 광범위한 정책 변화를 뒷받침하는 데 필요한 실증적 증거가 부족했기 때문에, 위원회는 이를 기각했다.

2) 등위접속사를 사용할 때는

(1) 명령문 + 등위접속사
명령문 뒤에 and와 or가 오면 다음과 같은 뜻이 된다.

구성	해석
명령문 + and + S + V	~해라. 그러면 ~할 것이다
명령문 + or + S + V	~해라. 그러지 않으면 ~할 것이다

- Study hard, **and** you will pass the exam. 열심히 공부해라. 그러면 너는 시험에 합격할 것이다.
- Hurry up, **or** you will be late. 서둘러라. 그렇지 않으면 늦을 것이다.

(2) 병렬 구조
등위접속사를 사용하는 경우, 연결되는 두 요소는 반드시 문법적으로 같은 요소여야 한다.

- The newly designed glasses are <u>light</u> and <u>stylish</u>. 새롭게 디자인된 그 안경은 가볍고 세련되다.
                                   형용사   형용사
- The boy never <u>paid</u> attention in class, but always <u>scored</u> highly on exam.
               동사   동사

그 소년은 수업 중에 집중하지 않았다, 그러나 항상 시험에서 좋은 점수를 받았다.

같은 요소가 3개 이상 나열되는 경우에는 'A, B, C, 등위접속사 D' 구조가 된다.

- The candidate is <u>young</u>, <u>enthusiastic</u>, and <u>talented</u>. 그 후보는 젊고, 열정적이고, 재능이 있다.
                     형용사   형용사   형용사
- The doctor specializes in problems with the <u>ears</u>, <u>nose</u> and <u>throat</u>. 그 의사는 귀과 코와 목의 문제를 전문으로 한다.
                                        명사   명사   명사

1. The success of the project depends on accurate data collection, rigorous analysis, and consistent long-term monitoring across all research sites.

2. The new policy aims to reduce administrative burdens, to increase institutional transparency, and to promote more equitable access to public resources.

3. The researchers concluded that the initial model was incomplete, that the collected data required further verification, and that the proposed solution needed substantial revision before implementation.

1. The success (of the project) depends on accurate data collection, rigorous analysis, and
　　S　　　　　　　　　　　　　V　　　　　　　O1(명사구)　　　　　　O2(명사구)

consistent long-term monitoring (across all research sites.)
　　　　　O3(명사구)

이 프로젝트의 성공은 모든 연구 현장에서 **정확한 자료 수집, 엄격한 분석, 지속적인 장기 모니터링**에 달려 있다.

2. The new policy aims to reduce administrative burdens, to increase institutional
　　　S　　　　V　　　　　　O1(부정사)　　　　　　　　O2(부정사)

transparency, and to promote more equitable access to public resources.
　　　　　　　　　　　　　O3(부정사)

새로운 정책은 행정적 부담을 줄이고, 기관의 투명성을 높이며, 공공 자원에 대한 더 공정한 접근을 촉진하는 것을 목표로 한다.

3. The researchers concluded that the initial model was incomplete, that the collected data
　　　S　　　　　V　　　　　　　O1[명사절]　　　　　　　　　O2[명사절]

required further verification, and that the proposed solution needed substantial revision
　　　　　　　　　　　　　　　　O3[명사절]

before implementation.

연구자들은 초기 모형이 불완전하며, 수집된 자료는 추가적인 검증이 필요하고, 제안된 해결책은 실행에 앞서 상당한 수정이 필요하다는 결론을 내렸다

3. 　상관접속사

1) 상관접속사의 의미와 종류

상관접속사란 대등한 접속사의 일종이다. 접속사의 앞과 뒤에 오는 말이 대등한 관계를 갖는 병렬 구조로 연결된다. 상관접속사는 두 단어가 한 짝으로 항상 같이 쓰인다.

<table>
<tr><td>both A and B (A와 B 둘 다)</td><td>either A or B (A 또는 B)</td></tr>
<tr><td>neither A nor B (A도 B도 아닌)</td><td>not A but B (A가 아니라 B인)</td></tr>
<tr><td>not only A but also B (A뿐만 아니라 B도)</td><td>B as well as A (A뿐만 아니라 B도)</td></tr>
</table>

- His presentation was <u>both</u> interesting <u>and</u> informative. 그의 발표는 흥미롭고 유익했다.
- Your presentation should <u>either</u> interesting <u>or</u> informative. 당신의 발표는 흥미롭거나 유익해야 한다.
- His presentation was <u>neither</u> interesting <u>nor</u> informative. 그의 발표는 흥미롭지도 않았고 유익하지도 않았다.
- His presentation was <u>not</u> interesting <u>but</u> informative. 그의 발표는 흥미로운 것이 아니라 유익했다.
- His presentation was <u>not only</u> interesting <u>but also</u> informative. 그의 발표는 흥미로울 뿐만 아니라 유익했다.

◆ 상관접속사 출제 포인트

상관접속사 문제는 다음 세 가지를 유념하자. ① either은 항상 or와, neither은 항상 nor와 같이 사용되는 구조가 맞아야 한다. ② 등위접속사와 마찬가지로 연결되는 A와 B는 병렬 구조(같은 구조)가 되어야 한다. ③ 상관접속사는 수의 일치 문제가 출제된다.

① 구조(짝)
② 병치/병렬
③ 수 일치

2) 상관접속사의 수 일치

상관접속사가 주어 자리에 올 때는 뒤에 나오는 동사의 수를 묻는 문제가 자주 나온다. 동사의 수는 주로 both A and B(항상 복수동사를 사용)와 B as well as A(B에 수 일치)를 제외하고는, 근접성의 원칙에 따라 동사에 가까운 B에 의해서 결정된다.

상관접속사	수 일치
either A or **B**	B에 수 일치
neither A nor **B**	B에 수 일치
not A but **B**	B에 수 일치
not only A but also **B**	B에 수 일치
both **A** and **B**	복수동사 사용
B as well as A	B에 수 일치

- Either you or **I** <u>am</u> responsible for the matter. 너 아니면 내가 그 일에 책임이 있다.
- Neither you nor **I** <u>am</u> responsible for the matter. 너와 나 둘 다 그 일에 책임이 없다.
- Not only the professor but also **his students** <u>are</u> interested in the research. 그 교수님뿐만 아니라 그의 학생들도 그 연구에 관심이 있다.
- Both **you** and I <u>are</u> anxious to deal with the matter promptly. 당신과 나 둘 다 이 문제를 신속히 처리하기를 간절히 바라고 있다.
- **Employees** as well as employers <u>are</u> expecting to benefit from the new tax law. 고용주뿐만 아니라 직원들도 새로운 세

법으로 혜택을 볼 것으로 기대하고 있다.

1. Neither the dramatic fluctuations in market demand nor the recent policy revisions have fully explained the sudden decline in investor confidence.

2. Both the rapid shift in consumer behavior and the emergence of new digital platforms are reshaping the way companies design their long-term strategies.

1. **Neither** the dramatic fluctuations (in market demand) **nor** the recent policy revisions have
                  A   B   V

fully explained the sudden decline in investor confidence.

시장 수요의 극적인 변동도, 최근의 정책 개정도 투자자 신뢰의 갑작스러운 하락을 완전히 설명하지는 못했다.

2. **Both** the rapid shift (in consumer behavior) **and** the emergence (of new digital platforms)
            A   B

are reshaping the way companies design their long-term strategies.
V

소비자 행동의 급격한 변화와 새로운 디지털 플랫폼의 등장 모두가 기업들이 장기 전략을 설계하는 방식을 재편하고 있다.

1. 다음 중 어법상 틀린 부분을 골라 바르게 고치시오.

① Through ② discoveries and inventions, science ③ has extended life, conquered disease ④ so offered new material freedom.

2. 다음 중 어법상 맞는 것을 고르시오.

Tea and drugs are poles apart, as ① [different / differently] as life and death, day and night. The evils of drug use are ② [well / good] known, but what is seldom appreciated is that tea not only cheers ③ [but / as well as] cures.

3. 다음 밑줄 친 부분 중 어법상 가장 적절하지 않은 것은?

Each color has different qualities ㉠ associated with it and ㉡ affect our moods and feelings, Some combinations of colors naturally go well together while ㉢ others can feel discomfort. Take care ㉣ not to bring too many colors into a room since this can confuse the energy and end up being too stimulating.

4. 다음 중 어법상 틀린 부분을 골라 바르게 고치시오.

Though ① admiring critics speak of him sometimes as ② "manly" or ③ "courageously," he is actually timid almost to the point of burlesque-the anti-type of the ④ foolhardy Tom.

5. 밑줄 친 부분 중 어법상 옳은 것은?

① As the old saying go, you are what you eat. The foods you eat ② obvious affect your body's performance. They may also influence how your brain handles tasks. If you brain handles them well, you think more clearly, and you are more emotionally stable. The right food can ③ help you being concentrated, keep you motivated, sharpen your memory, speed your reaction time, reduce stress, and perhaps ④ even prevent your brain from aging.

6. 다음 중 어법상 틀린 부분을 골라 바르게 고치시오.

① Listening to somebody else's ideas is the one way to know ② whether the story you believe about the world-③ as well about yourself and your place in it ④ remains intact.

7. 다음 밑줄 친 부분 중 어법상 옳지 않은 것은?

The majority of British people ① dress conservatively rather than ② fashionably. A small number of the upper and professional upper middle class, for example, barristers, diplomats, army officers and Conservative MPs, dress in the well-tried styles of the past 50 years or so. Many of the men still have their suits specially ③ tailored, and are thus instantly recognizable as belonging to the upper echelons of society. Yet how they dress is wholly unrepresentative of society in general. The vast majority of people buy their clothes at the high-street stores, of which Marks and Spencer, a major British multinational retailer, must be the most famous. They wear the clothes of the British middle classes, perfectly passable but hardly ④ style like the dress standards in much of Europe. Indeed, the British still have a reputation of being the worst dressed people in Europe, and they do not really care.

8. 다음 밑줄 친 부분 중 어법상 옳지 않은 것은?

The rewards that come from teaching ① are numerous. One of those is the emotional connections you make with your students. You are constantly engaging with them on a personal level, inspiring them to strive to do the best they can and ② to provide support when they run into problems. Watching them grow from the experience and ultimately seeing them ③ succeed because of your tuition and guidance is a feeling without comparison. Teaching is also one of the few jobs where you can say you are making a significant and positive impact on the world around you. While other jobs may leave a more obvious mark, few can say that over the course of their career they have helped countless young people ④ fulfill their potential and become the adults they are today.

In 1930, the English economist John Maynard Keynes took a break from writing about the problems of the interwar economy and indulged in a bit of ① futurology. In an essay entitled "Economic Possibilities for Our Grandchildren," he ② speculated that by the year 2030 capital investment and technological progress would have raised living standards as much as eightfold, creating a society so rich that people would work as little as fifteen hours a week, devoting the rest of their time to leisure and other "non-economic purposes. As striving for greater affluence ③ loomed, he predicted, "the love of money as a possession … will be recognized for what it is, a somewhat disgusting ④ morbidity." This transformation hasn't taken place yet, and most economic policymakers remain committed to ⑤ maximizing the rate of economic growth.

Insomnia can be classified as transient, ① acutely, or chronic. Transient insomnia lasts for ② less than a week. It can be caused by another disorder, by changes in the sleep environment, by the timing of sleep, severe depression, or by stress. Its consequences ③ such as sleepiness and impaired psychomotor performance are similar to those of sleep deprivation. Acute insomnia is the inability to consistently sleep well for a period of less than a month. Acute insomnia is present when there is difficulty ④ initiating or maintaining sleep or when the sleep that is obtained is not refreshing. These problems occur despite adequate opportunity and circumstances for sleep and they can impair daytime functioning.

1. (A), (B), (C)의 각 네모 안에서 어법에 맞는 표현으로 가장 적절한 것은?

The first American comic strip appeared at the end of nineteenth century. Not until the 1930s, however, (A) [comic books successfully became / did comic books successfully become] part of American culture. The first comic book, published by Dell Publishing Company, was a huge failure, but the second one, also published by Dell, succeeded. (B) [Calling / Called] Famous Funnies, the comic book cost ten cents, and all thirty-five thousand copies quickly sold out. Not surprisingly, many more comic books followed, most of them featuring cartoon characters, such as Popeye and Flash Gordon, (C) [that / what] had originally appeared in newspapers. The biggest comic book breakthrough, however, came in 1938 with the introduction of a red- caped, blue-suited figure called Superman.

	(A)	(B)	(C)
①	comic books successfully became	Calling	that
②	comic books successfully became	Called	what
③	did comic books successfully become	Callin	that
④	did comic books successfully become	Called	what
⑤	did comic books successfully become	Calling	that

2. (A), (B), (C)의 각 네모 안에서 어법에 맞는 표현으로 가장 적절한 것은?

Forest fires are tragic and should be prevented because they often destroy large areas of natural vegetation. However, forest fires are beneficial because they produce new growth with the ash from a fire (A) [enriching / enriched] the soil. Fire also stimulates the release of new seeds. Lodgepole pine cones, for instance, release new seeds only when temperatures greater than 113°F melt the waxy coating that encases them. Fire also burns away trees, leaves and branches, allowing sunlight, (B) [it / which] is necessary for seed growth, to reach the forest floor. In addition, fires strengthen existing growth by eliminating dead material that accumulates around. Fires also help weed out smaller plants. This removal of both (C) [live / alive] and dead vegetation reduces the remaining plants' competition for water, sunlight, nutrients, and space, allowing them to grow stronger.

	(A)	(B)	(C)
①	enriching	which	live
②	enriching	which	alive
③	enriched	which	alive
④	enriched	it	alive
⑤	enriched	which	live

3. (A), (B), (C)의 각 네모 안에서 어법에 맞는 표현으로 가장 적절한 것은?

If you have ever lived in the country, you are probably familiar with the croaking sound frogs make in the night. For many country dwellers, it's a comforting sound, a sign that the city has been left far behind. But unless strong action is taken immediately, the croaking of frogs might not be a sound anyone hears ten years from now. All the evidence suggests that frogs and others in the class which (A) [is / are] known as amphibian are threatened by extinction. There are already reports that two-thirds of several amphibian species in the Central and South America (B) [has vanished / have vanished]. The twin causes of the amphibians' disappearance are pollution and humans invading their natural habitats. In an effort to save frogs and other amphibians, conservationists (C) [have found / have founded] Amphibian Ark, a project that contacts zoos around the globe and asks them to care for at least 500 members of the amphibian class.

(A)	(B)	(C)
① is	has vanished	have found
② is	has vanished	have founded
③ is	have vanished	have founded
④ are	have vanished	have found
⑤ are	have vanished	have founded

4. 다음 글의 밑줄 친 부분 중, 어법상 틀린 것은?

There is a kind of artificial intelligence application that is frequently advertised, which can be described as "vaporware". Vaporware is applications that have either been announced or made ① available for sale but are not yet fully functional as artificial intelligence applications. It is often systems that seem to run on artificial intelligence technologies, but which in fact ② do not. Instead, they are frequently built by people manually adding the content ③ that the artificial intelligence application is supposed to be processing. This is frequently- done because initially it is cheaper to pay people to add this content than it is ④ to develop full artificial intelligence capabilities and populate the data. Vaporware can be used for many reasons. Sometimes a product may start to be sold before it is fully developed. Taking a vaporware product to market means developers can validate ideas with customers before investing the amounts ⑤ require to build a full application, allowing for more flexibility in development and for more time to build data.

* populate: 채우다

 손태진 수능만점구문

When we assess potential, we make the cardinal error of focusing on starting points — the abilities that are immediately visible. In a world obsessed with innate talent, we assume the people with the most promise ① are the ones who stand out right away. But high achievers vary dramatically in their initial aptitudes. If we judge people only by what they can do on day one, their potential remains hidden. You can't tell ② where people will land from where they begin. With the right opportunity and motivation ③ to learn, anyone can build the skills to achieve greater things. Potential is not a matter of where you start, but of how far you travel. We need to focus less on starting points and more on distance ④ traveled. For every Mozart who makes a big splash early, there are multiple Bachs who ascend slowly and ④ blooming late. They're not born with invisible superpowers; most of their gifts are homegrown or homemade.

* cardinal: 아주 중요한

1. 정답: ④ so → and

(해석)

발견과 발명을 통해, 과학은 생명을 연장시키고 질병을 정복하고 새로운 물질적인 자유를 제공했다.

(해설)

④ so는 등위접속사로 사용되는 경우 '따라서'라는 의미를 가진다. 그리고 뒤에는 생략이 발생하지 않고, 완전한 문장이 제시되어야 한다. 이 문장은 뒤에 주어가 생략되고 conquered와 offered가 병치되고 있으므로 등위접속사 and로 바꾸어야 한다.

(오답 분석)

① '~을 통해서'라는 의미로 전치사 through가 바르게 쓰였다.

② 전치사의 목적어로 명사가 올바르게 사용되었다.

③ 동사가 제시되어 제1순위가 주어와 동사의 수의 일치 문제이다. 이 문장의 주어는 science로 단수명사이므로 동사역시 단수로 수가 일치하고 있다.

(어휘)

discovery 발견, 발견된 것 offer 제공하다 invention 발명, 발명품 extend 연장하다 material 물질, 물질적인

2. 정답: ① different ② well ③ but

(해석)

차와 약은 전혀 다른데, 생과 사, 낮과 밤처럼 다르다. 약 사용의 폐해는 잘 알려져 있지만 사람들이 거의 알지 못하는 것은 차가 기운 나게 할 뿐만 아니라 치료도 한다는 것이다.

(해설)

① as와 as사이에는 형용사나 부사의 원급을 사용하는데, 이 문장의 경우 life and death를 수식할 수 있는 형용사가 필요하다.

② 과거분사는 동사에서 형용사 성격을 부여한 것이다. 따라서 과거분사를 수식하는 것은 형용사가 아닌 부사이다.

known을 수식하고 있으므로 부사인 well이 와야 한다.

③ '기운을 차리게 할 뿐만 아니라 치료까지 한다'의 의미이므로 not only A but (also) B의 구조가 와야 한다.

(어휘)

poles apart 전혀 다른, 정반대인 evil 사악한 seldom 좀처럼 ~않는 appreciate 높이 평가하다 not only A but also B A뿐만 아니라 A as well as B B뿐만 아니라 A도

3. 정답: ⓛ affect → affects

(해석)

각각의 색은 그것과 관련된 다양한 특성이 있다. 그리고 우리의 감정과 느낌에 영향을 미친다. 색들의 어떤 조합은 서로 잘 어울리는 반면에, 다른 것들은 조화되지 않는 느낌을 줄 수 있다. 방안에 너무 많은 색을 가져오지 않도록 주의해라. 왜냐하면 이것이 에너지를 혼란시키고 결국에 지나친 자극으로 끝날 수 있기 때문이다.

(해설)

ⓛ 등위접속사 and 뒤의 affect의 동사는 each color로 단수명사이다. 따라서 동사의 수 역시 단수로 일치시켜야 한다.

(오답 분석)

㉠ 명사 뒤의 분사는 분사자체의 목적어 유무로 현재분사와 과거분사를 판단할 수 있는데, 뒤에 전치사 with가 수반되고 있으므로 과거분사가 제대로 표현되었다. 의미 역시 '관련된'의 수동 의미이다.

㉢ 앞에 몇 개를 언급하고, '다른 일부'는 others로 표현할 수 있다.

㉣ to 부정사를 부정할 때 부정어 not이나 never는 to 앞에 위치하므로 바르게 쓰였다.

4. 정답: ③ courageously → courageous

(해석)

감탄하는 비평가들이 그를 때때로 남자답거나 용감하다

고 말하지만, 그는 거의 희극적일 정도로 소심하다 - 즉, 무모한 자의 반대유형이다.

③ speak of A as B 'A를 B라고 말하다'에서 as 이하에는 명사나 형용사가 올 수 있다. 이 문장에서는 him을 설명해 주는 형용사가 와야 하는데, manly는 '명사 + ly'의 구조로 부사 모양이지만 형용사이다. 반면 courageously는 '형용사 + 부사'의 구조로 부사이므로 형용사 형인 courageous로 교체해야 한다.

① 비평가들이 '감탄하는'의 의미이므로 능동관계가 성립한다. 따라서 현재분사가 바르게 쓰였다.
② manly는 부사 모양이지만 명사에 + ly가 붙은 것으로 형용사이다.
④ tom은 수식하는 형용사가 바르게 사용되었다.

critic 비평가 speak of A as B A를 B라고 말하다 manly 남자다운, 남성적인 courageously 용감하게 timid 겁 많은, 소심한 burlesque 풍자적 희극 foolhardy 무모한

5. 정답: ④

옛말에 있듯이, 당신은 곧 당신이 먹는 것이다. 당신이 먹는 음식은 확실히 당신 몸의 행동에 영향을 미친다. 그것들은 또한 뇌가 업무를 어떻게 처리하는지에 영향을 미칠지도 모른다. 만약 당신의 뇌가 그것들을 잘 처리한다면, 당신은 더욱 명료하게 생각하고 감정적으로 안정된 상태이다. 바른 음식은 당신이 집중할 수 있도록 돕고, 의욕적인 상태를 유지하고, 기억력을 왕성하게 하고, 반응시간을 빠르게 하고, 스트레스를 줄이고, 아마 뇌가 노화되는 것도 막아 준다.

④ '~가 ~하는 것을 막다'라는 의미를 prevent A from Ring으로 바르게 표현하였다.

① 주어와 동사의 수를 일치시켜야 하는데, the old saying이 단수이므로 동사는 goes가 되어야 한다.

② 동사를 수식하는 것은 형용사가 아닌 부사이므로 obvious를 부사형인 obviously로 바꾸어야 한다.
③ help는 준사역동사이므로 목적격 보어 자리에 (to) R가 사용되어야 한다. 그리고 concentrate는 자동사이므로 수동형을 사용하지 않는다. 따라서 help you being concentrated를 help you (to) concentrate로 고쳐야 한다.

6. 정답: ③ as well → as well as

다른 사람의 생각을 듣는 것은 당신 자신과 그 안에 있는 당신의 위치에 대해서뿐만 아니라 당신이 세상에 대해 믿는 이야기가 온전하게 남아 있는지 아는 한 가지 방법이다.

③ as well은 부사로 문장 마지막에 사용되어서 '~ 역시'라는 의미를 가진다. too와 같은 의미이다. 문장중간에 사용이 되어서 '~일 뿐만 아니라 ~ 역시'라는 의미도 사용되기 위해서는 as well as의 구조가 되어야 한다.

① 동명사는 문장의 주어 자리에 사용될 수 있다. '~는 것'으로 해석하면 된다.
② 타동사 know의 목적어 자리에 명사절 접속사 whether이 바르게 사용되었다. '~인지, 아닌지'라고 해석이 된다.
④ 문장의 주어가 the world이므로 동사는 단수가 맞고, remain은 불완전 자동사이므로 뒤에 형용사가 보어로 제대로 쓰였다.

intact 손상되지 않은, 온전한

7. 정답: ④ style → stylish

다수의 영국 사람들은 유행에 따르기보다는 보수적으로 옷을 입는다. 예를 들어, 법정 변호사, 외교관, 육군 장교, 그리고 보수 하원의원과 같은 소수의 상위 중산층과 전문직종의 상위 중산층들은 지난 50년에 걸쳐 잘 다듬어진 스타일의 옷을 입고 다닌다. 많은 사람들이 아직

도 특별히 맞춰진 정장을 입고 다니고, 따라서 사회의 상위 계층에 소속돼 있다는 것을 즉각적으로 알아차릴 수 있다. 그러나 그들이 옷을 입는 방식은 아직 일반적으로 사회의 전체적인 대변이 되지 못한다 대다수의 사람들은 시내 중심가의 상점, 가장 유명한 것이 분명한 영국의 주요 다국적 소매상인 막스 앤 스펜서에서 옷을 구매한다. 그들은 그럭저럭 괜찮은, 하지만 대부분의 유럽에서의 옷차림만큼 세련되지 못한, 영국 중산층의 옷들을 입는다. 확실히, 영국인들은 아직도 유럽에서 가장 옷을 못 입는 사람들이라는 평판을 갖고 있으며, 그들은 전혀 신경 쓰지 않는다.

④ 등위접속사 but의 앞과 뒤는 문법적으로 동일한 구조가 병치를 이루어야 한다. 이 문장은 콤마(,) 뒤에 (which are)라는 '주격관계대명사 + be 동사'가 생략된 구문이다. 따라서 생략된 be 동사의 주격 보어로 형용사가 병치되어야 한다. style을 형용사형인 stylish로 고쳐야 한다.

① the majority of는 부분명사이므로 뒤에 이어지는 명사에 따라서 동사의 수가 결정된다. 뒤에 British people이라는 복수명사가 이어지고 있으므로 동사의 수 역시 복수인 dress가 바르게 쓰였다.
② rather than도 등위접속사와 같은 성격이 있어서 앞과 뒤가 같은 구조가 제시되어야 한다. dress라는 동사를 수식하는 부사 conservatively와 fashionably가 바르게 사용되었다.
③ 앞에 have라는 사역동사가 제시되어 있고, 양복이 특별하게 재단되는 것이므로 수동관계가 성립한다. 따라서 목적격 보어 자리에 과거분사 tailored가 바르게 쓰였다.

conservatively 보수적으로 upper middle class 상위 중산 계층 barrister 법정 변호사 diplomat 외교관 MP(member of parliament) 하원 의원 tailored 잘(딱) 맞도록 만든 echelon 계층, 계급, 지위 unrepresentative 대표(전형)적인 것이 못 되는 high-street 시내 중심가 multinational 다국적 passable 그런대로 괜찮은 dress standard 옷차림, 옷 입는 기준 worst dressed 가장 옷을 못 입는

8. 정답: ② to provide → providing

가르치는 것에서 오는 보상은 정말 많다. 그중 하나는 당신이 학생들과 맺는 정서적 연결이다. 당신은 그들이 최선을 다해 고군분투하도록 영감을 주고, 문제를 맞닥뜨렸을 때 지지를 해주면서 개인적으로 그들과 끊임없이 관계를 맺는다. 경험으로부터 그들이 성장하는 것을 지켜보고 궁극적으로 그들이 당신의 교습과 지도를 통해 성공하는 모습을 보는 것은 그 무엇과도 비교할 수 없는 느낌이다. 가르치는 것은 또한 당신을 둘러싸고 있는 세상에 중요하고도 긍정적인 강력한 영향을 준다고 말할 수 있는 몇 안 되는 직업 중 하나이다. 다른 직업들이 좀 더 선명한 흔적을 남길지는 모르지만, 자신들의 경력에 걸쳐 셀 수 없이 많은 어린 사람들이 그들의 가능성을 실현하고 오늘날의 성인이 되도록 도왔다고 말할 수 있는 사람은 거의 없을 것이다.

② 등위접속사 뒤에 줄이 있으면 항상, 앞에 있는 어떤 부분과 병치되는가를 살펴야 한다. 이 문장의 경우, 앞에 inspiring이라는 분사구문이 사용되고 있으므로 and 뒤에도 병치가 이루어져 providing이 와야 한다.

① 문장의 주어가 the rewards라는 복수명사이므로 동사 역시 복수인 are가 바르게 쓰였다. 주어와 동사사이에 관계절은 괄호로 묶어서 없다고 봐야 한다.
③ see가 지각동사이므로 목적어 뒤에 나오는 목적격 보어 자리에 동사원형이나 현재분사가 사용될 수 있으므로 succeed가 바르게 쓰였다.
④ 앞에 나온 동사 help는 준사역동사이므로 목적격 보어 자리에 동사원형이나 to 부정사를 사용할 수 있으므로 fulfill이 바르게 쓰였다.

emotional connection 정서적 연결 engage with ~와 관계를 맺다 personal level 개인적으로 strive to 분투하다 run into ~을 맞닥뜨리다 uition 수업, 교습 without comparison 비교가 안 될 만큼 over the course of ~동안 fulfill 이행하다, 준수하다 potential 가능성

9. 정답: ③

1930년에, 영국의 경제학자 존 메이너드 케인즈는 세계 1, 2차 대전 사이의 경제 문제에 대해 글을 쓰는 것을 잠시 쉬고, ① 미래학에 약간 빠져들었다. 그는 '후손들의 경제적 가능성' 이라는 제목의 에세이에서, 2030년까지 자본 투자와 기술의 진보는 생활 수준을 8배까지 끌어올려서, 그 결과 매우 풍요로워서 사랑들이 일주일에 15시간 정도만 일하는 사회를 만들며, 그들은 나머지 시간을 여가와 다른 '비경제적 용도'에 전념할 것이라고 ② 추측했다. 더 큰 부를 얻기 위해 노력하는 것이 ③ 매우 중대하게 생각됨에 따라, 그는 "소유물로서의 돈에 대한 사랑은… 약간은 역겨운 ④ 병적인 상태, 바로 그렇게 인식될 것이다"라고 예측했다, 이러한 변화는 아직 일어나지 않았고. 대부분의 경제 정책 입안 담당자들은 여전히 경제 성장률을 ⑤ 극대화하는 데 전념하고 있다.

지문 중간에서 케인즈는 그의 에세이에서 미래에 사회가 매우 풍요로워져서 사람들은 일주일에 15시간 정도만 일하고, 나머지 시간은 여가와 다른 '비경제적 용도'에 전념하게 될 것이고, 소유물로서의 돈에 대한 사랑은 약간은 역겨운 병적인 상태로 인식될 것이라고 예측했다고 했으므로, 더 큰 부를 얻기 위한 노력이 매우 중대하게 생각되었다(loomed)는 것은 문맥상 적절하지 않다. 따라서 ③ loomed가 정답이다. loomed을 대신할 수 있는 어휘로는 '서서히 사라졌다'라는 의미의 faded가 있다.

interwar 세계 1, 2차 대전 사이의 indulge ~에 빠져들다 futurology 미래학 speculate 추측하다 strive for ~을 얻기 위해 노력하다 affluence 부, 풍요 loom 매우 중대하게 생각되다, 불안하게 다가오다 morbidity 병적인 상태

10. 정답: ① acutely → acute

불면증은 일시적 급성, 혹은 만성적인 것으로 분류될 수 있다. 일시적인 불면증은 일주일 이내로 지속된다. 그것은 다른 질병, 수면 환경의 변화, 취침 시간. 심각한 우울증, 혹은 스트레스에 의해서 야기될 수 있다. 예를 들어 졸음, 정신 운동 기능의 손상과 같은 결과들은 수면 결핍의 결과와 비슷하다. 급성 불면증은 한 달 이내의 기간 동안 계속해서 수면을 잘 취할 수 없다. 급성 불면증은 수면을 시작하거나 지속하는 것에 문제가 있을 때, 혹은 잠을 자더라도 상쾌하지 않을 때 발생한다. 이러한 문제들은 적절한 수면 기회나 환경에도 불구하고 발생하며 주간 활동에 손상을 줄 수도 있다.

① classify A as B에서 목적어에 해당하는 A가 주어 자리로 가서 수동태로 전환된 문장이다. 이때 as 뒤에 나오는 B자리에는 명사나 형용사가 나올 수 있다. 이 문장의 경우 transient, acute or chronic이 형용사로 병치되그 있는 것이므로 부사형인 acutely를 형용사형인 acute로 고쳐야 한다.

② less than은 부사로 숫자 앞에 나와서 '이하'라는 의미로 제대로 쓰였다.

③ such as는 '~와 같은'의 의미를 가지는 전치사로 뒤에 명사가 열거된다.

④ 어려움이라는 명사인 difficulty 다음에는 전치사 (in)이 생략되고 동명사가 수반된다. 따라서 initiating이 바르게 쓰였다.

insomnia 불면증 classify 분류하다 transient 일시적인 acute 급성의 chronic 만성의 disorder 장애, 무질서 depression 불경기

1. 정답: ⑤

(해석)

미국 최초의 연속 만화물은 19세기 말에 등장했다. 그러나 1930년대에 들어와서야 비로소 만화책은 성공적으로 미국 문화의 일부가 되었다. Dell Publishing Company가 출판한 최초의 만화책은 엄청난 실패작이 되어 버렸지만, 역시 Dell사에서 출판한 두 번째 작품은 성공을 거두었다. "잘 알려진 재미있는 이야기들"로 불렸던 만화책 가격은 10센트였으며, 총 3만 5천 부가 순식간에 다 팔려 버렸다. 훨씬 더 많은 만화책들이 뒤따라 나온 것은 놀랍지 않은 일이었으며, 대부분의 책들은 Popeye와 Flash Gordon과 같이 원래 신문에 실렸었던 풍자만화 캐릭터들을 주연으로 등장시켰다. 그러나 만화책에서의 가장 큰 획기적인 발전은 1938년 슈퍼맨이라 불리는 빨간색 망토를 걸치고 푸른색 복장을 한 인물의 등장과 함께 이루어졌다.

(해설)

(A) 앞에 부정어로 Not until the 1930s가 쓰여 있기 때문에, 네모 안에(V + S)로 도치된 형태인 did comic books successfully become이 쓰여야 한다. (B) 분사구문으로 the comic book was called "Famous Funnies," ~ 형태로 주어와 수동 관계에 있기 때문에 과거분사형인 Called가 쓰여야 힌다. (C) 선행사 cartoon characters를 수식하는 관계대명사 that이 사용되어야 한다.

(어휘)

comic strip 연속 만화 not surprisingly 놀랄 것 없이 feature 주연시키다 originally 원래, 본래 breakthrough 획기적 발전, 큰 성공 introduction 도입 caped 망토를 걸친

2. 정답: ①

(해석)

산불은 비극적이고 때때로 거대한 자연 식물 지역을 파괴하기 때문에 예방되어야만 한다. 그러나 산불은 화재에서 나오는 재가 토양을 비옥하게 하면서 새로운 성장을 만들기 때문에 이득이 된다. 화재는 또한 새로운 씨앗의 방출을 자극한다. 예를 들어, Lodgepole 솔방울은 화씨 113도 이상의 온도가 그것들을 감싸고 있는 매끈한 껍질을 녹일 때에만 새로운 씨앗을 방출한다. 화재는 또한 나뭇잎과 가지를 태우고, 그래서 씨앗 성장에 필요한 햇빛이 숲의 바닥면에 도달하도록 한다. 화재는 또한 주위에 쌓여 있는 죽은 물질을 제거함으로써 현재 자라고 있는 것들을 강하게 해 준다. 또한 화재는 보다 작은 식물들을 제거하는 데 도움을 준다. 살아 있는 식물과 죽은 식물 모두를 이렇게 제거하는 것은 물, 햇빛, 영양분, 그리고 공간을 차지하기 위한 남아 있는 식물들의 경쟁을 감소시켜 주며, 그래서 그들이 더 강하게 자라도록 해 준다.

(해설)

(A) 'with + 명사 + Ring/p.p' 형태로 with 동시동작을 나타내는 분사구문인데, with를 제외하면 the ash from a fire enriches the soil로 '화재에서 나오는 재가 토양을 비옥하게 한다'는 의미의 능동태 문장이 되므로 enriching이 와야 한다. (B) 선행사인 sunlight를 부가적으로 설명하는 절이 연결되는 형태로 앞에 쓰인 절과 연결하는 접속사(and)가 필요하기 때문에 관계대명사 which를 써야 한다. (C) '살아 있는'의 의미로 vegetation을 수식해야 하는데, alive는 제한적 용법으로 쓰일 수 없기 때문에 live가 와야 한다.

(어휘)

stimulate 자극하다 release 배출 pine cone 솔방울 waxy 매끈한 coating 껍질 encase 포장하다 eliminate 제거하다 accumulate 쌓이다, 축적되다 a weed out 제거하다 removal 제거, 이동 competition 경쟁 nutrient 영양분, 영양소

3. 정답: ④ are - have vanished - have found

(해석)

만약 여러분이 시골에서 살아 본 적이 있다면, 아마도 밤에 개구리들이 내는 개골개골 우는 소리에 익숙할 것이다. 많은 시골 사람들에게 이 소리는 도시를 멀리 떠나왔

다는 것을 알려 주는 편안한 소리이다. 그러나 강력한 조치가 즉시 취해지지 않는다면, 지금으로부터 10년 후에는 아무도 개구리 울음소리를 듣지 못할지도 모른다. 모든 증거는 양서류(amphibians)라고 알려진 부류에 속하는 개구리들과 다른 동물들이 멸종 위협을 받고 있다는 것을 보여 준다. 이미 중앙아메리카와 남아메리카에 서식하는 여러 양서류 종의 3분의 2가 사라졌다는 보고가 있다. 양서류가 사라지는 두 가지 원인은 오염과 인간이 그들의 자연 서식지를 침범하는 것이다. 개구리와 다른 양서류를 구하기 위한 노력으로, 자연보호 활동가들은 전 세계 동물원들과 연락하여 최소 500종의 양서류를 보호하도록 요청하는 프로젝트인 Amphibian Ark를 설립했다.

(해설)

(A) which의 선행사가 frogs and others로 복수이므로 동사 역시 복수동사가 사용되어야 한다. (B) 핵심 구조 two-thirds of several amphibian species에서 species가 복수이므로 동사 역시 복수동사가 사용되어야 한다. (C)는 find와 found의 의미구분을 묻는 유형이다. find - found - found(찾다), found - founded - founded(설립하다). 자연보호 활동가들은 Amphibian Ark를 설립했다. 따라서 have founded가 적절하다.

(어휘)

fog 개구리 dweller 거주자 extinction 멸종 vanish 사라지다 invade 침입하다

4. 정답: ⑤

(해석)

자주 광고되는 일종의 인공지능 애플리케이션이 있는데. 이것은 '베이퍼웨어'라고 기술될 수 있다. 베이퍼웨어는 발표되었거나 판매가 가능하게 되었지만, 아직 인공지능 애플리케이션으로서 완전히 가능하지 않는 애플리케이션들이다. 그것은 흔히 인공지능 기술로 작동하는 것처럼 보이지만, 실제로는 그렇지 않은 시스템이다. 대신에, 그것들은 자주 인공지능 애플리케이션이 처리해야 할 콘텐츠를 사람들이 수동으로 추가함으로써 구축된다. 이것은 처음에는 이 콘텐츠를 추가하도록 사람들에게 보수를 지급하는 것이 완전한 인공지능 성능을 향상

하고 데이터를 채우는 것보다 비용이 덜 들기 때문에 자주 행해진다. 베이퍼웨어는 많은 이유로 사용될 수 있다. 때때로 제품이 완전히 개발되기 전에 팔리기 시작할 수도 있다. 베이퍼웨어 제품을 시장에 출시하는 것은 개발자들이 완전한 애플리케이션을 구축하는 데 요구하는 총액을 투자하기 전에 고객들과 아이디어를 검증할 수 있다는 것을 의미하고, 개발에 있어 더 많은 유연성과 데이터를 구축할 더 많은 시간을 가능하게 한다.

(해설)

① Vaporware is applications that have either been announced or made available for sale but are not yet fully functional as artificial intelligence applications. 에서 5형식 동사 make가 수동태로 쓰인 문장으로 형용사로 쓰인 available은 목적격 보어로 적절하게 쓰였다.
② It is often systems that seem to run on artificial intelligence technologies, but which in feet do not. 에서 do not 뒤에는 앞 문장에 쓰인 run on artificial intelligence technologies가 생략되었다. 주격 관계 대명사 which의 선행사가 systems이므로 복수동사 do는 적절하게 쓰였다.
③ Instead, they are frequently built by people manually adding the content that the artificial intelligence application is supposed to be processing. 에서 that 앞에 선행사인 the content가 있고, 뒤 문장에 processing에 대한 목적어가 없으므로 목적격 관계대명사 that은 적절하게 쓰였다.
④ This is frequently done because initially it is cheaper to pay people to add this content than it is to develop full artificial intelligence capabilities and populate the data. 에서 it은 가주어이고 to develop 이하가 진주어이다.
⑤ 문장의 주어는 Taking a vaporware product to market이고, 동사는 means이다. 의미상 완전한 애플리케이션을 구축하는 데 '요구되는' 총액이라는 의미가 되어야 하므로 require를 the amounts를 수식하는 과거분사 required로 고쳐 써야 한다.

(어휘)

application 애플리케이션 advertise 광고하다 describe 묘사하다 functional 기능적인 manually 수동으로 be supposed to ~하기로 되어 있다 process 처리하다 initially 초기에 capability 성능 populate 채우다 validate 입증하다 invest 투자하다 flexibility 유연성

5. 정답: ⑤

잠재력을 평가할 때, 우리는 출발점, 즉 즉각적으로 눈에 보이는 능력에 집중하는 아주 중요한 실수를 한다. 내재된 능력에 집착하는 세상에서, 우리는 가장 기대되는 사람들은 즉시 눈에 띄는 사람들이라고 가정한다. 그러나 성취도가 높은 사람들은 초기 자질에 있어서 크게 다르다. 만약 우리가 사람들이 첫날에 할 수 있는 것으로만 그들을 판단한다면 그들의 잠재력은 숨겨진 채로 남는다. 당신은 사람들이 어디에서 시작하는가로부터는 어디에 도착할지 알 수 없다. 학습할 수 있는 적절한 기회와 동기가 있다면, 누구나 더 큰 것을 성취할 기술을 쌓을 수 있다. 잠재력은 당신이 어디에서 출발하는지에 대한 문제가 아니라. 얼마나 멀리 나아가는지에 대한 문제이다. 우리는 출발점에 덜 집중하고 나아간 거리에 더 많이 집중해야 한다. 초기에 큰 성공을 거두는 각각의 Mozart에 대하여, 천천히 올라가고 늦게 꽃을 피우는 다수의 Bach가 있다. 그들은 보이지 않는 초능력을 갖고 태어나지 않는다. 그들의 재능 대부분은 집에서 길러지거나 만들어진 것이다.

① the people with the most promise are the ones who stand out right away는 동사 assume의 목적절이다. 목적어절의 주어는 the people with the most promise이므로 술어 동사로 are는 적절하게 쓰였다.

② 동사 tell의 목적절로 간접의문문이 쓰였다. 간접 의문문은 '의문사 + 주어 + 동사~'의 어순을 따른다. 의미상 '어디에 도착할지'라는 의미가 되어야 하므로 의문사 where는 적절하게 쓰였다.

③ to learn은 앞에 있는 두 개의 명사 the right opportunity와 motivation을 수식하는 형용사적 용법의 to 부정사로 적절하게 쓰였다.

④ distance와 traveled는 수동의 관계, 즉 거리가 이동된 것이므로 traveled라는 과거분사는 적절하게 쓰였다.

⑤ who ascend slowly and bloom late는 multiple Bachs를 선행사로 하는 주격 관계대명사절로, 주격 관계대명사절의 동사는 선행사와 수 일치를 시키고, 주격 관계대명사절에 ascend와 bloom이 접속사 and로 병렬 연결되었으므로 blooming을 bloom으로 고쳐야 한다.

assess 평가하다 potential 잠재력 starting point 출발점 immediately 즉시 visible 눈에 보이는 obsessed with ~에 사로잡힌, ~에 집착하다 innate 타고난, 선천적인 talent 재능, 역량 promise 가능성, 장래성 stand out 눈에 띄다 dramatically 크게, 급격하게 initial 초기의 aptitude 소질, 적성 judge 판단하다 remain 남아 있다 hidden 숨겨진 opportunity 기회 motivation 동기 distance 거리 make a big splash 큰 성공을 하다 multiple 다수의 ascend 오르다, 올라가다 bloom 꽃을 피우다 superpower 초능력

부사절
접속사

부사절은 마치 부사와 같이 문장을 꾸며 주는 역할을 하는 절을 말한다. 부사절은 '부사절 접속사 + 주어 + 동사'의 구조로 문장에서 부사 역할을 하며, 시간, 조건, 양보, 이유, 결과, 목적 등을 나타낸다.

1) 시간 부사절 접속사

when(~할 때)	while(~하는 동안에)	before(~하기 전에)	after(~한 후에)
until(~할 때까지(계속성))	by the time(~할 때까지(1회성))	as soon as(~하자마자)	
the moment (that)(~하자마자)	whenever(~할 때마다)	the next time (that)(다음에)	
the first time (that)(~처음에)			

- You need to check the price **before** you place an order. 당신은 주문하기 전에 가격을 확인할 필요가 있다.
- **When** he returns, he will give a presentation. 그가 돌아오면, 발표를 할 것이다.

문장 분석! 구조 파악 연습

1. When the initial excitement surrounding a technological innovation fades, companies must reassess whether the product offers sustainable value in a rapidly shifting market.

2. As soon as the data was released, revealing inconsistencies that had been overlooked in earlier analyses, several researchers called for a complete reevaluation of the study.

정답과 해설

1. (When the initial excitement (surrounding a technological innovation) fades, companies
　　접　　　　　　S　　　　　　　　　　　　　　　　　　　　　　　　　　　V　　　　S

must reassess [whether the product offers sustainable value in a rapidly shifting market.]
　　V　　　　　　　　　　　　　　　　　O[명사절]

기술 혁신을 둘러싼 초기의 열기가 사라질 때, 기업들은 그 제품이 급변하는 시장에서 지속 가능한 가치를 제공하는지를 재평가해야 한다.

2. (As soon as the data was released, revealing inconsistencies that had been overlooked in
　　　접　　　　　S　　　　V

earlier analyses,) several researchers called for a complete reevaluation (of the study.)
　　　　　　　　　　S　　　　　　　V　　　　　　O

자료가 공개되자마자, 이전 분석들에서 간과되었던 불일치를 드러내면서, 여러 연구자들은 그 연구의 전면 재평가를 요구했다.

2) 조건 부사절 접속사

시간과 조건 부사절에서는 미래시제 대신에 현재시제를 사용한다.

if(만일 ~라면)　　　　unless(만일 ~아니라면)　　　providing/provided (that)(~한다면)　　　supposing/suppose (that)(만약 ~라면)

as long as(~하는 한)　in case (that)(~인 경우에)

given (that)(~라고 가정하면)　on the condition that(~한다는 조건으로)

- **Unless** the budget increases, the problem will continue. 예산이 증가하지 않으면, 문제는 계속될 것이다.
- **If** the plan is approved, the project will begin. 만약 그 계획이 승인되면, 그 프로젝트를 시작할 것이다.

◆ 분사형 접속사

providing, provided, supposing(suppose는 예외)는 분사 구성의 접속사로, 뒤에 that이 생략될 수 있고 그 뒤로 '주어 + 동사' 구성의 문장이 나온다. '만일 ~한다면'으로 해석한다. if와 같다고 보면 된다.

- We'll buy everything you produce, provided the price is right. 만약 가격이 적절하다면, 당신이 생산하는 모든 것을 사겠어요.
- Suppose (that) I don't arrive until after midnight, will be hotel still be open? 만약 내가 새벽까지 도착하지 않는다고 가정하면, 그 호텔은 여전히 열려 있을까?

3) 이유 부사절 접속사

because(~이기 때문에)　　　since(~이기 때문에)　　　as(~이기 때문에)

now that(~이기 때문에)　　in that(~라는 점에서)　　seeing that(~을 고려하면)

- I couldn't go to the party **because** I had to finish the assignment. 나는 과제를 끝내야 하기 때문에, 그 파티에 갈 수 없었다.
- **Since** the deadline is fixed, we have to work extra hours. 마감일이 정해졌기 때문에, 우리는 초과 근무를 해야 한다.

(문장 분석! 구조 파악 연습)

1. Unless the research team secures additional funding within the next quarter, several long-term projects will have to be postponed indefinitely despite their scientific importance.

2. Providing the data is verified by independent reviewers, the committee is willing to consider revising the policy to incorporate the newly discovered findings.

(정답과 해설)

1. (Unless the research team secures additional funding within the next quarter,) several
　　　접　　　　　S　　　　　　V　　　　　　O

long-term projects will have to be postponed indefinitely despite their scientific importance.
　　　S　　　　　　　　V

연구팀이 다음 분기 내에 추가 자금을 확보하지 못한다면, 과학적 중요성에도 불구하고 여러 장기 프로젝트들은 무기한 연기될 수밖에 없다.

2. <u>(Providing</u> <u>the data</u> <u>is verified</u> by independent reviewers,) <u>the committee</u> <u>is willing to</u>
      접   S   V   S   V

<u>consider</u> <u>revising</u> <u>the policy</u> (to incorporate the newly discovered findings.)
                   O

자료가 독립적인 검토자들에 의해 검증되기만 한다면, 위원회는 새로 발견된 내용을 반영하기 위해 정책을 수정하는 것을 고려할 의향이 있다.

4) 양보 부사절 접속사

although(비록 ~이지만)	even though(비록 ~이지만)	though(비록 ~이지만)
even if(비록 ~이지만)	granted (that)(비록 ~일지라도)	granting (that)(비록 ~일지라도)
while(~인 반면에)	whereas(~인 반면에)	

- **Although** the materials are expensive, they are popular. 그 재료는 비싸지만, 인기가 있다.
- **Though** the store is small, it is the only option. 그 가게는 작지만, 유일한 선택안이다.
- **Granting (that)** there is no law against that, I still think it is immoral. 비록 그것을 금지하는 법이 없다 할지라도, 나는 여전히 그것이 비도덕적이라고 생각한다.

◆ as/though 도치 양보 구문(형용사/부사/무관사명사 + as + 주어 + 동사)

as가 양보접속사로 사용되는 경우에는 as의 위치가 중요하다. 다른 양보접속사들과 달리 as가 양보접속사로 사용되는 경우에는, 동사 뒤에 나오는 술어 부분이 먼저 나오고, 그 뒤로 'as + 주어 + 동사'가 연결된다. 이때 만약 명사가 문두에 오는 경우에는 반드시 무관사명사를 사용해야 한다. though도 as와 마찬가지로 도치해서 사용이 가능하다.

- <u>Although</u> he was a child, he was not afraid of the failure. 그는 어리지만, 실패를 두려워하지 않는다.
  = <u>Child</u> **as** he was, he was not afraid of the failure. 그는 어리지만, 실패를 두려워하지 않는다. [A child X]
- **Though** it may seem strange, I don't like watching cricket. 비록 이상해 보일 수 있지만, 나는 크리켓 보는 것을 좋아하지 않는다.
  = <u>Strange</u> **though** it may <u>seem</u>, I don't like watching cricket.
- <u>Angry</u> **as** she was when treated unfairly, Lauren bore such insult patiently. 부당하게 대우를 받았을 때, Lauren은 비록 화가 났지만, 그녀는 그러한 모욕을 꾹 참았다.
- <u>Little boy</u> **as** he was, he was very considerate. 그는 비록 매우 어린 소년이지만, 생각이 매우 깊다.
- <u>Bravely</u> **though** they <u>fought</u>, they had no chance of winning. 그들은 비록 용감하게 싸웠지만, 이길 확률이 없었다.

◆ However + 형용사/부사 + S + V: 아무리 ~하더라도

however가 양보접속사로 사용되는 경우에는 However 뒤에 형용사나 부사가 위치하고, 그 뒤로 '주어 + 동사' 구성의 문장이 수반된다. 이때 형용사인지 부사인지를 결정하는 문제가 출제되는데, 뒤에 나오는 문장의 동사가 be동사이면 형용사를, 일반동사이면 부사를 사용한다. 접속사 however는 no matter how로 대치할 수 있다.

However + **형용사** + S + be
However + **부사** + S + V

- However <u>careful</u> you may **be**, you can make a mistake. 너가 아무리 주의하더라도, 실수할 수는 있다.
- However <u>hard</u> you may **try**, you cannot pass the exam. 너가 아무리 열심히 노력하더라도, 그 시험은 통과할 수 없다.
- However <u>rich</u> a man may **be**, he should not spend money on such things. 아무리 부자라도, 그런 것에 돈을 써서는 안 된다.
  = No matter how <u>rich</u> a man may <u>be</u>, he should spend money on such things.

문장 분석! 구조 파악 연습

1. Although the policy was introduced with the intention of increasing transparency, it inadvertently created additional layers of bureaucracy that slowed decision-making.

2. Difficult as the experiment was, the research team managed to collect enough evidence to challenge the prevailing theory.

3. However complex the underlying mechanism may appear, researchers are confident that further analysis will eventually clarify its operational principles.

정답과 해설

1. (Although the policy was introduced with the intention of increasing transparency,) it
　　접　　　S　　　　　V　　　　　　　　　　　　　　　　　　　　　　　　　　　　　　　　S

inadvertently created additional layers (of bureaucracy that slowed decision-making.)
　　　　　　V　　　　　O

그 정책은 투명성을 높이기 위한 의도로 도입되었음에도 불구하고, 의사 결정을 늦추는 추가적인 관료적 절차를 의도치 않게 만들었다.

2. Difficult as the experiment was, the research team managed to collect enough evidence (to
　　형　　접　　　S　　　　be　　　S　　　　　　　V　　　　　O

challenge the prevailing theory.)

그 실험이 아무리 어려웠지만, 연구팀은 기존 이론에 도전할 만큼 충분한 증거를 수집해 냈다.

3. However complex the underlying mechanism may appear, researchers are confident that
　　접　　　형　　　　　S　　　　　　　2V　　　　S　　　2V　　SC

further analysis will eventually clarify its operational principles.

아무리 그 기본 메커니즘이 복잡해 보이더라도, 연구자들은 추가 분석이 결국 그 작동 원리를 밝혀낼 것이라고 확신한다.

5) 결과, 목적, 비교의 부사절 접속사

결과	so + 형용사/부사 + that S V 매우 ~해서 ~하다 so + 형용사 + a(n) + 명사 + that S V 매우 ~해서 ~하다 such + a(n) + 형용사 + 명사 + that S V 매우 ~해서 ~하다
목적	so that ~하기 위해서 in order that ~하기 위해서 lest ~ should ~ ~하지 않기 위해서
비교	as ~처럼 like ~처럼

- Set up your computer **so that** all users share the same files. 모든 사용자들이 같은 자료를 공유할 수 있도록 컴퓨터를 설치하세요.
- The book was **so** interesting **that** I read it in half an hour. 그 책은 매우 재미있어서 30분 만에 읽었다.

(문장 분석! 구조 파악 연습)

1. The evidence presented at the hearing was so compelling that even those who had initially opposed the proposal began to reconsider their position.
2. The policy was revised twice so that it aligned more closely with international standards and minimized potential legal conflicts.

(정답과 해설)

1. The evidence (presented at the hearing) was so compelling that even those who had

    S   p.p.   b so   형   that

initially opposed the proposal began to reconsider their position.

공청회에서 제시된 증거가 너무나 설득력이 있어서, 처음에 그 제안에 반대했던 사람들조차 자신의 입장을 재고하기 시작했다.

2. The policy was revised twice so that it aligned more closely with international standards

    S   V   접 S   V

and minimized potential legal conflicts.

그 정책은 국제 기준에 더 가깝게 맞추고 잠재적 법적 충돌을 최소화하도록 두 차례 수정되었다.

◆ unless와 lest의 이중 부정

unless와 lest에는 부정의 의미가 내포되어 있으므로 not과 함께 쓰일 수 없다(이중 부정 금지). [함정 문제로 빈출]
lest라 접속사로 사용되는 경우 그 자체가 '~하지 않도록'의 의미로 부정의 의미가 내포되어 있어서, 다시 부정어 not를 사용하면 안된다. Lest + 주어 + (should) + R = for fear (that) S + (should) + R와 같은 의미이다.

unless	~하지 않는다면
lest S (should) R	~하지 않기 위해서

- He drank strong coffee **lest** he **(should) feel** sleepy. 그는 졸리지 않기 위해서 진한 커피를 마셨다.
- He lowered his voice **for feat** he **(should) be** overheard. 그는 누군가 엿듣지 못하도록 목소리를 낮췄다.
- You won't get paid for time off **unless** you **have** a doctor's note. 의사의 진단서를 받지 않으면, 근무하지 않은 것에 대한 급여를 못 받는다.

1. She refrained from making any public statement lest her remarks be misinterpreted and further complicate the already delicate negotiations.

1. She refrained from making any public statement **lest** her remarks be misinterpreted and
   S   V   접   S   (should) R

further complicate the already delicate negotiations.

그녀는 자신의 발언이 오해를 불러일으켜 이미 미묘한 협상을 더욱 복잡하게 만들까 봐, 어떤 공식적인 발언도 하지 않았다.

영작 문제에 같이 많이 등장하는 표현들이다. 우선 so~that은 긍정문에 사용한다. '매우 ~해서 ~하다'라는 뜻이다. 반면 too ~ to R는 부정의 의미로, '지나치게 ~해서 ~할 수 없다'라는 표현이다. 그리고 '형용사 + enough + to R'은 '~하기에 충분히 ~하다'라는 뜻이다. enough가 형용사 뒤에 위치해서 후치 수식을 한다는 점이 중요하다.

so ~ that	매우 ~해서 ~하다
too ~ to R	너무 ~해서 ~할 수 없다
형용사/부사 enough to R	~할 만큼 충분히 ~하다

- The student was **so** tired **that** he fell asleep in the library. 그 학생은 너무 피곤해서 도서관에서 잠이 들었다.
- The math question was **too** difficult **to** solve. 그 수학 문제는 너무 어려워서 풀 수 없었다.
- She was old **enough to** enter the school. 그녀는 학교에 들어갈 만큼 충분한 나이가 되었다.

2. 접속사와 전치사의 구분

접속사와 전치사는 둘 다 대표적인 연결어이다. 이 둘의 구분 방법은 다음과 같다.
전치사 뒤에는 명사(구)가 오고, 접속사 뒤에는 '주어 + 동사' 구성의 문장이 연결된다. 따라서 뒤에 따라오는 구성의 구조가 구인지, 절인지를 파악해서 전치사를 사용할지 접속사를 사용할지를 결정할 수 있다.
(동)명사 앞에는 전치사가 오고, '절(S + V)/분사/형용사/전치사+명사' 앞에는 접속사가 온다.
전치사 + 명사 → '전명구'
접속사 + 주어 + 동사 → '접주동'을 꼭 기억하자.

	전치사 + 명사(구)	접속사 + S + V
양보(~에도 불구하고)	despite, in spite of, notwithstanding	although, though, even though, even if
이유(~때문에)	because of	because
기간(~동안)	for + 숫자 during + the 기간명사	while

- The renovation will be done on time **despite** the delivery delayed.
                전치사   명사   (과거분사)

지연된 배송에도 불구하고, 그 보수공사는 정각에 끝날 것이다.

- **Although** the director didn't arrive, the meeting started on time.
   접속사   주어   동사

그 임원이 도착하지 않았음에도 불구하고, 그 회의는 정각에 시작되었다.

1. Despite growing concerns among experts about the long-term effects of the policy, the government proceeded with its implementation, arguing that delaying the plan would create even greater instability.

2. Although the proposal initially appeared to offer a practical solution, subsequent analyses revealed several underlying assumptions that significantly weakened its overall feasibility.

1. Despite growing concerns (among experts about the long-term effects of the policy,) the
　　전　　　　　N

government proceeded with its implementation, arguing that delaying the plan would create
　　S　　　　　1V　　　　　　　　　　　　현재분사구문

even greater instability.

정책의 장기적 영향에 대한 전문가들의 우려가 커지고 있음에도 불구하고, 정부는 계획을 늦추는 것이 오히려 더 큰 불안을 초래할 것이라고 주장하며 그 시행을 강행했다.

2. Although the proposal initially appeared to offer a practical solution, subsequent analyses
　　접　　　S　　　　　　　　2V　　　　　　　SC　　　　　　　　　　S

revealed several underlying assumptions (that significantly weakened its overall feasibility.)
　　V　　　　　　O

그 제안은 처음에는 실질적인 해결책을 제공하는 듯 보였지만, 이후의 분석들은 그 실행 가능성을 크게 약화시키는 여러 근본적 가정들을 드러냈다.

접속부사는 접속사가 아니라 접속사의 성질을 가진 '부사'이다. 따라서 접속사와 다르게 문장과 문장을 문법적인 기능으로는 연결하지 못하고, 의미만 연결을 한다.

부사이기 때문에 혼자서는 두 개의 절을 연결할 수 없다. 반드시 앞에 마침표나 세미콜론이 있어야 한다.

인과	therefore(따라서)	accordingly(그에 따라서)	
	afterwards(그 후에)	consequently(결과적으로)	
역접	however(그러나)	but(그럼에도 불구하고)	
	yet 그럼에도(불구하고)	nevertheless(그럼에도 불구하고)	nonetheless(그럼에도 불구하고)
부연	moreover(게다가)	furthermore(게다가)	besides(게다가)

- **Because** the homeowner had insurance, the damage was repaired at no cost. 집주인이 보험에 들었기 때문에, 피해는 비용 없이 복구되었다. [접속사]

  = The homeowner had insurance. **Therefore**, the damage was repaired at no cost. 집주인은 보험이 있었다. 따라서 피해는 비용 없이 복구되었다. [접속부사]

- It was too late; **besides** we are exhausted. 너무 늦었다. 게다가 우리는 지쳤다.

- Draw up a budget. **Then** put it on my desk. 예산을 작성해라. 그리고 그것을 나의 책상 위에 두어라.

문장 분석! 구조 파악 연습

1. Governments frequently introduce new regulations with the goal of promoting fairness in competitive markets. However, well-intended policies can sometimes generate unintended side effects that hinder innovation.

2. Efforts to address climate change often focus on reducing carbon emissions through technological improvements. This approach is crucial, but it represents only one dimension of the problem. Besides, long-term progress requires changes in economic structures, social behavior, and international cooperation.

정답과 해설

1. Governments frequently introduce new regulations with the goal of <u>promoting</u> fairness in
부정

competitive markets. **However**, well-intended policies can sometimes generate <u>unintended</u>
접속부사(반대)   긍정

<u>side effects</u> that hinder innovation.

정부는 경쟁 시장에서의 공정성을 증진하기 위해 새로운 규제를 자주 도입한다. 그러나 선의를 바탕으로 한 정책이라도 때때로 혁신을 저해하는 예상치 못한 부작용을 초래할 수 있다.

2. Efforts to address climate change often focus on reducing carbon emissions through technological improvements. This approach is crucial, but it represents only one dimension of the <u>problem</u>. **Besides**, long-
부정   접속부사(추가)

term progress <u>requires changes</u> in economic structures, social behavior, and international cooperation.
부정

기후 변화를 해결하기 위한 노력은 흔히 기술적 개선을 통해 탄소 배출을 줄이는 데 초점을 맞춘다. 이러한 접근은 중요하지만, 문제의 한 가지 측면만을 보여 줄 뿐이다. 게다가 장기적인 진전을 이루기 위해서는 경제 구조, 사회적 행동, 그리고 국제적 협력의 변화가 필요하다.

1. 다음 중 어법상 맞는 것을 고르시오.

① [What / That] such a situation is in no way incompatible with racism is something Spike Lee dramatizes very accurately in Do the Right Thing, ② [where / which] one of the Italian-American boys claims to be a racist ③ [despite / despite of] the fact that his sporting heroes are, in fact, all African-American.

2. 다음 중 어법상 틀린 부분을 골라 바르게 고치시오.

Single noises are only occasionally meaningful: mostly, the various speech sounds convey coherent messages ① <u>only</u> when ② <u>combining</u> into an overlapping chain, ③ <u>like</u> different colors of ice cream ④ <u>melting</u> into one another.

3. 다음 중 어법상 틀린 부분을 골라 바르게 고치시오.

Just ① <u>as</u> many human languages have dialects, ② <u>so do</u> some bird species: in California, the white-crowned sparrow has songs ③ <u>such</u> different from area to area that Californians can supposedly tell ④ <u>where they are</u> in the state by listening to these sparrows.

4. 어법상 옳지 않은 것은?

A country's wealth plays a central role in education, ① <u>so that</u> lack of funding and resources from a nation-state can weaken a system. Governments in sub-Saharan Africa spend only 2.4 percent of the world's public resources ② <u>on</u> education, yet 15 percent of the school-age population lives there. ③ <u>Conversely</u>, the United States spends 28 percent of all the money ④ <u>spent</u> in the world on education, yet it houses only 4 percent of the school-age population.

5. 다음 빈칸 (A)와 (B)에 들어갈 표현으로 어법상 가장 적절한 것을 고르시오.

_____(A)_____ the Wright Brothers' maiden voyage on December 17, 1903, lasted just twelve seconds and covered only 120 feet – "you could have thrown a ball farther"-it displayed the possibility of conquering air itself to the world. The flight proved highly _____(B)_____ to the U.S. government, which through army had given seed money to a similar program under the direction of Samuel P. Langley.

	(A)		(B)
①	Despite	-	embarrassed
②	Despite	-	embarrassing
③	Although	-	embarrassed
④	Although	-	embarrassing

6. 다음 중 어법상 맞는 것을 고르시오.

The sad news is that the majority of them cannot succeed in ① [speaking / to speak] excellent English ② [if / unless] they have grown up and spent a substantial period of time in English-speaking countries when they were young.

7. 다음 중 어법상 틀린 곳은?

Most people like to talk, but few people like to listen, yet listening well is a ① rare talent that everyone should treasure. ② Because of they hear more, good listeners tend to know more and to be more sensitive to what is going on around them than most people. In addition, good listeners are inclined to accept or tolerate rather than to judge and criticize. Therefore, they have ③ fewer enemies than most people. In fact, they are probably the most beloved of people. However, there are ④ exceptions to that generality. For example, John Steinbeck is said to have been an excellent listener, yet he was hated by some of the people he wrote about. No doubt his ability to listen contributed to his capacity to write. Nevertheless, the result of his listening didn't make him popular.

8. 밑줄 친 부분 중 어법상 옳지 않은 것을 고르시오.

Domesticated animals are the earliest and most effective 'machines' ① available to humans. They take the strain off the human back and arms. ② Utilizing with other techniques, animals can raise human living standards very considerably, both as supplementary foodstuffs (protein in meat and milk) and as machines ③ to carry burdens, lift water, and grind grain. Since they are so obviously ④ of great benefit, we might expect to find that over the centuries humans would increase the number and quality of the animals they kept. Surprisingly, this has not usually been the case.

9. 밑줄 친 부분 중 어법상 옳지 않은 것을 고르시오.

A myth is a narrative that embodies-and in some cases ① helps to explain—the religious, philosophical, moral, and political values of a culture. Through tales of gods and supernatural beings, myths ② try to make sense of occurrences in the natural world. Contrary to popular usage, myth does not mean "falsehood." In the broadest sense, myths are stories—usually whole groups of stories—③ that can be true or partly true as well as false; regardless of their degree of accuracy, however, myths frequently express the deepest beliefs of a culture. According to this definition, the Iliad and the Odyssey, the Koran, and the Old and New Testaments can all ④ refer to as myths.

   손태진 수능만점구문

10. 밑줄 친 부분 중 어법상 옳지 않은 것을 고르시오.

A technique that enables an individual ① to gain some voluntary control over autonomic, or involuntary, body functions by observing electronic measurements of those functions ② are known as biofeedback. Electronic sensors are attached to various parts of the body to measure ③ such variables as heart rate, blood pressure, and skin temperature. When such a variable moves in the desired direction (for example, blood pressure down), it triggers visual or audible displays—feedback on equipment such as television sets, gauges, or lights. Biofeedback training teaches one to produce a ④ desired response by reproducing thought patterns or actions that triggered the displays.

1. 다음 글의 밑줄 친 부분 중, 어법상 틀린 것은?

Beer ① <u>has been defined</u> as "a pleasant drink containing alcohol". The alcohol in beer, as in other alcoholic liquors, is produced by fermentation; this is a happy chemical reaction, ② <u>by which</u> sugar is converted into approximately equal parts of alcohol and carbon dioxide, and it ③ <u>is brought about by</u> the small plant, or micro organism, known as yeast. The earliest fermented drinks were almost certainly based on the accidental or spontaneous fermentation of the juice of ④ <u>sugar-contained</u> fruits. Beer derives, however, from barley, one of the earliest cereals ⑤ <u>known to man</u>. The ripe seed of the barley plant is not sweet, containing virtually no sugar in the free state, but it does contain certain "bound" — or polymerized — sugar in the form of starch.

* polymerize: 중합하다

2. 다음 글의 밑줄 친 부분 중, 어법상 틀린 것은?

Recently, researchers compared monolingual infants, from homes ① <u>in which</u> only one language was spoken, to bilingual infants ② <u>exposed</u> to two languages. They found that at six months, the monolingual infants could distinguish between sounds, whether they ③ <u>uttered</u> in the language they were used to hearing or in another language not spoken in their homes. However, by ten to twelve months, they were no longer recognizing sounds in the second language, only in the language they usually heard. In contrast, the bilingual infants followed a different developmental path. At six to nine months, they did not detect differences in sounds in ④ <u>either</u> language, but when they were older ten to twelve months — they were able to distinguish sounds in both. It's another piece of evidence ⑤ <u>that</u> what you experience shapes the brain.

Increased spells of warm weather and decreased use of pesticides have resulted in a plague of fire ants. Indeed, pleasant weather and an absence of pesticides have encouraged whole armies of ants ① to make their homes in farmers' fields, ② there they can leisurely munch on potato and other crops. ③ Should a tractor overturn their nests, the furious ants swarm over the machine and attack the driver. ④ Using their jaws to hold the victim's skin, they thrust their stingers into the flesh, maintaining the same position for up to twenty-five seconds. The sting produces a sharp burning sensations and frequently ⑤ causes painful infections that can last weeks and even months.

Honey can be eaten by itself or mixed with other ingredients. Natural or pure honey has had no additives, preservatives or synthetic ingredients added. Also ① referred to as 'undiluted, it is usually more expensive than diluted honeys. Natural honey can also be called 'blended honey', ② which honeys from various sources are blended together — not by the bees, but by human processors and distributors in stages after the honey has been collected. Blending is frequently done for taste as well as marketing reasons, especially since some consumers find the darker honeys too ③ strong. Mixing different types of honey together can make it more palatable, and also gives a more uniform flavor — this is an important consideration for producers and retailers, who ④ feel the need to guarantee reliable, unsurprising (typically mild) flavors to their customers. Clover is one of the most popular honeys in the U.S, and ⑤ its mild flavor and taste have become familiar to many Americans.

* dilute: 묽게 하다

** palatable: 입에 맞는

Victorian England is characterized by the full development of the Industrial Revolution. England became the first industrial nation in the world and, by 1850, the first nation to have more people ① underline employed in industry than in agriculture. Expanding trade coincided with the growth of the Empire and brought great wealth to Britain, but this wealth was not ② evenly distributed. Many enterprising individuals (the 'self-made men') rose from humble origins to positions of wealth and influence, but large sections of the working class ③ were forced into the overcrowded slums of large cities where they worked long hours for low wages in unhealthy conditions. The manufacturing towns of the north of England provided some of the worst examples and ④ inspired such socially conscious novels as Kingsley's Alton Locke, Gaskell's Mary Barton, and Dickens's Hard Times. In the south there was London, already the largest city in the world, showing all the crime, evil, and misery ⑤ whose result from overpopulation and unplanned growth.

1. 정답: ① That ② where ③ despite

(해석)

그러한 상황이 결코 인종차별과 양립할 수 없다는 것은 스파이크 리가 '똑바로 살아라'에서 매우 정확하게 극화했는데, 이 영화에서 이탈리아계 미국인 소년 중 한 명이 그의 스포츠 영웅들이 사실상 모두 혹인 미국인들이라는 사실에도 불구하고 인종차별주의자라고 주장한다.

(해설)

① 주어 자리이므로 명사절 접속사 that이나 what을 사용할 수 있다. 뒤에 문장이 완전한 구조이므로 정답은 That이다.

② where는 관계부사이고 which는 관계대명사이다. 관계부사 뒤에는 완전한 구조의 문장이 수반되고, 관계대명사 뒤에는 주어나 목적어가 빠져 있는 불완전한 문장이 수반된다. 뒤에는 완전한 절이 제시되어 있으므로 관계부사 where이 정답이다.

③ '~에도 불구하고'라는 의미의 전치사는 despite나 in spite of가 사용되어야 한다.

(어휘)

incompatible 양립할 수 없는 racism 인종 차별 accurately 정확히, 정밀하게

2. 정답: ② combining → combined

(해석)

단일 소음은 그저 가끔씩 의미가 있다. 대부분 다양한 말소리는 다른 색의 아이스크림이 녹아서 서로 섞이는 것처럼, 혼합되어 겹쳐지는 사슬이 될 때에만 논리적인 메시지를 전달한다.

(해설)

② 접속사 뒤에 주어와 동사가 생략되는 경우, 분사가 나와서 분사구문을 만들 수 있다. 이때 주어와 관계를 따져서 능동이면 현재분사를, 수동이면 과거분사를 사용한다. 또한 분사는 동사의 성격이 있으므로 분사 자체가 목적어를 수반하면 현재분사를, 목적어가 없이 나오면 과거분사를 사용한다. 소리가 결합되는 것이므로 과거분사가 사용되어야 한다. 따라서 combining을 combined로 고쳐야 한다.

(오답 분석)

① 부사 only는 부사절을 수식할 수 있으므로 접속사 when앞에 사용이 가능하다.

③ like는 동사일 때에는 '~을 좋아하다'이지만, 전치사로 사용되는 경우에는 '~처럼'의 의미를 가진다. 따라서 바르게 사용되었다.

④ 여기서 melt는 자동사이므로 현재부사가 바르게 사용되었다.

(어휘)

convey 전달하다 coherent 논리적인, 일관성 있는 combine 결합시키다 overlap 겹치다 melt 녹다

3. 정답: ③ such → so

(해석)

많은 인간의 언어들이 방언을 가지고 있는 것처럼 몇몇 새 종들도 그렇다: 캘리포니아에서는 흰관참새가 지역마다 너무 다른 노랫소리를 가지고 있어서 캘리포니아 사람들은 이 참새의 소리를 들어 보면 그들이 그 주의 어디에 있는지 알 수 있을 것이다.

(해설)

③ '매우 ~해서 ~하다'라는 의미는 so -that의 구문으로 표현할 수 있다. 뒤에 different라는 형용사가 제시되어 있으므로 such 대신에 so를 사용해야 한다. such는 뒤에 명사가 따라 나와야 하면 'such + a + 형용사 + 명사 + that'의 구조로 사용된다.

(오답 분석)

① '~와 마찬가지로'라는 의미로 접속사 as가 바르게 사용되었다.

② '~역시 ~하다'라는 표현으로 긍정의 동의를 나타낼 때

'so + 동사 + 주어' 구문을 이용한다.

④ tell이라는 타동사의 목적어 자리에 의문사가 있으므로 명사절 접속사이다. 이때 명사절접속사(간접의문문)은 '의문사 + 주어 + 동사'의 어순으로 도치되지 않고 사용되는데 where they are가 바르게 쓰였다.

(어휘)

dialect 방언, 사투리 supposedly 아마 charge 고소하다, 기소하다 investigation 수사 utmost 최대한의 lest ~하지 않도록 suspicion 의심 arouse 불러일으키다

4. 정답: ① so that → so

(해석)

한 국가의 부는 교육에서 중심적인 역할을 하기 때문에, 국가로부터 나오는 자금과 자원의 부족은 시스템을 약화시킬 수 있다. 사하라 사막 이남의 아프리카는 전 세계 공공자원의 2.4%만을 교육에 사용하지만, 학령 인구 중 15%만이 그곳에 거주한다. 반면에, 미국은 전 세계에서 지출되는 모든 돈의 28%를 교육에 쓰고 있지만. 학령 인구의 4%만이 거주하고 있다.

(해설)

① so that은 목적을 나타내는 부사절 접속사로 '~하기 위해서'라고 해석이 된다. 이 문장은 앞에서 원인이 제시되고, 뒤에 결과가 나오므로 '따라서'라는 의미의 등위접속사 so가 사용되어야 한다.

(오답 분석)

② 'spend + 돈 + on + 명사'의 구조이다. '~만큼의 돈을 ~에 사용하다'라는 의미이다. 전치사 on이 바르게 사용되었다.

③ 앞에 마침표가 있고, 뒤에 콤마로 다른 문장이 연결되고 있으므로 접속부사가 사용되어야 한다. 문맥상 '반대로' 또는 '그와 달리'라는 역접의 의미가 들어가야 하므로 Conversely가 올바르게 사용되었다.

④ spent는 앞에 나오는 명사를 꾸며 주는데, 돈은 '사용되는' 것이므로 수동관계가 맞고, 구조적으로 뒤에 전치사가 수반되고 있으므로 과거분사가 올바르게 쓰였다.

(어휘)

play a central role in ~에 중심적인 역할을 수행하다

school-age population 학령 인구

5. 정답: ④

(해석)

1903년 12월 17일의 라이트 형제의 최초의 비행은 거우 12초 동안 지속되었고 — 당신이 그보다 더 멀리 공을 던질 수도 있었던 — 120피트를 이동했지만, 이는 세계에 하늘 그 자체를 정복할 수 있다는 가능성을 보여 주었다. 이 비행은 이미 육군을 통해 Samuel P. Langley의 지휘 아래 유사한 프로그램에 종자돈을 지불한 미국 정부에게 매우 당황스러운 것으로 드러났다.

(해설)

(A) '~에도 불구하고'라는 양보의 의미를 가지는 연결어는 despite와 although가 대표적이다. 이때 despite는 전치사 이므로 뒤에 명사(구)가 수반되고, although는 접속사이므로 뒤에는 주어 + 문장이 수반된다. 이 문장의 경우 voyage가 주어이고 lasted가 동사이다. 따라서 Although가 사용되어야 한다.

(B) proved는 불완전 자동사이므로 뒤에는 형용사 기능을 할 수 있는 분사가 올 수 있다. embarrass는 감정동사인데, 주어인 the flight가 '당혹하게 만드는' 것이므로 현재분사가 사용되어야 한다.

6. 정답: ① speaking ② unless

(해석)

슬픈 소식은 그들 중 대다수가 그들이 어렸을 때 영어권 국가에서 성장해 상당한 시간을 보내지 않는다면 우수한 영어를 말할 수 없다는 것이다.

(해설)

① 전치사의 목적어 자리에는 to 부정사는 사용될 수 없다. 명사나 명사 성격이 강한 동명사가 사용될 수 있으므로 speaking이 정답이다.

② 문맥상 '만약 ~하지 않는다면'이 자연스러우므로 unless가 사용되어야 한다. if는 '만약 ~라면'이라는 의미로 조건을 나타내는 접속사이다.

(어휘)

the majority of 대다수의 succeed in R-ing ~에 성공하다

substantial 상당한

7. 정답: ② Because of → Because

[해석]

대부분의 사람은 말하기를 좋아하지만, 몇몇 사람은 듣는 것을 좋아한다. 하지만 경청하는 것은 모두가 소중히 여겨야 하는 드문 재능이다. 좋은 청자는 더 많이 듣기 때문에. 대부분의 사람들보다 그들 주변에서 일어나는 일들을 더 많이 알고 세심한 경향이 있다. 게다가, 좋은 청자는 판단하고 비판하기보다는 받아들이고 묵인하는 경향이 있다. 그러므로 그들은 대부분의 사람보다 더 적은 적을 가진다. 사실, 그들은 아마도 가장 사랑받는 사람들이다. 그러나 일반화에 예외가 있다. 예를 들어서, 존 스테인백은 훌륭한 청자라는 소리를 듣지만, 그런데도 그는 그가 글을 쓴 대상인 몇몇 사람들에게는 미움을 받는다. 의심할 여지없이 그의 듣는 능력은 그가 글을 쓰는 능력에 영향을 끼친다. 그런데도, 그가 경청한 결과가 그를 인기 있게 만들지는 않는다.

[해설]

② Because of,는 전치사이므로 뒤에 명사(구)가 제시되어야 한다. 이 문장의 경우 they hear라는 주어+동사의 문장이 수반되고 있으므로 접속사인 Because로 고쳐야 한다.

[오답 분석]

① rare는 형용사로 뒤에 명사를 수식하고 있고, '드문, 희귀한'의 의미로 문맥상 바르게 쓰였다.

③ fewer 뒤에가 뒤에 나오는 가산명사 enemies를 수식하고 있으므로 바르게 사용되었다.

④ 유도부사 there는 뒤에 '동사 + 주어'가 도치되어 나오는데, 이때 동사는 뒤에 나오는 주어에 의해 수가 일치되어야 한다. exceptions가 복수명사이므로 동사 are와 수가 일치하고 있다.

[어휘]

treasure 간직하다, 소중히 여기다, 보물 sensitive 민감한, 세심한 be inclined to do ~하는 경향이 있다 tolerate 참다, 허용하다 beloved 사랑받는 generality 일반화 contribute to ~에 공헌하다, ~에 기여하다 capacity (수용) 능력

8. 정답: ② Utilizing → Utilized

[해석]

길들여진 가축들은 인간들이 이용할 수 있는 가장 초기의 그리고 가장 효율적인 '기계'이다. 그들은 사람의 허리와 팔에서 부담을 덜어 준다. 다른 기술들과 함께 활용되어. 가축들은 (고기와 우유에 있는 단백질 같은) 추가 식량으로써 그리고 또 짐들을 옮기고, 물을 들어 올리고, 곡물을 가는 기계로써 인간의 생활 수준을 정말로 상당히 향상시킬 수 있다. 그들이 너무 명백하게 대단히 도움이 되기 때문에, 우리는 수 세기 동안 인간들이 그들이 기르는 가축들의 수와 품질을 증대시켰다는 것을 발견하기를 기대할지도 모른다. 놀랍게도, 이것은 실제로 대개 그렇지 않았다.

[해설]

② 주절의 주어 animals와 분사 구문이 '가축들이 다른 기술들과 함께 활용되다'라는 의미의 수동 관계이므로 현재분사 Utilizing을 과거분사 Utilized로 고쳐야 한다.

[오답 분석]

① '이용할 수 있는 기계'라는 의미가 되어야 자연스러우므로 명사 machines를 뒤에서 수식할 수 있는 형용사 available이 올바르게 쓰였다.

③ '옮기는 기계'라는 의미를 표현하기 위해 형용사처럼 명사(machines)를 수식하는 to 부정사 to carrry가 올바르게 쓰였다

④ be 동사(are)는 주격 보어를 취하는 동사인데, 보어 자리에는 명사나 형용사 역할을 하는 것이 올 수 있으므로 형용사 역할을 하는 'of + 추상명사(benefit)'의 of가 올바르게 쓰였다.

[어휘]

domesticate 길들이다 take off 덜다 strain 부담, 긴장 utilize 활용하다, 이용하다 considerably 상당히 supplementary 보충의 foodstuff 식량 grind 갈다 obviously 명백하게

9. 정답: ④ refer to as → be referred to as

[해석]

신화는 한 문화의 종교적, 철학적, 도덕적, 그리고 정치

적 가치를 담은, 그리고 어떤 경우에는 (그것들을) 설명하는 것을 돕는 이야기이다. 신들과 초자연적인 존재들의 이야기들을 통해, 신화는 자연 세계에서 발생하는 것들을 이해하려고 노력한다. 대중적인 (단어의) 용법과는 반대로, 신화는 '거짓말'을 의미하지 않는다. 가장 넓은 의미에서, 신화는 거짓인 것뿐만 아니라 사실일 수 있거나 부분적으로 사실일 수 있는 이야기들인, 통상적으로는 이야기의 전체 묶음이다. 하지만, 그것들의 정확도와는 상관없이, 신화는 종종 한 문화의 가장 뿌리 깊은 신념을 표현한다. 이러한 정의에 따르면, '일리아드'와 '오디세이', 코란과 구약 및 신약 성경은 모두 신화라고 지칭될 수 있다.

해설

④ refer to는 '자동사 + 전치사'의 구조의 이 전체가 하나의 타동사 역할을 한다. 따라서 뒤에는 목적어가 와야지 바로 전치사 as를 다시 수반할 수 없다. 원래 refer to A as B의 능동형에서 목적어에 해당하는 A가 주어 자리에 가서 수동태로 전환된 구조이다. 따라서 be referred to as로 고쳐야 한다.

오답 분석

① help는 3형식 동사로 쓰일 때 to 부정사와 원형부정사를 모두 목적어로 취할 수 있으므로 to 부정사를 목적어로 취한 helps to explain이 올바르게 쓰였다.
② 타동사의 쓰임 문맥상 '이해하려고 노력한다'라는 의미가 되어야 자연스러운데, 하려고 노력하다'는 'try + to 부정사'를 사용하여 나타낼 수 있으므로 try to make가 올바르게 쓰였다.
③ 관계사 선택 선행사와 관계절 사이에 삽입절(usually whole groups of stories)이 있는 구조이다. 선행사(stories)가 사물이고, 관계절 내에서 동사 can be의 주어 역할을 하므로 주격 관계대명사 that이 올바르게 쓰였다.

어휘

myth 신화 narrative 이야기 embody 담다, 포함하다 supernatural 초자연적인 occurrence 발생하는 것 usage (단어의) 용법, 사용 falsehood 거짓말 accuracy 정확도 frequently 종종 definition 정의 refer to ~ as ~을 ~라고 지칭하다

10. 정답: ② are → is

해석

개인이 자동적, 혹은 비자발적 신체 기능에 대해서 전자적 수치를 관찰함으로써 어떤 자발적인 통제를 하게 하는 기술은 생체자기제어로 알려져 있다. 전자 센서들을 신체의 다양한 부분에 부착하여 심박수, 혈압, 피부 온도 같은 변화들을 측정한다. 그러한 변화가(예를 들어, 혈압 저하) 원하는 방향으로 이동하면, 그것은 시각적 혹은 청각적인 신호 - TV 수신기, 측정기, 혹은 전등과 같은 장치에서 보이는 피드백 ~를 발생시킨다. 생체자기제어 훈련은 신호를 발생시킨 사고 패턴 또는 행동을 재생산함으로써 원하는 반응을 일으키도록 지도한다.

해설

① 동사에 줄이 있으면 항상 제일 먼저 확인해야 하는 것이 수의 일치이다. 주어와 동사의 수의 일치 문제는 주어와 동사 사이에 수식어구를 괄호로 묶을 수 있는 것이 핵심이다. 이 문장의 경우 주어는 A technique이고 (that ~ functions)까지는 관계절이므로 묶을 수 있어야 한다. 그러면 주어가 단수이므로 동사의 수는 are이 아니라 is가 되어야 한다.

오답 분석

① enable은 'enable + 목적어 + to R'와 같이 목적격 보어 자리에 to 부정사를 수반하는 동사이다. 따라서 to gain이 바르게 쓰였다.
③ such A as B는 'B와 같은 A'라는 표현으로 바르게 쓰였다.
④ 명사 앞에 분사가 올 수 있는데, 문맥상 '희망되는' 반응이므로 수동관계이다. 따라서 과거분사 desired가 바르게 쓰였다.

어휘

voluntary 자발적인 involuntary 강요된, 무의식적인 measurement 측정(치), 수치 biofeedback 생체자기제어, 바이오 피드백 variable 변수 trigger 촉발하다, 일으키다 gauge 계측 장치 attach 부착하다, 첨부하다 equipment 기계, 장비, 부품 desired 희망하는, 바라는 reproduce 번식하다, 복제하다, 재현하다

1. 정답: ④

해석

맥주는 '알코올을 함유한 즐거움을 주는 음료'라고 정의되어 왔다. 다른 주류에서처럼 맥주의 경우도 알코올은 발효에 의해 만들어진다. 이 발효는 '즐거운 화학적 반응으로 그것에 의해 당분은 거의 같은 비율의 알코올과 이산화탄소로 전환되며, 그것은 작은 식물, 즉 효모라고 알려진 미생물에 의해 일어난다. 가장 오래된 발효 음료는 거의 확실하게 당분을 함유한 과일즙의 우연한 또는 자연 발생적인 발효에 기초하고 있었다. 그러나 맥주는 인간에게 알려져 있는 가장 오래된 곡물들 중 하나인 보리로부터 유래한다. 보리의 여문 씨앗은 자연적인 상태에서는 사실상 당분을 전혀 함유하고 있지 않아 달지 않지만 그 씨앗은 녹말 형태로 있는 '갇힌', 즉 중합된 당분을 함유하고 있다.

해설

'명사(A)-p.p. + 명사(B)'는 'A에 의해 ~된 B'의 의미로 쓰이기 때문에 밑줄 친 부분은 '당분에 의해 포함된 과일'로 해석되어 어색하다. 따라서 'A를 ~한 B'의 의미로 쓰이는 '명사(A)-Ring + 명사(B)'로 바꾸면 sugar-containing fruits로 '당분을 함유한 과일'이라는 의미가 되므로 옳게 된다.
① 동사 define은 'define A as B' 형태로 써서 'A를 B라고 정의하다'의 의미로 쓰이는데, 문맥상 '지금까지 죽 ~ 정의되어 왔다'는 의미이므로 현재완료 수동태(has been defined)가 왔다. ② 계속적 용법으로 쓰인 관계대명사 앞에 전치사 by가 쓰인 형태로 '접속사 + 대명사'로 풀어 쓰면, and by it (a happy chemical reaction)이다. ③ 구동사로 쓰이는 bring about(~을 초래하다)이 수동태로 쓰인 문장으로 맞게 쓰였다. ⑤ 과거분사로 쓰인 known 앞에 '주격 관계대명사 + be 동사인 which are가 생략된 형태이며, be known to는 ~에게 알려져 있다'의 의미이다.

어휘

liquor 알코올 fermentation 발효 (작용) convert 전환시키다 bring about ~을 야기시키다 micro-organism 미생물 yeast 효모 ferment 발효시키다 accidental 우연한 spontaneous 자연 발생적인, 자발적인 derive from ~로부터 유래하다 barley 보리 ripe 여문 virtually 사실상, 실질적으로 starch 녹말

2. 정답: ③

해석

최근에 연구자들이 한 개 언어를 말하는 가정에서 태어나 한 개 언어만을 사용하는 유아들과 두 개 언어를 사용하는 환경에 놓여 두 개 언어를 사용하는 유아들을 비교해 보았다. 출생 후 6개월이 되었을 때 한 개 언어를 사용하는 유아들은 소리의 차이를 구분할 수 있었는데, 그들이 익숙하게 들었던 언어로 말하건 아니면 그들 가정에서 들어 본 적이 없는 다른 언어로 말하건 간에 동일했다. 그러나 10 내지 12개월 무렵에 그 아이들은 제2외국어로는 더 이상 소리를 구분하질 못하고 오직 그들이 늘 들었던 언어로만 구분할 수 있었다. 대조적으로 두 개 언어를 말하는 유아들은 상이한 발달 과정을 따랐다. 6 내지 9개월 무렵에 그 아이들은 둘 중 어떤 언어든 소리의 차이를 감지하지 못하지만, 좀 더 성장하여 10 내지 12개월 무렵이 되면 두 개 언어 모두에서 소리를 구분할 수 있었다. 이것은 우리의 경험이 뇌를 형성한다는 또 다른 증거이다.

해설

③ 밑줄 친 동사 uttered의 주어는 문맥상 the monolingual infants가 아니라 sounds이며 따라서 주어와 수동 관계로 they(=sounds) were uttered의 의미이기 때문에 밑줄 친 부분을 were uttered로 고쳐야 한다.
① 전치사의 목적어 역할을 하는 목적격 관계대명사, 선행사(homes)와 전치사를 관계대명사절 뒤로 넘기면 only one language was spoken in homes로 맞게 쓰여 있다. ② 앞에 '주격 관계대명사 + be 동사'가 생략된 형태로 수동 관계를 나타내는 exposed가 bilingual infants

를 수식하고 있다. ④ either 뒤에는 단수 명사가 쓰여야 하는데, 단수 명사인 language가 쓰여 맞다. ⑤ 앞에 쓰인 명사 evidence를 수식하는 동격의 명사절이다.

(어휘)

monolingual 한 개 언어를 사용하는 bilingual 두 개 언어를 사용하는 utter 말하다 detect 감지하다, 발견하다

3. 정답: ②

(해석)

한 동안의 따뜻한 날씨가 계속되고 살충제 사용이 감소하면서 불개미가 만연하게 되었다. 실제로, 화창한 날씨와 살충제 미사용은 수많은 개미들이 농부들의 들판에 그들의 집을 짓도록 해 주었고, 거기에서 개미들은 감자와 다른 농작물들을 여유롭게 먹어 치울 수 있다. 트랙터가 그들이 보금자리를 갈아엎으면, 격노한 개미들이 그 기계 위로 몰려가 운전자를 공격한다. 희생자의 피부를 움켜잡기 위해 턱을 이용하면서, 그 개미 들은 살 속으로 침을 밀어 넣은 다음 25초 정도까지 같은 자세를 유지한다. 그렇게 찔리면 엄청난 통증을 만들어 내며, 몇 주 혹은 몇 달 동안 지속되는 고통스런 감염을 빈번하게 초래한다.

(해설)

② 밑줄 친 there는 부사이므로 이 문장은 두 개의 절을 연결시키는 접속사가 없어서 틀린 문장이다. 따라서 there 대신 접속사를 포함하는 관계부사 where(계속적 용법)로 고쳐야 한다
① 5형식의 맞는 구조이다.
③ 이 문장은 원래 If a tractor should overturn their nests로 써야 하는데, 가정을 나타내는 문장에서 접속사 if가 생략되어 도치된 문장구조이다. ④ 분사구문으로 쓰였는데, 주절의 주어 they와 능동 관계에 있기 때문에 맞게 쓰였다. ⑤ 앞에 쓰인 동사 produces와 병렬 구조를 이루고 있다.

(어휘)

spell 계속되는 기간 pesticide 살충제 plague 역병, 전염병 munch 베어 먹다, 우적우적 먹다 overturn 뒤엎다 furious 격노한 swarm 모여들다 thrust 밀쳐 넣다, 밀치다 stinger 침 infection 감염

4. 정답: ②

(해석)

꿀은 그대로 또는 다른 재료와 섞어 먹을 수 있다. 천연 또는 순수 꿀에는 첨가제. 보존제 또는 합성 성분이 전혀 첨가되지 않는다. 또한 '희석되지 않은' 것으로도 불리는 그것은 보통 희석된 꿀보다 더 비싸다. 천연 꿀은 '혼합 꿀'이라고도 불리는데, 이는 다양한 출처의 꿀이 함께 혼합된 것이다. 이는 벌들이 아닌, 꿀이 수확된 후 단계적으로 인간 가공업자들과 유통업자들에 의해 이루어진다. 혼합은 주로 마케팅 이유뿐만 아니라 맛 때문에 이루어지는데, 특히 일부 소비자들이 더 어두운 색상의 꿀을 너무 강하다고 느끼기 때문이다. 서로 다른 종류의 꿀을 혼합하는 것은 더 입에 맞게 만들 수 있고, 또한 더 균일한 맛을 준다. 이는 생산자들과 소매 업자들에게 중요한 고려 사항인데, 그들은 고객들에게 신뢰할 수 있고 예상할 수 있는(일반적으로 순한) 맛을 보장할 필요성을 느낀다. 클로버는 미국에서 가장 인기 있는 꿀 중 하나이며, 그것의 순한 풍미와 맛은 많은 미국인들에게 익숙해졌다.

(해설)

① 분사구문의 의미상 주어는 it(=natural or pure honey)으로, '불린다'라는 수동의 의미가 되어야 한다. 따라서 과거분사 referred가 온 것은 적절하다.
② 선행사를 보충 설명하는 계속적 용법의 관계사절에서 관계사 뒤에 문장의 필요 성분이 모두 있는 완전한 문장이 왔으므로, which를 「전치사 + 관계 대명사」 in which나 관계부사 where로 고쳐 써야 한다.
③ mid의 목적격 보어로는 형용사가 와야 하므로, strong이 온 것은 적절하다.
④ 주격 관계대명사절의 선행사가 producers and retailers로 복수형이므로, 동사 feel이 온 것은 적절하다
⑤ 앞 절에 쓰인 Clover를 가리키면서 뒤의 명사를 수식하는 소유격이 와야 하므로, its가 온 것은 적절하다.

(어휘)

by itself 그것만으로 ingredient 재료, 성분 pure 순수한 additive 첨가물, 첨가제 preservative 방부제 synthetic 합성한, 언조의 refer to A as B A를 B라고 부르다 undiluted 희석되지 않은 diluted 희석된 blended 혼합된

source 원천 processor 가공하는 사람 distributor 유통업자 in stages 단계적으로 consumer 소비자 palatable 입에 맞는 uniform 균일한 consideration 고려 사항 retailer 소매업자 guarantee 보장하다 reliable 믿을 수 있는

5. 정답: ⑤

빅토리아 시대의 영국은 산업혁명의 본격적인 발전으로 특징지어진다. 영국은 세계 최초의 산업 국가가 되었고, 1850년에는 농업보다 산업에 종사하는 인구가 더 많은 최초의 국가가 되었다. 무역의 확대는 대영제국의 성장과 동시에 일어났고 영국에 큰 부를 가져다주었지만, 이 부는 고르게 분배되지 않았다. 많은 진취적인 개인('자수성가한 사람들')은 미천한 출신에서 부와 영향력을 가진 지위에 올랐지만, 노동 계급의 많은 부분은 유해한 환경에서 저임금으로 장시간 노동을 하는 대도시의 과밀 빈민가로 밀려나야 했다. 영국 북부의 제조업 도시들은 최악의 사례를 제공했으며, Kingsley의 (Alton Locke), Gaskell의 (Mary Barton), Dickens의 (어려운 시절)과 같은 사회 의식적인 소설에 영감을 주었다. 남부에는 이미 세계에서 가장 큰 도시인 런던이 있었는데, 이곳은 인구과잉과 무계획적인 성장에서 기인한 모든 범죄, 악, 비참함을 보여 주었다.

(해설)

① 앞의 명사 people을 수식하는 분사가 와야 하는 자리로 '고용된'이라는 수동의 의미이다. 따라서 과거분사 employed가 온 것은 적절하다.
② 과거분사 distributed를 수식하는 부사로 evenly가 온 것은 적절하다.
③ 주어가 large sections로 were가 온 것은 적절하다. of the working class는 large sections를 수식하는 전치사구이다.
④ 동사 provided와 함께 병렬구조를 이루고 있으므로, 마찬가지로 과거형인 inspired가 온 것은 적절하다.
⑤ all the crime, evil, and misery가 선행사이고 뒤에 가야 한다. 주어가 빠진 절이 왔으므로, 주격 관계대명사 와야 한다. 따라서 whose를 that으로 고쳐 써야 한다.

(어휘)

characterize 특징짓다 industrial 산업의 employ 고용하다 agriculture 농업 coincide with ~와 동시에 일어나다, 일치하다 evenly 고르게 distribute 분배하다 enterprising 진취력 있는 humble 초라한, 변변치 않은 origin 출신 overcrowded 너무 붐비는, 초만원인 slum 빈민가 wage 임금 manufacturing 제조업 inspire 영감을 주다 crime 범죄 overpopulation 인구과잉

Chapter 15

명사절
접속사

1.　명사절 접속사의 의미

명사절 접속사는 '접속사 + 주어 + 동사' 구성으로 되어 있는 절이 명사의 기능을 가져서 문장에서 주어, 목적어, 보어 자리에 사용되는 절을 의미한다. 즉, '주어 + 동사'가 포함된 절 자체가 문장에서 주어, 타동사의 목적어, 전치사의 목적어, 또는 보어 자리에 사용되는 것을 명사절이라고 한다.

2.　명사절 접속사의 종류

1) '~라는 것'(that/what)

'~라는 것'이라는 뜻으로 사용되는 명사절 접속사에는 that과 what이 있다. 접속사 뒤에 뒤따르는 절이 완전한 문장이면 that을, 주어나 목적어가 빠져 있는 불완전한 문장이면 what을 사용한다.
that은 접속사이므로 연결하는 기능만 하므로 뒤에 완전한 문장이 오고, what은 관계대명사(접속사 + 대명사)로 대명사 역할까지 하므로 뒤에는 주어나 목적어가 빠져 있는 불완전한 구조가 수반된다.

(1) that(접속사) + 완전한 문장

- **That** he was promoted to the position is true. 그가 승진했다는 것은 사실이다.
  That 주어+be + p.p.(수동태는 목적어가 주어로 간 문장이니 완전한 구조이다)

다만 that절이 목적어로 사용되는 경우, 전치사 뒤에는 사용하지 않는다.

(2) what(관계대명사) + 불완전한 문장

- **What** happened at the meeting is a secret. 미팅에서 일어났던 일은 비밀이다.
  happened이라는 동사의 주어가 없는 불완전한 구조
- **What** I didn't know was **that** she was promoted. 내가 몰랐던 것은 그녀가 승진했다는 것이다.
  know라는 타동사의 목적어가 없다. 수동태는 완전한 구조이다

① 주어
- **That** he will succeed is certain. 그가 성공할 것은 확실하다.
- **What** you said is not true. 너가 말한 것은 사실이 아니다.

② 목적어
- James suggests **that** he will write a new song. James는 그가 새로운 노래를 쓸 것을 제안했다.
- You decide **what** you need to do. 너가 해야 할 필요가 있는 것을 결정해라.

③ 보어
- The truth is **that** the Sun rises from the east. 사실은 해가 동쪽에서 뜬다는 점이다.

1. The research team concluded that the model's unexpected accuracy resulted from variables that had not been considered in the initial design.

2. What the investigation ultimately revealed was that several key assumptions had been accepted without sufficient evidence, leading to serious flaws in the final report.

1. The research team concluded [that the model's unexpected accuracy resulted from
     S   V   O[명사절]

variables] (that had not been considered in the initial design.)
                     (관계절)

연구팀은 모델의 예상치 못한 정확도가 초기 설계에서 고려되지 않았던 변수들로부터 비롯된 것이라고 결론 내렸다.

2. [What the investigation ultimately revealed] was that several key assumptions had been
           S[명사절]   be   SC[명사절]
accepted without sufficient evidence, leading to serious flaws in the final report.

조사 결과가 최종적으로 드러낸 것은, 여러 핵심 가정들이 충분한 증거 없이 받아들여져 최종 보고서에 심각한 결함을 초래했다는 사실이었다.

2) '~인지, 아닌지'(if/whether)

'~인지 아닌지'라는 뜻을 가진 명사절 접속사에는 if와 whether이 있다.

- **Whether** he comes or not is very important. 그가 올지 안 올지는 매우 중요하다.

(1) if

'~인지, 아닌지'와 같이 의심이나 불확실을 나타낼 때 if와 whether을 사용할 수 있는데, if의 경우 위치 제한이 있다. 주어 자리에는 if가 올 수 없고, 전치사의 목적어로도 if가 올 수 없다. 한마디로 목적어 자리에만 사용이 가능하다.
그리고 명사절 접속사 뒤에 to R나 or not이 수반되는 경우에도 if가 올 수 없다. 이때는 whether만 가능하다.

> ① 주어 자리(X)
> ② 전치사 뒤(X)
> ③ or not과 함께 사용(X)

- I wonder **whether(if)** you spare ten minutes on the phone next week.

　　　타동사　목적어 자리(if/whether 둘 다 가능)

다음 주에 10분 정도 통화할 시간을 내줄 수 있으신지 궁금합니다.

- **Whether** he comes or not is not certain. 그가 올지 안 올지는 확실하지 않다. [If 안 됨]

　　　주어 자리(if 안 되고 whether만 가능)

= It is not certain **whether(if)** he will come (or not)

　　　진주어 자리(if/whether 둘 다 가능)

= It is not certain **whether or not** he will come.

　　　if + or not은 사용 불가능

= It is not certain **if** he will come.

　　　진주어 자리(if 가능)

= It is not certain **if** he will come or not.

　　　(or not이 뒤로 가는 경우 if 가능)

(2) whether

whether은 다음과 같은 세 가지 형태로 사용이 가능하다.

① whether + 주어 + 동사

② whether (or not) to R

③ whether A or B

- I'm not sure **whether** I'm doing this right. 나는 이것을 제대로 하고 있는지 모르겠다.
- You have to choose **whether (or not) to buy** it. 너는 그것을 구매할지를 결정해야 한다.
- **Whether** he is smart **or** pretentious is debatable. 그가 똑똑한지 그런 척을 하는지는 논쟁의 여지가 있다.

(문장 분석! 구조 파악)

1. The committee must determine if the newly gathered evidence is reliable enough to justify reopening the case.

2. We must consider whether the decline in productivity reflects a temporary fluctuation or indicates a deeper structural problem within the organization.

(정답과 해설)

1. The committee must determine if the newly gathered evidence is reliable enough to justify

　　　　S　　　　　V　　　　　　　　　　　　　　　　　O[명사절]

reopening the case.

위원회는 새로 수집된 증거가 사건을 재조사하기에 충분히 신뢰할 만한지 판단해야 한다.

2. We must consider whether the decline in productivity reflects a temporary fluctuation or

　　S　　　V　　　　　　　　　　　　　　　　　　O[명사절]

indices a deeper structural problem within the organization.

우리는 생산성 감소가 일시적인 변동을 반영하는 것인지, 아니면 조직 내 더 깊은 구조적 문제를 나타내는 것인지 고려해야 한다.

3) 의문사

(1) 의문사의 종류

의문사가 이끄는 절을 **간접의문문**이라고 한다. 간접의문문은 어순이 반드시 시험에 나오는데, '의문사 + 주어 + 동사'의 어순을 취한다.

의문사는 크게 의문대명사와 의문부사로 나누는데, 뒤에 주어나 목적어가 없는 불완전한 문장이 수반되면 의문대명사를 사용하고, 반면 뒤에 완전한 문장이 수반되면 의문부사를 사용한다.

의문대명사	who(누가~하는지)　　what(무엇이(무엇을) ~하는지)　　which(어느 것이(을) ~하는지)	+ V + O(주어 X) + S + V(목적어 X) **[불완전한 문장]**
의문부사	when(언제~하는지)　　where(어디서 ~하는지) how(어떻게 ~하는지)　why(왜 ~하는지)	+ S + V + O **[완전한 문장]**

① 의문대명사

- Who **will be** the boss is uncertain. 누가 사장이 될지는 확실하지 않다.

  주어 자리(명사절의 주어가 없으므로 불완전)

- The problem is who **will take** care of children. 문제는 누가 애들을 돌볼지이다

  목적어 자리(명사절의 주어가 없으므로 불완전)

- Please tell Mr. White which you **prefer**. White 씨에게 너는 어떤 것을 선호하는지를 말해 줘.

  목적어 자리(명사절 동사 prefer의 목적어가 없으므로 불완전)

② 의문부사

- I asked when he is going to New York. 나는 그가 언제 New York에 갈지를 물었다.

  목적어 자리(go는 완전 자동사이므로 완전한 문장)

- No one knew why the CEO suddenly retired. 아무도 왜 그 최고 경영자가 은퇴했는지 모른다.

  목적어 자리(retire는 완전 자동사이므로 완전한 문장)

- I don't know how to place an advertisement. 나는 어떻게 광고를 내야 할지를 모른다.

  목적어 자리(how + S + V + O는 how to R로 전환 가능)

(문장 분석! 구조 파악)

1. No one could predict who would emerge as the leading candidate once the debate revealed the weaknesses in each participant's proposals.

2. The report failed to explain how the sudden policy shift would affect long-term economic stability, leaving many analysts uncertain about future projections.

1. <u>No one</u> <u>could predict</u> <u>who would emerge</u> (as the leading candidate) (once the debate
    S   V   O[의문대명사]

<u>revealed the weaknesses in each participant's proposals.</u>)

토론이 각 참가자의 제안에 있는 약점을 드러내자, **누가** 유력 후보로 떠오를지 아무도 예측할 수 없었다.

2. <u>The report</u> <u>failed to explain</u> <u>how the sudden policy shift would affect long-term economic</u>
     S   V   O[명사절]

<u>stability,</u> <u>leaving</u> many analysts uncertain about future projections.

그 보고서는 갑작스러운 정책 변화가 장기적 경제 안정성에 어떻게 영향을 미칠지 설명하지 못해, 많은 분석가들이 향후 전망에 대해 불확실함을 느끼게 했다.

4) 복합 관계대명사

(1) 복합 관계대명사의 용법

관계대명사 뒤에 -ever가 붙은 복합관계대명사도 명사절 접속사로 사용된다. 복합관계대명사는 그 자체가 명사절의 주어나 목적어 역할을 수행하므로, 뒤에는 주어나 목적어가 빠져 있는 불완전한 문장이 나온다.

복합 관계대명사	뒤따르는 형태
whoever(누구든지)	+ S(X) + V + O
whichever(어느 것이든)	+ S + V + O(X)
whatever(무엇이든지)	**[불완전한 문장]**

- **Whoever** wants the book may have it. 이 책을 원하는 사람이 누구든지 가질 수 있다.
- Let's do **whatever** you want. 너가 원하는 것이 무엇이든지 하자.

★ 복합관계부사는 명사절로 사용될 수 없고, 부사절로 사용된다. 그리고 복합관계대명사와는 달리 뒤에는 완전한 문장이 와야 한다.

whenever 언제든지	+ S + V + O
wherever 어디든지	**[완전문장]**
however 아무리 ~하더라도	

- Wherever she goes, I will follow her. 그녀가 어디를 가든지 따라 갈 것이다. [부사절]
        주어 완전 자동사(완전한 문장)
- Whenever she comes to Busan, she gives me a call. 그녀는 부산에 올 때마다 나에게 전화를 한다. [부사절]
        주어 완전 자동사(완전한 문장)

- However hard I thought about it, I could not find a solution. 아무리 머리를 싸고 생각해도 해결책이 없었다. [부사절]
  부사 주어 동사(완전한 문장)

1. Whoever attempts to modify the system's core algorithm without proper authorization will be held responsible for any resulting security breach.

2. However complex the newly proposed framework appears, experts believe that its long-term benefits will outweigh the initial difficulties of implementation.

1. [Whoever attempts to modify the system's core algorithm without proper authorization]
   S[명사절]
will be held responsible for any resulting security breach.
          V   O

적절한 권한 없이 시스템의 핵심 알고리즘을 수정하려는 **누구든지**, 그로 인해 발생하는 모든 보안 침해에 대해 책임을 지게 될 것이다.

2. However complex the newly proposed framework appears, experts believe that its long-
   However   형   S   2V
term benefits will outweigh the initial difficulties of implementation.

새로 제안된 체계가 아무리 복잡해 보일지라도, 전문가들은 그 장기적 이점이 초기 시행의 어려움을 능가할 것이라고 믿는다.

1. 틀린 부분을 옳게 고치세요.

The people were stunned in to silence as they slowly began to realize that the mayor's statement meant to their future as citizens in the city.

2. 다음 밑줄 친 부분 중 어법상 옳지 않은 것은?

The navigation compass was one of ① the most important inventions in history. It sparked an enormous age of exploration ② which in turn brought great wealth to Europe. This wealth is ③ that fueled later events such as the Enlightenment and the Industrial Revolution. It has been continually simplifying the lives of people around the globe ④ since its introduction to the world.

3. 다음 중 어법상 틀린 부분을 골라 바르게 고치시오.

Many also ① formed production companies ② in association with studios, which meant ③ what they had a say ④ in what kind of films were made. Those days are long gone now.

4. 다음 중 어법상 맞는 것을 고르시오.

① [What / How] we can protect our decisions from confirmation bias depends on our awareness of ② [which / why], psychologically, confirmation bias happens. There are two possible reasons.

5. 다음 중 어법상 틀린 부분을 골라 바르게 고치시오.

① What amazed Schmidt was not only ② however people's needs could be met, but also ③ how much the participants benefited from the social aspect of their contact. This experience deeply moved not only Schmidt, ④ but other people as well.

6. 빈칸에 들어갈 표현으로 가장 적절한 것은?

For every mystery, there is someone trying to figure out ① [that / what] happened. Scientists, detectives, and ordinary people search for evidence that will help to reveal the truth. They investigate prehistoric sites trying to understand how and why ancient people constructed pyramids or created strange artwork. They study the remains of long-extinct animals and they speculate about ② [what / how] the animals might have looked when they were alive. Anything ③ [that / what] is unexplained is fascinating to people who love a mystery.

① what   that   how
② what   how   that
③ that   what   that
④ that   how   what

7. 밑줄 친 부분 중 어법상 옳지 않은 것은?

The first decades of the 17th century witnessed an exponential growth in the understanding of the Earth and heavens, a process usually ① referred to as the Scientific Revolution. The older reliance on the philosophy of Aristotle was fast waning in universities. In the Aristotelian system of natural philosophy, the movements of bodies were explained 'causally' in terms of the amount of the four elements (earth, water, air, fire) ② what they possessed, and objects moved up or down to their 'natural' place depending on the preponderance of given elements ③ of which they were composed. Natural philosophy was routinely contrasted with 'mixed mathematical' subjects such as optics, hydrostatics, and harmonics, ④ where numbers could be applied to measurable external quantities such as length or duration.

8. 밑줄 친 부분 중 어법상 옳지 않은 것은?

Princeton University offers a tuition-free, nine-month "Bridge Year" in which students can elect ① to do a service project outside of the U.S. The University of North Carolina at Chapel Hill and Tufts University have similar programs, while ② ones run by the New School in New York City offers up to a year's worth of academic credit to participants. But in the last five years, the idea has been ③ gaining more traction in the U.S.— particularly among Americans ④ admitted to selective colleges and universities.

9. 어법상 ㉠ ~ ㉢에 들어갈 말로 가장 적절한 것은?

Supplements on the market today ㉠ those that use natural herbs or synthetic ingredients. Experts point out that when choosing between multivitamins, those ㉡ natural herbs may not necessarily be better than those with synthetic ingredients. The body recognizes the molecular weight and structure of each vitamin and mineral for their functions regardless of ㉢ the vitamins come from synthetic or natural sources.

	㉠	㉡	㉢
①	include	contained	if
②	include	containing	whether
③	includes	containing	if
④	includes	contained	whether

10. 밑줄 친 부분 중 어법상 옳지 않은 것은?

The ancient Olympics provided athletes an opportunity ① to prove their fitness and superiority, just like our modem games. The ancient Olympic events were designed to eliminate ② weak and glorify the strong. Winners were pushed to the brink. Just as in modem times, people loved extreme sports. One of the favorite events ③ was added in the 33rd Olympiad. This was the pankration, or an extreme mix of wrestling and boxing. The Greek word pankration means "total power." The men wore leather straps with metal studs, which could make a terrible mess of their opponents. This dangerous form of wrestling had no time or weight limits. In this event, only two rules applied. First, wrestlers were not allowed to gouge eyes with their thumbs. Secondly, they could not bite. Anything else was considered fair play. The contest was decided in the same manner as a boxing match. Contenders continued until one of the two collapsed. If neither surrendered, the two exchanged blows ④ until one was knocked out.

1. (A), (B), (C)의 각 네모 안에서 어법에 맞는 표현으로 가장 적절한 것은?

(A) [Giving / Given] that more teenagers than ever before are struggling with problems such as depression, alcoholism, and drug abuse, desperate parents are looking for help. Many are turning to wilderness programs, which promise to change the attitude and behavior of the young people by exposing them to and training them for life in the outdoors. Some of these programs are on farms or in deserts. (B) [Most / Almost] all share the same premise: Sustained exposure to a natural world where kids have to support themselves can provide troubled young boys and girls with new skills and increased self-confidence. Yet (C) [effective / effectively] as these programs may sound, they raise a crucial questions: Is the wilderness — with its overwhelming and often uncontrollable dangers — really the place to heal the troubled children?

	(A)	(B)	(C)
①	Giving	Most	effective
②	Giving	Most	effectively
③	Given	Most	effectively
④	Given	almost	effectively
⑤	Given	almost	effective

2. (A), (B), (C)의 각 네모 안에서 어법에 맞는 표현으로 가장 적절한 것은?

A proverb is a short, generally known sentence of the folk which contains wisdom, truth, morals, and traditional view in a metaphorical and memoizable form, (A) [which / and which] is handed down from generation to generation. As part of the human heritage, therefore, proverbs are an interesting topic of study, and they have received much attention in folklore and anthropological studies, where they are often portrayed as (B) [provide / providing] a snapshot of a particular culture. From another perspective, proverbs can serve a psycho-sociological function, in that many people find proverbs encouraging or soothing when they are in difficult situations, and may use proverbs as a kind of support or signpost. (C) [However / Whatever] the approach to proverbs is, their value is summarized in the Icelandic proverb, "all old sayings have something in them."

	(A)	(B)	(C)
①	which	providing	However
②	which	provide	Whatever
③	which	providing	Whatever
④	and which	providing	Whatever
⑤	and which	providing	However

3. (A), (B), (C)의 각 네모 안에서 어법에 맞는 표현으로
가장 적절한 것은?

Animals have developed many ways of defending themselves against enemies. Many animals simply avoid being seen by predator, finding safe places in which to hide, sleep, rest, and raise their young. Desert toads, for example, crawl down into cracks in the mud to escape from predatory birds, while rabbits make permanent nest, (A) [which / where] they leave only at night when they are more difficult to be spotted. Some animals acquire the characteristics of their environment in order to blend into their surroundings and avoid (B) [spotting / being spotted] by enemies. The chameleon, for example, changes colors to match its background, and walking sticks assume the shape and color of the twigs they walk on. Other animals avoid predators by running, swimming, or flying away from attackers, while still (C) [others / the others] have evolved protective armor or chemical defenses, such as shell of a turtle or the venom of a cobra.

	(A)	(B)	(C)
①	which	spotting	others
②	which	being spotted	the others
③	which	being spotted	others
④	where	being spotted	others
⑤	where	spotting	the others

4. 다음 글의 밑줄 친 부분 중, 어법상 틀린 것은?

Viewing the stress response as a resource can transform the physiology of fear into the biology of courage. It can turn a threat into a challenge and can help you ① do your best under pressure. Even when the stress doesn't feel helpful — as in the case of anxiety — welcoming it can transform ② it into something that is helpful: more energy, more confidence, and a greater willingness to take action. You can apply this strategy in your own life anytime you notice signs of stress. When you feel your heart beating or your breath quickening, ③ realizing that it is your body's way of trying to give you more energy. If you notice tension in your body, remind yourself ④ that the stress response gives you access to your strength. Sweaty palms? Remember what it felt like ⑤ to go on your first date — palms sweat when you're close to something you want.
* physiology: 생리 기능

 손태진 수능만점구문

Sometime late in the next millennium, our descendants may head off to other star systems. They may use comets as stepping-stones, some of which are only ① loosely bound to our sun because they reach almost halfway to the nearest star system, Alpha Centauri. Our remote descendants may eventually colonize much of our galaxy just as the first living organisms on Earth once colonized Earth's young oceans. Interstellar migrations will depend on as yet unimagined technologies for driving ships, for maintaining sustainable environments, and for putting humans into hibernations ② last for centuries. Interstellar journeys will also depend on the existence of groups willing ③ to risk long and dangerous voyages with little or no hope of returning. It would take spaceships ④ traveling at 1 percent of the speed of light more than four hundred years to reach the Alpha Centauri system. But if they spread out from there at a similar rate, they could settle star systems throughout the Milky Way within one hundred million years, ⑤ which is just a bit longer than the span of time since dinosaurs ruled our Earth.

* comet: 혜성

** hibernation: 동면

1. 정답: that → what

(해석)

사람들은 그 시장의 연설이 그 도시의 시민으로서 그들의 미래에 어떤 의도를 가지는지를 서서히 깨닫기 시작함으로써 놀라서 침묵하게 되었다.

(해설)

realize라는 타동사의 목적어 자리에 명사절이 사용되었다. that 뒤에는 완전한 문장이 이어져야 하는데, the mayor's statement가 주어이고 meant가 타동사로, 이 타동사의 목적어가 없으므로 불완전한 구조의 문장이다. 따라서 that을 what으로 고쳐야 한다.

(어휘)

stun 깜짝 놀라게 하다 silence 침묵 statement 연설 citizen 시민

2. 정답: ③ that → what

(해석)

항해용 나침반은 역사시대에서 가장 중요한 발명품 중 하나였다. 이것은 거대한 탐험의 시대를 유발했으며, 다음으로 그 시대는 유럽에 막대한 부를 가져다주었다. 이 부가 이후의 계몽운동과 산업혁명과 같은 사건에 기름을 부었다. 이것은 그것이 세상에 도입된 이래 전 세계 사람들의 삶을 지속적으로 단순화시켜 오고 있다.

(해설)

③ 앞에 was라는 be 동사의 보어 자리에 명사절이 사용되었다. 명사절에는 that과 what이 있는데, 뒤에 문장이 완전하면 that, 불완전하면 what을 사용한다. 이 문장은 뒤에 동사 fueled의 주어가 없는 불완전한 문장이므로 what으로 고쳐야 한다.

(오답 분석)

① 최상급은 정관사 the나 소유격과 함께 사용되어야 하는데, 바르게 쓰였다.

② 선행사가 사물이고 뒤에 동사가 제시되어 있으므로 주격관계대명사 which가 바르게 쓰였다.

④ 주절 동사의 시제가 has been continually simplifying이라는 현재완료진행시제가 사용되었다. 현재완료시제는 전치사 since(~이래로)와 어울리므로 바르게 쓰였다.

(어휘)

navigation 항해 spark 유발하다 age of exploration 항해시대 in turn 다음으로 Enlightenment 계몽시대

3. 정답: ③ what → that

(해석)

많은 사람들은 또한 영화사와 연계하여 제작사를 설립했는데, 이는 그들이 어떤 종류의 영화를 만들었는지에 대해 발언권을 가지고 있다는 것을 의미했다. 그러한 시절은 이미 오래전에 지났다.

(해설)

③ meant라는 타동사의 목적어 자리에 명사절이 사용되고 있다. what 뒤에는 불완전한 문장이 수반되어야 하는데, they had a say는 완전한 문장이다. 여기서 a say는 명사로 '발언권'이다. 따라서 what을 that으로 고쳐야 한다.

(오답 분석)

① Many가 주어이고 formed이 동사이다. 과거사실을 설명하고 있으므로 과거시제가 적절하게 사용되었다.

② in association with '~와 협력하여, ~와 협업하여'가 바르게 쓰였다.

④ 전치사 in의 목적어로 명사절이 수반되는 구조이다. what은 의문형용사로 뒤에 나오는 명사를 수식하는 기능을 한다.

(어휘)

in association with ~와 공동으로 those days 그때, 그 시절 be gone 사라지다

4. 정답: ① How ② why

우리가 어떻게 확증 편향으로부터 결정을 보호할지는 심리적으로 왜 확증 편향이 발생하는지에 대해 인식하는 데 달려 있다. 두 가지 가능한 이유가 있다.

① 뒤에 we can protect our decisions는 '주어 + 동사 + 목적어'의 완전한 절이 수반되고 있으므로 주어 자리에 사용되는 명사절을 이끌 수 있는 의문부사 How가 적절하다.

② 전치사 of의 목적어 자리에 명사절이 필요하다. which는 관계대명사이므로 뒤에는 불완전한 문장이 수반되어야 하고, why는 의문부사이므로 뒤에는 완전한 문장이 수반되어야 한다. 뒤에 나오는 동사 happens는 완전자동사이므로 목적어가 필요 없는 동사이다. 따라서 완전한 구조이므로 why가 정답이 된다.

confirmation bias 확증 편향 awareness 인식, 의식

5. 정답: ② however → how

슈미트를 놀라게 했던 것은 어떻게 사람들의 요구가 충족될 수 있는가가 아니라 참가자들이 그들의 사회적인 접촉의 측면으로 얼마나 많은 혜택을 받는가였다. 이 경험은 슈미트뿐만 아니라 다른 사람들에게 깊은 감동을 주었다.

② however는 바로 뒤에 형용사나 부사를 수반해서 부사절을 만드는 접속사이다. 의미 역시 '~와는 관계없이'라는 뜻이므로 여기서는 적절하지 않다. was의 보어로 사용되는 명사절이 사용되어야 하고, 뒤에 완전한 구조가 수반되고 있으므로 의문부사 how로 고쳐야 한다.

① 주어 자리이므로 명사절 접속사가 바르게 사용되었다. 또한 뒤에 주어가 없이 바로 amazed가 나오므로 불완전한 구조이다. 따라서 What이 바르게 쓰였다.

③ 의문부사 how는 뒤에 형용사나 부사를 데리고 다니

면서 정도를 나타낼 수 있다. 따라서 how much가 '얼마나'라는 의미를 가지므로 적절하게 사용되었다.

④ 'not only A but (also) B' 구문에서 also는 생략되고 but만 사용이 가능하므로 바르게 쓰였다.

benefit from ~로부터 혜택을 받다 aspect 측면

6. 정답: ②

모든 미스터리에는 무엇이 발생했는지를 알아내려고 애쓰는 누군가가 있다. 과학자들, 탐정들, 그리고 평범한 사람들이 진실을 밝히는 것을 도울 증거를 찾는다. 그들은 고대의 사람들이 어떻게 그리고 왜 피라미드를 건조했는지 혹은 불가사의한 예술품을 창조했는지를 이해하려고 애쓰며 선사 시대의 유적을 조사한다. 그들은 오래전 멸종된 동물들의 유해를 연구하고 그들이 살아 있었을 때 어떻게 보였을지에 대해 추측한다. 설명되지 않은 무엇이든지 미스터리를 좋아하는 사람들에게는 대단히 흥미롭다.

(A) figure out은 '자동사 + 전치사'의 구조이다. '자동사 + 전치사'는 타동사와 같아서 뒤에 목적어로 명사절을 수반할 수 있다. 그리고 뒤에 수반되는 명사절은 주어가 없이 바로 happened이라는 동사가 제시되어 있으므로 불완전한 구조이다. 따라서 what이 정답이다.

(B) 전치사(about)의 목적어 자리에 명사절이 사용되었다. what은 의문대명사이므로 뒤에는 불완전한 문장이 수반되어야 하고, how은 의문부사이므로 뒤에 완전한 문장이 수반되어야 한다. 이 문장의 경우 look은 자동사이므로 완전한 구조이다. 따라서 how가 사용되어야 한다.

(C) 선행사 Anything이 사물이고 관계절 내에서 동사 is의 주어 역할을 하므로 명사절 접속사 what이 아닌 사물을 가리키는 주격 관계대명사 that 또는 which를 써야 한다.

따라서 ② (A) what-(B) how-(C) that이 정답이다.

figure out ~을 알아내다, 이해하다 search for ~을 찾다 reveal 밝히다, 드러내다 prehistoric 선사 시대의 construct 건조하다, 건설하다 remains 유해 speculate 추측하다

7. 정답: ② what → that

17세기 초반 수십 년 동안 지구와 하늘에 대한 이해의 급격한 성장이 목격되었고, 이 과정은 주로 과학 혁명이라 일컬어졌다. 아리스토텔레스 철학에 대한 오래된 의존성은 대학에서 빠르게 쇠퇴하였다. 자연 철학에 대한 아리스토텔레스의 체계에서, 천체의 움직임은 '간편하게' 그들이 소유하고 있던 4가지 원소(땅, 물, 공기, 불)라는 용어로 설명되었고, 그 원소들은 그들을 구성하고 있는 요소의 우세함에 따라 '원래' 위치를 향해 위로 올라가거나 아래로 내려왔다. 자연 철학은 항상 '혼합된 수학' 과목들과 대비되었는데, 이런 과목들은 광학 정수 역학 그리고 화성학이며, 이 과목들에서는 숫자가 길이나 기간과 같은 외적인 수치에 적용될 수 있었다.

② 빈칸 앞에 선행사 the four elements(earth, water, air, fire)가 제시되어 있으므로, 명사절 접속사가 아닌 관계대명사가 사용되어야 한다. 그리고 뒤의 문장의 동사 possessed의 목적어가 없으므로 사물일 때 목적격관계대명사로 사용이 가능한 that으로 고쳐야 한다. that은 명사절접속사로도 사용이 되고, 관계대명사로도 사용이 가능한데, 앞에 명사가 있으면 관계대명사이고, 앞에 명사가 없으면 명사절접속사로 보면 된다.

① refer to A as B가 수동태로 전환이 되어서 be referred to as로 바뀐 형태이다. a process (which is) usually referred to as에서 '주격관계대명사 + be 동사'가 생략된 것으로 보면 된다.

③ '전치사 + 관계대명사' 뒤로 완전한 문장이 수반되므로 바르게 사용되었다. 또한 전치사 of는 원래 was composed of에서 전치사가 관계대명사 앞으로 이동한 것이므로 바르게 쓰였다.

④ 여기서 where는 의문부사가 아니라 관계부사이다. 이 둘의 차이는 앞에 명사가 있으면 관계부사이고 앞에 명사가 없으면 의문부사로 보면 된다. Where 뒤로 완전한 문장이 이어지고 있으므로 바르게 쓰였다.

witness 보다, 목격자 exponential 급격한 heaven 천국, 하늘 refer to A as B A를 B라고 말하다 reliance 신뢰 wane 약해지다 casually 무심코, 태연하게 in terms of ~의 관점에서 preponderance 우세, 우위 routinely 일상적으로, 언제나, 정기적으로 optics 광학 hydrostatics 유체 정역학, 정수 역학 harmonics 화성학

8. 정답: ②

Princeton 대학교는 학생들이 미국 밖에서 봉사 프로젝트를 하는 것을 선택할 수 있는 등록금이 없는 9개월 간의 "Bridge Year"를 제공한다. Chapel Hill에 위치한 North Carolina 대학과 Tufts 대학은 비슷한 프로그램들을 가지고 있는 반면, 뉴욕시에 위치한 the New School에서 운영되는 프로그램은 참가자에게 최대 1년에 해당하는 학점을 제공한다. 하지만, 지난 5년 동안, 이 아이디어는 미국에서 더욱 호응을 얻고 있는데, 특히나 까다로운 대학들로부터 입학을 허가 받은 미국인들 사이에서 호응을 얻고 있다.

② 문맥상 'the New School에서 운영되는 프로그램'이라는 의미가 되어야 자연스럽고, while이 이끄는 부사절(while - participants)의 동사(offers)가 단수이므로 복수 대명사 ones를 단수 대명사 one으로 고쳐야 한다.

① '학생들이 봉사 프로젝트를 하는 것을 선택한다'라는 문맥에서 elect는 '~하기로 선택하다'의 의미로 쓰일 때 to 부정사를 목적어로 취할 수 있으므로, elect의 목적어 자리에 to 부정사 to do가 올바르게 쓰였다.

③ 문맥상 '지난 5년 동안 이 아이디어는 호응을 얻고 있다'라는 의미로 과거에 시작된 일이 현재까지 계속되고 있음을 표현하고 있고, 주어(the idea)와 동사가 '이 아이디어가 호응을 얻다'라는 의미의 능동관계이므로, has been과 함께 현재완료진행 능동태를 완성하는 gaining이 올바르게 쓰였다.

④ 수식받는 명사(Americans)와 분사가 '미국인들이 입학이 허가되다'라는 의미의 수동 관계이므로 과거분사 admitted가 올바르게 쓰였다.

tuition 등록금 elect 선택하다, 선출하다 run 운영하다 participant 참가자 gain traction 호응을 얻다, 받아들여지다 admit 입학을 허가하다, 인정하다 selective 까다로운

9. 정답: ②

오늘날 시중에 나와 있는 보충제들은 천연 허브 또는 합성 성분을 사용하는 것들을 포함한다. 전문가들은 멀티비타민 중에서 선택할 때, 천연 허브를 포함하는 것들이 반드시 합성 성분을 포함하는 것보다 좋지는 않을 수 있다고 지적한다. 신체는 비타민이 합성 원료나 천연 원료로부터 생산되었는지에 상관없이 분자량과 그들의 기능을 위한 각 비타민과 미네랄의 구조를 인식한다.

㉠ 주어 자리에 복수 명사 Supplements가 왔으므로 복수 동사 include를 써야 한다. 주어와 동사 사이의 수식어 거품(on the market today)은 동사의 수 결정에 영향을 주지 않는다.
㉡ 수식 받는 명사 those와 분사가 '천연허브를 포함하는 것들'이라는 의미의 능동관계이므로 현재분사 containing을 써야 한다.
㉢ 전치사(of)의 목적어 자리에는 명사 역할을 하는 것이 와야 하고, 명사절 접속사 if는 전치사의 목적어 자리에 올 수 없으므로 명사절 접속사 whether을 써야 한다. 따라서 ②㉠ include-㉡ containing-㉢ whether이 정답이다.

synthetic 합성의 ingredient 성분, 재료 molecular weight 분자량

10. 정답: ② weak → the weak

고대의 올림픽은 마치 오늘날의 경기들처럼 운동선수들에게 그들의 건강함과 우월함을 입증할 기회를 제공하였다. 고대 올림픽 경기는 약자를 탈락시키고 강자를 찬미하기 위해 고안되었다. 승자들은 극한의 상황으로 내몰렸다. 마치 현대와 같이 사람들은 익스트림 스포츠를 즐겼다. 인기 있는 경기 중 하나가 33회 올림픽에 추가되었다. 이것은 판크라티온, 즉 레슬링과 권투의 극한 조합이다. 그리스어로 pankration은 "온전한 힘"을 의미한다. 선수는 금속 징이 박힌 가죽끈을 입는데, 이것은 상대방을 엉망으로 만들 수 있다. 이 위험한 형태의 레슬링은 시간이나 무게 제한이 없다. 경기에서는 오직 두 가지 규칙만 적용된다. 첫 번째, 선수들은 엄지손가락으로 눈을 찌르는 것은 허용되지 않는다. 두 번째, 깨물면 안 된다. 그 외의 것들은 정정당당한 방법이라고 여겨진다. 경기는 권투경기와 동일한 방식으로 결정되었다. 경쟁자들은 둘 중 하나가 쓰러질 때까지 계속되었다. 만약 둘 중 누구도 항복하지 않는다면, 두 사람은 누군가 하나가 녹다운될 때까지 주먹다짐해야 했다.

② weak은 형용사인데, 문맥상 '약한 사람들, 약자'를 나타내기 위해서는 앞에 정관사 the가 필요하다. 'the + 형용사'는 복수보통명사를 나타낼 수 있다. 따라서 weak를 the weak로 고쳐야 한다. 뒤에도 마찬가지로 the strong은 '강한 사람들, 강자'를 의미하는 것이다.

① opportunity는 뒤에는 to 부정사가 형용사적 용법 사용되어서 수식을 받을 수 있는 명사이다. 따라서 to 부정사가 바르게 사용되었다.
③ 'one of the + 복수명사'가 주어 자리에 사용되는 경우, 최종적인 주어는 수식을 받는 one이다. 따라서 뒤에 나오는 동사는 단수가 되어야 한다. was가 바르게 쓰였다.
④ until은 '~까지'라는 의미를 가지고, 전치사와 접속사 둘 다 사용이 가능하다, 뒤에 명사(구)가 오면 전치사이고, 뒤에 주어+동사의 문장이 오면 접속사이다. 이 문장의 경우 뒤에 주어+동사의 절이 수반되므로 until은 접속사로 바르게 쓰였다.

surrender 항복하다 blow (손, 무기 등으로) 세게 때림, 강타 knock out 때려눕히다 fitness 신체 단련 superiority 우월성, 우세 glorify 미화하다 brink (벼랑·강가 등의) 끝 stud 못(징), 작은 금속 단추 mess (지저분하고) 엉망인 상태 opponent 상대, 반대자 gouge (난폭하게) 찌르다, 박다 contender 도전자, 경쟁자

1. 정답: ②

해석

이전보다 더 많은 십대들이 우울증, 알코올 중독, 그리고 마약 남용과 같은 문제들로 고생하고 있다는 사실을 받아들인, 절박한 부모들은 도움을 찾고 있다. 많은 부모들이 황무지 프로그램에 의존하고 있는데, 그 프로그램은 젊은이들에게 야외 생활을 경험하게 하고 그 생활을 훈련시킴으로써 그들의 태도와 행동을 변화시켜 줄 것을 약속한다. 이 프로그램의 일부는 농장이나 사막에서 진행된다. 거의 모든 프로그램은 동일한 전제를 공유하고 있는데, 즉 아이들이 스스로를 부양해야만 하는 자연세계를 지속적으로 경험하는 것은 어려움에 처한 소년과 소녀들에게 새로운 기술과 증가된 자신감을 제공할 수 있다는 것이다. 그러나 이러한 프로그램은 효과적인 것처럼 들릴지 모르지만, 무시무시하고 때로는 통제 불가능한 위험이 도사린 황무지가 어려움에 처한 아이들을 치료할 수 있는 장소가 실제로 될 수 있을까 하는 매우 중대한 문제를 제기한다.

해설

(A) 분사구문으로 쓰인 문장이므로 주절의 주어 desperate parents를 분사 앞에 쓰면, desperate parents are given that ~이다. 이는 '절박한 부모들이 (that절의 상황)을 받아들이다'라는 의미로 주어와 수동 관계에 있기 때문에 Given이 와야 한다. (B) 뒤에 쓰인 대명사 all과 결합하여 '거의 모든 프로그램'이라는 의미가 되어야 하므로 Almost가 와야 한다. (C) '형(부사) + as + S + V' 형태로 양보절로 쓰인 문장인데, 형용사나 부사를 as절 속으로 넘겨 생각하면 sound(-처럼 들리다) 2형식 동사이기 때문에 보어로 형용사 effective가 와야 한다.

어휘

depression 우울증 alcoholism 알코올 중독(증) drug 마약 abuse 남용 desperate 필사적인 turn to 의존하다 wilderness 황무지, 황야 premise sustain 지속하다, 떠받치다 crucial 중요한 overwhelming 압도적인, 대항할 수 없는

2. 정답: ④

해석

속담은 은유적이고 기억할 수 있는 형태로 지혜, 진리, 교훈, 그리고 전통적인 관점이 담겨 있으며, 대대로 전해 내려오는, 사람들이 보편적으로 알고 있는 짧은 문장이다. 그러므로 인류 유산의 일부로서 속담은 흥미로운 연구 주제이며, 민담과 인류학의 연구에서 많은 관심을 받고 있는데, 그 연구에서 속담은 특정한 문화에 대한 스냅 사진을 제공하는 것으로 종종 묘사된다. 다른 관점에서 보면, 많은 사람들이 어려운 상황에 처해 있을 때 속담이 용기를 주고 위로해 준다는 사실을 알게 되고, 일종의 도움이나 인생의 지표로 속담을 이용할 수도 있다는 점에서 속담은 심리 사회학적인 기능을 수행할 수 있다. 속담에 대한 접근 방식이 무엇이건 간에, 속담의 가치는 "모든 속담은 그 속에 뭔가를 가지고 있다."는 아이슬란드의 속담에 요약되어 있다.

해설

(A) 계속적 용법으로 쓰인 관계대명사는 접속사(and)를 포함하고 있기 때문에 and which가 틀린 것으로 착각하면 된다. 네모 안의 관계대명사는 a short, generally known sentence of the folk를 선행사로 가지면서 which contains wisdom ~와 병렬 구조로 연결되기 때문에 and which가 와야 한다. (B) 앞의 as가 전치사로 쓰였기 때문에 전치사의 목적어 역할을 하는 동명사(providing)가 와야 한다. (C) 네모 뒤에 be 동사의 보어가 빠진 불완전한 문장이 왔으므로, 보어 역할을 하며 양보의 의미를 지닌 복합관계 대명사 Whatever가 와야 한다. 복합관계부사 However는 뒤에 형용사나 부사가 나온 후 주어와 동사가 온다는 것에 주의한다.

어휘

folk 사람들 moral 도덕 metaphorical 은유(비유)적인 memoizable 기억할 수 있는 hand down 전해주다 heritage 유산 anthropological 인류학의 portray 그리다 soothing 진정시키는 signpost 단서

3. 정답: ③

(해석)

동물들은 적으로부터 자신을 방어하기 위한 많은 방법을 발달시켰다. 많은 동물들은 숨고, 자고, 쉬고 그리고 새끼들을 기르기 위한 안전한 장소를 찾으면서 포식자에게 들키는 것을 피한다. 예를 들어, 사막 두꺼비들은 포식성의 새들로부터 피하기 위해 진흙 속의 틈으로 기어 들어가는 반면, 토끼들은 영구 서식지를 만들고 그들이 발견되기가 더 어려운 밤에만 그 장소를 떠난다. 어떤 동물들은 주변 환경 속에 섞여 적들에게 발견되는 것을 피하기 위해 주변 환경의 특성들을 지니게 된다. 예를 들어, 카멜레온은 그 배경과 어울리기 위해 색깔을 바꾸고 대벌레는 자기가 밟고 지나가는 잔가지의 모양과 색을 띤다. 다른 동물들은 공격자로부터 도망가거나 헤엄치거나, 날아감으로써 포식자들을 피하는 한편, 또 다른 동물들은 거북의 껍질이나 코브라의 독과 같은 보호용 껍질이나 화학적인 방어물을 발달시켜 왔다.

(해설)

(A) 선행사 permanent nest를 관계사절 뒤로 넘기면, they leave permanent nest인데 '그들은 영구 서식지를 떠난다'는 의미로 동사 leave의 목적어 역할을 하기 때문에 목적격 관계대명사인 which가 와야 한다. (B) avoid의 의미상 주어인 Some animals와 연결시키면, '일부 동물들은 발견되는 것을 피한다는 의미가 적절하므로 수동형 동명사 being spotted가 와야 한다. (C) 앞에 쓰인 Some animals, Other animals와 상응하여 '또 다른 (일부) 동물들은'의 의미이므로 others가 와야 한다.

(어휘)

defend 방어하다 predator 포식자 toad 두꺼비 crawl 기어가다 crack (갈라진) 틈 blend 섞다 assume (양상) 띠다 twig 잔가지 evolve 진화하다, 발전시키다 armor 갑옷, (동물의) 껍질 venom 독

4. 정답: ③

(해석)

스트레스 반응을 자원으로 여기는 것은 두려움이라는 생리 기능을 용기라는 생명 작용으로 바꿀 수 있다. 그것은 위협을 도전으로 바꿀 수 있고, 여러분이 압박감 속에서 도 최선을 다하게 도울 수 있다. 불안의 경우에서처럼 스트레스가 도움이 되지 않는다고 느껴질 때조차도 그것을 기꺼이 받아들이는 것은 그것을 도움이 되는 것, 즉, 더 많은 에너지. 더 많은 자신감, 그리고 더 기꺼이 조치를 취할 마음으로 바꿀 수 있다. 스트레스의 징후를 알아차릴 때마다 여러분의 삶에 이 전략을 적용할 수 있다. 여러분의 심장 박동이나 호흡이 빨라진다고 느낄 때 그것은 여러분에게 더 많은 에너지를 주려고 노력하는 여러분의 몸의 방식이라는 것을 깨달아라. 만약 여러분의 몸에서 긴장을 느낀다면 스트레스 반응이 여러분에게 자신의 힘을 이용할 기회를 준다는 점을 상기하라. 손바닥에 땀이 나는가? 첫 데이트에 갈 때 어떤 기분이었는지를 기억하라. 즉. 여러분이 원하는 것에 가까울 때 손바닥에 땀이 난다.

(해설)

① help는 목적격 보어로 동사원형과 to 부정사 모두 취할 수 있는 동사이므로, do는 적절하다.
② 앞에 있는 the stress를 가리키는 대명사가 와야 하므로, it은 적절하다.
③ 주절에 동사가 없고 '깨달아라'라는 의미의 명령문이 되어야 하므로, realizing을 동사원형 realize로 고쳐야 한다.
④ 뒤에 모든 문장 성분을 갖춘 완전한 문장이 왔고 remind의 직접목적어인 명사절을 이끄는 접속사 가 와야 하므로, that은 적절하다.
⑤ 주어 자리에 가주어 it이 왔으므로 뒤에 진주어인 to 부정사구가 와야 한다. 따라서 to go는 적절하다.

(어휘)

resource 자원 transform 바꾸다 biology 생명 작용 courage 용기 take action 조치를 취하다 apply 적용하다 quicken 빨라지다 tension 긴장 palm 손바닥

5. 정답: ②

(해석)

다음 천 년의 후반부 언젠가. 우리의 자손들은 다른 항성계를 향하게 될 수도 있다. 그들은, 그중 일부가 우리의 태양에 그냥 느슨하게 묶여 있는 혜성들을 디딤돌로 사용할 수도 있는데, 왜냐하면 그것들은 가장 가까운 항성계, Alpha Centauri에 거의 중간에 이르기 때문이다. 우

리의 먼 자손들은 지구에 첫 살아 있는 생명체들이 한때 지구의 초기 바다를 점령했던 것과 같이 우리 은하계의 대부분을 결국 정복할 수도 있다. 행성 간의 이동은 우주선을 운전하기 위한, 지속 가능한 환경을 유지하기 위한. 인간을 수 세기 동안 지속되는 동면에 들어가게 하기 위한. 아직까지는 상상이 되지 않는 기술에 의지할 것이다. 또한 행성 간의 이동은 돌아올 희 망이 거의 없거나 전혀 없는 길고 위험한 여정의 위험을 무릅쓸 의지가 있는 집단들의 존재에 의존할 수 있을 것이다. 빛의 속도의 1%로 이동하는 우주선이 Alpha Centauri(항성)계에 도달하는 데에는 400년보다 더 걸릴 것이다. 하지만 만약 그들이 그곳에서부터 비슷한 속도로 퍼져 나간다면, 그들은 1억 년 안에 은하계 도처의 항성계를 정착시킬 수 있을 것이고, 이는 공룡이 우리 지구를 지배했던 이후의 (시간의) 기간보다 아주 약간 더 길다.

해설

① 동사구 are bound를 수식하는 부사가 와야 하므로, loosely가 온 것은 적절하다.

② hibernations를 수식하는 분사가 와야 하는데 '지속되는'이라는 능동의 의미이므로, last를 현재분사 lasting으로 고쳐 써야 한다.

③ 'willing to 동사원형'은 '기꺼이 ~하는'이라는 의미로 to risk가 온 것은 적절하다.

④ spaceship을 수식하는 분사가 와야 하는데 '이동하는'이라는 능동의 의미이므로, 현재분사 traveling이 온 것은 적절하다.

⑤ one hundred million years에 대한 부가적인 설명을 해주는 계속적 용법의 관계대명사가 와야 하므로, which가 온 것은 적절하다.

어휘

millennium 천년간 descendant 자손, 후손 head off 진로를 바꾸다 comet 혜성 stepping-stone 디딤돌 half-way 도중의, 중간의 loosely 느슨하게 remote 외지, 외딴 colonize 정복하다, 대량 서식하다 galaxy 은하계 organism 생물(체), 유기체 interstellar 행성 간의 migration 이동, 이송 sustainable 지속가능한 hibernation 동면 voyage 여행, 항해

Chapter 16

관계대명사

1) 관계대명사의 종류와 해석

관계대명사는 두 개의 문장을 연결해 주는 접속사 기능과 앞에 나온 명사를 대신 받아 주는 대명사 기능을 동시에 한다. 따라서 관계대명사 앞에는 명사(선행사)가 있어야 한다. 뒤에는 불완전한 문장이 수반된다.

- I like the girl. 나는 그 소녀를 좋아한다.

+

- The girl lives next door. 그 소녀는 옆집에 산다.
  - → I like the girl **and she** lives next door. 나는 그 소녀를 좋아한다. 그리고 그녀는 옆집에 산다.
  - = I like the girl **who** lives next door. 나는 옆집에 사는 소녀를 좋아한다.

관계대명사 앞에 나온 명사를 선행사라 한다고 했다. 이 선행사가 사람인지, 사물인지, 없는지에 따라 사용하는 관계대명사는 달라진다. 또한 관계대명사 뒤에는 불완전한 문장이 수반되므로, 뒤 문장에서 빠진 요소를 확인해서 관계대명사의 격을 결정한다.

		주격	소유격	목적격
선행사	사람	who, that	whose	whom, that
	사물/동물	which, that	whose, of which	which, that
	선행사가 없는	what	-	what
해석		그런데 그 명사는	그런데 그 명사의	그런데 그 명사를

2) 격의 결정

관계대명사 뒤에는 불완전한 문장이 나오는데, 그 문장에서 빠져 있는 성분이 관계대명사의 격이 된다.

(1) 주격 관계대명사
뒤에 주어가 없는 불완전한 문장이 온다.

- I know a woman **who lives** next door to me. 나는 나의 옆집에 사는 여자를 안다.
  주격 관계대명사 + 동사(주어 없음)
- The car **which is** in the garage is out of order. 차고에 있는 그 차가 고장 났다.
  주격 관계대명사 + 동사(주어 없음)

(2) 목적격 관계대명사
뒤에 목적어가 없는 불완전한 문장이 온다.

- This is the book **which** I **bought** yesterday. 이것은 내가 어제 구입했던 책이다.
  목적격 관계대명사 + 주어 + 타동사(타동사의 목적어 없음)

- All employees **whom** the company **hired** should attend the seminar.
  목적격 관계대명사 + 주어   + 타동사(타동사의 목적어 없음)

  그 회사가 고용했던 모든 직원들은 그 세미나에 참석해야 한다.

(3) 소유격 관계대명사

소유격 뒤에는 대명사가 올 수 없고 명사가 온다. 그리고 소유격 자체는 수식하는 역할을 하는 것이므로 주격이나 목적격과 다르게 뒤에는 완전한 구조의 문장이 온다.

- She bought the book **whose cover** is white. 그녀는 표지가 흰색인 책을 구입했다.
  소유격 관계대명사 + 명사 + be + 보어(2형식 완전한 문장)
- They will introduce a new car **whose design** is very innovative. 그들은 디자인이 매우 혁신적인 신차를 소개할 것이다.
  소유격 관계대명사+명사 + be 동사 + (부사) + 형용사(2형식 완전한 문장)

문장 분석! 구조 파악 연습

1. Students who fail to recognize how subtle logical shifts occur within a passage often end up misunderstanding the author's true intention.
2. The community whose traditions have survived countless hardships continues to influence the cultural identity of the region.
3. The solution that the researchers proposed after years of heated debate turned out to be far more practical than expected.

정답과 해설

1. Students who fail to recognize how subtle logical shifts occur within a passage often end
   S(선행사) 주격   V'   V

up misunderstanding the author's true intention.

지문 속에서 논리의 미묘한 전환이 어떻게 일어나는지 알아채지 못하는 학생들은 종종 글쓴이의 진짜 의도를 오해하게 된다.

2. The community whose traditions have survived countless hardships continues to influence
      S(선행사)   소유격   N(S')   V'   V

the cultural identity of the region.

수많은 어려움을 견뎌 살아남은 전통을 가진 그 공동체는 여전히 지역의 문화적 정체성에 영향을 미친다.

3. The solution that the researchers proposed after years of heated debate turned out to be
     S(선행사)   목적격   S'   V'   2V   SC

far more practical than expected.

수년간의 격렬한 논쟁 끝에 연구자들이 제안한 그 해결책은 예상보다 훨씬 더 실용적인 것으로 밝혀졌다.

3) 주의해야 할 관계대명사

(1) 관계대명사 that만 사용하는 경우

관계대명사 that은 선행사가 사람, 사물일 때 둘 다 사용이 가능하다. 그러니 꼭 that을 사용해야 하는 경우와 that을 사용할 수 없는 경우를 기억해야 한다. 다음과 같은 선행사가 나오면 꼭 that을 사용해야 한다.

① 선행사가 '사람 + 사물' 혹은 '사람 + 동물'일 때
- **A man and his dog that** were passing by were injured. 지나가고 있는 한 남자와 그의 개가 부상을 당했다.
  [who를 사용하면 dog가 '사람' 취급이 되고, which를 사용하면 man이 '사물' 취급이 되기 때문이다.]
- The story is about **a child and a tree** that get close to each other. 이 이야기는 한 아이와 한 나무가 서로 친해지는 이야기이다.

② 선행사 앞에 수식어가 있는 경우(서수, 최상급, the only, the same, all)
- Man is **the only** animal **that** can speak. 인간은 말을 하는 유일한 동물이다.
- It's **the best food that** I've ever eaten. 이 음식은 내가 이제까지 먹었던 것 중에서 제일 맛있다.
- The doctor did **all that** was humanly possible. 그 의사는 인간적으로 할 수 있는 모든 것을 했다.

③ 의문사가 이끄는 의문대명사인 경우
- **Who that** has common sense can believe such a thing? 상식을 가진 어떤 이가 그런 것을 믿을 수 있는가? [선행사가 사람이라고 해서 who를 사용하면, who가 연달아 두 번 사용되기 때문이다.]

④ -thing으로 끝나는 단어가 선행사일 때
선행사가 something, anything, nothing과 같이 -thing으로 끝나는 단어일 때 관계대명사는 that을 사용한다.

- There is **nothing that** you can do to get your mom and dad together again. 당신의 엄마와 아빠가 다시 합치게 하기 위해서 당신이 할 수 있는 것은 아무것도 없다.

(2) 관계대명사 that을 쓸 수 없는 경우
① 콤마(,) 뒤
관계대명사 that은 계속적 용법에는 사용할 수 없다. that은 관계대명사뿐만 아니라 지시대명사로 사용할 수도 있어서 혼동을 피하기 위해 콤마 뒤에는 that을 사용하지 않는다.
보통 관계절은 앞의 명사(선행사)를 수식(한정적 용법)하는데, 관계대명사 앞에 콤마(,)를 찍으면 계속적 용법이 된다. 해석은 앞에서 뒤로 순차적으로 하면 된다.

- There is **a house** which I live in. 내가 살고 있는 집이 있다. [한정적 용법: which는 that으로 교체 가능]
- There is a house, which I live in. 거기에 집이 하나 있는데, 내가 살고 있는 집이다. [계속적 용법: that 사용 불가능]

② 전치사 뒤
관계절의 문장 끝에 전치사가 오는 경우, 그 전치사는 목적격 관계대명사 앞으로 이동 가능하다. 단 '전치사 + 관계대명사' 구문에서 전치사 뒤의 관계대명사로 that은 사용할 수 없다.

- This is the principle **which** the theory is based **on**. 이것은 그 이론이 근거로 하는 원칙이다.

  = This is the principle **that** the theory is based **on**.

  = This is the principle **on which** the theory is bases.

  ≠ This is the principle on that the theory is based. [X]

- Our company moved to the city in **which** the president lives now. 우리 회사는 사장님이 현재 살고 있는 도시로 이전했다.

(3) which를 사용해야 하는 경우: 선행사가 구나 앞 문장 전체인 경우

선행사가 한 단어가 아니라 구나 앞 문장 전체인 경우 관계대명사는 which로 받는다.

- Tom passed the state examination. Tom은 그 국가 시험을 통과했다.

  +

- **This** surprised everyone. 그것을 모두를 놀라게 했다. [this는 앞 문장 전체를 받는다.]

  → Tom passed the state examination **and this** surprised everyone.

  = Tom passed the state examination **which** surprised everyone. [이때 which는 앞 문장 전체를 선행사로 받는 관계대명사이다. 관계대명사 = 접속사 + 대명사]

- **His daughter was very intelligent, which** was a source of pride to him. 그의 딸은 굉장히 똑똑했는데, 그것은 그의 자부심의 원천이었다.

- **She became a professor, which** was very difficult. 그녀는 교수님이 되었다. 그것은 매우 어려운 것이었다.

(문장 분석! 구조 파악 연습)

1. He made a promise to improve the learning environment, which inspired many students to trust his leadership.

2. The team failed to consider the long-term effects of their decision, which led to unexpected complications later on.

(정답과 해설)

1. He made a promise to improve the learning environment, which inspired many students to

　　S　V　　　　　　　　　　　　　O(선행사)　　　　　　　주격　　V

trust his leadership.

그는 학습 환경을 개선하겠다는 약속을 했고, 그 약속이 많은 학생들이 그의 리더십을 신뢰하게 만들었다.

2. The team failed to consider the long-term effects (of their decision,) which led to

　　　　　　　　　　　　　선행사(문장 전체)　　　　　　　　　주격　　V

unexpected complications later on.

그 팀은 결정의 장기적 영향을 고려하지 못했고, 그로 인해 이후 예상치 못한 문제들이 발생했다.

(4) 관계사절 내에 삽입절이 있는 경우

주격 관계대명사 뒤에 S + think, believe, guess, suppose(인식, 확신 계열의 동사)가 나오면 이 '주어 + 동사'는 삽입절이라고 보면 된다. 없다고 보고 괄호를 친 다음에 문장 성분을 파악하면 된다.

이때 관계대명사의 격과 관계절 동사의 수 일치에 주의한다.

선행사 + 관계대명사 + (S + think/say/believe/know/guess/feel) + V

- This is the man **who** (we think) is reliable. 이분이 우리가 믿을 만하다고 생각하는 사람이다.
- Doing what (you think) is right does not necessarily mean doing the popular thing. 네 생각에 옳은 일을 한다는 것은 반드시 남들이 하는 일을 한다는 것을 의미하지는 않는다.

1. The researchers who they claim are fundamentally reshaping the way artificial intelligence interprets human language have published a groundbreaking study that challenges long-held assumptions in the field.

1. The researchers who (they claim) are fundamentally reshaping the way artificial
               S   주격   (삽입절)   V

intelligence interprets human language have published a groundbreaking study that
                              V

challenges long-held assumptions in the field.

그들이 인공지능이 인간 언어를 해석하는 방식을 근본적으로 재구성하고 있다고 주장하는 그 연구자는 이 분야의 오랫동안 유지되어 온 가정을 뒤흔드는 획기적인 연구를 발표했다.

(5) 전치사 + 관계대명사

전치사는 관계사절 맨 끝에 위치하거나, '전치사 + 관계대명사'의 형태로 관계절 앞에 위치할 수 있다. '전치사 + 관계대명사' 형태일 경우, 그 뒤에는 완전한 문장이 온다. 올바른 전치사를 묻는 문제가 나오면 선행사를 관계절 맨 끝에 넣어서 고르면 된다.

- This is **the man**. 이분이 그 사람이다.

+

- We can rely on **the man**. 우리는 사람을 믿을 수 있다.
    → This is the man **whom** we can rely **on**. 이분이 우리가 믿을 수 있는 사람이다.
    = This is the man **on whom** we can rely.

1. The scholar to whom many researchers have referred in recent debates proposes a framework that fundamentally redefines how cultural identity is constructed.

2. The institute from which the groundbreaking theory originated has recently launched a global research initiative aimed at revisiting its initial assumptions.

1. The scholar to whom many researchers have referred in recent debates proposes a
     S   전+관계대명사   S   Vi   V

framework that fundamentally redefines how cultural identity is constructed.

최근 논쟁에서 많은 연구자들이 언급해 온 그 학자는 문화적 정체성이 어떻게 형성되는지를 근본적으로 재정의하는 하나의 틀을 제안한다.

2. The institute from which the groundbreaking theory originated has recently launched a
     S   전+관계대명사   S'   Vi'   V

global research initiative aimed at revisiting its initial assumptions.

그 획기적인 이론이 비롯된 기관은 최근 그 초기 가정을 재검토하기 위한 글로벌 연구 프로젝트를 시작했다.

(6) 부정대명사 + of + 목적격 관계대명사

'부정대명사(all, most, some, both, none) + of + 관계대명사'의 구조를 주의하자. 여기에서 관계대명사는 전치사 뒤에 위치하므로 목적격이 되어야 한다. 또한 관계대명사 자리에는 일반 대명사 them을 사용하지 않도록 주의해야 한다.

- We hired ten workers, and all of them are bilingual. 우리는 열 명의 직원을 고용했다. 그리고 그들 모두는 두 개 국어를 구사한다. [두 문장을 접속사 and로 연결하고 있다.]

  ≠ We hired ten workers, all of them are bilingual. [[X] 두 문장이 접속사 없이 콤마로는 연결될 수 없다. 따라서 접속사나 접속사의 기능을 포함하는 관계대명사가 필요하다.]

  → We hired ten workers, all of **whom** are bilingual. 우리는 열 명의 직원을 고용했는데 그들 모두는 2개 국어를 구사한다.

마지막 문장에서 관계대명사 whom은 'and'와 'them'이 결합된 것이므로 접속사 기능을 포함하고 있다. 따라서 두 문장을 연결하는 기능을 할 수 있다. 이때 whom 자리에 them을 쓰지 않도록 주의해야 한다.

1. The committee released a series of recommendations aimed at reshaping national education standards, and most of them highlight the urgent need to incorporate critical-thinking instruction across all grade levels.
2. The institute recently unveiled several long-term research initiatives, some of which aim to address disparities in educational access across underrepresented communities.

1. The committee released a series of recommendations (aimed at reshaping national
        S   V   O

education standards,) and <u>most of them</u> <u>highlight</u> the urgent need to incorporate critical-
　　　　　　　　접속사　most of them　　　V

thinking instruction across all grade levels.

위원회는 국가 교육 기준을 재구성하기 위한 일련의 권고안을 발표했으며, 그들 대부분은 모든 학년에서 비판적 사고 교육을 도입해야 한다는 긴급한 필요성을 강조한다.

2. <u>The institute</u> recently <u>unveiled</u> <u>several long-term research initiatives</u>, <u>some of which</u> <u>aim</u>
　　　S　　　　　　　V　　　　　O　　　　　　　　　, some of which　　V
to address disparities in educational access across underrepresented communities.

그 연구소는 최근 여러 장기 연구 계획을 공개했으며, 그중 일부는 대표성이 낮은 지역사회 전반의 교육 격차를 해결하는 것을 목표로 한다.

2. 관계부사

1) 관계부사의 개념

선행사가 사람이나 사물이 아닌, 시간, 장소, 방법, 이유와 같이 부사가 오는 경우에는 관계부사를 사용한다. 이때 관계부사는 '전치사 + 관계대명사'를 대신할 수 있고, 접속사와 부사의 역할을 수행한다.

- They didn't tell me **the time**. 그들을 나에게 그 시간을 말해 주지 않았다.

　　+

- They could come back at **that time**. 그들은 그 시간에 돌아올 수 있다.
    = They didn't tell me <u>the time</u> which they could come back at. 그들은 돌아올 수 있는 시간을 나에게 말해 주지 않았다.
    = They didn't tell me <u>the time</u> **at which** they could come back.
    = They didn't tell me <u>the time</u> **when** they could come back

선행사	종류	해석
시간 the time	when	그런데 그 시간에
장소 the place	where	그런데 그 장소에
방법 the way	how	그런데 그 방법으로
이유 the reason	why	그런데 그 이유로

또한 관계부사는 접속사의 역할과 함께 부사 역할을 하므로, 뒤에는 **완전한 문장**이 온다.

- This is <u>the house</u> **where** he lives. 이 집은 그가 살고 있는 집이다. [where = in which]
- Do you know **the reason why** the teacher was angry? 선생님이 화난 이유를 혹시 아니? [why = for which]
- Please tell me (the way) **how** you solved the problem. 네가 어떻게 이 문제를 풀었는지 좀 말해 줘. [how = in which, the

way와 how는 같이 사용할 수 없다.]

관계부사는 관계부사나 선행사 중에 어느 한쪽이 없어도 뜻이 확실한 경우에는 둘 중 하나를 생략할 수 있다. 반면 how는 선행사나 how 둘 중에 하나를 반드시 생략해야 한다. the way how는 쓰지 않는다. 그러나 the way that은 가능하다.

- This is **the place** (where) I worked hard. 여기는 내가 열심히 일했던 곳이다.
    = This is (the place) **where** I worked hard.
- We ate dinner **in the place** (where) we saw the performance. 우리는 공연을 봤던 곳에서 저녁을 먹었다.
    = We ate dinner (in the place) **where** we saw the performance.
- Can you show me **how** you solve the math problem? 그 수학 문제를 어떻게 풀었는지 알려 줄래?
    = Can you show me **the way** you solve the math problem?
    = Can you show me **the way that** solve the math problem?
    ≠ Can you show me the way how you solve the math problem? [X]

1. The report illustrates how technological innovation accelerates social change in ways that traditional models can no longer adequately explain.

2. The study revealed how significant the gap had become between students who regularly practiced analytical reading and those who relied solely on memorization.

1. The report illustrates how technological innovation accelerates social change in ways that
   S   V   O   N(선행사) 목적격

traditional models can no longer adequately explain.
   S   Vt

보고서는 기술 혁신이 전통적 모델이 더 이상 충분히 설명할 수 없는 방식으로 사회 변화를 어떻게 가속하는지를 보여 준다.

2. The study revealed how significant the gap had become between students who regularly
   S   V   how   형   S'   2Vi

practiced analytical reading and those who relied solely on memorization.

그 연구는 분석적 읽기를 꾸준히 연습한 학생들과 암기에만 의존한 학생들 사이의 격차가 얼마나 커졌는지를 밝혀냈다.

복합관계사는 관계사에 -ever가 붙은 것으로, 복합 관계대명사와 복합 관계부사가 있다.

1) 복합 관계대명사

명사절과 부사절 역할을 하고, 뒤에는 불완전한 문장이 온다.

복합 관계대명사	명사절일 때 의미	부사절일 때 의미
whoever/whomever	~하는 사람이면 누구나 (= anyone who/whom)	~하는 사람이면 누구든지 간에
whichever	~하는 것이면 어느 것이든(제한) (=anything that)	~하는 것이면 어느 것이든지 간에
whatever	~하는 것이면 무엇이든 (=anything that)	~하는 것이면 무엇이든지 간에

- **Whoever** comes here first will get this. 가장 먼저 오는 사람은 누구든지 이것을 가질 것이다. [명사절]
- (**Whatever** they say,) I don't care. 그들이 무슨 말을 하든지, 나는 신경 쓰지 않는다. [부사절]

2) 복합 관계부사

부사절 역할을 하고, 뒤에는 완전한 문장이 온다. 주의할 점은 복합관계사의 격은 주절에서의 격이 아니라, 복합관계절 내의 격에 의해 결정된다.

복합 관계부사	부사절일 때 의미
whenever + S + V + O	~할 때면 언제든지
wherever + S + V + O	~할 때면 어디든지
however + **형용사 +** S + be + **부사** + S + V	아무리 ~하더라도 (=no matter how)

1. 다음 중 어법상 틀린 부분을 골라 바르게 고치시오.

According to the teachers we work ① with, this highly scripted approach to reading instruction ② has produced many students ③ whom know ④ how to sound out words.

2. 다음 중 어법상 옳지 않은 것은?

We live in a democratic age. Over the last century the world has been shaped by one trend above all others – the rise of democracy. In 1900, not a single country had ① what we would today consider a democracy: a government created by elections ② which every adult ③ citizen could vote. Today this is done by over 60 percent of the countries in the world. ④ What was once a peculiar practice of a handful of states around the North Atlantic ⑤ has become the standard form of government for humankind.

3. 다음 중 어법상 올바른 것을 고르시오.

The stock market, [which / where] claims on the earnings of corporations(shares of stock) are traded, is the most widely followed financial market in America.

4. 다음 중 어법상 맞는 것을 고르시오.

In the eighteenth-century families began ① [eat / to eat] alone, preferring to serve themselves rather than ② [having / to have] servants listening to ③ [everything / everything which] they had to say.

5. 다음 중 어법상 틀린 부분을 골라 바르게 고치시오.

A mutual aid group ① is a place ② which an individual brings a problem and ③ asks ④ for assistance.

6. 밑줄 친 부분 중 어법상 옳지 않은 것은?

Officials in the UAE, responding to an incident ① which an Emirati tourist was arrested in Ohio, cautioned Sunday that travelers from the Arab country should "refrain from ② wearing the national dress" in public places ③ while visiting the West "to ensure their safety" and said that women should abide by bans ④ on face veils in European countries, according to news reports from Dubai.

7. 밑줄 친 부분 중 어법상 옳지 않은 것은?

Carbonate sands, ① that accumulate over thousands of years from the breakdown of coral and other reef organisms, are the building material for the frame-works of coral reefs. But these sands are sensitive to the chemical make-up of sea water. As oceans absorb carbon dioxide, they acidify — and at a certain point, carbonate sands simply start to dissolve. The world's oceans have absorbed around one-third of human-emitted carbon dioxide. The rate ② at which the sands dissolve was strongly related to the acidity of the overlying seawater, and was ③ ten times more sensitive than coral growth to ocean acidification. In other words, ocean acidification will impact the dissolution of coral reef sands more than the growth of corals. This probably reflects the corals' ability to modify their environment and partially adjust to ocean acidification, ④ whereas the dissolution of sands is a geochemical process that cannot adapt.

8. 밑줄 친 부분 중 어법상 옳지 않은 것은?

Stressful events early in a person's life, such as neglect or abuse, can have psychological impacts into adulthood. New research shows that these effects may persist in their children and even their grandchildren. Larry James and Lorena Schmidt, bio-chemists at the Tufts School of Medicine, caused chronic social stress in adolescent mice by regularly relocating them to new cages ① over the course of seven weeks. The researchers then tested these stressed mice in adulthood using a series of standard laboratory measures for rodent anxiety, such as how long the mice spent in open areas of a maze and ② how frequently they approached mice they had never met before. Female mice showed more anxious behaviors compared with control animals, ③ whereas the males did not. Both sexes' offspring displayed more anxious behaviors, however, and the males ④ whoever had been stressed as adolescents even transmitted these behavior patterns to their female grandchildren and great grandchildren.

9. 밑줄 친 부분 중 어법상 옳지 않은 것은?

Mythology was an integral part of Egyptian culture for much of its timespan. Characters and events from myth permeate Egyptian art, architecture, and literature. Myths underpinned many of the rituals performed by kings and priests. Educated Egyptians believed ① that a knowledge of myth was an essential weapon in the fight to survive the dangers of life and the afterlife. There is disagreement among Egyptologists about when mythical narratives first developed in Egypt. This dispute is partly due to the difficulty of deciding ② what should be counted as a myth. Today, the term myth is often used in an unfavorable way to refer to something ③ which is exaggerated or untrue. In ancient cultures, myth did not have this negative connotation; myths could be regarded as stories ④ that contained poetic rather than literal truths. Some scholars separate myths from other types of traditional tale by classifying them as stories featuring deities. This simple definition might work quite well for Egypt, but not for all cultures.

10. (A), (B), (C)에서 어법에 맞는 표현으로 가장 적절한 것은?

First impression bias means that our first impression sets the mold (A) [which / by which] later information we gather about this person is processed, remembered, and viewed as relevant. For example, based on observing Ann-Chinn in class, Loern may have viewed her as a stereotypical Asian woman and assumed she is quiet, hard working, and unassertive. (B) [Reached / Having reached] these conclusions, rightly or wrongly, he now has a set of prototypes and constructs for understanding and interpreting Ann-Chinn's behavior. Over time, he fits the behavior consistent with his prototypes and constructs into the impression (C) [that /what] he has already formed of her. When he notices her expressing disbelief over his selection of bumper stickers, he may simply dismiss it or view it as an odd exception to her real nature because it doesn't fit his existing prototype.

	(A)	(B)	(C)
①	which	- reached	- that
②	which	- having reached	- what
③	by which	- having reached	- that
④	by which	- reached	- what

1. 다음 글의 밑줄 친 부분 중, 어법상 틀린 것은?

"If I were given 1 hour to save the planet, I ① would spend 59 minutes defining the problem and 1 minute resolving it," Albert Einstein said. These were wise words, but most organizations don't follow them when tackling innovation projects. Indeed, when developing new products or processes, most companies don't put enough effort into defining the problems they're trying to solve or ② identify important related matters. Without that effort to define the problem, organizations miss opportunities, waste resources, and end up ③ pursuing narrow innovation projects that don't match broader strategies. How many times have you seen a project ④ go down one path only to realize later that it ⑤ should have gone down another?

2. 다음 글의 밑줄 친 부분 중, 어법상 틀린 것은?

In a study scientists put cold-causing viruses into the noses of 334 healthy adults. People who tended to be in good spirits ① were least likely to develop sniffles, coughs, and other cold symptoms. People who showed positive emotions were also less likely to mention their conditions to their doctors, even when medical tests indicated that they caught cold. Those results were ② interesting, but they did not prove that a person's emotions affect whether he or she gets sick. Instead, it was still possible ③ that a person's personality is ④ what really matters. Evidence suggests, for instance, that certain people are naturally more likely to be happy and confident. This would mean that who we are, not how we feel, ultimately ⑤ decide our chances of catching cold.

① <u>All living languages</u> are constantly changing and developing. In the days before the rapid and easy communications of the modern world, when one group of people moved away from another, they ② <u>might well lose</u> contact with each other. Their languages would then develop separately and in different ways. Each group would form ③ <u>its own dialect</u>, developing its own pronunciation and picking up or devising new words to suit changing circumstances. Contact with ④ <u>other peoples</u> in new territories would bring further changes and, after many generations, the people of one group would no longer readily understand the language of the other. By then, a new language could be said to have developed, and ⑤ <u>stemmed</u> from a common parent language, they both belonged to the basically same "family".

Dr. Joseph Bell was a professor of medicine at the University of Edinburgh. His students were amazed by his astonishing powers of observation. He seemed able to determine what patients did for a living, or what illness ① <u>they</u> might have, simply by glancing in their direction. One time he concluded that a patient ② <u>had walked</u> across a golf course on the way to the doctor, simply by looking at his shoes. One of Bell's students was particularly impressed with his teacher's abilities. He filled up notebooks with examples of ③ <u>what</u> he called Bell's "eerie trick of spotting details." The student eventually went into practice himself outside London. When business was slow, he filled his spare moments by writing stories. He took Dr. Bell's powers of perception, and gave them to a character of his own making — a character who made the young doctor, Arthur Conan Doyle, ④ <u>famous</u> around the world. And so, the professor who made even the most complex diagnosis seem "elementary" ⑤ <u>becoming</u> the inspiration for fiction's greatest detective, Sherlock Holmes.

* eerie: 오싹한

** diagnosis: 진단

5. 다음 글의 밑줄 친 부분 중, 어법상 틀린 것은?

A number of studies provide substantial evidence of an innate human disposition to respond differentially to social stimuli. From birth, infants will orient preferentially towards the human face and voice, ① seeming to know that such stimuli are particularly meaningful for them. Moreover, they register this connection actively, imitating a variety of facial gestures that are presented to them— tongue protrusions, lip tightenings, mouth openings. They will even try to match gestures ② which they have some difficulty, experimenting with their own faces until they succeed. When they ③ do succeed, they show pleasure by a brightening of their eyes; when they fail, they show distress. In other words, they not only have an innate capacity for matching their own kinaesthetically experienced bodily movements with ④ those of others that are visually perceived; they have an innate drive to do so. That is, they seem to have an innate drive to imitate others whom they judge ⑤ to be 'like me'.

* innate: 타고난

** disposition: 성향

*** kinaesthetically: 운동감각적으로

1. 정답: ③ whom → who

(해석)

우리가 함께 근무하는 교사들에 따르면, 읽기 교육에 대한 이 대본이 있는 고도의 접근 방식은 단어를 발음하는 방법을 아는 많은 학생들을 양산해 왔다.

(해설)

③ 관계대명사의 격은 관계절의 구조를 보고 결정한다. 주어가 빠져 있으면 주격, 목적어가 빠져 있으면 목적격을 사용한다. whom은 목적격으로 뒤에 타동사나 전치사가 제시되어야 한다. 이 문장은 주어가 없는 불완전한 문장이므로 who로 고쳐야 한다.

(오답 분석)

① teachers (whom) we work with에서 목적격 관계대명사가 생략된 구문이다. work은 자동사이므로 목적어를 수반하기 위해서 전치사 with가 필요하다.
② this highly scripted approach가 단수명사이므로 동사의 수 역시 단수가 일치하고 있다.
④ know라는 타동사의 목적어로 명사절이 사용되고 있다. 의문사 뒤에 주어+동사가 생략되는 경우 to 부정사를 사용할 수 있으므로 how to sound가 바르게 쓰였다.

(어휘)

according to ~에 따르면 scripted 대본이 있는 approach 접근 sound out 두드려서 소리로 밀어내다

2. 정답: ② which → in which

(해석)

우리는 민주주의 시대에 살고 있다. 지난 세기 내내 세계는 다른 모든 경향보다 한가지 경향에 의해 형성되어 왔다. - 민주주의의 부상이다. 1990년에는 단 하나의 국가도 우리가 오늘날 민주주의라고 여겨지는 것을 가지고 있지 않았다: 모든 성인 국민들이 투표할 수 있는 선거에 의해 만들어지 정부를 말이다. 오늘날 이것은 전 세계 모든 국가의 60퍼센트 이상에 의해 행해지고 있다. 한때 북

대서양 주변의 소수의 국가들에 의한 특이한 관행이었던 것이 인류를 위한 표준적인 관행이 되어 왔다.

(해설)

② 관계대명사는 그 자체가 대명사의 성격을 가지고 있어서 관계절의 주어와 목적어 역할을 한다. 따라서 관계절은 주어와 목적어가 빠져 있는 불완전한 문장이 와야 한다. 이 문장의 경우 every adult citizen이 주어이고 could vote가 동사이다. vote는 여기서 자동사로 사용되고 있으므로 완전한 문장이다. 따라서 which를 '전치사 + 관계대명사'인 in which로 바꾸거나 관계부사인 where로 고쳐야 한다.

(오답 분석)

① had라는 타동사의 목적어 자리에 명사절 접속사가 사용되었다. 그리고 뒤에 나오는 동사 consider의 목적어가 없으므로 불완전한 문장이다. 따라서 제대로 사용되었다.
③ every 뒤에는 가산 단수명사가 나와야 하므로 citizen이 바르게 쓰였다.
④ 주어 자리이므로 명사절이 맞고, 뒤에 주어가 없는 불완전한 문장이므로 what이 제대로 사용되었다.
⑤ what이 이끄는 명사절이 주어로 사용되므로 동사의 수는 단수가 맞고, 의미상 과거에서 현재까지 되어 왔으므로 현재완료시제 역시 맞게 사용되었다

3. 정답: where

(해석)

기업의 수익에 대한 권리(주식)가 거래되는 주식시장은 미국에서 가장 활발한 금융시장이다.

(해설)

선행사가 the stock market으로 장소를 나타내는 경우에는, 그 장소를 사물로 봐서 관계대명사 which가 나올 수 있고, 장소를 선행사를 하는 관계부사 where이 나올 수 있다. 그 차이는 뒤의 문장의 구조를 살펴야 한다. 뒤에 완전한 문장이 수반되면 관계부사 where을 사용하고,

뒤에 불완전한 문장이 수반되면 관계대명사 which를 사용해야 한다. 이 문장은 claims가 주어이고 are traded가 동사인데, 수동태는 완전한 문장구조이므로 관계부사 where가 정답이다.

4. 정답: ① to eat ② to have ③ everything

(해석)

18세기에 가정들은 홀로 식사를 하기 시작했는데, 하인들이 그들이 말하는 모든 것을 들어야만 하는 것보다 스스로 챙겨 먹는 것을 선호했다.

(해설)

① begin은 목적어로 to 부정사나 동명사를 사용할 수 있다. begin이 동사인데 바로 뒤에 본동사가 다시 나올 수는 없다.
② prefer는 'prefer A rather than B'의 구조를 사용되는데, 이때 A에는 to R가 오고, B 자리에는 (to) R이 와서 둘이 병치를 이루어야 한다.
③ everything (that) they have to say에서 목적격 관계대명사 that이 생략된 구문이므로 everything 뒤에 중복으로 which를 사용하지 않는다.

(어휘)

prefer 선호하다 serve oneself 각자 갖다 먹다 servant 하인

5. 정답: ② which → in which(where)

(해석)

상호부조집단은 개인이 문제를 제기하고 원조를 요청하는 장소이다.

(해설)

② 관계대명사 which 뒤에는 주어가 없거나 목적어가 없는 불완전한 문장이 이어져야 한다. 이 문장의 경우 an individual이 주어 brings가 동사 a problem이 목적어이므로 완전한 구조의 문장이 제시되어 있다. 따라서 '전치사 + 관계대명사'인 in which 또는 관계부사인 where로 고쳐야 한다.

(오답 분석)

① 주어가 단수이므로 동사가 is로 수가 일치하고 있다.

③ ask가 '~을 요청하다'라는 의미로 사용되는 경우 전치사 for을 동반해서 ask for의 형태가 되어야 하므로 제대로 사용되었다.

(어휘)

mutual 상호의 aid 도움 ask for ~을 요청하다 assistance 도움, 원조

6. 정답: ① which → in which(where)

(해석)

두바이 뉴스 보도들에 의하면, 아랍에미리트의 관광객이 오하이오에서 체포된 사건에 대응하여, 일요일에 아랍에미리트의 관료들은 아랍 국가들의 여행자들은 서양을 방문하는 동안 '그들의 안전을 보장하기 위해' 공공장소에서 '민족 의상을 입는 것을 자제'해야 한다고 경고했고, 여성들은 유럽 국가들에서 얼굴 베일에 대한 금지령을 따라야 한다고 말했다.

(해설)

① 관계사 뒤에 완전한 절(an Emirati tourist ~ Ohio)이 왔으므로 관계대명사 which를 사용할 수 없다. which는 주격이면 뒤에 주어가 없고, 목적격이면 뒤에 목적어가 없는 불완전한 구조의 문장을 연결해야 한다. 따라서 완전한 절을 이끄는 관계부사 where 또는 '전치사 + 관계대명사' 형태인 in which로 고쳐야 한다.

(오답 분석)

② 전치사 from 뒤에 동명사 wearing이 올바르게 쓰였다.
③ 문맥상 '서양을 방문하는 동안'이라는 의미가 되어야 하므로 부사절 접속사 while(~하는 동안)이 올바르게 쓰였다.
④ 명사 ban은 전치사 on과 함께 쓰여 '~에 대한 금지'라는 의미를 나타낼 수 있으므로 전치사 on이 올바르게 쓰였다.

(어휘)

incident 사건, 일 caution 경고하다 ensure 보장하다 abide by 따르다, 준수하다 ban 금지(령)

7. 정답: ① that → which

[해석]

수천 년 동안 산호와 다른 암초 유기체들이 분해된 뒤 쌓인 탄산염 모래는 산호초 뼈대를 만드는 재료이다. 하지만 이 모래는 바닷물의 화학적 구성에 쉽게 영향을 받는다. 바다는 이산화탄소를 흡수하면서 산화된다. 그러나 어느 시점에 탄산염 모래가 용해되기 시작한다. 전 세계 바다는 인간이 배출한 이산화탄소의 3분의 1을 흡수한다. 모래가 용해되는 속도는 상층해수의 산성도와 밀접한 관계가 있으며, 산호의 성장보다 산성화에 10배나 더 민감하다. 다시 말해서, 해양의 산성화는 산호의 성장보다 산호초 모래의 용해에 더욱 영향을 줄 것이다. 이것은 아마도 자신의 환경을 바꾸고 해양의 산성화에 부분적으로 적응하는 산호초의 능력을 반영하고 있는 반면, 모래의 용해는 적응할 수 없는 지구 화학적 과정이다.

[해설]

① 관계대명사 that은 계속적용법인 콤마(,) 뒤에는 사용될 수 없다. 선행사가 carbonate sands로 사물이고, 뒤에 accumulate라는 동사가 제시되어 있으므로 사물일 때 주격인 which로 고쳐야 한다.

[오답 분석]

② 속도를 나타낼 때 전치사 at를 사용하는 것은 올바르다. 그리고 '전치사+관계대명사' 뒤에는 완전한 문장이 이어져야 한다. the sands resolve에서 resolve는 '분해하다'라는 의미를 가지는 자동사이다. 따라서 완전한 구조가 맞다.

③ 배수를 나타내는 경우 times를 사용하는 것은 올바른 표현이다.

④ '~반면'이라는 의미의 양보 부사절을 이끄는 접속사로 whereas가 올바르게 사용되었다.

[어휘]

carbonate sand 탄산염 모래 breakdown 분해 sensitive: 민감한 make-up 구성 acidify 산성화하다 overlie ~위에 놓이다 modify 변경하다 partially 부분적으로 adjust 적응하다 geochemical 지구 화학적 adapt ~에 적응하다

8. 정답: ④ whoever → who

[해석]

방치나 학대 같은 유년기의 스트레스로 가득한 사건은 성인기에 심리적 영향을 끼칠 수 있다. 새로운 연구는 이러한 영향들이 그들의 아이들과 심지어 손자들에게까지 지속될 수 있다는 것을 보여 준다. 터프츠 의과대학의 생화학자 래리 제임스와 로레나 슈미트는 청소년기 쥐들을 7주 동안 새로운 우리로 정기적으로 이동시킴으로써 그들에게 만성적인 사회적 스트레스를 주었다. 그런 후 연구자들은 성년기의 스트레스 받은 쥐들을 실험했다. 일련의 표준적 실험실 측정법을 사용하여 설치류 동물의 불안에 대해 연구했는데, 예를 들면 쥐들이 미르의 열린 공간에서 얼마나 많은 시간을 보내는지 그리고 그들이 전에 만난 적 없던 쥐에게 얼마나 자주 접근하는지와 같은 방법이다. 암컷 쥐는 통제집단에 비해서 불안한 행동을 더 보였지만 수컷 쥐는 그렇지 않았다. 하지만, 이들 두 성별의 새끼들 모두 불안한 행동을 더 보였고, 청소년기에 스트레스를 받은 수컷 쥐들은 이러한 행동 패턴을 그들의 암컷 손주와 증손주에게까지 물려주었다.

[해설]

④ 복합관계대명사 whoever는 anyone who와 같은 의미로 선행사가 그 자체에 포함되어 있다. 따라서 앞에 선행사가 중복으로 사용될 수 없다. 이 문장의 경우 선행사가 males이고 뒤에 had been stressed라는 동사가 있으므로 주격관계대명사 who로 고쳐야 한다. 여기서 males은 수컷 생쥐를 나타내는데 의인화해서 who를 사용할 수 있다.

[오답 분석]

① over the course of '~동안에'라는 표현으로 바르게 사용되었다.

② 의문부사 how은 뒤에 형용사나 부사를 수반해서 정도를 나타낼 수 있다. 이때 형용사를 사용할지 부사를 사용할지는 뒤에 나오는 문장을 보고 결정한다. 뒤에 제시된 동사 approached를 수식하는 부사 frequently가 바르게 쓰였다.

③ whereas는 양보부사절을 이끌어서 '~반면에'라는 의미를 가지므로 바르게 사용되었다.

어휘

abuse 학대하다, 남용하다, 폭행 psychological 심리적인 persist 지속하다, 지속되다 biochemist 생화학자 rodent 설치류의, 설치류 동물 maze 미로, 미궁, 당혹하게 하다 chronic 만성의 compared with ~와 비교해서 transmit 전송하다

9. 정답: ③ which → that

해석

신화는 많은 기간 이집트 문화의 필수적인 부분이었다. 신화에서 나온 인물들과 사건들은 이집트의 예술, 건축 그리고 문학에 배어들어 있다. 신화는 왕과 성직자들에 의해서 행해진 많은 의식들을 뒷받침했다. 교육받은 이집트인들은 신화의 지식이 현재 삶과 내세의 삶의 위험에서 살아남기 위해 싸우는 기초적인 무기라고 믿었다. 이집트 학자들 사이에서는 이집트에서 언제 처음 신화적인 묘사가 발달했는지에 대해 의견 차이가 있다. 이 논쟁은 부분적으로는 신화를 무엇으로 규정하는가를 결정하는 것의 어려움 때문이다. 오늘날, 신화의 용어는 종종 무언가 과장되거나 사실이 아닌 것을 나타내는 비판적인 방법으로 사용된다. 고대 문화에서는, 신화는 이러한 부정적인 의미를 함축하지 않았다. 신화는 문자 그대로의 사실보다 시적인 의미를 보유한 이야기로서 간주된다. 몇몇 학자들은 그것을 특색 있는 신의 이야기로 분류함으로써 다른 종류들의 전통적인 이야기로부터 신화를 구분한다. 이러한 간단한 정의는 아마도 이집트에서는 꽤 잘 적용될지도 모르지만, 모든 문화에서 그렇지는 않다.

해설

③ 선행사가 -one, -body, -thing등의 명사일때에는 관계대명사를 which가 아닌 that을 사용해야 한다. 따라서 which를 that으로 고쳐야 한다.

오답 분석

① believed이라는 타동사의 목적어 자리에 명사절 접속사가 사용되었고, 이어지는 문장이 완전하므로 that이 바르게 쓰였다.

② 동명사는 동사의 성격을 가진다. decide는 타동사이므로 뒤에 목적어 자리에 명사절 접속사가 사용될 수 있

다. 그리고 이어지는 문장은 주어가 없이 바로 should be counted라는 동사가 나오므로 불완전한 구조이다. 따라서 what이 바르게 쓰였다.

④ 선행사가 stories라는 사물이고, 뒤에 contained라는 동사가 이어지고 있으므로 사물일 때 주격관계대명사 that이 바르게 사용되었다.

어휘

integral 필수적인, 완전한 permeate 배어들다, 스며들다 afterlife 내세, 사후 세계 narrative 서사 unfavorable 호의적이 아닌 ritual 의식절차, 의례 exaggerate 과장하다 connotation 함축 classify 분류하다, 구분하다 deity 신, 신적 존재

10. 정답: ③

해석

첫인상 편향이란 우리의 첫인상이 이 사랑에 대해 우리가 수집한 후속 정보가 처리되고, 기억되고, 적절하다고 보이는 틀을 만든다는 것을 의미한다. 예를 들어, 수업 중인 Ann-Chinn을 관찰한 것을 기반으로, Loern은 그녀를 전형적인 아시아 여성으로 보고 그녀는 조용하고, 성실하며 내성적이라고 가정했을지도 모른다. 옳건 틀리건, 이러한 결론에 도달한 채, 그는 이제 Ann-Chinn의 행동을 이해하고 해석하는 데 있어 일련의 원형과 생각을 가진다. 시간이 흐르면서, 그는 그의 원형과 생각에 일치하는 행동을 그가 이미 그녀에 대해 만들어 놓은 인상에 맞춘다. 그녀가 그의 범퍼 스티커의 선택지에 대해 불신을 표현하는 것을 그가 맡게 될 때, 그는 그의 그것이 기존 원형과 맞지 않기 때문에 단순히 그것을 무시하거나 그녀의 실제 본성에 대한 특이한 예외로 볼 것이다.

해설

(A) 관계사 뒤에 완전한 절(later information ~ relevant)이 왔으므로 관계대명사 which가 아닌 전치사 + 관계대명사 by which를 써야 한다.

(B) 주절의 주어(he)와 분사구문이 '그가 결론에 도달하다'라는 의미의 능동 관계이므로 현재분사를 써야 하는데, '결론에 도달한' 시점이 '그가 원형과 생각을 가진' 시점보다 이전이므로 분사구문의 완료형 Having reached를 써야 한다.

(C) the impression을 수식하기 위해 형용사 역할을 하는 관계사 절이 와야 하고, 선행사 the impression이 사물이고 관계절 내에서 동사 has formed의 목적어 역할을 하므로 명사절 접속사 what이 아닌 목적격 관계대명사 that을 써야 한다. 따라서 ③ (A) by which - (B) having reached - (C) that이 정답이다.

(어휘)

impression 인상 mold 틀 gather 수집하다 observe 관찰하다 stereotypical 전형적인 assume 가정하다 unassertive 내성적인 conclusion 결론 prototype 원형 construct 생각 interpret 해석하다 disbelief 불신 bumper sticker 범퍼 스티커(자동차 범퍼에 붙인 광고 스티커) dismiss 무시하다 exception 예외 existing 기존의, 현존하는

1. 정답: ②

해석

"만약 지구를 구할 수 있는 1시간이 나에게 주어진다면, 나는 문제를 정의하는 데 59분을 보내고 그 문제를 해결하는 데 1분을 보내겠다."라고 아인슈타인은 말했다. 이것은 지혜로운 말이지만, 대부분의 조직들은 혁신적인 프로젝트를 다룰 때에 이 말을 따라가지 않는다. 사실상 새로운 제품이나 과정을 개발할 때 대부분의 회사들은 그들이 해결하려고 하는 문제를 정의하거나 중요한 관련 문제들을 확인하는 데 충분한 노력을 기울이지 않는다. 문제를 정의하려는 그러한 노력이 없으면 조직들은 기회를 놓치게 되고 자원을 낭비하며 결국에는 보다 광범위한 전략과 조화되지 못하는 좁은 혁신 프로젝트를 쫓아가게 된다. 여러분은 어떤 프로젝트가 하나의 방식으로 진행되어 가지만 시간이 좀 지난 후에 결국에는 그것이 다른 방식으로 진행되었어야만 했다고 느낄 때가 얼마나 많은가?

해설

②의 밑줄 친 부분은 등위 접속사 뒤에서 병렬로 연결되는 구조인데, 의미상 앞에 쓰인 동명사 defining과 병렬구조를 이루기 때문에 identifying으로 고쳐 써야 한다. ① 가정법 과거 문장이다. ③ 'end up +Ring'는 '결국 ~하다'의 의미로 쓰인다. ④ 앞에 지각동사 have seen이 있으므로 목적격 보어로 동사원형인 go가 쓰여야 맞다. ⑤ should have p.p.는 '~했어야만 했는데'의 의미로 과거에 대한 유감을 표현하는데, 밑줄 친 부분은 '(다른 방식으로)진행되었어야만 했다'고 해석되어 문맥상 맞게 쓰였다.

어휘

define 정의하다 resolve 해결하다 tackle 다루다 innovation 혁신 end up ~ing 결국 ~하다

2. 정답: ⑤

해석

한 연구에서 과학자들이 334명의 건강한 성인들의 콧속에 감기를 일으키는 바이러스를 투여했다. 좋은 기분으로 지내는 경향이 있는 사람들은 훌쩍거림, 기침 그리고 다른 감기 증상에 거의 걸리지 않았다. 긍정적인 감정을 보여 주는 사람들도 심지어 의학적인 테스트가 그들이 감기에 걸렸다는 사실을 나타낼 때조차도 의사들에게 그들의 상태를 잘 언급하지 않는다. 그 결과는 흥미로운 것이기는 하지만, 어떤 사람의 감정이 그 사람이 아프게 될지에 영향을 준다는 것을 입증하지는 못했다. 그 대신 사람의 성격이 실제로 중요하다는 것은 여전히 그럴싸하다. 예를 들어, 어떤 사람들은 천성적으로 행복하고 자신감 있게 되기가 더 쉽다는 것을 증거가 보여준다. 이것은 우리가 어떻게 느끼느냐가 아니라 우리가 누구인가가 결국에는 감기에 걸릴 가능성을 결정한다는 사실을 의미한다.

해설

밑줄 친 decide의 주어는 who we are로 의문사절이기 때문에 단수형인 decides로 고쳐야 한다. ① be likely to 부정사 '~하기 쉽다'에서 형용사인 likely 앞에 부정 의미의 부사 little의 최상급인 least가 수식하는 형태이다. ② '흥미를 불러일으키는'의 의미로 주어(Those results)와 능동 관계로 보어 역할을 하는 형용사가 맞게 쓰였다. ③ 가주어(it) 뒤에서 진주어를 이끄는 접속사이다. ④ 선행사(주어)를 포함한 관계대명사이다.

어휘

sniffle 훌쩍거림 cough 기침 matter 중요하다 evidence 증거 confident 자신감 있는 ultimately 결국

3. 정답: ⑤

해석

모든 살아 있는 언어들은 지속적으로 변화하고 발달한다. 현대 세계의 빠르고 쉬운 통신 수단이 나오기 이전 시대에, 한 무리의 사람들이 다른 무리로부터 떨어져 이동했을 때, 그들은 당연히 서로 접촉을 할 수 없었다. 그때 그들의 언어는 아마도 각각 다른 방식으로 발달했을 것이다. 각각의 무리는 그 자신만의 발음을 발달시키고

변화하는 환경에 적응하기 위해 새로운 단어를 선택하거나 고안하면서 그 자신만의 사투리를 만들었을 것이다. 새로운 지역에서 다른 민족들과의 접촉은 더 많은 변화를 초래하였고, 많은 세대가 지난 후에 한 무리의 사람들은 다른 무리의 언어를 더 이상 쉽게 이해할 수 없었을 것이다. 그 무렵에 새로운 언어가 발달했을 것이라고 말할 수 있는데, 그 두 언어는 공통의 조상 언어(parent language)에서 유래했기 때문에 기본적으로 동일한 가족에 속해 있었다.

(해설)

밑줄 친 stemmed 앞에 접속사 and가 쓰여 있어 could be said - and stemmed … 또는 to have developed, and stemmed … 형태의 병렬 구조로 보면 뒤에 따리오는 they both belonged to ~의 문장과 연결되는 접속사가 없어 틀린 문장이 된다. 따라서 and는 그 앞 문장과 뒷문장을 연결하는 접속사로, 밑줄 친 stemmed는 분사구문으로 쓰였는데, 주어인 they와 문맥상 능동 관계에 있기 때문에 stemming으로 고쳐야 한다.
① '모든 살아 있는 언어들'이라는 의미로 올바른 형태이다. ② 조동사 관용 표현으로 쓰이는 'may well +동사원형'은 '당연히 ~ 하다'의 의미로 과거 시제로 쓰였다. ③ 주어로 쓰인 단수 명사 group을 받는 소유격으로 단수형인 its가 쓰였다. ④ peoples는 '민족들'이라는 의미로 쓰인다.

(어휘)

may well+동사원형 ~하는 것도 당연하다 separately 각각 dialect 사투리, 방언 pronunciation 발음 pick up 선택하다 devise 발명하다, 고안하다 territory 영토, 영역 stem from ~로부터 유래하다

4. 정답: ⑤

(해석)

Joseph Bell 박사는 Edinburgh 대학교의 의학 교수였다. 그의 학생들은 그의 기가 막힐 정도의 관찰력에 놀랐다. 그는 환자의 직업이 무엇 인지, 어떤 병을 앓고 있을지를 그저 그들이 있는 쪽을 흘끗 봄으로써 알아 낼 수 있는 것처럼 보였다. 한번은 그가 그저 환자의 신발만 보고 그 환자가 의사에게 오는 길에 골프장을 가로질러 걸어왔다는 결론을 내렸다. Bell의 학생 중 한 명은 자기 선생님의 능력에 특히 감명을 받았다. 그는 자신이 Bell의 '세세한 것을 알아채는 오싹한 기술'이라고 부르는 것의 예들로 공책을 채웠다. 그 학생은 마침내 런던 외곽에 자기 병원을 열었다. 일이 한가할 때, 그는 소설을 써서 한가한 시간을 채웠다. 그는 Bell 박사의 지각 능력을 취해, 그것을 자신이 만든 등장인물 - 젊은 의사인 Arthur Conan Doyle을 전 세계적으로 유명하게 만든 등장인물에게 주었다. 그리하여 가장 복잡한 진단조차도 '기본적인' 것처럼 보이게 한 그 교수는 소설에서 가장 위대한 탐정인 Sherlock Holmes에 대한 영감을 준 사람이 되었다.

(해설)

① 'they'는 앞의 복수명사 'patients'를 지칭하는 복수 대명사로 올바르게 쓰였다.
② 'had walked'는 글의 내용상 주절의 시제인 과거 (concluded)보다 이전에 발생한 사실을 나타내는 대과거 (had p.p)를 사용한 것으로 올바르게 쓰였다.
③ 'what'은 전치사 of의 목적어 역할을 하는 명사절을 이끌면서 5형식 동사 'called'의 목적어 역할을 하는 선행사를 포함하는 관계대명사로 올바르게 쓰였다.
④ 'famous'는 5형식 동사 made'의 목적격 보어로 쓰인 형용사로 올바르게 쓰였다
⑤ the professor가 주어이고, 'who made even the most complex diagnosis seem "elementary"'가 the professor를 수식하는 관계대명사절이므로 준동사 'becoming'을 정동사 'became'으로 고쳐야 한다. 'seem'은 관계대명사절의 5형식 동사 'made'의 목적격 보어이다. seem을 전체 문장의 동사로 본다면 주어(the professor)가 단수로 주어-동사의 수 일치가 성립되지 않아 전체 문장의 동사로 볼 수 없다.

(어휘)

observation 관찰력 glance 흘끗 보다 impress 감명을 주다 fill up 가득 채우다 ventually 마침내 spare moments 한가한 시간 perception 지각 diagnosis 진단 elementary 기본적인 inspiration 영감 detective 탐정

5. 정답: ② which they have some difficulty → which they have some difficulty with

여러 연구들은 사회적 자극에 대해 서로 다르게 반응하려는 인간의 선천적 성향에 대한 상당한 증거를 제공한다. 태어날 때부터 영아들은 인간의 얼굴과 목소리를 우선적으로 향해 반응하며, 그러한 자극이 자신들에게 특히 의미가 있다는 것을 이미 알고 있는 듯 보인다.

더 나아가, 그들은 이러한 연결성을 적극적으로 인식하여, 제시된 다양한 얼굴 제스처—혀 내밀기, 입술 조이기, 입 벌리기—를 모방한다.

그들은 다소 어려움을 겪는 제스처들까지도 맞추려 하며, 성공할 때까지 자신의 얼굴을 움직이며 실험한다. 성공하면 눈이 밝아지는 모습으로 즐거움을 보이고, 실패하면 괴로움을 드러낸다. 다시 말해, 그들은 자신이 운동 감각적으로 경험한 신체 움직임을 시각적으로 인식한 타인의 움직임과 대응시킬 수 있는 선천적 능력뿐만 아니라, 그렇게 하려는 선천적 동기도 가지고 있다. 즉, 그들은 자신이 '나와 같은 존재'라고 판단하는 타인을 모방하려는 선천적 충동을 지닌 것으로 보인다.

② which는 목적격 관계대명사이므로 뒤에는 목적어를 받을 수 있는 전치사 with가 필요하다
① 현재분사구문이 바르게 사용되었다.
③ 일반동사를 강조하는 do가 바르게 사용되었다.
④ 전치사구의 수식을 받을 수 있는 대명사는 that아니면 those인데, movements라는 복수명사를 받고 있으므로 those가 바르게 사용되었다.
⑤ judge가 5형식 동사로 사용되었고, 목적어는 whom이고, 목적격보어로 to 부정사가 바르게 사용되었다.

substantial 상당한 innate 타고난 preferential 선호하는 stimuli 자극 experiment 실험하다 distress 고통 capacity 능력 perceive 지각하다 imitate 흉내내다 drive 욕구

Chapter 17

가정법

가정법은 현재나 과거 사실을 반대로 가정하거나 실현 가능성이 희박한 미래의 상황에 대한 상상 혹은 소망을 표현하는 것을 말한다.

1) 가정법 과거

현재 사실의 반대를 가정하고, '만약 ~하다면, ~ 할 것이다'라고 해석한다.

종속절	주절
If + S + 동사의 과거형/were	S + would, could, should, might + R

- If I were a bird, I would fly to you. 만약 내가 새라면, 너에게 날아갈 텐데.
- If the car had an automatic transmission, I would buy it. 만약 그 차가 자동변속장치가 있다면, 나는 구매할 텐데.

2) 가정법 과거완료

과거사실의 반대를 가정하고, '만약 ~ 했다면, ~했을 것이다'라고 해석한다.

종속절	주절
If + S + had p.p.	S + would, could, should, might + have p.p.

- If I had studied harder, I would have passed the exam. 만약 내가 더 열심히 공부했더라면, 나는 시험에 통과했을 텐데.
- If the weather had been nice, you could have seen the beautiful sky. 날씨가 좋았더라면, 당신은 아름다운 도시를 볼 수 있었을 텐데.

3) 가정법 미래

미래에 발생할 가능성이 매우 적은 일을 가정할 때 사용하고, '혹시라도 ~하면, ~하세요'라고 해석한다.

종속절	주절
If + S + should R(불확실한 미래)	S + would(will), could(can), should(shall), might(may) + R
If + S + were to R(불가능)	S + would, could, should, might + R

- If you should have any concerns, please feel free to contact us. 만약 걱정이 있으면, 주저 말고 연락주세요.
- If I were to be born again, I would become an actor. 내가 만약 다시 태어난다면, 배우가 될 텐데.

4) 혼합가정법

가정법 과거완료와 가정법 과거가 혼합된 형태로, 보통 주절에는 현재를 나타내는 시간부사(구)(now, today, currently)가 온다.

종속절(가정법 과거완료)	주절(가정법 과거)
If + S + had p.p.	S + would, could, should, might + R + (now / today / currently)

- If you had listened to my advice, there would be no problem now. 만약 네가 나의 조언에 귀 기울였다면, 지금쯤 문제가 없을 텐데.

문장 분석! 구조 파악 연습

1. If the education system placed greater emphasis on analytical thinking, students would develop the ability to evaluate complex arguments more effectively.

2. If the researchers had considered alternative interpretations earlier, they might have avoided the significant errors that appeared in their initial report.

3. If the new policy should fail to gain public support, the government would be forced to redesign its entire reform strategy.

4. If she had taken the advanced course last year, she would be performing at a much higher level in today's seminar.

정답과 해설

1. (If the education system placed greater emphasis on analytical thinking,) students would
   If   Ved   would R

develop the ability to evaluate complex arguments more effectively.

교육 시스템이 분석적 사고에 더 많은 비중을 둔다면, 학생들은 복잡한 논증을 더 효과적으로 평가하는 능력을 기를 텐데.

2. If the researchers had considered alternative interpretations earlier, they might have
   If   had p.p.   might have p.p.

avoided the significant errors that appeared in their initial report.

연구자들이 더 일찍 대안적 해석을 고려했더라면, 초기 보고서에 나타난 중대한 오류를 피했을지도 모른다.

3. If the new policy should fail to gain public support, the government would be forced to
   If   should R   would R

redesign its entire reform strategy.

만약 새 정책이 국민의 지지를 얻는 데 실패한다면, 정부는 전체 개혁 전략을 재설계해야 할 것이다.

4. If she **had taken** the advanced course **last year**, she would be performing at a much higher
   If   had p.p.   would R

level in **today's** seminar.

그녀가 작년에 고급 과정을 들었더라면, 오늘 세미나에서 훨씬 더 높은 수준의 성과를 내고 있을 것이다.

2. if가 생략된 가정법

1) 가정법 도치

가정법에서 if가 생략되면, 주어와 동사가 도치된다.

가정법 과거	Were + S ~ , S + would, could, should, might + R
가정법 과거완료	Had + S + p.p. ~ , S + would, could, should, might + have p.p.
가정법 미래	Should + S + R ~, S + would(will), could(can), should(shall), might(may) + R Were + S + to R, S + would, could, should, might + R

2) I wish 가정법

현재 이루지 못하고 있거나 과거에 이루지 못했던 것에 대한 아쉬움을 표현하기 위해 사용한다.

I wish + 가정법 과거	현재 이루지 못하고 있는 것에 대한 아쉬움(~라면, 좋을 텐데) I wish + 주어 + **과거동사** • I wish I **were** rich. 부자라면, 좋을 텐데.
I wish + 가정법 과거완료	과거에 이루지 못한 것에 대한 아쉬움(~였더라면, 좋을 텐데) I wish + 주어 + **had p.p.** • I wish I **had been** rich. 부자였더라면, 좋을 텐데.

> 문장 분석! 구조 파악 연습

1. I wish I had recognized earlier that the data were being misinterpreted, as doing so would have prevented
the widespread misconceptions that followed.

> 정답과 해설

1. **I wish** I had recognized earlier that the data were being misinterpreted, as doing so would
   I wish S   had p.p.

have prevented the widespread misconceptions that followed.

그 데이터가 오해되고 있다는 것을 내가 더 일찍 알아차렸다면 좋았을 텐데, 그랬다면 뒤따른 광범위한 오해를 막을 수 있었을 것이다.

3) It is high time + 가정법 과거

'It is (high) time (that) 주어 + 동사'는 이미 할 때가 되었는데 아직 하지 않은 일을 나타낼 때 사용한다. '왜 ~ 안 하냐고'와 유사한 뜻을 가지는 구문이다. 주의해야 할 점은 (that)절의 동사로 가정법 동사(과거시제)를 사용해야 한다는 점이다.

구성	해석
It is high(about) time + 주어 + 동사(과거형)	~ 할 시간이다(그런데 아직 못했다)

- It is time you **went** to bed. 이제 자러 갈 시간이다.
- It is time for you to sleep. 이제 잠잘 시간이다. [직설법]
- It is time (that) you slept. 이제 잠잘 시간이다. [가정법]

4) as if/as though 가정법

as if나 as though는 실제로는 안 그런데, '마치 ~처럼 ~하다'라는 의미로, 반대의 상황을 가정하므로 뒤에는 가정법 동사가 온다. 현재 사실을 반대로 가정하면, 가정법 과거, 과거사실을 반대로 가정하면 가정법 과거완료동사를 사용한다.

구성	해석
as if/as though + 주어 + 가정법 과거	마치 ~ 인 것처럼
as if/as though + 주어 + 가정법 과거완료	마치 ~이었던 것처럼

- He talks as if he **were** rich. 그는 마치 부자인 것처럼 이야기한다.
- He talks as though he **had seen** the accident. 그는 그 사실을 봤었던 것처럼 말한다.

(문장 분석! 구조 파악 연습)

1. He speaks about educational reform as if he possessed decades of firsthand experience, even though he has only recently begun studying the field.

(정답과 해설)

1. He **speaks** about educational reform as if he **possessed** decades of firsthand experience,
   S   V   as if   Ved

even though he has only recently begun studying the field.

그는 교육 개혁에 대해 마치 수십 년의 직접적인 경험을 가진 것처럼 말하지만, 실제로는 최근에서야 그 분야를 공부하기 시작했다.

5) '~이 없다면, ~이 없었다면' 가정법

구분	종속절	주절
~이 없다면 (가정법 과거)	If it were not for~ = Were it not for ~ = But for ~ =Without ~	S + would, could, should, might + R
~이 없었더라면 (가정법 과거완료)	If it had not been for ~ = Had it not been for ~ = But for ~ = Without ~	S + would, could, should, might + have p.p.

- **If it were not for** computers, our lives **would be** very inconvenient. 만일 컴퓨터가 없다면, 우리 생활은 매우 불편할 것이다.

  = **Were it not for** computers, our lives **would be** very inconvenient.

  = **But for** computers, our lives **would be** very inconvenient.

  = **Without** computers, our lives **would be** very inconvenient.

- **If it had not been for** you, I **couldn't have succeeded.** 만약 당신이 없었다면, 나는 성공하지 못했을 것이다.

  = **Had it not been for** you, I **couldn't have succeeded.**

  = **But for** you, I **couldn't have succeeded.**

  = **Without** you, I **couldn't have succeeded.**

문장 분석! 구조 파악 연습

1. Without the meticulous data verification conducted last year, the researchers would have drawn conclusions that significantly distorted the true implications of the experiment.

정답과 해설

1. Without the meticulous data verification (conducted last year,) the researchers would have
   Without   N   S   would have p.p.

drawn conclusions that significantly distorted the true implications of the experiment.

지난해 수행된 꼼꼼한 데이터 검증이 없었다면, 연구자들은 실험의 실제 함의를 크게 왜곡한 결론을 내렸을 것이다.

1. 다음 중 어법상 틀린 부분을 골라 바르게 고치시오.

He has rejected an offer ① <u>by</u> the cabinet that ② <u>he should resign</u> ③ <u>to deflect</u> criticism directed at him, but has called for a referendum on his rule, saying he would resign if the voters ④ <u>do not support</u> him.

2. 다음 중 어법상 틀린 부분을 골라 바르게 고치시오.

This perhaps ① <u>would not have been</u> a concern if the portrayals of crime and justice in the media were balanced in ② <u>other</u> aspects and ③ <u>presented</u> various ④ <u>competing</u> constructions of the world.

3. 다음 중 어법상 맞는 것을 고르시오.

① [Have / Had] the computer parts ② [delivered / been delivered] earlier, we could have been able ③ [completing / to complete] the project on time.

4. 어법상 옳은 것은?

① If the item should not be delivered tomorrow, they would complain about it.
② He was more skillful than any other baseball players in his class.
③ Hardly has the violinist finished his performance before the audience stood up and applauded.
④ Bakers have been made come out, asking for promoting wheat consumption.

5. 다음 우리말을 영어로 옮긴 것으로 가장 옳은 것은?

> 우리가 작년에 아파트를 구입했었더라면 얼마나 좋을까?

① I wish we purchased the apartment last year.
② I wished we purchased the apartment last year.
③ I wish we had purchased the apartment last year.
④ I wished we purchased the apartment last year.

6. 어법상 옳은 것은?

① Please contact to me at the email address I gave you last week.
② Were it not for the water, all living creatures on earth would be extinct.
③ The laptop allows people who is away from their offices to continue to work.
④ The more they attempted to explain their mistakes, the worst their story sounded.

7. 다음 중 어법상 틀린 부분을 골라 바르게 고치시오.

Domesticated animals are the earliest and most effective 'machines' ① available to humans. They take the strain off the human back and arms. ② Utilizing with other techniques, animals can raise human living standards very considerably, both as supplementary foodstuffs (protein in meat and milk) and as machines ③ to carry burdens, lift water, and grind grain. Since they are so obviously ④ of great benefit, we might expect to find that over the centuries humans would increase the number and quality of the animals they kept. Surprisingly, this has not usually been the case.

8. 다음 중 어법상 틀린 부분을 골라 바르게 고치시오.

Since dog baths tend to be messy, time-consuming and not a whole lot of fun for everyone involved, it's natural to wonder, "How often should I bathe my dog?" As is often the case, the answer is "It depends" "Dogs groom ① themselves to help facilitate the growth of hair follicles and to support skin health," says Dr. Adam Denish of Rhawnhurst Animal Hospital.
"However, bathing is needed for most dogs to supplement the process. But bathing too often can be detrimental to your pet ② as well. It can irritate the skin, damage hair follicles, and increase the risk of bacterial or fungal infections, if you ③ will bathe your dog too often." Dr. Jennifer Coates, veterinary advisor with petMD, adds, "the best bath frequency depends on the reason behind the bath. Healthy dogs who ④ spend most of their time inside may only need to be bathed a few times a year to control natural 'doggy odors.' On the other hand, frequent bathing is a critical part of managing some medical conditions, like allergic skin disease."

We rarely get tired when we are doing ① <u>something interesting</u> and exciting. For example, I recently took a vacation in the Canadian Rockies up around Lake Louise. I spent several days ② <u>trout fishing</u> along Coral Creek, ③ <u>fighting</u> my way through brush higher than my head, stumbling over logs, struggling through fallen timber — yet after eight hours of this, I was not exhausted. Why? Because I was excited, exhilarated. I had a sense of high achievement: six cutthroat trout. But suppose I had been bored by fishing, then how do you think I ④ <u>would feel</u>? I would be worn out by such strenuous work at an altitude of seven thousand feet.

Contemporary art has in fact become an integral part of today's middle class society. ① <u>Even works of art</u> which are fresh from the studio are met with enthusiasm. They receive recognition ② <u>rather</u> quickly — too quickly for the taste of the surlier culture critics. Of course, not all works of them are bought immediately, ③ <u>but also</u> there is undoubtedly an increasing number of people who enjoy buying brand new works of art. Instead of fast and expensive cars, they buy the paintings, sculptures and photographic works of young artists. They know that contemporary art also adds to their social prestige. Furthermore, since art is not exposed to the same ④ <u>wear and tear</u> as automobiles, it is a far better investment.

1. (A), (B), (C)의 각 네모 안에서 어법에 맞는 표현으로 가장 적절한 것은?

> I believe the best approach concerning crises prevention is for kids to think about how to handle emergencies before they (A) [arise / will arise]. It's smart to practice handling all sorts of emergencies whenever time permits. That way, if prevention doesn't work, young people can handle emergencies with confidence. My family played a game of Pretend Emergency a couple of times a year. My brother, Mom, Dad, and I would say, "Let's play Pretend Emergency." Then one of us would say what the supposed emergency was, and we would all react as though it (B) [were / had been] real. If the emergency was a "fire," we'd pretend to call 911, ensure that all family members, including pets, were safe and run outside. Someone would use a stopwatch to see how long it took for all family members (C) [jet / to get] outside the house.

	(A)	(B)	(C)
①	arise	were	get
②	arise	were	to get
③	arise	had been	get
④	will arise	were	get
⑤	will arise	had been	to get

2. (A), (B), (C)의 각 네모 안에서 어법에 맞는 표현으로 가장 적절한 것은?

> Some advocates of the government's English immersion plan (A) [argues / argue] that more than 90 percent of Internet contents are written in English and that English is necessary in order to seek useful information through the Internet. In fact, most Koreans do not want to surf around English pages for information. Only for academic purposes or for specific business ones (B) [does / do] a small number of people go to English pages. Public education is not just for a small number of people, but for the public as its name implies. In addition, if content-based classes should be carried out in English throughout the country, a few returned students from abroad will take a dominant part in class, with the rest staying (C) [silent / silently] or sleeping in the back. English will determine the academic achievement.

	(A)	(B)	(C)
①	argues	does	silent
②	argues	do	silently
③	argue	do	silent
④	argue	does	silent
⑤	argue	does	silently

3. (A), (B), (C)의 각 네모 안에서 어법에 맞는 표현으로 가장 적절한 것은?

The seashore or coastline is the unique area where seawater borders land to create a diverse and very important ecosystem. It is special in that the fresh water carried along by rivers and streams (A) [flows / which flows] into the ocean and mixes with salt water to provide rich nutrients and food to a variety of marine plants and animals. The ever-changing environments of seashores depend on the constant movement of tidal waves. According (B) [to / as] the placement of the moon in relation to the sun, the waves that pound and beat the shore can either come up to the land or move away from it. This movement is called a tide, and when the sea rises and drowns the land, there is high tide, while the reverse is a low tide. The area of the seashore submerged (C) [during / while] high tides and above water at low tides is called the intertidal zone. Subtidal zones are always under water.

*intertidal: 조간대의

**subtidal: 조하대의

	(A)	(B)	(C)
①	flows	to	during
②	flows	to	while
③	flows	as	while
④	which flows	as	during
⑤	which flows	to	during

4. 다음 글의 밑줄 친 부분 중, 어법상 틀린 것은?

The prominence of the social dimension in food writing might suggest that the flavor of food is taking a back seat. I suspect ① that most people view flavor as of secondary importance in social settings where food is served. Although our social gatherings coalesce around food, the meaning of these gatherings does not seem to depend on flavor. Flavor ② assists with the narrow purpose of filling the belly, and once that is accomplished it provides the backdrop for whatever social dynamics characterize the gathering. These can be understood independently of the flavor of the food on offer, the appreciation of ③ which is understood to be personal and subjective. According to this conventional wisdom, the ceremonies and rituals around food, the social events that supply food with its meaning, ④ does not depend on the quality of sensations provided by the food. To focus ⑤ excessively on flavor is to miss the larger significance of these social relations.

* coalesce: 모이다

** backdrop: 배경

5. 다음 글의 밑줄 친 부분 중, 어법상 틀린 것은?

For years, many psychologists have held strongly to the belief ① that the key to addressing negative health habits is to change behavior. This, more than values and attitudes, ② is the part of personality that is easiest to change. Ingestive habits such as smoking, drinking and various eating behaviors are the most common health concerns targeted for behavioral changes. Process-addiction behaviors (workaholism, shopaholism, and the like) fall into this category as well. Mental imagery combined with power of suggestion was taken up as the premise of behavioral medicine to help people change negative health behaviors into positive ③ ones. Although this technique alone will not produce changes, when ④ using alongside other behavior modification tactics and coping strategies, behavioral changes have proved effective for some people. ⑤ What mental imagery does is reinforce a new desired behavior. Repeated use of images reinforces the desired behavior more strongly over time.

* ingestive: (음식) 섭취의

** premise: 전제

1. 정답: ④ do not support → did not support

(해석)

그는 그에게 향한 비난을 피하기 위해 사임하라는 내각에 의한 제안을 거부했지만, 만약 유권자들이 그를 지지하지 않는다면 사임할 것이라고 하면서 그의 통치에 대한 국민투표를 요구했다.

(해설)

주절 동사가 would resign으로 조동사 과거형이 사용되고 있으므로 가정법 과거구문이다. 따라서 if절의 동사 역시 과거시제가 사용되어야 하므로 do not support를 did not support로 고쳐야 한다.

(오답 분석)

① 내각에 의한 제안이므로 행위의 주체를 나타내는 전치사 by가 바르게 쓰였다.

② 동사 앞에 인칭대명사 주격이 바르게 쓰였다.

③ 부정사의 부사적 용법으로 '~하기 위해서'라는 의미를 표현할 수 있으므로 바르게 쓰였다.

(어휘)

reject 거부하다 deflect 방향을 바꾸다, 피하다 cabinet (정부의) 내각 resign 사직하다 referendum 국민 투표, 총선거

2. 정답: ① would not have been → would not be

(해석)

만약 미디어 안에서 범죄와 정의의 묘사가 다른 측면에서 균형을 이루고 있고 세상의 다양한 대립되는 구조들을 제시하고 있다면 이는 아마도 염려할 바가 없을 것이다.

(해설)

if절의 동사가 were balanced로 과거시제가 사용되고 있으므로 가정법과거구문이다. 따라서 주절 동사는 조동사완료형이 아닌 조동사과거형으로 고쳐야 한다. would not have been을 would not be로 고쳐야 한다.

(오답 분석)

② other 뒤에는 가산명사인 경우 복수명사가 사용되어야 하므로 뒤에 aspects와 수가 일치하고 있다.

② and 앞의 동사가 were balanced이고 and 뒤에는 주어가 동일한 경우 대명사 주어를 생략하고 동사만 사용할 수 있으므로 presented가 바르게 쓰였다.

④ compete은 자동사이므로 현재분사형이 제대로 쓰였다.

(어휘)

concern 걱정 portrayal 묘사 competing 대립되는

3. 정답: ① Had ② been delivered ③ to complete

(해석)

만약 컴퓨터 부품이 보다 일찍 도착했더라면, 우리는 그 프로젝트를 정각에 끝낼 수 있었을 텐데.

(해설)

① earlier가 과거를 나타내는 시간 부사이므로, 이 문장은 과거의 사실을 반대로 가정하는 가정법과거완료구문이다. 가정법 과거완료에서 if가 생략되어 주어와 동사가 도치가 이루어진 구문이다. 따라서 Had가 와야 한다.

② 컴퓨터 부품은 배송하는 것이 아니라 배송되는 것이므로 수동형의 동사가 적절하다.

③ '~할 수 있다'라는 표현으로 be able to R가 사용된 것이므로 to complete이 와야 한다.

(어휘)

parts 부품 complete 완료하다 on time 정각에

4. 정답: ①

(해석)

① 만일 그 물품이 내일까지 배달되지 않으면, 그들은 그것에 대해 불평할 것이다.

② 그는 그 학습의 다른 어떤 야구 선수보다 더욱 숙련되었다.

③ 바이올리니스트가 공연을 끝내자 마자 관객들은 일어

나서 갈채를 보냈다.

④ 제과업자들은 밀의 소비 장려를 요구하며 거리로 나오도록 요구되어 왔다.

① 미래 실현가능성이 희박한 경우, 가정법 미래를 사용한다. 가정법 미래구문의 구조는 'if + 주어 + should R, 주어 + would(will) + R'이고, 해석은 '혹시라도 ~하는 경우, ~하세요'로 하면 된다. If 절의 동사가 should not be delivered이고, 주절이 would complain이므로 바르게 쓰였다.

② 비교급으로도 최상급의 의미를 전달할 수 있는데, 문장의 구조는 '비교급 + than + any + other + 단수명사'로 '다른 어떤 ~보다 더 ~하다'이므로 최상급의 의미를 가지게 된다. 따라서 players를 player로 고쳐야 한다.

③ '하자 마자 ~했다'라는 의미의 구문은 'Hardly(Scarcely + had + 주어 + p.p. ~, 주어 + 과거동사'를 사용한다. 이때 시제를 주의해야 하는데, '~하자마자 ~했다'에서 '~하자마자'는 '~했다'보다 이전 시점이므로 과거완료시제를 사용한다. 따라서 has를 had로 고쳐야 한다.

④ 사역동사는 목적격 보어로 동사원형을 사용하지만 수동태로 전환되는 경우 'be made to R'와 같이 to 부정사가 연결되어야 한다. 따라서 have been made come out을 have been made to come out으로 고쳐야 한다.

5. 정답: ③

과거에 대한 아쉬움을 표현해서 '만약 ~했더라면 좋을 텐데 (얼마나 좋을까)'는 'I wish + 주어 + had p.p.'로 표현할 수 있으므로 ③이 정답이다.

6. 정답: ②

① 제가 지난주에 드렸던 이메일 주소로 저에게 연락해 주세요.

② 물이 없다면 지구의 모든 생명체들은 멸종될 것이다.

③ 노트북 컴퓨터는 사무실 밖에 있는 사람들이 계속해서 일할 수 있게 한다.

④ 그들이 그들의 실수에 대해 설명하려고 더 시도할수록, 그들의 이야기는 더 나쁘게 들렸다.

② '만약 물이 없다면, 모든 생명체들은 멸종될 것이다'라는 의미는 현재사실의 반대의 가정이므로 가정법 과거 구문을 이용해서 표현한다. '만약 ~가 없다면'은 'If it were not for + 명사'로 표현할 수 있다. 그리도 강조를 위해서 if가 생략되어 주어와 동사가 도치되어 'were it not for + 명사'로도 사용이 가능하다. 이 경우 가정법 과거이므로 주절에는 조동사 과거 would가 사용될 수 있다. 따라서 ②이 올바르게 쓰였다.

① contact은 3형식 완전 타동사이므로 뒤에 전치사 to나 with가 수반될 수 없다. Please contact to me를 Please contact me로 고쳐야 한다.

③ 관계절의 동사는 선행사(people)에 수 일치해야 하는데 선행사가 복수 명사 people이므로 단수 동사 is를 복수 동사 are로 고쳐야 한다.

④ '~하면 할수록, 더 ~하다'는 'the + 비교급, the + 비교급'으로 표현할 수 있다. 따라서 뒤에 나오는 최상급 worst를 비교급 worse로 고쳐야 한다.

creature 생명체 extinct 멸종된

7. 정답: ② Utilizing → Utilized

길들여진 동물들은 인간이 이용 가능한 가장 빠르고 효과적인 기계들이다. 그들은 인간의 등과 팔의 부담을 덜어 준다. 다른 기술들과 함께 이용될 때, 동물들은 (고기와 우유의 단백질 같은) 보충식량으로서뿐만 아니라 짐을 옮기고, 물을 들어 올리고, 곡물을 빻는 기계들로 인간 삶의 기준을 매우 향상시킬 수 있다. 그들은 너무도 명백히 도움이 되기 때문에, 우리는 수 세기에 걸쳐 인류가 그들이 기르는 동물들의 수와 질을 증가시켰다는 것을 발견할 수 있기를 기대할지도 모른다. 놀랍게도, 그렇지는 않았다.

② 분사구문의 동사 Utilize는 타동사로 뒤에 목적어가 없으므로 과거분사 Utilized로 고쳐야 한다. 그리고 문맥상 주절 주어 animals가 이용이 되는 것이므로 수동관계가 성립된다.

① 명사를 수식하는 형용사가 전치사와 함께 사용하는 형용사구일 때는 명사 뒤에서 명사를 수식한다. machines (which are) available to에서 명사 뒤에 '주격관계대명사 + be 동사'가 생략된 구문으로 봐도 무방하다.

③ to 부정사의 형용사적용법에서 주의해야 할 점은 to 부정사의 목적어를 뒤에서 꾸며주는 경우, 뒤에 목적어를 비워야 한다는 점이다. 예를 들어 a book to read의 경우 a book은 to read의 목적어가 되므로 to read 뒤에 다시 it이나 a book을 사용해서는 안 된다. 그러나 이 문장의 경우 to 부정사의 동사 carry는 타동사로 목적어 burdens가 뒤에 있으므로 능동태를 반영하여 올바르게 사용했다.

④ 앞에 나오는 be 동사 are뒤에는 형용사가 필요하다. (so obviously)는 부사로 없다고 보면, 그 뒤에 주격 보어 자리에 형용사가 와야 하는데, 'of + 추상명사'가 형용사가 될 수 있으므로 of (great) benefit이 제대로 사용되었다.

domesticated 길든, 가정적인 strain 부담, 압박, 혹사하다 supplementary 보충의, 추가의 foodstuff 식품, 식량

8. 정답: ③ will bathe → bathe

강아지를 목욕시키는 것은 지저분해지고, 시간이 걸리며 그 일에 참여하는 사람에게 모두 재미있는 일은 아니기 때문에, "얼마나 자주 강아지를 목욕시켜야 하죠?"라고 궁금해하는 것은 당연한 일이다 흔히 있는 일이지만, 대답은 "상황에 따라 다르다."이다. "강아지들은 털모낭의 성장을 촉진하는 것을 돕고 피부 건강을 위해 스스로 털을 손질한다."라고 론허스트 동물병원의 에덤 데니쉬 박사가 말했다. "그러나, 목욕을 시키는 일은 그 과정을 보완하기 위해 대부분의 강아지에게 필요한 일이다. 그러나 너무 자주 목욕을 시키면 애완견에게 해로울 수도

있다. 만약 당신이 지나치게 자주 강아지를 목욕시키면, 그것은 피부에 염증을 일으키고, 모낭을 손상시키며, 박테리아나 곰팡이성 감염의 위험성을 높일 수 있다." pet MD의 수의학 자문가 제니퍼 코츠는 "가장 적합한 목욕의 횟수는 목욕을 시키는 이유에 달려 있다. 실내에서 대다수 시간을 보내는 건강한 강아지들은 자연적으로 발생하는 강아지 악취를 조절하기 위해 일 년에 몇 번 정도만 목욕시키면 된다. 반면, 자주 목욕을 시켜 주는 것은 알레르기성 피부병과 같은 질병을 관리하는 데 있어서 중요한 부분이다."라고 덧붙여 말한다.

③ 주절 동사로 can irritate -, damage -, increase -가 병렬이 되어 사용되고 있으므로 이 문장은 가정법이 아닌 직설법의 조건절임을 알 수 있다. 조건 부사절에서는 미래의 의미를 가지는 경우, 미래 시제 대신에 현재시제를 사용하므로 if 절의 동사인 will bathe를 bathe로 고쳐야 한다.

① 주어가 dogs이고 목적어와 동일하므로 목적어 자리에는 재귀대명사를 사용해서 themselves가 바르게 표현되었다.

② as well은 부사로 사용되어서 '~역시'라는 의미를 가지고 문미에 위치하므로 바르게 쓰였다.

④ 선행사가 dogs로 복수명사이고, 의인화해서 주격관계대명사 who로 받고 있다. 그리고 관계절의 동사의 수는 선행사에 따라 결정되므로 동사 역시 복수형인 spend가 바르게 쓰였다.

bathe 목욕하다, 감싸다 groom 손질하다, 깔끔하게 다듬다 involved 관련 있는 as is often the case 종종 사실이듯이 facilitate 쉽게 하다 hair follicle 모낭 supplement 보충하다 detrimental 해로운 irritate 짜증나게 하다, 자극하다 fungal 균에 의한 veterinary 수의과의

9. 정답: ④ would be → would have feel

우리는 흥미 있고 신나는 일을 할 때 거의 피곤하지 않다. 예를 들어, 나는 최근에 루이스 호수 근처의 캐나다

로키 산맥에서 휴가를 보냈다. 나는 내 머리보다 더 높은 나뭇가지들 사이를 헤쳐 나가고, 통나무에 발부리가 걸리고, 쓰러진 나무들을 지나가기 위해 고군분투하고, 코랄 호수를 따라서 송어 낚시를 하며 며칠을 보냈다. 8시간이 지났지만, 나는 지치지 않았다. 왜 그럴까? 왜냐하면 나는 매우 재미있었고 기분이 들떠 있었기 때문이다. 나는 6마리의 송어를 잡았다는 높은 성취감을 느꼈다. 하지만 만약 내가 낚시를 함으로써 지루했다면, 당신은 내가 어떻게 느꼈을 것 같은가? 나는 7,000피트의 고도에서 이러한 몹시 힘든 일을 함으로써 녹초가 되었을 것이다.

④ 우선 접속사 if를 대신할 수 있는 표현을 알아야 한다. Suppose, supposing, providing, provided는 if와 똑같은 접속사라고 생각해야 한다. 그러면 suppose절의 동사가 had been bored로 'had p.p.'형의 가정법 과거완료 동사가 사용되었으므로, 주절에는 조동사 과거가 아닌 조동사 과거완료형이 사용되어야 한다. 따라서 would feel은 would have felt로 고쳐야 한다. 문맥상으로도 과거사실을 반대로 가정하고 있으므로 가정법과거완료가 적절하다.

① -thing, -one, -body로 끝나는 명사는 형용사가 뒤에서 수식하므로 something interesting(흥미로운 뭔가)가 바르게 쓰였다.
② 'spend + 시간 + Ring', '~하면서 시간을 보내다'이므로 trout fishing(송어낚시)가 제대로 사용되었다.
③ 콤마 앞과 뒤로 병치가 이루어져야 하므로 trout fishing과 연결되는 구조이므로 fighting my way through brush(나무 가지 사이를 길을 헤쳐 나가다)가 바르게 쓰였다.

trout 송어 stumble 발을 헛디디다, 휘청거리다 exhausted 기진맥진한 exhilarated 기분이 들뜬 achievement 성취, 업적 worn out 녹초가 되다 strenuous 몹시 힘든 altitude 고도 hearty 푸짐한, 따뜻한

10. 정답: ③ but also → but

사실상 현대 예술은 오늘날 중산층의 필수적인 부분이 되었다. 심지어 화실에서 갓 나온 예술작품들은 열광적인 환영을 받는다. 그것들은 다소 빠르게 인정받는다. 이것은 쌀쌀맞은 문화 비평가들의 취향에 비해 매우 빠르다. 물론 그들의 모든 작품들이 즉시 구매되는 것은 아니지만, 그러나 의심할 여지없이 새로운 작품을 사는 것을 즐기는 사람의 수가 증가한다. 빠르고 비싼 자동차 대신에 그들은 젊은 작가의 그림, 조각 그리고 사진 작품을 산다. 그들은 동시대의 작품들 또한 그들의 사회적 품격을 더해 줄 것을 알고 있다 더욱이 작품들은 자동차처럼 마모에 노출되지 않기 때문에 그것은 훨씬 더 투자 가치가 있다.

③ 상관접속사 but also의 경우 앞에 not only가 제시되어서 'not only A but also B'의 구조로 사용되고, 'A뿐만 아니라 B 역시'라는 의미이다. 이 문장의 경우 앞에 not이 있으므로 'not A but B'의 구조이고 의미 역시 'A가 아니라 B다'가 되어야 자연스러우므로 but also를 but으로 고쳐야 한다.

① Even은 강조부사를 뒤에 나오는 성분을 수식할 수 있다. 그리고 work은 '일'이라는 의미일 때에는 불가산명사이지만, '작품'이라는 의미일 때에는 가산 명사이므로 복수형인 works가 바르게 사용되었다.
② rather은 정도부사로 뒤에 나오는 형용사나 부사를 수식해서 '다소, 제법, 꽤'라는 의미로 사용된다. rather quickly는 '상당히 빨리'로 의미가 자연스럽다.
④ wear and tear는 동사가 아니라 하나의 명사구이다. '(일상적인 사용에 의한) 마모'를 의미하므로 적절하게 쓰였다.

contemporary 동시대의, 현대의 integral 필수적인, 필요 불가결한 enthusiasm 열광, 열정 recognition 인식, 인정 surly 무례한 성질, 못된 critic 비평가 undoubtedly 의심할 여지없이 prestige 위신, 명망 wear and tear (일상적인 사용에 의한) 마모

1. 정답: ②

해석

나는 위기 예방과 관련하여 최상의 접근법은 비상사태가 일어나기 전에 아이들이 비상사태에 대처하는 방법에 대하여 생각하는 것이라고 믿는다. 시간이 있을 때마다 모든 종류의 비상사태에 대처하는 것을 연습하는 것이 좋다. 비록 예방 효과가 없을지라도 그런 방식으로 젊은이들은 자신감 있게 비상사태에 대처할 수 있다. 우리 가족은 일 년에 몇 번 가상 비상사태(Pretend Emergency) 게임을 했다. 형, 엄마, 아빠, 그리고 나는 "가상 비상사태 놀이하자."라고 말하곤 했다. 그러면 우리들 중 한 명이 생각하고 있던 응급사태가 무엇인지를 말해 고우리 모두는 마치 그것이 현실인 것처럼 반응하곤 했다. 만일 그 비상사태가 '화재'라면 우리는 911에 전화하는 척하고, 애완용 동물을 포함한 모든 가족들이 안전하다는 것을 확인한 다음 밖으로 뛰어나가곤 했다. 누군가는 모든 가족들이 집 밖으로 나가는 데 얼마나 오랜 시간이 걸리는지를 알아보기 위해 스톱워치를 사용하기도 했다.

해설

(A) 문맥상으로는 미래 시제가 맞지만 시간을 나타내는 부사절이기 때문에 현재 시제로 arise가 와야 한다. (B) 'as if(though) + 가정법' 문장으로, 네모 안의 동사 시제는 문맥상 앞의 주절 동사(would react)와 같은 과거 시제이므로 were가 와야 한다.
(C) 'It + take + 시간 + for 의미상 주어 + to 부정사'가 시간을 나타내는 부분이 의문사 how와 결합하여 앞에 쓰이면서 간접의문문 형태를 취하고 있다. 따라서 네모 안에는 진주어 역할을 하는 to 부정사로 to get이 와야 한다

어휘

emergency 비상사태 arise 일어나다 all sorts of 모든 종류의 permit confidence 자신감 a couple of 둘의 pretend ~인 척하다

2. 정답: ③

해석

정부의 영어 몰입교육안에 대하여 일부 옹호자들은 인터넷 내용(기사)의 90퍼센트 이상은 영어로 쓰여 있고, 인터넷을 통해 유용한 정보를 찾기 위해서는 영어가 필요하다고 주장한다. 사실, 대부분의 한국인들은 정보를 찾기 위해 영어로 된 기사를 이리저리 검색하기를 원하지 않는다. 단지 학문적인 목적이나 특정한 사업 목적을 위해서만 소수의 사람들이 영어로 된 기사에 접근한다. 공교육은 소수의 사람들만을 위한 것이 아니고, 그 명칭이 의미하듯이 대중을 위한 것이다. 게다가, 내용 중심 수업이 전국에서 영어로 진행된다면 해외에서 온 몇 명의 학생들이 수업에서 지배적인 역할을 하게 되고 나머지는 조용히 앉아 있거나 뒤에서 졸고 있을 것이다. 영어가 학문적인 성취를 결정하게 될 것이다.

해설

(A) 복수 명사인 Some advocates가 주어이므로 argue가 와야 한다. (B) 문두에 'Only + 부사구'가 쓰여 도치된 문장인데, 복수 명사인 a small number of people이 주어이므로 do가 와야 한다. (C) 'with + 명사 + ~ing'로 쓰인 with 동시동작을 나타내는 표현이며, stay '~한 상태로 있다'는 자동사(2형식)이기 때문에 보어 역할을 하는 형용사 silent가 와야 한다.

어휘

advocate 옹호자 immersion 몰입 extents 내용, 기사 surf 인터넷을 검색하다 specific 특정한 imply 의미하다 carry out 수행하다 dominant 지배적인

3. 정답: ①

해석

해안 또는 해안선은 바닷물이 육지에 인접해 있어 다양하고 매우 중요한 생태계를 만드는 독특한 지역이다. 그것은 강과 개울에 의해 옮겨진 민물이 바다로 흘러와 바닷물과 섞인 다음 다양한 해양 식물과 동물에게 풍부한

영양소와 음을 제공한다는 점에서 특별하다. 해안의 끊임없이 변화하는 환경은 조수 흐름의 지속적인 움직임에 의존한다. 태양과의 관계에 따른 달의 위치에 따라 해안에 몰려오는 파도는 육지로 다가오거나 멀어진다. 이러한 움직임은 간만이라고 불리며 해수면이 상승하여 육지에 물이 들어오면 만조(밀물)가 생기고 그 반대인 경우에는 간조(썰물)가 생긴다. 만조 동안에 가라앉고 간조 때에 수면 위로 나오는 해안 지역은 조간대로 불린다. 조하대는 항상 수면 아래에 놓여 있다.

(해설)

(A) carried는 앞에 '주격 관계대명사 + be 동사'가 생략된 형태의 분사구로 주어인 the fresh water를 수식하고 있으므로, 동사 역할을 하는 flows가 와서 뒤에 쓰인 동사 mixes와 병렬 구조를 이뤄야 한다. (B) according to + 구(as +절)의 형태로 둘 다 '~에 따라'라는 뜻을 가지는 관용 표현이다. 이 문장에서는 네모 뒤에 구가 왔으므로 to가 정답이다. (C) 이 문장에서 submerged는 동사가 아니라 분사구 형태로 주어인 The area of the seashore를 수식하고 있고, 뒤에 쓰인 is called가 동사이다. 따라서 네모 뒤에 이어지는 형태는 구이므로 전차사인 during이 와야 한다.

(어휘)

seashore 해안 stream 시내 fresh water 담수 nutrient 영양분 tidal 조수의 placement 위치 reverse 반대 submerge 가라앉다

4. 정답: ④

(해석)

음식에 관한 글에서 사회적 측면이 부각되는 것은 음식의 맛이 뒷전으로 밀려나고 있음을 시사할지도 모른다. 나는 대부분의 사람들이 음식이 제공되는 사교적 상황에서 맛을 부수적인 중요성을 띤 것으로 여긴다고 생각한다. 우리의 사교 모임이 음식을 중심으로 모인다 하더라도. 이러한 모임의 의의는 맛에 달려 있지 않은 듯하다. 맛은 배를 채운다는 좁은 (의미의) 목적에 도움이 되고, 그 목적이 달성되면 (맛은) 모임을 특징 짓는 사회적 역학 관계가 어떤 것이든지 간에 그 배경을 제공한다. 이 (사회적 역학 관계)는 제공되는 음식의 맛과는 별개로

이해될 수 있으며, 그것(음식의 맛)에 대한 감상은 개인적이고 주관적인 것으로 이해된다. 이러한 통념에 따르면, 음식을 중심으로 하는 예식과 의식, 즉 음식에 의미를 부여하는 사교 행사는 음식이 제공하는 감각의 질에 의존하지 않는다. 맛에 지나치게 집중하는 것은 이러한 사회적 관계의 더 큰 중요성을 놓치는 것이다.

(해설)

① that은 동사 suspect의 목적어 역할을 하는 명사절을 이끄는 접속사로 올바르게 쓰였다.
② 단수동사가 단수명사와 수가 올바르게 일치하고 있다.
③ which는 the food를 선행사로 하는 관계대명사로 전치사 of의 목적어 역할을 하는 관계대명사로 올바르게 쓰였다.
④ does의 주어는 복수명사인 'the ceremonies and rituals'이므로 복수동사 형태인 'do'로 고쳐야 한다.
⑤ excessively는 to 부정사 To focus를 수식하는 부사로 올바르게 쓰였다.

(어휘)

prominence 부각, 두드러짐 dimension 측면 take a back seat 뒤로 밀려나다 suspect 생각하다, 의심하다 secondary 부수적인 independently 별개로 subjective 주관적인 conventional wisdom 통념 ritual 의식 supply A with B A에게 B를 제공하다 excessively 지나치게 significance 중요성

5. 정답: ④

(해석)

수년 동안 많은 심리학자들이 부정적인 건강 습관을 해결하기 위한 열쇠는 행동을 바꾸는 것이라는 믿음을 굳게 갖고 있었다. 가치관이나 태도보다, 이것이 가장 바꾸기 쉬운 성격의 한 부분이다. 흡연, 음주, 그리고 다양한 섭식 행동과 같은 섭취 습관은 행동 변화의 대상이 되는 가장 일반적인 건강 문제이다. 과정 중독 행동(일 중독, 쇼핑 중독 등)또한 이 범주에 속한다. 암시의 힘과 결합된 마음 속 이미지는 사람들이 부정적인 건강 행동을 긍정적인 것으로 바꾸는 데 도움을 주는 행동 의학의 전제가 되었다. 이 기술만으로는 변화를 만들어 내지는 않지만, 다른 행동 수정 기법 및 대응 전략과 함께 사용되면,

행동 변화가 일부 사람들에게는 효과적인 것으로 입증되었다. 마음속 이미지가 하는 일은 새로운 바람직한 행동을 강화하는 것이다. 이미지의 반복적 사용은 시간이 지남에 따라 그 바람직한 행동을 더욱 강력하게 강화한다.

해설

① that은 the belief와 동격 관계를 나타내는 접속사로 뒷문장이 완전한 2형식이므로 올바르게 쓰였다.

② 주어가 단수 대명사 this이므로 단수 동사 'is'를 쓴 것으로 올바르게 쓰였다.

③ 형용사 뒤에 앞에 나온 명사를 다시 받을 경우 단수일 경우는 'one' 복수일 경우에는 'ones'를 쓴다. 앞의 복수명사 'health behaviors'를 지칭하는 것이므로 복수형 'ones'를 쓴 것은 올바른 용법이다

④ 접속사 when 뒤에 '주어+be 동사(it is)'가 생략된 구문이고, 현재분사 using 뒤에 목적어가 보이지 않고, 해석상으로도 'this technique(이 기술)'이 사용하는 것이 아니라 사용되는 것이므로 수동의 의미를 지닌 과거분사 'used'로 고쳐야 한다.

⑤ what은 선행사를 관계대명사로 명사절을 이끈다. 이 문장에서는 'is'의 주어 역할을 하면서 동사 does의 목적어 역할을 하므로 올바르게 쓰였다.

어휘

psychologist 심리학자 personality 성격 target 대상으로 하다 addiction 중독 combined with ~과 결합된 suggestion 암시 alongside ~과 함께 modification tactic 기법 cope 대응하다 strategy 전략 reinforce 강화하다

Chapter 18

강조, 도치

1) 강조의 종류

문장에서 특정한 내용을 강조하기 위해서 아래와 같은 다양한 방법들이 사용된다.

(1) 동사 강조
일반동사를 강조할 때에는 일반동사 앞에 do/dose/did를 넣어서 강조한다. 그리고 do/does/did에서 수와 시제가 다 반영이 되는 것이므로 뒤에는 항상 동사원형이 와야 한다.

> **do/does** + R

- I **do** like the class. 나는 이 수업을 정말 좋아한다.

(2) 부정어 강조
not이나 never와 같은 부정어 뒤에 다음과 같은 표현이 사용되어서 부정어를 강조할 수 있다.

> 부정어 + **at all, at bit, in the least**

- I **don't** like the class **at all**. 나는 이 수업이 전혀 마음에 들지 않는다.

(3) It ~ that 강조 구문
가장 중요한 강조구문으로 It is ~ that 사이에 주어, 목적어, 부사구(절)을 넣어서 강조하는 구문이다. that 뒤로는 강조하려고 뺀 요소를 제외한 나머지 성분을 순서대로 나열한다.

> It is + **강조 대상(주어/목적어/부사구(절))** + that + 나머지 성분

- Laura lost the watch at the department store. Laura 백화점에서 시계를 분실했다.
- It was **Laura** that lost the watch at the department store. 백화점에서 시계를 분실한 사람은 바로 Laura이었다.
- It was **the watch** that Laura lost at the department store. Laura 백화점에서 분실했던 것은 시계였다.
- It was **at the department** store that Laura lost the watch. Laura 시계를 분실한 것은 바로 백화점이었다.
- It was **me** who received the promotion. 승진 통보를 받는 사람은 나이다.
- It was **John's brother** who I saw at the theater yesterday. 어제 극장에서 내가 본 사람은 바로 John의 형이다. [강조 대상이 사람인 경우 that 대신에 who를 사용할 수 있다.]

◆ It ~ that 강조구문 vs It ~ that 가주어-진주어 구문
강조 구문은 that 이하는 강조 대상이 빠져 있는 불완전한 구조이다. 반면에 가주어-진주어 구문은 주어 자리에 있던 명사절 that절이 너무 길어서 뒤로 뺀 것이므로 뒤에는 완전한 문장이 수반되어야 한다.

① It ~ that 강조구문 + **불완전문장**
② It ~ that 가주어-진주어 구문 + **완전문장**

- It was **the hunter** that found a rabbit in front of the cave.
  (동사) (목적어)

동굴 앞에서 토끼를 발견한 것은 바로 그 사냥꾼이었다. [주어에 해당하는 the hunter가 강조 대상으로 간 강조 구문]

- **It** was obvious **that the manager made a big mistake**. 매니저가 큰 실수를 한 것은 명백했다. [주어, 진주어 구문]
  (주어) (동사) (목적어)

1. It is the underlying assumption about human behavior that many scholars argue has led to serious misunderstandings in interpreting historical events.

2. It is only through persistent questioning of widely accepted ideas that meaningful progress in scientific inquiry becomes possible.

1. **It is** the underlying assumption (about human behavior) **that** (many scholars argue) has led
   S　　　　　　　　　　　　　　　　　　　　(삽입절)　　　　　　　　　V

to serious misunderstandings (in interpreting historical events.)
　　　　O

많은 학자들이 주장하듯, 역사적 사건을 해석하는 데 심각한 오해를 낳게 만든 것은 바로 인간 행동에 대한 근본적 가정이다.

2. **It is** (only through persistent questioning of widely accepted ideas) **that** meaningful
　　　　　　　　　　(부사구)　　　　　　　　　　　　　　　　　　　　　　　　S

progress (in scientific inquiry) becomes possible
　　　　　　　　　　　　　　　　　2V　　　SC

널리 받아들여진 생각들을 끊임없이 의문하는 그 과정을 통해서만 과학적 탐구에서 의미 있는 발전이 가능해진다.

주어가 아닌 문장의 다른 성분이 문두에 오는 경우, 주어와 동사는 순서가 바뀌어 도치된다.

1) 도치의 종류

(1) 장소부사구 도치

장소나 방향을 나타내는 부사구나 유도부사 There, Here이 문두에 오는 경우, 주어가 명사이고 동사가 1형식 동사일 때 도치가 일어난다. 단, 주어가 대명사일 때는 도치되지 않는다. 장소부사구가 문두에 와서 도치가 발생하는 이유는 도치를 시킴으로써 청자나 독자의 기대감을 증폭시키고 '주어'를 강조하기 위함이다.

> 장소, 방향 부사구/There/Here + 동사 + **주어(명사)**
> 장소, 방향 부사구/There/Here + **주어(대명사)** + 동사

주의할 점은 다음과 같다.

① 주어가 대명사인 경우 도치가 발생하지 않는다.

- On the hill stood the strange man. 언덕 위에 이상한 사람이 서 있다.
  장소부사구　동사　　주어

- On the hill he stands talking with a strange man. 언덕 위에서 그는 이상한 사람과 이야기하면 서 있다. [도치 X]
  장소부사구　주어　동사

- Here comes the subway. 지하철이 온다.
  유도부사　동사　　주어

- There he comes. 그가 온다. [도치 X]
  유도부사　주어　동사

② 시간부사는 문두에 가도 도치가 발생하지 않는다.

- At first sight I could easily imagine that the girl would become a good actress. [도치 X]
  시간부사구　주어 동사

첫눈에 나는 그 소녀가 좋은 여배우가 될 것이라고 쉽게 상상할 수 있었다.

③ 대동사를 이용하지 않는다.

보통 도치 구문은 일반동사의 경우 대동사 do를 이용해서 도치하지만, 장소/방향부사구가 문두에 가는 경우에는 동사 자체가 주어 앞으로 통째로 이동해서 도치가 이루어진다.

일반적 도치

- I never saw such a beautiful city. 이렇게 아름다운 도시는 못 봤다.

→ **Never** did I see such a beautiful city.
부정부사 대동사 주어 동사원형

장소부사 도치

- The treasure came from the ancient grave. 그 보물은 고대 무덤에서 나왔다.

  ≠ From the ancient grave did the treasure come. [X]

  → **From the ancient grave** came the treasure. [○]
  장소부사구　　　　　동사　　주어

1. On the far edge of the abandoned research facility lay a set of encrypted documents that later proved crucial to uncovering the political scandal.

1. (On the far edge of the abandoned research facility) lay a set (of encrypted documents)
　　　　　(장소부사구)　　　　　　　　　　　V　　S

(that later proved crucial to uncovering the political scandal.)

버려진 연구 시설의 저 멀리 구석에는 암호화된 문서들이 놓여 있었는데, 그 문서들은 나중에 정치적 스캔들을 밝혀내는 데 결정적인 것으로 판명되었다.

(2) 부정부사 도치

부정의 의미를 가지는 부사가 문두에 오는 경우, 강조하기 위한 것으로 뒤에 나오는 주어와 동사는 도치된다.

부정부사	해석
never	결코 ~아니다
little	거의 ~아니다
hardly, scarcely, seldom, rarely	좀처럼 ~하지 않다
not only ~ but also	~일 뿐만 아니라 ~아니다
no sooner ~ than	~하자마자 ~하다
not until	~하고 나서야 비로소 ~하다
under no circumstances	어떠한 상황에서도 ~아니다
on no account	무슨 일이 있어도 ~아니다

이때 동사가 일반동사인 경우 do, does, did를 이용해서 도치한다. 그리고 주어 뒤에는 동사원형이 와야 한다.

- I **never** imagined that you would become a professor. 나는 너가 교수가 되리라고는 상상도 못했다.

  = **Never did I imagine** that you would become a professor.
- **Not only did the samples arrive** two weeks late but they were also severely damaged. 샘플이 2주 늦게 도착했을 뿐만 아니라 심각하게 손상이 되었다.

1. Never have researchers encountered a phenomenon that challenges the foundational assumptions of cognitive science as profoundly as this newly discovered pattern does.
2. Not until the ethical implications of artificial cognition were fully examined could researchers propose a framework that balanced innovation with societal responsibility.

1. **Never** have researchers encountered a phenomenon that challenges the foundational

부정부사　조　　S　　P.P.

assumptions of cognitive science as profoundly as this newly discovered pattern does.

연구자들은 이번에 새로 발견된 이 패턴만큼 인지과학의 근본 가정을 심오하게 흔드는 현상을 결코 접한 적이 없었다.

2. **Not until** (the ethical implications of artificial cognition were fully examined) could

Not until　　　　　　　S'　　　　　　　　　　　　　V'　　　조

researchers propose a framework that balanced innovation with societal responsibility.

S　　R

인공지능 인지의 윤리적 함의가 완전히 검토되고 나서야 연구자들은 혁신과 사회적 책임을 균형 있게 조화시키는 틀을 제안할 수 있었다.

(3) 보어 도치

'주어 + be (불완전 자동사) + 보어'의 2형식 문장에서 보어가 문두에 가는 경우 주어와 동사가 도치된다.

- A tentative schedule is attached. 잠정적인 일정이 첨부되었다.
    = **Attached** is a tentative schedule.

1. Far more significant than the immediate financial loss were the long-term societal consequences that the crisis silently triggered.
2. Among the numerous factors influencing public opinion lies a subtle cognitive bias that most people fail to recognize in themselves.

1. Far more significant (than the immediate financial loss) were the long-term societal

SC　　　　　　　　　　　　　　　　　　V　　　　　S

consequences (that the crisis silently triggered.)

즉각적인 재정적 손실보다 훨씬 더 중요한 것은 **그 위기가 조용히 촉발한 장기적 사회적 결과들이었다.**

2. <u>Among</u> <u>the numerous factors</u> (influencing public opinion) <u>lies</u> <u>a subtle cognitive bias</u> (that
   Among   Ns   V   S

most people fail to recognize in themselves.)

여론에 영향을 미치는 수많은 요인들 가운데에는 대부분의 사람들이 자신에게 있는 줄도 모르는 미묘한 인지적 편향이 존재한다.

(4) so/neither 도치 구문

'~또한 그렇다'나 '~또한 그렇지 않다'와 같이 동의를 나타낼 때 주어와 동사가 도치된다. 긍정문과 부정문에서 사용되는 부사 구분 문제가 주로 출제된다.

또한 이 도치 구문에서는 동사의 형태를 묻는 문제가 주로 출제되는데, 앞에 문장의 동사가 be 동사나 조동사이면, 그 be 동사나 조동사를 그대로 사용한다. 반면, 앞 문장의 동사가 일반동사인 경우, 'do' 동사를 인칭과 시제에 맞게 도치시킨다.

	앞 문장	뒤 문장	해석
긍정 동의	so + 동사 + 주어	주어 + 동사, too	또한 ~하다
부정 동의	neither + 동사 + 주어	주어 + 동사, either	또한 ~하지 않다
	nor + 동사 + 주어		또한 ~하지 않다

- He **works** hard and **so** <u>does his wife</u>. 그는 열심히 일하고 그리고 그의 아내 또한 그러하다.
- He **didn't call** me, and **neither** <u>did his wife</u>. 그는 나를 부르지 않았고, 그의 아내 또한 부르지 않았다. [일반동사(did)로 일치]
- She **is** diligent and so **is** he. 그녀는 부지런하다. 그리고 그도 그렇다. [be 동사로 일치]
- She **can't** attend the job fair and neither **can** I. 그녀는 취업 박람회에 참여할 수 없다. 그리고 나도 그렇다. [조동사로 일치]
- She **would** like to succeed and so **would** he. 그녀는 성공하고 싶어 한다. 그리고 그도 그렇다. [조동사로 일치]
- She **went** to the museum, and so **did** I. 그녀는 박물관에 갔다. 그리고 나도 그렇다. [일반동사(did)로 일치]

◆ neither와 nor의 차이

둘 다 부정문에서 '~역시 아니다'라는 뜻을 가지고, 뒤에는 주어와 동사가 도치되어 나온다. 차이는 neither는 부사이므로 그 앞에 접속사 and가 제시되어야 한다. 반면 nor는 'and'와 'not'이 결합된 표현으로 그 자체가 접속사 기능을 가지고 있다. 따라서 앞에 접속사 없이 단독으로 사용된다.

- Stocks **are not** a safe investment, <u>and neither</u> **is** gold now. 주식은 안전한 투자가 아니다. 금 역시 마찬가지이다.
  = Stocks **are not** a safe investment, <u>nor</u> **is** gold now.
- You **can't** go outside, <u>and neither</u> **can** you use the computer. 너는 밖에 나갈 수도 없고, 컴퓨터를 사용할 수도 없다.
  = You **can't** go outside, and <u>nor</u> **can** you use the computer.

(문장 분석! 구조 파악 연습)

1. The rapid decline in biodiversity alarmed environmental researchers, and so did the unexpected shift in oceanic temperature patterns that emerged shortly afterward.

2. The committee members could not reach a consensus on the ethical implications of the technology, and neither could the advisory panel composed of external experts.

3. The new data did not support the prevailing theory, nor did the independent analysis corroborate any of its central claims.

1. The rapid decline (in biodiversity) alarmed environmental researchers, and so did the
   S   V   접 so V S

unexpected shift in oceanic temperature patterns that emerged shortly afterward.

생물다양성의 급격한 감소가 환경 연구자들을 놀라게 했고, **곧이어** 나타난 해양 온도 패턴의 예상치 못한 변화도 역시 연구자들을 경악하게 했다.

2. The committee members could not reach a consensus on the ethical implications of the
               S   V

technology, and neither could the advisory panel (composed of external experts.)
         접   neither   V   S

위원회 구성원들은 그 기술의 윤리적 함의에 대해 합의에 도달하지 못했으며, **외부 전문가로 구성된 자문단도 합의하지 못했다.**

3. The new data did not support the prevailing theory, nor did the independent analysis
     S   V   nor V   S

corroborate any of its central claims.
    V

새로운 데이터는 기존 이론을 뒷받침하지 못했고, **독립적 분석 역시 그 핵심 주장들을 어떤 방식으로도 입증하지 못했다.**

(5) only+부사(구/절) 도치

'only + 부사'가 강조를 위해서 문두에 오는 경우, 주어와 동사는 도치된다.

> **Only + then/recently** + 동사 + 주어
>   when/after/if

- **Only recently** have we decided to move. 우리는 최근에 이사 가기로 결정했다.
     Only + 부사   have 동사 + 주어 + p.p.
- **Only after he had lost his health** did he realize the importance of it. 그는 건강을 잃고 나서야 비로소 그것의 소중함을 알았다.
       Only   after   주어 동사   동사 + 주어 + 동사원형

1. Only when the underlying assumptions of the long-established model were rigorously reexamined did researchers realize how profoundly the system had distorted historical interpretations.

1. Only (when the underlying assumptions (of the long-established model) were rigorously
   Only   접   S   V

reexamined) did researchers realize how profoundly the system had distorted historical interpretations.
             조   S   R

오래 확립된 모델의 근본 가정들이 엄밀히 재검토되고 나서야 연구자들은 그 체계가 역사적 해석을 얼마나 심각하게 왜곡해 왔는지를 깨달았다.

(6) so+형용사/부사 도치

so ~ that구문에서 'so+형용사/부사'가 문두에 나오는 경우, '대동사+주어'의 어순으로 도치된다.

So + 형용사 + 동사 + 주어 + that S V	매우 ~해서 ~하다

- It was so cold that the outing was cancelled. 너무 추워서 야유회는 취소되었다.

    = **So cold** was it that the outing was canceled.

1. So intricate was the network of interdependent variables that even minor alterations produced dramatic shifts in the system's overall behavior.

So intricate was the network (of interdependent variables) **that** even minor alterations
So   형   be   S

produced dramatic shifts in the system's overall behavior.

상호 의존적인 변수들로 이루어진 그 네트워크가 너무나 정교해서, 작은 변화조차도 시스템 전체의 작동 양상에 극적인 변화를 일으켰다.

1. 어법상 틀린 곳을 바르게 고치시오.

Not until they began cultivating tobacco for sale abroad they could finance their activities and develop their country.

2. 다음 중 어법상 틀린 부분을 골라 바르게 고치시오.

① Not only ② were the Palm Beach Post our local paper, it was ③ also the source of ④ half of our household income.

3. 다음 중 어법상 맞는 것을 고르시오.

① [Blessed is the man / Blessed the man is] ② [who / which] is too busy to worry in the day and too tired ③ [of lying / to lie] awake at night.

4. 어법상 틀린 것을 바르게 고치시오.

In the 1860s, the population of Manhattan and Brooklyn was rapidly increasing, and so does the number of the commuters between them.

5. 다음 중 어법상 올바른 것을 고르시오.

For instance, it is considered rude in our culture, or at least aggressive, [read / to read] over another person's shoulder or to get up and change TV channels in a public setting.

6. 밑줄 친 부분 중 어법상 틀린 것은?

Langston Hughes was born in Joplin, Missouri, and graduated from Lincoln University, ① in which many African-American students have pursued their academic disciplines. At the age of eighteen, Hughes published one of his most well-known ② poems, "Negro Speaks of Rivers." Creative and experimental, Hughes incorporated authentic dialect in his work, adapted traditional poetic forms to embrace the cadences and moods of blues and jazz, and created characters and themes that reflected elements of lower-class black culture. ③ With his ability to fuse serious content with humorous style, Hughes attacked racial prejudice in a way that ④ were natural and witty.

Before the fifteenth century, all four characteristics of the witch (night flying, secret meetings, harmful magic, and the devil's pact) were ascribed individually or in limited combination by the church to its adversaries, including Templars, heretics, learned magicians, and other dissident groups. Folk beliefs about the supernatural ① emerged in peasant confessions during witch trials. The most striking difference between popular and learned notions of witchcraft lay in the folk belief ② that the witch had innate supernatural powers not derived from the devil. For learned men, this bordered on heresy. Supernatural powers were never human in origin, ③ and could witches derive their craft from the tradition of learned magic, ④ which required a scholarly training at the university, a masculine preserve at the time. A witch's power necessarily came from the pact she made with the devil.

When accepted and expressed, envy can be beneficial, and even pleasant. It's an emotion ① what carries the power to motivate change combined with a clearly defined goal. It is a desire ② which induces competitiveness, pushes us out of our comfort zone, and drives us to try harder and pursue greater things. When ③ accepted and dealt with consciously, envy may also transform into admiration. With the understanding and appreciation of the challenges and difficulties of reaching some goals, we also learn to appreciate the efforts which the object of our envy must have invested. And it is that exact same desire for someone else's achievements, joint with understanding and appreciation, which ④ bring forth the emotion of respect and admiration.

9. 다음 글의 밑줄 친 부분 중 어법상 틀린 것은?

As we consider media consumption in the context of anonymous social relations, we mean all of those occasions that involve the presence of strangers, such as viewing television in public places like bars, ① <u>going</u> to concerts or dance clubs, or reading a newspaper on a bus or subway. Typically, there are social rules that ② <u>govern</u> how we interact with those around us and with the media product. For instance, it is considered rude in our culture, or at least aggressive, ③ <u>read</u> over another person's shoulder or to get up and change TV channels in a public setting. Any music fan knows what is appropriate at a particular kind of concert. The presence of other people is often crucial to defining the setting and hence the activity of media consumption, ④ <u>despite</u> the fact that the relationships are totally impersonal.

10. 다음 글의 밑줄 친 부분 중 어법상 옳지 않은 것은?

After lots of trial and error, Richard finally created a system of flashing LED lights, ① <u>powered</u> by an old car battery that was charged by a solar panel. Richard set the lights up along the fence. At night, the lights could be seen from outside the stable and took turns flashing, ② <u>which</u> appeared as if people were moving around with torches. Never again ③ <u>lions crossed</u> Richard's fence. Richard called his system Lion Lights. This simple and practical device did no harm to lions, so human beings, cattle, and lions were finally able to make peace with ④ <u>one another.</u>

1. 다음 글의 밑줄 친 부분 중, 어법상 틀린 것은?

Surprisingly, there are some cultures ① where time plays little or no role. The Piraha tribe of the Amazon rainforest is an example of one such group. Not only ② does the tribe have no concept of numbers, but their language has no past tense. For them, everything exists in the present. When something can no longer be perceived, it stops ③ existing. Because of the limitations of their language, the Piraha do not spend time thinking or worrying about the past. ④ Whatever isn't important in the present is quickly forgotten. Although it is perhaps difficult for people in time-dependent cultures ⑤ understanding the perspective of the Piraha tribe, the Piraha way of life may provide a valuable lesson in how to slow down and enjoy each moment more fully.

2. 다음 글의 밑줄 친 부분 중, 어법상 틀린 것은?

Many people don't know the difference between a patent and a trademark; however, there is a difference. Usually ① granted for seventeen years, a patent protects both the name of a product and its method of manufacture. For example, between 1895 and 1912, no one ② but the Shredded Wheat company could make shredded wheat because the company had the patent. A trademark is a name, symbol, or other device ③ identifies a product and makes it memorable in the minds of consumers. ④ Aware of the power that trademarks possess, companies fight to protect them and do not allow anyone else to use one without permission. Occasionally, however, a company gets careless and loses control of a trademark. Aspirin,for example, ⑤ is no longer considered a trademark, and any company can call a pain-reducing tablet as aspirin.

* shred: 으깨다, 갈가리 찢다

3. 다음 글의 밑줄 친 부분 중, 어법상 틀린 것은?

The immune system consists of more than a dozen different types of white blood cells, which are divided into two main groups. One group, called B cells, ① produces chemicals that eliminate poisons made by disease organisms. ② The other group, called T cells, destroys invading bacteria and viruses. The immune system, then, is controlled by the brain, either indirectly through hormones in the blood, or directly through the nerves and nerve chemicals. One theory about the cause of cancer ③ states that cancer cells are developing in our bodies all the time but are normally destroyed by white blood cells. Cancer, according to this theory, appears when the immune system becomes ④ weakened and can no longer fight off the cancer cells. Thus, ⑤ however upsets the brain's control of the immune system makes it easier for cancer to develop.

4. 다음 글의 밑줄 친 부분 중, 어법상 틀린 것은?

Human beings like certainty. This liking stems from our ancient ancestors ① who needed to survive alongside saber-toothed tigers and poisonous berries. Our brains evolved to help us attend to threats, keep away from ② them, and remain alive afterward. In fact, we learned that the more ③ certain we were about something, the better chance we had of making the right choice. Is this berry the same shape as last time? The same size? If I know for certain it ④ is, my brain will direct me to eat it because I know it's safe. And if I'm uncertain, my brain will send out a danger alert to protect me. The dependence on certainty all those millennia ago ensured our survival to the present day, and the danger-alert system continues to protect us. This is achieved by our brains labeling new, vague, or unpredictable everyday events and experiences as uncertain. Our brains then ⑤ generating sensations, thoughts, and action plans to keep us safe from the uncertain element, and we live to see another day.

* saber-toothed tiger: 검치호(검 모양의 송곳니를 가진 호랑이)

5. 다음 글의 밑줄 친 부분 중, 어법상 틀린 것은?

The built-in capacity for smiling is proven by the remarkable observation ① that babies who are congenitally both deaf and blind, who have never seen a human face, also start to smile at around 2 months. However, smiling in blind babies eventually ② disappears if nothing is done to reinforce it. Without the right feedback, smiling dies out. But here's a fascinating fact: blind babies will continue to smile if they are cuddled, bounced, nudged, and tickled by an adult — anything to let ③ them know that they are not alone and that someone cares about them. This social feedback encourages the baby to continue smiling. In this way, early experience operates with our biology ④ to establish social behaviors. In fact, you don't need the cases of blind babies to make the point. Babies with sight smile more at you when you look at them or, better still, ⑤ smiling back at them.

* congenitally: 선천적으로

** cuddle: 껴안다

*** nudge: 팔꿈치로 쿡쿡 찌르다

1. 정답: they could → could they

(해석)

그들의 활동자금을 만들고 그들 국가를 발전시킬 수 있었던 것은 그들이 해외 판매를 위한 담배를 재배하기 시작하면서였다.

(해설)

not until은 부정 부사이므로 문두에 가면 주어와 동사가 도치된다. 이때 부사절이 아닌 주절 주어와 동사가 도치된다는 사실에 주의해야 한다. 즉 'Not until A(주어 + 동사) B(동사 + 주어)'의 구조이다. 해석은 A하고 나서야 B하다이다. 이때 주절은 B이므로 they could가 아니라 could they가 되어야 한다.

2. 정답: ② were → was

(해석)

팜비치 포스트는 우리의 지역 신문이었을 뿐만 아니라, 우리 가계 수입 절반의 원천이기도 했다.

(해설)

Not only ~ but also 구문에서 강조를 위해서 Not only가 문두로 가는 경우 주어와 동사의 도치가 이루어진다. 이때 주의해야 할 점은 도치되는 주어와 동사의 수를 일치시켜야 한다는 것이다. 이 문장의 주어는 the Palm Beach Post로 단수명사이므로 동사를 단수형인 was로 고쳐야 한다.

(어휘)

local 지역의, 현지의 source 원천, 출처 household 가정, 가구 income 수입, 소득

3. 정답: ① Blessed is the man ② who ③ to lie

(해석)

낮에는 너무 바빠서 걱정할 틈이 없고, 밤에는 너무 피곤해서 깨어 있지 않은 사람은 축복받았다.

(해설)

① 2형식 문장에서 주격 보어가 강조를 위해 문두에 가는 경우, 주어와 동사는 도치된다. 이 문장의 경우 보어인 blessed가 문두에 가면서 주어인 the man과 동사 is가 도치되었다.

(오답 분석)

② 선행사가 the man이므로 사람일 때 주격관계대명사 who가 와야 한다.

③ 등위 접속사 and앞과 뒤는 동일한 구조로 병치되어야 한다. 이 문장의 경우 too ~ to R(너무 ~해서 ~할 수 없다) 구문이 쓰였다. 따라서 뒷부분도 too tired to lie가 와야 한다.

(어휘)

blessed 신성한, 축복받은 be tired of 싫증이 나다 awake 깨어나다, 깨어 있는

4. 정답: does → was

(해석)

1860년대에 맨해튼과 브루클린의 인구는 급속도로 증가했다. 그리고 그들 사이의 통근자들의 수도 그러했다.

(해설)

'~역시 -하다'라는 표현으로 'so + 동사 + 주어'를 이용해서 표현할 수 있다. 이때 동사는 앞 문장의 동사에 따라서 그 종류가 결정된다. 앞 문장의 동사가 일반동사이면 대동사 do/dose/did를, be 동사이면 be 동사를, 조동사이면 조동사를 사용한다. 이 문장의 경우 앞에 동사가 were로 be 동사이므로, be 동사를 사용하는데, 주어가 the number로 단수 명사이므로 was를 사용해야 한다.

5. 정답: to read

(해석)

예를 들어, 다른 사람의 어깨 너머로 책을 읽거나 공공장소에서 일어나 TV 채널을 바꾸는 것은 우리의 문화에서

무례하거나, 적어도 공격적인 것으로 간주된다.

문장의 주어로 it으로 가주어가 사용되고 있으므로 빈칸에는 진주어 to R가 와야 한다. read가 사용되면 접속사 없이 동사 2개가 연결되는 것이므로 바르지 않다.

6. 정답: ④ were → was

랭스턴 휴즈는 미주리 주의 조플린에서 태어나 많은 아프리카계 미국 학생들이 그들의 학문을 추구하는 링컨 대학교를 졸업했다. 18세의 나이에, 휴즈는 그의 가장 널리 알려진 시 중 한 편인 '니그로(흑인), 강에 대해 말하다'를 출간했다. 창의적이고 실험적이었기 때문에 휴즈는 그의 작품에 실제 방언을 포함시켰고 블루스와 재즈의 리듬과 분위기를 아우르기 위해 전통적인 시의 형태에 맞추었으며 하층계급의 흑인 문화 요소들을 반영하는 캐릭터와 테마를 만들었다. 심각한 주제와 유머러스한 스타일을 융합시키는 그의 능력으로, 휴즈는 자연스럽고 재치 있는 방식으로 인종 편견을 공격했다.

④ 주격관계대명사 that뒤에 나오는 동사의 수는 관계대명사 앞에 제시된 선행사에 따라서 결정된다. way가 단수명사이므로 동사의 수도 역시 단수인 was로 고쳐야 한다.

① '전치사 + 관계대명사' 뒤에는 완전한 문장이 이어져야 한다. 이 문장의 경우 many African-American students가 주어이고, have pursued가 동사, their academic disciplines이 목적어이므로 완전한 구조가 바르게 쓰였다. 선행사가 장소이므로 관계부사 where을 쓸 수 있는데, where는 in which로 표현될 수 있다.
② poem은 가산명사이므로 복수형이 바르게 쓰였다.
③ '~하는 능력을 가지고'의 의미이므로 전치사 with가 바르게 사용되었다.

pursue 추구하다 discipline 학문 well-known 잘 알려진, 유명한 incorporate 포함하다 authentic 진짜의 dialect 방언, 사투리 cadence 억양 fuse A with B A와 B를 융합하다 racial 인종 간의, 인종의 prejudice 편견

7. 정답: ③ and → nor

15세기 이전에 교회는 마녀의 네 가지 특성(야간 비행, 비밀회동, 해로운 마법, 그리고 악마와의 맹약)들이 개별적으로 혹은 일부 결합되어 적들, 즉 템플 기사단, 이교도, 훈련받은 마술사, 혹은 다른 이교도 집단의 탓이라고 생각했다. 초자연적인 힘에 대한 대중의 믿음은 마녀 재판을 하는 동안 소작농들의 고백으로부터 나왔다. 마녀의 마법에 대한 대중적인 개념과 학문적인 개념 사이의 가장 두드러진 차이는 마녀들은 악마에게서 유쾌되지 않은 초자연적 타고난 힘을 갖고 있었다는 대중의 믿음에 있었다. 학식이 있는 사람들에게 이러한 힘은 이단에 가까운 것으로 보였다. 초자연적인 힘은 절대로 인간이 기원이 아니었으며, 또한 마녀들은 교육이 필요한 마법의 전통으로부터 그들의 기술이 나온 것도 아니었다. 왜냐하면 그 마법적 기술은 그때 당시의 남자들의 것이라고 여겨졌던 대학에서의 학업적 훈련을 필요로 했기 때문이다. 마녀의 힘은 필연적으로 그녀가 악마와 맺은 맹약에서 나온 것이었다.

and 뒤로 could witches로 주어와 동사가 도치되어 있으므로 틀린 문장이다. 등위 접속사 and 뒤에는 '(주어) + 동사'의 구조가 나오든지, 대명사 주어가 생략되고 동사만 나올 수 있다. 따라서 접속사의 기능과 부정부사의 기능을 다 가지는 nor(=and not)으로 고쳐야 한다.

① emerge는 자동사이므로 수동형이 될 수 없다. 그리고 과거의 사실을 묘사하므로 시제도 과거가 적절하다. emerged in(from) '~에서 나오다'라는 의미이다.
② the belief 뒤에 나오는 that은 belief를 구체적으로 설명해 주는 동격의 that이다. 동격의 that절 안은 완전한 문장이 이어져야 하는데, the witch가 주어, had가 동사, innate supernatural powers가 목적어로 완전한 구조의 절이 이어지고 있다.
④ 콤마(,) 뒤에는 관계대명사 that을 사용하지 않도록 주의해야 한다. 이 문장의 경우 선행사가 their craft(그들의

기술)이 사물이고, 뒤에 required라는 동사가 있으므로 사물일 때 주격관계대명사 which가 올바르게 사용되었다.

pact 약속, 협정 ascribe ~의 탓으로 돌리다 adversary 상대방, 적수 dissident 반체제 인사 innate 타고난, 선천적인 heresy (종교상의) 이단

8. 정답: ① what → that

수용이 되고 표현이 되면, 부러움은 도움이 될 수 있고, 심지어 유쾌한 것일 수도 있다. 이것은 명확하게 규정된 목표와 결합되어서 변화를 일으킬 수 있는 힘을 가져다 준다. 경쟁력을 야기하고, 안전한 지역에서 벗어나게 만들고, 조금 더 노력하게 하고, 더 위대한 것들을 추구하게 하는 것은 바로 욕구이다. 의식적으로 받아들여지고 다루어지면, 부러움은 또한 감탄으로 바뀔 수 있다. 도전과 목표달성의 어려움에 대한 이해와 존중을 가지고 우리는 또한 우리의 부러움의 대상이 투자했던 노력의 진정한 가치를 알아볼 수 있도록 배울 수 있다. 그리고 다른 누군가의 업적에 대한 바로 그 정확히 똑 같은 욕망이 존경과 감탄의 감정을 불러일으킨다.

① what은 앞에 명사가 있을 때에는 사용할 수 없고, 타동사의 목적어 자리에 사용될 수 있다. 앞에 emotion이라는 명사가 있으므로 뒤에 나오는 문장은 형용사 절이 되어야 한다. 따라서 what을 that으로 고쳐야 한다.

② 앞에 선행사가 desire로 사물이고, 뒤에 동사가 있으므로 주격관계대명사 which가 바르게 쓰였다.
③ 접속사 뒤에 주어와 동사가 생략된 분사구문이다. 주절 주어가 envy이므로 '받아들여지는'의 의미이므로 과거분사 accepted가 바르게 쓰였다.
④ 선행사가 understanding and appreciation으로 복수이므로 주격관계대명사 which 뒤에 나오는 동사가 복수형으로 바르게 쓰였다.

envy 부러움 beneficial 유리한 pleasant 유쾌한 motivate 동기부여하다 induce 야기하다 competitiveness 경쟁력 comfort zone 안전 지대 pursue 추구하다 consciously 의식적으로 admiration 감탄 appreciation 존중 object: 대상 achievement 업적 joint with ~와 함께 bring forth 불러일으키다

9. 정답: ③

우리가 매체를 이용하는 것을 익명의 사회적 관계라는 맥락에서 고려할 때, 우리는 바와 같은 공공 장소에서 텔레비전을 보는 것, 콘서트나 댄스 클럽에 가는 것, 또는 버스나 지하철에서 신문을 읽는 것과 같이 낯선 사람의 존재를 수반하는 그러한 모든 경우를 의미한다. 일반적으로, 우리가 우리 주변의 사람들 그리고 대중매체 상품과 상호작용하는 방법을 좌우하는 사회적 규칙들이 있다 예를 들어, 우리의 문화에서는 다른 사람의 어깨 너머로 읽거나 공공 장소에서 일어나는 텔레비전 채널을 바꾸는 것은 무례하거나, 최소한 공격적이라고 여겨진다. 음악을 좋아하는 사람은 누구든지 특정한 종류의 콘서트에서 무엇이 적절한 것인지를 안다. 타인의 존재는, 비록 그 관계가 전적으로 개인적인 정을 나누지 않는다는 사실에도 불구하고, 종종 환경을 규정하는 데 결정적이며, 따라서 매체를 이용하는 행위에도 결정적이다.

③ 접속사(or)로 연결된 병치 구문에서는 같은 구조끼리 연결되어야 하는데, or 뒤에 to 부정사구(to get up)가 왔으므로 or 앞에도 to 부정사구가 와야 한다. 따라서 동사원형 read를 to 부정사 to read로 고쳐야 한다.

① 접속사(or)로 연결된 병치 구문에서는 같은 구조끼리 연결되어야 하고, 3개의 구가 등위 접속사로 연결될 경우 'A, B, + 등위 접속사(or) + C'의 형태로 연결되어야 한다. Or 앞뒤의 A와 C 자리에 동명사구(viewing - bars, reading - subway)가 왔으므로 B 자리에도 동명사 going이 올바르게 쓰였다.
② 주격 관계절(that ~ product) 내의 동사는 선행사(rules)에 수 일치시켜야 하는데, 선행사 rules가 복수 명사이므로 복수 동사 govern이 올바르게 쓰였다.

④ 뒤에 명사(the fact)가 있고, 문맥상 '사실에도 불구하고'라는 의미가 되어야 자연스러우므로 양보를 나타내는 전치사 despite가 올바르게 쓰였다.

anonymous 익명의 occasion 경우, 때 involve 수반하다, 포함하다 presence 존재, 있음 govern 좌우하다, 결정하다 rude 무례한 aggressive 공격적인 particular 특정한 crucial 결정적인, 중대한 impersonal 비인격적인

10. 정답: ③ lions crossed → did the lions cross

많은 시행착오 끝에, Richard는 마침내 태양 전지판에 의해 충전된 오래된 자동차 배터리로 작동되는 번쩍이는 LED 조명 장치를 만들어 냈다. Richard는 울타리를 따라 조명들을 쭉 세웠다. 밤에 그 조명들은 마구간 바깥에서 보일 수 있었는데, 그것은 마치 사람들이 손전등을 들고 이리저리 움직이고 있는 것처럼 교대로 번쩍거렸다. 사자들은 Richard의 울타리를 두 번 다시 넘어오지 않았다. Richard는 그의 장치를 Lion Lights라고 불렀다. 이 간단하고 실용적인 장치는 사자들에게 아무런 해를 끼치지 않았고, 인간들, 소들, 그리고 사자들은 마침내 서로 평화를 이룰 수 있었다.

③ 부정을 나타내는 부사구(Never again)가 강조되어 문장 맨 앞에 나오면 주어와 조동사가 도치되어 '부사구(Never again) + 조동사(did) + 주어(lions) + 동사(cross)'의 어순이 되어야 하므로 lions crossed를 did lions cross로 고쳐야 한다.

① 수식 받는 명사(LED lights)와 분사가 'LED 조명이 작동되다'라는 의미의 수동 관계이므로 과거분사 powered가 올바르게 쓰였다.
② 관계절이 콤마 뒤에서 계속적 용법으로 쓰여 앞에 나온 선행사(the lights)에 대한 부가 설명을 하고, 선행사가 관계절 내에서 동사(appeared)의 주어 역할을 하고 있으므로 계속적 용법으로 쓰일 수 있는 주격 관계대명사 which가 올바르게 쓰였다.
④ 문맥상 '인간들, 소들, 그리고 사자들은 마침내 서로 평화를 이룰 수 있었다'라는 의미가 되어야 자연스러운데, '서로'는 부정대명사 'one another'로 나타낼 수 있으므로 one another이 올바르게 쓰였다.

trial and error 시행착오 flash 번쩍이다 power 작동시키다, 동력을 공급하다 charge 충전하다 solar panel 태양 전지판 set up ~를 세우다 fence 울타리 stable 마구간 take turns 교대하다 torch 손전등 cattle (집합적으로) 소 one another 서로

1. 정답: ⑤

(해석)

놀랍게도 시간이 거의 또는 전혀 역할을 하지 못 하는 일부 문화가 존재한다. 아마존 열대 우림의 Piraha 부족이 그러한 집단의 예다. 숫자에 대한 개념이 없을 뿐만 아니라 그들의 언어에는 과거시제가 없다. 그들에게는 모든 것이 현재 속에 존재한다. 어떤 것이 더 이상 인식되지 않을 때 그것은 존재하지 않는 것이 된다. 그들 언어의 한계 때문에 Piraha 부족은 과거에 대해 생각하거나 걱정하면서 시간을 보내지 않는다. 현재 중요하지 않은 것은 무엇이든지 빨리 잊힌다. 시간 의존적인 문화에 속한 사람들이 Piraha 부족의 관점을 이해한다는 것은 어려울수록 있지만, 그들의 생활방식은 여유를 가지고 매 순간을 충분히 즐기는 방식에 대한 귀중한 교훈을 제공해 줄 수도 있다.

(해설)

⑤ 가주어, 진주어 구문이므로 동명사를 to 부정사로 고쳐야 한다.
① some cultures를 선행사로 가자는 관계부사로 뒤에 완전한 문장이 연결되어 맞게 쓰였다. ② 문두에 부정어 Not only가 쓰였으므로 도치가 되었다. ③ 동사 stop이 동명사(existing)를 목적어로 취하여 '존재하는 것을 멈추다'의 의미로 쓰였다. ④ 선행사(주어)를 포함하는 복합관계대명사로 맞게 쓰였다.

(어휘)

rainforest 열대 우림 perceive 인식하다 limitation 한계 time-dependent 시간에 의존하는 perspective 관점, 시각 slow down 느긋해지다

2. 정답: ③

(해석)

많은 사람들이 특허와 상표 간의 차이점을 알지 못하지만 차이가 존재한다. 흔히 17년간 인정받는 특허는 어떤 제품의 이름과 그 제조 방법을 보호해 준다. 예를 들어, 1895년과 1912년 사이에 Shredded Wheat 회사는 특허를 보유하고 있었기 때문에 그 회사를 제외한 어떤 회사도 잘게 빻은 밀을 제조할 수 없었다. 상표는 이름이나 상징 또는 어떤 제품을 식별하고 그 제품을 소비자들의 마음속에서 기억할 수 있도록 만들어 주는 다른 도안이다. 상표가 지니고 있는 힘을 인식하고 있기 때문에 회사들은 그 상표를 보호하기 위해 애쓰며 그 외의 다른 사람들이 허가 없이 그 상표를 이용하는 것을 허용하지 않는다. 그러나 가끔 어떤 회사는 부주의해서 상표에 대한 통제를 할 수 없게 된다. 예를 들어, Aspirin은 더 이상 상표로 간주되지 않고 있는데, 어떤 회사도 진통제를 아스피린이라고 부를 수 있다.

(해설)

identifies ~는 관계사절로 사용되어 이 문장의 보어 other device를 수식해 주어야 문맥도 통하고 어법도 맞다. 따라서 관계대명사which가 identifies 앞에 와야 한다 ① 분사구문으로 쓰인 문장이며, 주절의 주어인 a patent와 수동 관계에 있다. ② but은 전치사로 '-을 제외하고'의 뜻으로 쓰였다. ④ 형용사(Aware)앞에 Being이 생략된 분사구문이다. ⑤ no longer는 '더 이상 ~하지 않다'의 뜻이며, 동사로 쓰인 is considered는 주어인 Aspirin과 수동 관계에 있다.

(어휘)

trademark 상표 grant 인정하다 but ~을 제외하고 device 도안, 장치 identify 식별하다 memorable 기억할 수 있는 be aware of ~을 알다, 인식하다 permission 허가, 허락 tablet 알약

3. 정답: ⑤

(해석)

면역체계는 수십 가지 형태의 백혈구 세포로 구성되어 있으며, 그것들은 두 가지의 주요 집단으로 구분된다. B세포라고 불리는 한 집단은 질병 유기체에 의해 만들어지는 독을 제거하는 화학물질을 생산한다. T세포라고 불

리는 또 다른 집단은 침입하는 박테리아와 바이러스를 파괴한다. 그럴 때면 역체계는 혈액 속의 호르몬을 통해 간접적으로, 또는 신경과 신경 화학물질을 통해 직접적으로 뇌에 의해 통제를 받는다. 암의 원인에 대한 한 가지 이론은 암 세포는 우리 몸속에서 항상 발달하지만 일반적으로는 백혈구 세포에 의해 파괴된다고 말한다. 이 이론에 따르면 암은 면역체계가 약화되어 더 이상 암 세포와 싸울 수 없을 때 나타난다. 그래서 면역체계에 대한 뇌의 통제를 혼란시키는 것은 무엇이든지 암이 발병하는 것을 더 쉽게 만든다.

밑줄 친 부분에는 upsets의 주어(선행사)를 포함하면서 동사 makes의 주어 역할을 하는 형태로 복합관계대명사인 whatever가 쓰여야 한다. however 양보절을 이끌기 때문에 밑줄 친 부분에 쓸 수 없다.
① 단수 명사인 One group이 주어이므로 단수 동사 produces가 왔다. ② 앞에 쓰인 two main groups에 이어 One group과 상응하여 맞게 쓰였다. ③ 단수 명사인 One theory가 주어이므로 단수 동사 states가 왔다. ④ 2형식 동사 becomes 뒤에서 주어와 수동 관계로 보어 역할을 하는 과거분사가 쓰였다.

immune 면역의 chemicals 화학 물질 eliminate 제거하다 poison 독 organism 유기체 invade 침입하다 upset 혼란시키다, 어지럽히다

4. 정답: ⑤

인간은 확실성을 좋아한다. 이 선호는 검치호와 독이 있는 딸기류 열매 곁에서 살아남아야 했던 고대의 우리 선조들로부터 유래한다. 우리의 뇌는 우리가 위험에 주의하고 그것들에서 벗어나 그 후에 살아남을 수 있게 진화했다. 사실, 우리는 우리 자신이 무언가에 대해 더 확신할수록 옳은 선택을 할 가능성이 더 크다는 것을 학습했다. 이 딸기류 열매는 지난번과 모양이 같은가? 같은 크기인가? 그것이 그렇다는 것을 내가 확실히 안다면, 그것이 안전하다는 것을 내가 알기 때문에 나의 뇌는 내가 그것을 먹도록 안내한다. 그리고 만약 내가 확실하지 않다

면, 나의 뇌는 나를 보호하기 위해 위험 신호를 보낼 것이다. 그 모든 수천 년 전의 확실성에 대한 의존은 현재까지 우리의 생존을 책임졌고, 그 위험을 알리는 시스템은 계속하여 우리를 지키고 있다. 이것은 우리의 뇌가 새롭거나 보호하거나 예측할 수 없는 매일의 사건과 경험을 불확실한 것으로 명명함으로써 이루어진다. 그런 후 우리의 뇌는 그 불확실한 요소로부터 우리를 안전하게 지키기 위해 감각, 사고, 그리고 행동 계획을 만들어 내고, 우리는 살아서 또 다른 날을 보게 된다.

① who는 ancestors를 선행사로 하고, 동사 needed의 주어 역할을 하는 주격 관계대명사로 올바르게 쓰였다.
② them은 앞의 복수명사 threats를 지칭하고, 전치사 from의 목적어로 쓰인 대명사로 올바르게 쓰였다
③ certain은 'the 비교급 S + V, the 비교급 S + V' 구문 'the more certain we were about something'에서 be 동사 were의 보어로 쓰인 형용사로 올바르게 쓰였다.
④ is는 앞에 나온 문장 'Is this berry the same shape as last time?'의 be 동사 is를 받는 대동사로 올바르게 쓰였다.
⑤ 접속사 and로 연결된 두 문장의 정동사가 없으므로 generating을 정동사 generate로 고쳐야 한다.

certainty 확실성 stem from ~에서 유래하다 ancient 고대의 ancestor 선조, 조상 survive 생존하다 alongside 곁에, 나란히 poisonous 독이 있는 evolve 진화하다 attend to ~에 주의하다 direct 안내하다, 지시하다 alert 신호 dependence 의존 millennium 천 년 (pl. millennia) ensure 책임지다 protect 보호하다 label 명명하다 vague 모호한 unpredictable sensation 감각

5. 정답: ⑤

미소 짓기에 대한 선천적인 능력은 선천적으로 청각 장애와 시각 장애가 있고, 사람 얼굴을 한 번도 본 적이 없는 아기들도, 약 2개월 즈음에 미소를 짓기 시작한다는 놀라운 관찰에 의해 증명된다. 그러나, 시각장애를 가진 아기의 미소 짓기는 그것을 강화하기 위해 아무것도 행해지지 않으면 결국 사라진다. 적절한 피드백이 없으면,

미소 짓기는 사라진다. 하지만 여기에 흥미로운 사실이 있다: 만약 그들이 어른에 의해서 안기고, 흔들리고, 슬쩍 찔리고, 간지럽혀지면 — 그들이 혼자가 아니며 누군가 그들에게 관심을 갖고 있다는 것을 알게 하는 것 — 시각장애를 가진 아기들은 계속 미소를 지을 것이다. 이러한 사회적 피드백은 그 아기가 계속 미소를 지을 수 있도록 조장한다. 이런 방식으로, 초기 경험은 우리의 생리 작용과 함께 작용하여 사회적 행동을 형성한다. 사실, 당신은 이를 설 명하기 위해 시각장애를 가진 아기의 사례들을 필요로 하지 않는다. 시력이 있는 아기들은 당신이 그들을 바라볼 때나, 더 나아가, 당신이 그들에게 미소를 지어 줄 때, 당신에게 더 많이 미소 짓는다.

① that은 observation과 동격 관계를 나타내는 접속사로 뒤 문장이 완전한 1형식이므로 올바르게 쓰였다.
② 동사 disappears의 주어는 동명사 주어 smiling이고, 동명사 주어는 단수 취급하므로 단수 동사를 쓴 것은 올바른 용법이다.
③ them은 복수명사 babies를 지칭하는 복수 대명사로 올바르게 쓰였다.
④ 문장 전체의 정동사가 operates이고 접속사가 없으므로 목적을 나타내는 부사적 용법의 to establish는 올바르게 쓰였다
⑤ smiling은 등위접속사 or에 의해 앞의 정동사 look at과 병렬 관계이므로 정동사 smile로 고쳐야 한다.

built-in 고유한, 선천적인 capacity 능력 remarkable 놀라운 observation 관찰 reinforce 강화하다 die out 사라지다, 소멸하다 fascinating 매혹적인, 흥미진진한 biology 생물학, 생활 현상, 생리 작용 encourage 조장하다 establish 형성하다, 확립하다 make the point 설명하다

손태진
수능만점구문

초판 1쇄 발행 2026년 3월 12일

지은이   손태진
펴낸이   이기봉
편집   좋은땅 편집팀
펴낸곳   도서출판 좋은땅
주소   서울특별시 마포구 양화로12길 26 지월드빌딩 (서교동 395-7)
전화   02)374-8616~7
팩스   02)374-8614
이메일   gworldbook@naver.com
홈페이지   www.g-world.co.kr

ISBN   979-11-388-5495-5 (53740)